대안적 연결체의 테크놀로지

젠더·어펙트 총서 06

대안적 연결체의 테크놀로지

초판 1쇄 발행 2025년 6월 5일

지은이 동아대학교 젠더·어펙트연구소
펴낸이 강수걸
편집 강나래 오해은 이소영 이선화 이혜정 유정의 한수예
디자인 권문경 조은비
펴낸곳 산지니
등록 2005년 2월 7일 제333-3370000251002005000001호
주소 부산시 해운대구 수영강변대로 140 BCC 626호
전화 051-504-7070 | 팩스 051-507-7543
홈페이지 www.sanzinibook.com
전자우편 sanzini@sanzinibook.com
블로그 sanzinibook.tistory.com

ISBN 979-11-6861-466-6 93330

* 이 저서는 2022년 대한민국 교육부와 한국연구재단의 지원을 받아 수행된 연구입니다.
(NRF-2022S1A5C2A02093389)

젠더·어펙트 총서

—————— 06

대안적 연결체의 테크놀로지

동아대학교
젠더·어펙트연구소
지음

산지니

정동은 어떻게 연결의 기술이 되는가
: 대안적 연결체를 상상하며

젠더·어펙트 총서 6권으로 『대안적 연결체의 테크놀로지』를 출간한다. 젠더·어펙트 총서는 젠더·어펙트연구소가 설립되어 공동연구를 진행하면서, 2019년부터 기획·출간되기 시작했다. 초기 어펙트 연구는 한국에서나 해외에서나 개념 논쟁, 이론의 적합성, 방법론의 난해함과 모호함 등으로 많은 논쟁을 불러일으켰다. 또한 정동적 전환이라는 패러다임에 대해서는, 그간 감정 연구와 정동 연구를 진행해 온 페미니즘 연구자들의 거센 비판도 이어졌다. '젠더·어펙트'라는 조어는 이러한 연구의 맥락을 강조하기 위해 만들어졌다. 초기에는 어펙트와 젠더가 어떤 관련이 있느냐, 혹은 이론적으로 어펙트 앞에 젠더를 붙이는 것이 타당하지 않다는 염려도 제기되었다. 그러나 오늘날 젠더·어펙트 연구는, 어펙트 연구 그 자체가 젠더 연구 없이는 불가능하다는 하나의 중요한 이론적 전제로 자리 잡았다. 젠더·어펙트 총서의 구성에는, 어펙트

연구의 시작 단계에서 '젠더·어펙트'라는 조어가 다소 낯설게 받아들여졌던 시기, 그리고 오늘날 '젠더 연구 없이는 어펙트 연구도 불가능하다'는 인식이 자리 잡게 된 상황으로 이행해 온—짧지만 긴—역사가 담겨 있다.

여섯 번째 공동연구의 결과를 출간하면서, 그간의 작업을 회고하고 정리하는 일 또한 필요하다고 생각한다. 애초의 공동연구 계획은 기초 연구와 이론, 사례 연구를 통해 토대를 만들고, 무엇보다 한국 사회 현실에 단단히 뿌리를 내린 젠더·어펙트 연구 방법론을 구축하는 것이었다. 공동연구를 진행하며 시행착오도 있었지만, 기초 연구에서 출발해 토대를 구축하고, 대안적인 학제와 이론을 제시하는 단계에까지 매우 충실하게 나아올 수 있었다. 이러한 충실한 공동연구가 가능했던 것은 무엇보다 연구소의 중심 역할을 맡아주신 권두현 선생님, 이지행 선생님, 이지현 선생님 덕분이다. 또 멀리서, 혹은 가까이서 함께해주신 공동연구원 선생님들이 아니었다면, 이렇게 대안적인 학제와 이론을 제시하는 단계까지 도달하기 어려웠을 것이다.

총서 6권의 제목이 "대안적 연결체의 테크놀로지"로 정해진 것은, 이처럼 공동연구 계획의 한 결실이며, 젠더·어펙트 연구의 현 단계를 보여주는 의미이기도 하다. 총서에 실린 모든 글은 각 학문 분야에서 젠더·어펙트 연구가 이론과 실천 모두에서 대안으로 구체화될 수 있음을 충실히 보여주고 있다. 구체적인 연구 내용은 아래와 같다.

돌봄은 특정한 정동적 관계를 통해 신화와 연결되며, 신화적 서사는 돌봄을 이상화하거나 특정한 방식으로 규범화해 왔다. 신화 속에서 신격은 생명을 창조하고 보살피는 존재로 형상화되지만, 돌봄은 보호와 헌신을 넘어 통제와 배제의 논리를 수반하기도 한다. 또한, 돌봄은 사회적 · 기술적 맥락에서 새로운 신화성을 부여받으며 특정한 정동적 질서를 구축한다. 1부 〈신화적 돌봄과 돌봄의 신화 너머〉는 신화와 서사 속 돌봄의 정동적 관계망과, 돌봄이 사회적 · 기술적 맥락에서 신화화되는 과정을 탐구한다. SF 소설에서 여성 신격이 정동적 연결 속에서 재구성되는 방식, 일본 영 케어러 서사에서 돌봄이 불평등한 정동의 흐름을 따라 조직되는 방식, 그리고 스마트 기저귀와 인공지능 돌봄 기술이 인간-비인간의 접촉 방식을 조정하며 돌봄의 신화적 요소를 재구성하는 방식을 분석한다. 이를 통해 돌봄이 신화적 정동과 결합하며 기존의 사회적 관계를 어떻게 반영하거나 전복하는지, 그리고 돌봄의 신화화가 어떤 윤리적 · 정치적 효과를 낳는지를 살펴본다.

강성숙의 「SF 소설의 여성 신격 재현 양상: 〈소셜무당지수〉, 〈홍진국대별상전〉, 〈거인 소녀〉를 대상으로」는 신화를 차용한 SF 소설 속 여성 신격이 현대적 맥락에서 어떻게 변형되는지를 분석한다. '설화 SF'를 표방한 단편집 『일곱 번째 달 일곱 번째 밤』에 수록된 세 작품—〈소셜무당지수〉(윤여경), 〈홍진국대별상전〉(이경희), 〈거인 소녀〉(남유하)—을 중심으로 신격이 과거와 다르게 제약받거나 변화하는 양상을 살펴본다. 〈소셜무당지수〉의 여성 인물은 운명을 점지하는 신격의 능력을 국가의 정보 통제 속에서 제한받고, 〈홍진국대별상전〉에서는 생명을 잉태하는 신격이 처단의 역할을 수행하는 존재로 변모한다. 〈거인 소녀〉의 거대한 여성 신격은 과거에는 신성한 존재였으나, 현대 사회에서는 배제와 억압의 대상으로 전락한다. 강성숙은 이 작품들이 단순한 신화적 회귀가 아니라, 현대 사회에서 돌봄과 배제가 어떻게 작동하는지를 조명하고 있으며, SF가 신격과 돌봄을 통해 사회의 문제를 재구성하는 방식에 주목한다. 〈소설무당지수〉는 통제와 배제 속에서 연대의 가능성을 탐색하고, 〈홍진국대별상전〉은 포스트 아포칼립스적 돌봄의 문제를 조망하며, 〈거인 소녀〉는 여성의 몸을 통제하려는 사회적 구조를 드러낸다. SF는 신화적 돌봄을 재구성하는 방식으로 현실의 돌봄 구조를 성찰하는 장치가 된다.

이지현의 「일본 돌봄 소설과 정동적 불평등 문제: 영케어러 소설 『욕지거리』를 중심으로」는 현대 일본 문학에서 돌봄이 재현되는 방식을 분석하며, 특히 가족 부양을 떠맡은 청년(영케어러)의 현실을 다룬 소설 욕지거리를 중심으로 돌봄 불평등 문제를 조명한다. 일본 문학에서는 오랫동안 노인 돌봄, 장애인 돌봄, 육아 돌봄 등을 소재로 한 다양한 작품이 등장해 왔지만, 최근에는 청년 돌봄자가 겪는 경제적·정서적 소진과 돌봄 위기가 본격적으로 서사화되고 있다. 『욕지거리』의 주인공 유메는 단순한 경제적 빈곤뿐만 아니라 감정적 결핍과 진로의 제약 속에서 돌봄의 불평등을 경험하며, 욕설(욕지거리)을 통해 돌봄에 대한 저항을 표현한다. 이지현은 돌봄이 개인의 책임을 넘어 사회적 구조와 긴밀하게 연결된 문제임을 강조하며, 돌봄을 둘러싼 정동적 억압과 저항이 문학에서 어떻게 형상화되는지를 분석한다.

정종민의 「스마트 기저귀와 인지증(치매) 돌봄: 정동적 기술적 접촉의 연결 (불)가능성」은 인공지능 돌봄 기술이 요양원의 돌봄 방식을 어떻게 변화시키는지를 분석하며, 기술적 접촉과 신체적 접촉이 돌봄에서 어떻게 중첩되거나 충돌하는지를 탐구한다. 코로나19 팬데믹 이후 스마트 돌봄 기술(스마트 기저귀, 로봇, AI 돌봄 시스템 등)이 확산되었지만, 이러한 기술이 돌봄을 대체할 수 있는지에 대한 논란도 계속되고 있다. 정종민은 치매 전문 요양원에서 스마트 기저귀가 도입·실행되는 방식을 분석하며, 기술적 접촉이 신체적 돌봄과 긴밀하게 얽혀 있음을 보여준다. 돌봄은 단순한 물리적 행위가 아니라, 사회적·정치적·경제적·윤리적 차원에서 구성되는 정동적 과정이며, 스마트 기술이 이를 대체하는 것이 아니라 새로운 방식으로 재구성할 수 있음을 제시한다. 그는 포스트휴먼 돌봄(posthuman care)의 개념을 활용하여 돌봄이 인간 중심적 관계에서 벗어나 인간-기계-환경의 얽힘 속에서 새롭게 조직될 가능성을 탐색하며, 돌봄노동자의 보이지 않는 노동이 기술과 함께 어떻게 재구성될 수 있는지를 검토한다.

1부는 신화적 돌봄과 돌봄의 신화가 교차하는 지점을 조명하며, 돌봄이 단순한 보호와 헌신의 행위가 아니라 통제, 배제, 불평등의 구조와 얽힌 복합적인 정동적 과정임을 밝힌다. SF 소설에서는 신화적 신격이 돌봄과 배제의 이중적 구조 속에서 변형되는 방식, 일본 영케어러 서사에서는 돌봄 불평등이 정동적 저항으로 전환되는 방식, 그리고 스마트 돌봄 기술에서는 신체적 돌봄이 새로운 방식으로 재구성되는 방식이 분석된다. 이를 통해 1부는 돌봄이 신화적 상징성과 기술적 조정 사이에서 어떻게 변화하는지를 보여주며, 돌봄의 윤리와 정치성을 다시 생각해 볼 필요가 있음을 제기한다.

이처럼 돌봄은 신화적·기술적 맥락에서 특정한 정동적 관계를 조직하며, 관계망 속에서 연결과 배제를 조정하는 역할을 한다. 2부에서는 이러한 관계망이 단순한 물리적 접촉이 아니라, 기술과 정동이 교차하는 과정에서 형성되는 방식을 탐구한다. 이 과정에서 젠더와 인종, 인간과 비인간이 서로 얽히며 새로운 연결이 만들어진다. 기술은 다양한 신체를 이어주지만, 그 연결은 단순한 정보의 흐름이 아니라 정동의 움직임과 함께 이루어진다. 개인의 신체를 넘어 확산되는 정동의 흐름은 기술과 결합하며 새로운 연결체를 형성하고, 이는 물질적·비물질적 요소들이 얽힌 네트워크 속에서 작동한다.

이 책의 제목 "대안적 연결체의 테크놀로지"가 시사하듯, 이 연구서가 던지는 핵심 질문 중 하나는 기술과 정동이 어떻게 상호작용하며 기존의 관계망을 확장하거나 변형하고, 새로운 형태의 공동체를 창출하는가이다. 2부 〈네트워크 어펙트와 매개적 신체〉는 이러한 문제의식을 바탕으로, 라디오, 텔레비전, 디지털 네트워크라는 세 가지 기술 매개 환경에서 정동이 어떻게 순환하며, 매개된 신체들이 어떤 방식으로 연결되는지를 탐색한다. 김나현, 권두현, 최이숙은 각각 라디오 공동체의 정동적 수행, 텔레비전이 형성한 인종화된 미디어 네트워크, 디지털 공간에서 공감과 연대를 생성하는 뉴스 댓글의 작용을 분석하며, 기술과 신체가 결합하여 형성하는 '대안적 연결체'의 가능성과 한계를 조명한다.

김나현은 「라디오 공동체와 전파의 정동: KBS클래식FM 〈가정음악〉 오프닝 시를 중심으로」에서 KBS클래식FM에서 2018년 5월부터 2023년 3월까지 방송된 〈김미숙의 가정음악〉의 오프닝 시를 중심으로, 가정음악 담론과 라디오 공동체의 정동을 분석한다. 이 프로그램은 매일 아침 '가정음악을 위한 시' 코너로 시작되었으며, 시인 김경미가 집필한 오프닝 시를 배우 김미숙이 낭독하며 청취자들에게 위로와 공감을 전달했다. 이후 이 오프닝 시들은 시집 『카프카식 이별』로 묶여 출간되기도 했다. 김나현은 이 글에서 라디오가 어떻게 '그림자 노동의 그림자'가 되는가라는 문제를 제기하며, 가정을 보살피고 가꾸는 노동을 배경으로 삼아 시와 음악이 공동체적 정동을 형성하는 방식에 주목한다. 특히, 라디오 전파가 개별적인 청취자들을 연결하며, '음악'과 '가정음악', '시'와 '라디오 오프닝 시' 사이를 넘나드는 정동적 수행을 통해 가정음악의 젠더적 의미가 변화하는 과정을 분석한다.

한편, 권두현은 「렌더링과 에뮬레이팅의 생명정치와 정동지리: '쿤타 킨테'에서 '빌 코스비'까지」에서 텔레비전이라는 매체가 형성한 글로벌 네트워크 속에서 흑인 신체의 가시화와 비가시화가 어떤 정동적 흐름을 형성하는지를 탐구한다. 서구 사회에서 흑인 신체는 정치경제적 인프라의 일부로서 중요한 역할을 하면서도, 동시에 미디어 인프라 속에서 기능적 투명성을 강요받는다. 하지만 특정한 미디어 환경에서 흑인 신체는 다시 가시화되기도 한다. 텔레비전 미니시리즈 〈뿌리〉(Roots), 그리고 로드니 킹(Rodney King) 사건과 O. J. 심슨(O. J. Simpson) 사건의 미디어 보도 등이 대표적 사례라 할 수 있다. 이들 사건은 증거 영상과 중계를 통해 흑인 신체가 대중적으로 소비되는 방식을 보여준다. 권두현은 이러한 흐름이 한국 텔레비전 문화에도 영향을 미쳤음을 지적한다. 미국 NBC의 〈코스비 쇼〉(The Cosby Show)는 한국에서 〈오박사네 사람들〉(1993)과 〈LA 아리랑〉(1995)으로 정동적 연결을 이루며 재구성되었고, 이를 통해 한국 시트콤 시대가 열렸다. 하지만 이 과정에서 흑인의 존재는 단순한 문화적 차용의 대상이 아니라, '렌더링(rendering)'과 '에뮬레이팅(emulating)'이라는 개념을 통해 정동적으로 변환되는 과정을 거친다. 렌더링은 흑인 신체를 문화적 재료로 변형하고 재활용하는 방식인 동시에, 도덕적 가부장으로 젠더화하는 과정이기도 하다. 이를 통해 흑인 남성 신체는 미디어에서 인종성과 젠더 규범성이 교차하는 방식으로 재구성된다. 권두현의 글은 이러한 렌더링과 에뮬레이팅이 단순한 미학적 차원을 넘어 생명정치적 미메시스로 작동하는 방식을 분석한다.

마지막으로, 「디지털 공간 내 공감적 연결의 조건: 포털 뉴스 댓글 서비스에 대한 언론인의 목소리를 통해 생각해 보기」에서 최이숙은 2022년 현장 기자 및 각 회사 온라인 담당자들과의 인터뷰를 바탕으로, 포털 뉴스와 댓글을 둘러싼 구조적 조건을 살펴보는 한편, 뉴스 제작자 및 언론사들이 이를 어떻게 인식하고 개입하고 있는지 논의한다. 뉴스 댓글 공간은 이용자들이 특정 이슈에 대해 반응하고 의견을 표명하는 여론 형성의 공간으로 인식되었지만, 동시에 차별적인 혐오표현이 난무하는 장이기도 하다. 소수자에 대한 2차 피해를 예방하기 위해 포털 뉴스의 댓글창을 폐쇄하는 것이 지금에 있어 유효하지 않은가라는 논의가 진행 중이다. 최이숙은 댓글의 반응은 이슈에 대한 언론의 접근 방식과 밀접하게 연관되어 있다는 것을 강조한다. 레거시 미디어가 '혐오 장사'에 빠져드는 조건 속에서도 정보원 및 사회적 약자의 인권을 고려한 언론인과 언론사의 노력(예를 들면 젠더 데스크의 설치 등)이 뉴스 이용자들의 반응에 변화를 가져왔다는 점에 주목하며, 디지털 공간에서 공감과 연대를 만들어 낼 수 있는 환경을 어떻게 조성할 수 있는지 모색한다.

이처럼 2부의 논의는 라디오, 텔레비전, 디지털 네트워크라는 서로 다른 기술 매개 환경에서 정동이 어떻게 순환하며, 매개된 신체들이 연결되는지를 탐색하는 과정이다. 라디오에서는 목소리와 음악이 개인의 신체적 거리와 생활의 리듬을 조정하며 공동체적 정동을 형성하고, 텔레비전에서는 특정한 몸들이 가시화되거나 비가시화되는 방식이 정동적 재구성을 통해 문화적으로 차용된다. 디지털 네트워크에서는 뉴스 댓글을 둘러싼 정동의 흐름이 공감과 연대의 가능성을 만들어내거나, 때로는 배제와 폭력의 매개가 되기도 한다.

이러한 연결은 단순히 미디어라는 기술적 매개를 통해 이루어지는 것이 아니라, 정동의 매개와 중첩된다는 점을 인식하는 것이 중요하다. 따라서 정동이 하는 일을 고려한다는 것은 보편적인 정동의 원리를 상정하는 것이 아니라, 구체적인 매개 환경과 역사적·사회적 맥락 속에서 정동이 어떤 방식으로 작동하고 개입하는지를 분석하는 일이라 아니할 수 없다. 2부의 논의는 이를 통해 미디어 환경 속에서 정동이 어떻게 특정한 몸들을 연결하고, 관계망을 형성하며, 젠더적·인종적·정치적 효과를 만들어내는지를 면밀하게 분석해야 함을 시사한다.

2부가 미디어 매개 환경에서 정동이 흐르고 신체들이 연결되는 방식을 탐색했다면, 3부 〈담론적 접속과 물질적 접촉의 장치들〉은 이러한 연결이 법, 기술, 정동을 통해 어떻게 조정되고 규율되는지를 분석한다. 법과 기술은 단순한 매개체가 아니라, 경험과 접속(access) 방식을 결정하며, 특정한 존재를 가시화하거나 배제하는 장치로 작동한다. 3부는 이러한 장치들이 구체적으로 작동하는 세 가지 사례를 중심으로 접근성과 접촉의 구조를 탐구한다. 법리를 통한 풍속의 본질화, 1990년대 한국 텔레비전 외화의 접근성 문제, 그리고 인공지능 정동과 체현의 문제를 분석하며, 법·미디어·기술이 신체와 관계를 맺는 방식을 조명한다.

먼저, 김대현은 법적 개념이 풍속을 본질화하는 과정을 다룬다. 김대현의 「공서양속론의 법리를 통한 풍속의 본질화: 1946~1970년 법정사 사장 장후영을 중심으로」는 해방 후 법행정의 주요 법적 개념으로 자리 잡은 공서양속(公序良俗) 규정이 어떻게 특정한 사회적 가치와 윤리를 본질화했는지를 탐구한다. 김대현은 이를 법률상 일반조항의 운영 방식과, 이를 체현한 법률가 장후영의 활동을 중심으로 분석한다. 장후영은 법률을 '현실'에 맞게 적용한다는 현실주의법학을 주창하며, 한국전쟁 이후 공무원의 수뢰, 조선총독부가 만든 가족법상 호주제 등의 관행을 법적으로 정당화하는 데 기여했다. 또한, 5·16 군사쿠데타 이후 자신의 법리적 입장이 나치 독일의 법학과 다르다는 점을 해명해야 했고, 그 과정에서 국가 발전 담론과 후진성 논리를 동원해 자신의 법이론을 정당화했다. 김대현은 법이 특정 풍속을 취사선택하는 과정에서 사회적 합의나 통념과 같은 모호한 개념이 동원됨을 지적하며, 법률적 장치가 특정한 삶의 양식을 고착시키는 방식을 비판적으로 분석한다.

이화진은 1990년대 한국 텔레비전에서 외화 자막 방송을 둘러싼 논란을 통해 '접근(access)'의 문제가 공공성과 결합하는 방식을 분석한다. 이화진의 「세계화와 자막, 그리고 커브컷(curb-cut): 1990년대 한국 텔레비전 외화의 접근(access) 문제」는 1994년 MBC가 외화 시리즈 〈베벌리힐스 아이들(Beverly Hills 90210)〉과 〈주말의 명화〉를 성우 더빙 없이 자막으로 방영하면서 촉발된 '자막 대 더빙' 논란을 중심으로 한다. 이 논란은 단순한 방송 형식의 문제가 아니라, 1980년대 후반 이후 미디어 환경의 변화, 방송 개방화, 신자유주의적 세계화가 맞물린 사건이었다. 논의 과정에서 '보편적 시청자'라는 개념이 균열을 드러냈으며, 미디어 접근성의 문제가 공론화되었다. 특히, 자막 방송이 문해력, 연령, 장애 등 다양한 요소와 얽히면서 텔레비전이 누구를 포함하고 배제하는가에 대한 논쟁을 촉발했다. 이화진은 접근성이 단순한 기술적 문제가 아니라, 사회적·정치적 맥락에서 조정되는 과정임을 강조하며, 이를 단순한 해결 과제가 아니라 지속적인 실천으로 이해해야 함을 제안한다.

마지막으로, 이지행은 영화적 재현을 통해 인공지능 정동과 체현(embodiment)의 문제를 탐구한다. 이지행의 「인공지능 정동에서 체현의 문제와 감정의 모빌리티: 영화 〈그녀(Her)〉를 중심으로」는 비인간적 시스템이 정동을 매개하는 방식과 신체성을 조직하는 방식을 조명한다. SF 영화는 오랫동안 로봇과 인공지능을 인간과 대비되는 존재로 설정하며, 인간중심주의(anthropocentrism)에 기초한 주체-객체, 지배-통제의 이항대립적 구도를 구축해왔다. 하지만 최근에는 비인간 존재론을 진지하게 고찰하는 작품들이 등장하고 있다. 이지행은 스파이크 존즈(Spike Jonze) 감독의 영화 〈그녀〉(Her)를 이러한 과도기적(transitional) 작품으로 분석하며, 인공지능 운영체제(OS)와 인간 남성 사이의 정동적 관계를 조명한다. 그는 캐서린 헤일스(Katherine Hayles)의 '상호매개(intermediation)' 개념을 활용해, 인공지능이 체현 없이도 정동적으로 작동할 수 있는가를 검토하고, 감정의 이동성(mobility)과 초지능으로의 전환이 신체의 변용으로 해석될 수 있는지를 논의한다.

이지행의 논의는 단순히 SF 영화 속 인공지능 서사를 분석하는 데서 그치지 않는다. 그는 인공지능 정동이 신체성과 접촉의 문제를 새롭게 재구성하는 방식에 주목하며, 비인간 존재론과 신체의 체현을 둘러싼 윤리적·정치적 문제를 탐색한다. 이처럼 3부는 법, 미디어, 기술이 특정한 신체를 접속시키거나 배제하고, 특정한 방식의 접촉을 허용하거나 제한하는 장치로 작동하는 방식을 분석한다. 법리는 특정한 행위를 정당화하거나 금지하면서 풍속의 본질을 형성하고, 미디어 환경에서는 접근성의 문제를 둘러싼 정치적 갈등이 드러난다. 또한, 인공지능 정동과 체현의 문제는 물질적 접촉을 매개하는 방식에 대한 새로운 질문을 던진다.

이러한 논의를 통해 3부는 접속과 접촉이 단순한 기술적·법적 과정이 아니라, 사회적·정치적 맥락에서 조정되고 재구성되는 과정임을 보여준다. 접속과 접촉은 결코 중립적인 과정이 아니며, 특정한 윤리적·정치적 효과를 생산하는 방식으로 작동한다. 정동은 법과 기술이 신체를 규율하는 과정에서 단순한 반응이 아니라, 그 자체로 규율의 한 형태이자, 가능성과 한계를 동시에 만들어내는 힘으로 작동한다.

정동은 단순한 감각적 반응이 아니라, 이동과 노동 속에서 형성되고 조정되는 역사적·정치적 힘이다. 4부 〈이동, 노동, 정동의 지리적 역학관계〉는 탈식민 역사, 지방소멸, 젠더화된 노동이라는 서로 다른 맥락에서 정동이 공간적 역학과 결합하는 방식을 탐구한다. 앞선 3부가 법과 기술이 접속과 접촉을 조정하며 특정한 신체를 가시화하거나 배제하는 방식을 분석했다면, 4부는 이동과 노동이 정동을 매개하며 특정한 역사적·공간적 질서를 형성하는 과정을 조명한다. 트리니다드, 바베이도스, 그레나다의 탈식민 작가들, 일본·타이완·한국의 지방소멸 서사, 한국과 타이완의 여공(女工)들의 탈정동화된 신체를 사례로 삼아, 이동하는 몸과 노동하는 몸이 경제적 논리를 넘어 정동의 흐름 속에서 위치를 부여받고 변형되는 방식을 분석한다.

요시다 유타카의 「탈식민지 마르크스주의와 어펙트: C.L.R. 제임스, 조지 래밍, 멀 콜린스의 정동과 수치심」은 트리니다드의 C.L.R. 제임스, 바베이도스의 조지 래밍, 그레나다의 멀 콜린스 등 세 작가의 작품을 분석하며, 감정과 정동이 탈식민의 역사와 어떻게 연결되는지를 탐구한다. 제임스는 카리브해 사람들의 자기비하가 식민 지배의 감정 구조에서 비롯되었음을 지적하며, 혁명이 이를 변형시키는 계기가 될 수 있음을 강조한다. 그는 감정 구조를 단절하고 변용하는 과정에서 정동과 혁명의 관계를 주목하며, 역사의 전개에서 감정이 수행하는 역할을 부각한다. 조지 래밍은 『내 피부의 요새 안에서』(1953)에서 '수치심'이 식민 지배를 내면화하는 정동임과 동시에, 이를 자각할 때 변혁의 동력이 될 수 있음을 분석한다. 래밍은 종주국 중심의 감정 구조가 근심과 보상을 기다리는 심리를 형성하며, 이러한 심리에서 비롯된 수치심이 기존 질서를 흔드는 폭발력을 지닌다는 점을 강조한다.

권명아의 「힐링 여행의 아포칼립스와 정착민 식민주의의 정동들」은 일본, 타이완, 한국의 드라마와 영화를 비교 분석하며, 지방 담론과 지방소멸 서사의 국가별 차이를 탐구한다. 특히 국가 내부의 중앙-지방 관계와 권역 간 연결성이 각국에서 어떻게 형성되는지를 규명하며, 지방소멸 담론이 정착민 식민주의 역사 속에서 젠더화·인종화된 배제와 절멸 구조를 반복하는 방식을 분석한다. 일본의 지방소멸 서사는 국가적 개입과 중앙(도쿄)의 세계 중심성을 회복하려는 기획과 연결되며, 드라마 〈하야부사 소방단〉과 영화 〈빌리지〉는 이 서사의 양면성을 보여준다. 전자는 이단 종교와 여성을 지방을 위협하는 타자로 설정하며, 지방을 보호해야 할 공간으로 규정하는 반면, 후자는 이러한 식민성을 비판적으로 조망한다. 반면, 타이완 드라마 〈차금〉, 영화 〈미국 소녀〉, 한국 드라마 〈우리들의 블루스〉, 〈웰컴투 삼달리〉 등에서는 지방이 단순한 국가 내부의 변방이 아니라, 북미·중국 등과 연결된 복합적인 권역 속에서 위치하며, 중앙(국가) 또한 또 다른 중심으로 흡수되는 구조를 보인다. 권명아는 일본의 지방소멸 담론이 인종화·젠더화된 적과 공동체 개념을 기반으로 형성되었으며, 그 기원이 일본 제국주의의 학살과 전시 동원의 역사와 맞닿아 있음을 지적한다. 또한, 한국의 지방소멸 담론이 국가적 개입 없이 소모적 방식으로 재생산되는 문제를 비판하며, 지방 개념의 역사에 대한 비판적 논의를 통해 대안적 지방 이념을 구축할 필요성을 제기한다.

첸페이전의 「산업화의 사이보그: 〈가공공장〉과 〈위로공단〉

속 탈정동의 신체들」은 타이완 작가 첸제런(陳界仁)의 단편영화 〈가공공장〉(2003)과 한국 작가 임흥순의 다큐멘터리 〈위로공단〉(2015)을 분석하며, 여공(女工)들의 '탈정동'된 신체와 주체를 탐구한다. 그는 '탈정동된 신체'를 통해 산업화와 주류 문화의 재현에 의해 구성되는 것과는 다른 여성 노동자의 역사적 주체성을 제안하며, 정체성 정치의 '존재(being)'에서 정동정치의 '탈정동'된 주체로의 전환을 분석한다. 탈정동된 신체는 역사 바깥에서 존재하는 저항의 주체가 아니라, 역사적 맥락과 상호작용하며 형성되는 신체로서 작동한다. 정동은 단순한 내면적 감정이 아니라, 노동의 조건과 맞물리며 신체 자체를 구성하는 요소로 작동한다. 첸페이전은 여성 노동자들이 스스로 주체화한 탈정동된 신체를 역사적 작용의 결과이자, 역사적 행동 자체의 표상으로 분석하며, 타이완과 한국의 노동사에서 젠더와 노동의 잊힌 역사를 재조명한다.

4부의 논의는 이동과 노동을 통해 정동이 공간과 신체를 매개하는 방식에 주목한다. 탈식민 문학에서 정동이 저항과 변혁의 계기로 작동하는 방식, 지방소멸 담론에서 정동이 국가와 권역 간 관계를 구축하는 방식, 그리고 노동 현장에서 정동이 신체와 주체성을 형성하는 방식을 조명하며, 정동이 단순한 개별적 경험이 아니라 사회적·역사적 힘으로서 작동함을 밝힌다. 이를 통해 정동이 특정한 공간적 질서와 역사적 맥락 속에서 어떻게 작용하는지 분석하며, 이동과 노동이 정동을 매개하며 형성하는 관계망을 탐색한다. 결국, 4부는 정동이 단순한 감정이나 반응이 아니라, 사회적 실천과 권력 구조 속에서 작동하는 핵심적인 요소임을 보여준다.

오늘날 테크놀로지는 인간과 비인간, 지식과 정보까지 아우르며 새로운 관계망을 만들어낸다. 하지만 이 연결은 단순한 기술적 매개가 아니라, 감각과 정동을 조정하고 행위를 조직하는 방식까지 바꿔 놓는다. 테크놀로지는 특정한 사회적 규범을 형성하고, 누구를 포용하고 누구를 배제할지를 결정하는 정동적 힘을 지닌다. 그리고 그 안에서 연결된 신체들은 다양한 방식으로 출현하며, 서로 다른 관계를 맺는다.

이 책이 다루는 정동은 단순한 감정의 문제가 아니다. 돌봄이 이상화되는 과정에서 특정한 존재가 배제되듯, 법과 미디어, 기술과 노동의 장에서도 정동은 어떤 관계가 가능하고 불가능한지를 조율한다. 그렇기 때문에 정동을 탐구한다는 것은 단순히 감정을 분석하는 것이 아니라, 정동이 특정한 맥락에서 어떻게 작동하며, 그 작동 방식이 또 어떻게 변화할 수 있는지를 살펴보는 과정이 된다.

『대안적 연결체의 테크놀로지』는 바로 이러한 가능성을 탐색하는 시도다. 돌봄의 재현과 재생산, 디지털 기술과 미디어 네트워크, 담론적·물질적 장치, 지방소멸 서사, 탈식민의 정동, 그리고 산업화의 탈정동에 이르기까지—이 책이 다루는 다양한 주제들은 기존의 관계망을 공고히 하는 기술과 그 균열을 촉진하며 변화를 야기하는 대안적 연결체의 역학을 정동의 작용 속에서 분석한다.

테크놀로지의 매개가 중층화되는 오늘날의 세계에서 연결은 불가피하다. 하지만 그 연결이 누구에게나 동일한 방식으로 작동하는 것은 아니다. 연결은 때로 보이지 않는 위계를 만들고, 어떤 존재는 중심에 위치하게 하고, 또 어떤 존재는 주변으로 밀려나게 한다. 이 책이 정동이 사회적 관계 속에서 어떻게 작동하는지를 더 깊이 이해하는 데 도움이 되고, 나아가 새로운 연결과 관계를 상상할 수 있는 하나의 실마리가 될 수 있기를 기대한다.

2025년 3월
모두를 대신하여
젠더 · 어펙트연구소장 권명아

차례

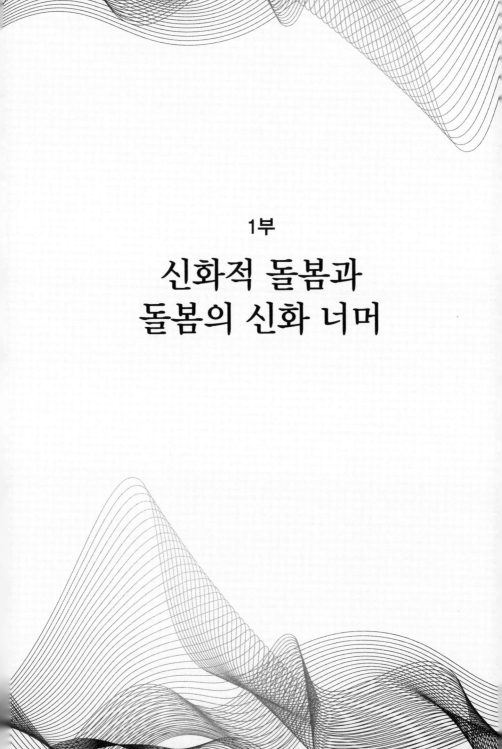

1부

신화적 돌봄과
돌봄의 신화 너머

SF 소설의 여성 신격 재현 양상
: 〈소설무당지수〉(윤여경×원천강 오늘이),〈홍진국대별상전〉(이경희×산신과 마마신),〈거인 소녀〉(남유하×설문대할망)를 대상으로[1]

강 성 숙

1. 들어가며

오늘날 테크놀로지는 많은 것을 연결해 주고 있다. 테크놀로지의 발달로 인간은 지식과 정보에 빠르고 쉽게 접근하고, 인간 이외의 존재들과도 좀 더 긴밀히 연결되었으며, 이 과정에서 인간적 한계를 뛰어넘는 여러 경험을 하고 있다. 테크놀로지가 생성하는 다양한 연결망이 인간의 감정과 생각, 상상의 방식을 새롭게 바꾸고 있는 것도 사실이다. 필자는 전통적 서사 문법에 익숙한 고전문학 연구자로서, 오래되고 익숙한 고전적 사고가 테크놀로지를 기반으로 한 문학 장르에서 어떻게 변용되는지 궁금했다.

---

1   이 글은 「SF 소설의 여성 신격 재현 양상-〈소설무당지수〉(윤여경×원천강 오늘이), 〈홍진국대별상전〉(이경희×산신과 마마신), 〈거인 소녀〉(남유하×설문대할망)를 대상으로-」, 『석당논총』 88, 동아대학교 석당학술원, 2024를 수정·보완하여 재수록한 것이다.

그리하여 과학 기술을 기반으로 한 새로운 문학 장르인 SF 소설에서 전통적 상상력이 어떻게 변주되며 의미화하는지 살펴보고자한다.

SF 장르는 급변하는 첨단 기술, 그리고 기술 변화로 인해 인류 사회와 그 정체성에 초래될 위협적인 사건에 관심을 가져왔다. 1950년대 핵무기에 대한 공포, 1960년대 초 여성의 성적 독립에 영향을 미친 피임약 도입, 그리고 1980년대 말 시작된 디지털 혁명에 이르기까지 급속한 기술 발달과 가치관의 변화는 대중의 근심과 불안을 야기하는 중심축이 되었으며, 그것은 곧 SF 장르를 통해 표출되었다.[2] SF 장르는 빠르게 변화하는 세계에서 균형을 잡기 위해 나온, 현실의 문제의식과 해법의 상상력이 접목된 결합체로 해석된다.

사회적 규범이나 관행이 기술의 발전 속도를 따라잡지 못하는 시대에, SF는 "과거의 속박에서 자유롭고, 생각의 관성에 포획되지 않는" 이야기로 평가받고 있다.[3] 이는 과학 기술의 발전으로 맞게 된 낯선 상황의 문제를 해결할 새로운 방법을 모색하며, 익숙한 서사를 낯설게 관찰하게 한다. SF가 과학 기술을 기반으로 미래 세계의 문제를 다루는 장르이지만, 그 문제의식은 실재하는 현실에 닿아 있으며, 오래전부터 인간이 고민해 온 인간다움의 가치, 정체성, 인간 외 존재와의 관계 등을 공동체적 관점에서 그려내고

---

2   배리 랭포드, 방혜진 역, 『영화 장르, 헐리우드와 그 너머』, 한나래, 2010, 305-308쪽.

3   신상규, 「포스트휴먼 담론과 SF의 포스트휴먼 서사」, 『교양교육과 시민』 4, 숙명여자대학교 교양교육연구소, 2021, 61쪽.

있기에,[4] 주목할 가치가 있다.

　최근 기후 위기나 팬데믹 등 과학 기술이 초래하는 심각한 문제들이 대두되면서, 이러한 현실을 반영하는 장르인 SF에 대한 관심이 높아지고 있는데,[5] 이는 SF의 장르적 특성과 관련이 있어 보인다. 이지용은 한국 SF와 판타지 문학의 인기를 분석하는 글에서, 이들이 '주류 문학이 보여주던 전통적인 서사 문학의 이야기 형식'에서 벗어난 '우리나라의 동시대적인 감각들과 배경, 캐릭터'를 민감하게 구현하여, '시대를 통찰하고 은폐된 것을 사고'하는 주류 문학의 역할을 대신했다고 보았다. '페미니즘과 기후 문제, 차별이나 장애의 문제를 비롯한 다양한 이슈에 과감하고 영리하게 반응'하며 SF 문학은 가장 현실적이고 일반적인 감각을 갖게 되었다는 것이다.[6]

　그런데, SF 문학은 새로운 문제의식을 독자들에게 익숙하게

4　조애나 러스는 SF와 판타지를 비교하면서 "SF는 산업화 이전, 르네상스 이전, 세속화 이전, 개인주의 문화 등장 이전 사람들이 가졌던 태도와 관심사가 기이하게 반영된 장르"이며, "교리로서가 아니라 과정으로서의 종교가 기원한 정서와 경험의 근거를 직접 다루는 유일한 현대 서사문학"이라고 하면서, SF가 지닌 '공동체적 관점'에 대해 언급했다. 「SF의 미학에 관해」, 조애나 러스, 나현영 역, 『SF는 어떻게 여자들의 놀이터가 되었나?』, 포도밭출판사, 2020, 27-50쪽.

5　최근 과학소설 판매량은 2020년 1~9월 기준 전년 같은 기간 대비 457% 급증했으며(이은정, 「젊은 여성작가들 SF로 뭉쳤다…"현실 한계 넘을 수 있어 매력"」, 『연합뉴스』, 2022. 4. 5.), 주 독자층인 2, 30대 여성 독자 비중이 연령대에 따라 9배까지 늘어난 것을 알 수 있다.("20대 여성이 1.4%(1999~2009년)에서 12.6%(2010~2019년)로 늘었고, 30대 여성은 11.1%에서 18.2%로 늘었다."-임지영, 「'과학소설' 전성시대, 왜 지금 SF일까?」, 『시사IN』, 2020. 11. 25.)

6　이지용, 「SF와 판타지가 보여주는 한국 문학의 지경」, 『출판N』 vol.25, 2021. 9. (https://nzine.kpipa.or.kr/sub/coverstory.php?ptype=view&idx=439&page=&code=coverstory&total_searchkey=sf)

전달하기 위해 '전통 서사'를 어떤 형식으로든 차용하는 것도 사실이다. 테크놀로지에 기반한 미래 사회가 지닌 문제를 핍진하게 보여주고 설득력 있게 다가가기 위해서 SF는 고전 서사를 빈번히 차용한다. 그 가운데, 보편적 감정과 문제를 다루는 신화는 가장 많이 활용되는 장르라 하겠다. 단순한 소재 차용 차원뿐만 아니라, 스토리텔링을 강화하는 요소로도 쓰이는 신화는 이질적이거나 모순적인 요소들, 또는 관련성이 희박한 요소들을 봉합하며 서사를 완성하는 데 기여한다.[7] 보편적 서사 구조나 문법을 통해 낯선 시공간을 쉽게 수용하게 하는 효과를 얻을 수 있기 때문에, SF는 신화, 그 가운데서도 우리에게 익숙한 설화 장르를 자주 활용한다. SF 작가가 설화 같은 익숙한 서사를 통해 얻는 또 다른 효과는 비판적 원전 해석을 통한 현실 인식이다.[8] 오래된 고정관념,

---

[7] 조미영, 「한국 SF영화에 나타난 환상성 연구-2000년도 이후 SF 영화를 중심으로」, 경희대학교 박사학위논문, 2014, 11쪽; "SF영화의 스토리텔링이 신화 모티프를 차용하고 신화 서술을 내세우는 것은 그것이 '아직 가보지 못한 우주'라는 낯선 시공간, 그 이질적인 세계를 보다 더 현실적으로 감각하게 만들 필요가 있기 때문"이며, "신화 서술은 낯설고 이질적인 요소들을 뒤섞어 '원래부터 그런 것'으로 보다 쉽게 받아들이도록 만든다."고 한다.-최영희·문현선, 「중국 SF영화 'Ài(流浪地球)(2019) 스토리텔링의 신화 서술과 중국 신화 모티프 활용 양상 연구」, 『중어중문학』 89, 韓國中語中文學會, 2022, 230-232쪽.

[8] 송경아는 여성 SF라는 새로운 장르와 접목하여 역사와 신화를 해체, 전복하고 있다고 평가된다.(김미현, 「[작가 비평]새로운 문학 십자군의 행로 송경아론」, 『문학과사회』 12(3), 문학과지성사, 1999 여름, 1144-1161쪽; 신수정, 「환멸의 사막을 건너는 여성적 글쓰기의 세 가지 유형」, 『문학동네』 4, 문학동네, 1995, 70-74쪽; 허민석, 「1990년대 비남성 작가 SF 소설의 젠더 정치적 의미 송경아와 듀나(DJUNA)를 중심으로」, 『한국현대문학연구』 61, 한국현대문학회, 2020, 315-358쪽) 신화 바리 연작은 「바리-길위에서」(송경아, 『책』, 민음사, 1996)와 「바리-불꽃」, 「바리-동수자」, 「바리-돌아오다」(송경아, 『엘리베이

익숙한 사고방식, 전통적 관계 문법에서 나온 상징 체계인 신화 텍스트를 비판적으로 활용함으로써 현재의 문제를 효과적으로 되짚을 수 있는 것이다.[9]

설화문학 전공자로서, SF 작가들의 신화 텍스트 활용은 이야기의 생명력을 이어가는 활동이며 문학의 현재적 가치를 생성해내는 중요한 작업이라 생각한다. 그런데 신화 역시 향유층의 인식을 끊임없이 반영하며 그 기능을 충실히 이행해 온 텍스트이다. 오늘날에도 연행이 지속되는 무속 신화를 살펴보면 전통적 가부장의 권위에 비판적 여성의 목소리를 내는 각편도 존재함을 확인할 수 있다.[10] 신화 장르라 하더라도 이러한 변화가 다양하게 반영될 수 있는 것이다. 작가의 역량과 시대적 요구에 따라 고전 서사를 다양한 방법으로 계승, 활용할 수 있지만, 텍스트의 본래적 의미가 파편화되거나 왜곡되지 않고 정확히 해석, 수용하는 태도 역시

터』, 문학동네, 1999)로 이루어져 있다.

9 서욱희는 송경아의 소설의 도전적 측면에 주목하면서, 남성 작가와 달리 여성 SF 소설 작가로서 송경아는 신화가 기반으로 하는 남성중심적 세계관 내 여성의 역할을 거부하고 이를 전복하려는 시도를 하며 새로운 신화를 썼다고 평가하며, 이를 '여성 SF 정신'이라고 명명했다. "신화적 상상력이라고 불렸던 윤대녕, 이승우 등의 남성 작가들이 은유와 알레고리에 신화 텍스트를 끌어와 작품 텍스트의 외연을 확장하고자 했다면 송경아의 신화적 상상력은 권력과 남성중심적인 신화의 해체를 겨냥한다."-서욱희, 「상호텍스트성에 대한 도전-1990년대 송경아 소설의 신화 다시 쓰기」, 『한국현대문학연구』 66, 한국현대문학회, 2022, 489-521쪽.

10 졸고, 「보살핌 윤리로 본 바리 신화 연구-전라도 전승본의 '구약 거부'와 '언니옷 입기' 모티프를 중심으로-」, 『온지논총』 63, 온지학회, 2020, 191-220쪽)에서 필자는 전라도 전승본 바리에서 수동적 여성성에 매몰되지 않으면서 보살핌의 윤리를 실천하는 여성 신격의 특성을 확인할 수 있었다.

중요하다.[11] 이런 측면에서 전통 서사인 설화 텍스트를 기반에 둔 SF 소설을 대상으로, 이들 SF 소설의 설화 재현 양상을 비교, 분석해 보고자 한다.

이 글에서 분석 대상으로 삼은 SF 소설은 '설화 SF 소설'을 표방한 프로젝트 SF 단편집 『일곱 번째 달 일곱 번째 밤』[12]에 실린 것이다. 다음은 출판사에서 제공한 도서 정보 내용이다.

'신들의 고향'이라 불리는, 1만 8천여 개의 구비 서사가 살아 숨 쉬는 신비의 섬 제주 …… 설화를 경이로운 SF 세계관으로 새롭게 쓴 앤솔로지 『SF 작가 7인은 세계적으로 유례없이 풍부하고 다양한 제주 설화로부터 …… 영감을 얻어 작품을 썼다.

수천 년의 시간 동안 축적되고 변형되며 살아남은 옛이야기들은 이 책에 참여한 SF 작가들의 상상을 통해 먼 미래의 어느 시간대로, 고요한 아시아의 작은 마을에서 은하를 넘나드는 세계로 도약한다. 작가들이 뛰어넘은 시공의 폭은 어느 때보다 광대하지만, 놀라운 것은 고대로부터 사람들이 꿈꾸어왔던 세상이 다르지 않다는 점이

11　SF가 설화를 모티프 차원에서만 제한적으로 차용할 경우, 의미나 지향의 제한이나 불연결성이 발생할 수 있다고 본다. 2017년 로커스상을 수상했고, 휴고상과 네뷸러상 후보에 오른 한국계 미국 SF 작가 이윤하는 한국 설화에 등장하는 구미호, 용, 호랑이와 SF를 접목해 주목받고 있다. 그는 한국문화를 알리기 위해 서양인에게도 익숙한 설화 장르의 모티프를 주로 차용한다고 밝히고 있다.(이영경, 「구미호에 여의주, 한국적 SF로 세계적 주목 받는 이윤하 "다음 작품은 일제 식민지배를 그린 SF"」, 『경향신문』, 2019. 8. 19.) 그런데 여기서 설화는 모티프 차원에서, 동양적 소재가 주는 분위기를 차용하는 정도로 활용된다.

12　켄 리우 외, 『일곱 번째 달 일곱 번째 밤』, 알마, 2021.

다. 태고의 이야기들은 인류가 존재하는 한 끊임없이 조금씩 새롭게 다른 말들로 채워지겠지만, <u>그 안에 숨겨진 인간적인 가치들은 안전하게 보존되어 계속해서 전해질 것이다.</u> 이 책의 작가들은 그것들을 다른 세계로 향하는 캡슐에 담아 먼 곳으로 떠나보낸다. 고대의 설화에서 미래의 SF로.[13] (밑줄 필자)

이 소설집은 기획 단계에서부터 '제주 설화'를 새로 쓰기 대상으로 삼았다는 점에서 주목할 만하다. 설화를 단편적인 모티프로서만 활용하는 것이 아니라 특정한 지역에서 전승되는 설화의 지리적·사회적·문화적 특성을 오롯이 수용해 이해하면서 변용할 장을 만들었기 때문이다. 그런데, 이러한 설화 기반 SF 소설에 대한 우려와 기대는 인터넷서점의 도서 편집장의 추천사에서 발견된다.

고전은 조상의 풍습과 지혜가 응축된 이야기의 보고이지만, 누군가에게는 <u>한 공동체가 가진 고정관념을 대대로 강화하여 새로운 시대의 자유를 억압하는 고루한 목소리로 느껴질 수도 있다. 그러나 닫힌 가능성을 끝없이 열어젖히는 SF와 자칫 폐쇄적으로 느껴지는 설화의 만남은, 시대의 언어로 재해석되고 시대와 함께 흐르는 고전의 가능성을 보여준다.</u>[14] (밑줄 필자)

---

13 교보문고 상품 정보 (https://product.kyobobook.co.kr/detail/S000001786651)

14 소설 MD 권벼리, 추천사『일곱 번째 달 일곱 번째 밤』, 알라딘, 2021. 6. 01. (https://www.aladin.co.kr/m/mproduct.aspx?ItemId=272254917)

위 추천사에서 설화 기반 SF 소설은 억압과 자유, 폐쇄성과 개방성이 엮어내는 새로운 가능성으로 소개된다. 이 과정에서 설화는 '고정관념을 강화하여 자유를 억압하는 고루한 목소리', '폐쇄적' 감각을 소환하는 것으로, SF는 '닫힌 가능성을 열어젖히는', '시대의 언어'를 대변하는 것으로 표현된다. 실제 작가들이 작품에서 신화를 수용하는 방식과 태도는 대상에 따라 상이하지만, 적어도 독자 입장에서 볼 때 편집자는 설화가 지닌 보편적 특성보다는 극복해야 할 부정적 요소에 방점을 찍고, SF 작품이 이를 해소할 대안적 방안이라 소개하는 것이다. 이는 설화가 지닌 특성을 지나치게 단순화한 것으로 보인다. 이렇게 본다면 설화를 토대로 생산되는 새로운 작품의 폭이나 깊이 역시 제한될 수밖에 없다. 설화가 지닌 원래 특성을 온전히 파악하는 일은 새롭게 만들어지는 설화 기반 작품의 가치를 담보할 수 있는 방법이다. 따라서 원전 설화와 이를 기반으로 생산된 SF 소설을 비교하는 작업은 향후 설화 재생산 방향을 검토할 수 있는 의미 있는 시도가 될 것으로 본다.

여기서는 작품집 『일곱 번째 달 일곱 번째 밤』 가운데, 설화에 등장하는 신성 인물을 다루는 작품 〈소셜무당지수〉(윤여경×원천강 오늘이), 〈홍진국대별상전〉(이경희×산신과 마마신), 〈거인 소녀〉(남유하×설문대할망)를 선택하여, SF 소설과 설화의 관계 양상을 살펴보고자 한다. 공교롭게도 이들 작품의 원천이 되는 설화의 주인공은 모두 여성 신격이다.[15] 따라서 대상 작품은 여성에 대한 오

---

15 '설문대할망'은 전설이지만, 신화에서 변화한 신화형 전설로 분류되므로 여기

랜 고정관념과 새로운 해석의 방향이 흥미롭게 교차하는 텍스트로서 검토될 수 있을 것이다. 다음 장에서는 차례로 작품 속 신격 재현 양상과 변화된 신격의 의미를 살펴보도록 하겠다.

2. 신화와 SF 소설에 재현된 여성 신격의 양상과 변화

2.1. 통제 사회의 연결 가능성 – 오늘이/장상의 누나

〈소설무당지수〉의 작가 윤여경은 '작가 후기'에 박춘봉 심방이 구연한 〈원천강본풀이〉[16]의 서사 단락을 인용하며, 자신의 작품에서 오늘이가 관장하는 '시간과 운명'을 새롭게 해석하고자 했다고 밝히고 있다. 〈원천강본풀이〉의 주인공 '오늘이'는 시간과 계절을 조율하고 운명을 관장하는 신격이다. 〈소설무당지수〉는 시의적절하게 제공되는 다양한 형태의 정보가 운명을 결정하는 조건일 수 있다는 점에 착안한 작품이다. 운명에 관한 정보와 이를 전달하는 인물에 관한 기본 설정은 신화 〈원천강본풀이〉를 그대로 재현했다.

서 신화의 범주에 넣어 함께 논의한다.

16 〈원천강본풀이〉 각 편에 대해서는 김정희, 「〈구복여행〉 설화의 교육방안 연구」, 충남대학교 석사학위논문, 2016, 1-92쪽; 최윤영, 「〈구복여행〉 설화의 문제해결 과정과 그 교육적 의미」, 건국대학교 석사학위논문, 2003, 1-88쪽 참조.

주인공 오늘이는 한국의 '시간과 운명의 여신'이다. 우리가 생각하는 운명이라는 것은 일종의 타이밍이며, 그 타이밍을 만드는 것은 정보가 아닌가 생각했다. 인공지능을 이용해 수많은 정보를 운용할 수 있는 시대다. …… 인간보다 먼저 쓰나미와 같은 재해와 비가 오는 것을 미리 예측하는 동물들, 그들이 볼 수 있는 정보, 좀 더 나아가서 다른 차원이나 시간대의 정보 등 인간이 아는 그 이상의 정보처 즉 '원천강'이 있다면 인간의 운명도 스스로 만들어갈 수 있는 시대일 것이라는 생각을 한국의 신화에서 빌려왔다.[17]

〈원천강본풀이〉에서는 운명에 관한 정보가 '원천강'이라는 공간 또는 경전[책]에 있는 것이며, 오늘이는 그 정보를 전달하는 신격으로 나타난다. 오늘날 정보는 그 양이 엄청나게 증가하고 있지만 정확한 정보를 찾아내기는 점차 더 어려운 상황이어서 그 중요성이 커지고 있다. 정보 전달자 측면에서 보면 신화 속 오늘이와 SF의 주인공은 같은 역할을 하고 있다. 그러나 SF는 정보를 접하는 경로나 상황이 달라진 상태에서 '통제되거나 왜곡되지 않은 정보'를 선택하고 이를 해석해서 전달할 수 있는 능력을 지닌 인물을 새로운 주인공으로 삼았다.

무속신화의 명칭은 대체로 신격의 근원을 밝히는 '신격의 이름'에 '본풀이'라는 용어가 덧붙여지는 것이 일반적인데, 〈원천강본풀이〉는 원천강이 그 중심에 있어서 신화 주인공이 대상을 관장하는 초월자라기보다 시간과 운명의 이치를 '전달'하는 매개자

---

17 켄 리우 외, 앞의 책, 399쪽.

로 규정된다.[18] 오늘이는 당면한 문제를 직접 해결하지는 않더라도 해결의 매개가 되는 존재인데, 〈원천강본풀이〉에서는 이 문제 해결의 조건이 비중 있게 다루어진다. 신성한 존재가 되는 오늘이의 능력은 다른 이들과 관계를 맺는 경험에서 얻어지는 것이어서 신성 존재가 되는 '과정'이 매우 중요한데, SF 소설에서는 그 과정은 간략한 설명으로만 대체된다.

대부분의 설화와 마찬가지로 〈원천강본풀이〉 역시 주인공의 성장이 서사의 중심이 되며, 이는 신격의 형성과 긴밀하게 연관된다. 오늘이는 애초 성도 이름도 나이도 모른다. 사람들은 오늘이에게 "너는 낳은 날을 모르니 / 오늘을 낳은 날로 하여 / 이름을 오늘이라고 하라."[19]고 했다. 생년월일이 없는 아이에게 사람들이 지어주는 자신에 대한 정보-이름은, 발견된 특정 날짜(예를 들어 사월이, 오월이)가 아닌 '오늘'이라는 점을 주목할 필요가 있다. 오늘이에게 사람들이 부여한 최초의 직능은 그 이름 '오늘'의 동시성을 구현하라는 것과 연관되는 것으로 보인다.[20] 지금, 여기에 있는 사

---

18 '오늘이'의 신격에 관한 논의는 신호림, 「원천강본풀이에 나타난 신격의 특징과 의미」, 『어문연구』 50(1), 한국어문교육연구회, 2022, 113-133쪽; 유정월, 「〈원천강본풀이〉의 운명관 연구-〈구복여행〉 설화와 대비를 통하여」, 『한국고전연구』 42, 한국고전연구학회, 2018, 245-271쪽; 고은영, 「〈원천강본풀이〉의 시간과 존재」, 『한국무속학』 42, 2021, 65-89쪽 참조.

19 〈원천강본풀이〉 박춘봉 본은 이복규, 양정화 역, 『한국의 신화』, 민속원, 2017, 264-273쪽 참조.

20 독일 철학자 에른스트 블로흐(Ernst Bloch)는 사회적 갈등의 원인으로 사람들이 서로 다른 시대를 살고 있기 때문이라 진단하며, "모든 사람들이 동일한 현재에 존재하는 것은 아니다. 그들은 오늘 보일 수 있다는 사실을 통하여 외형적으로만 동일한 현재에 존재할 뿐이다."라고 했다. 다른 시대에 존재하는 사회적 요소들이 같은 시대에 공존하는 현상을 블로흐는 '비동시성의 동시성(The

람들이 당장 고민하는 바로 그 문제에 공감하고, 그 동시성을 관통하는 해법을 제시하는 것, 바로 그것이 오늘이의 역할이라고 해석할 수 있겠다.

오늘이는 여정에서 만나는 여러 존재에 의해 새롭게 구성되고, 변화되어 간다. 옥황의 분부로 별층당에 갇혀 글만 읽는 장상이는 "왜 내가 밤낮 글만 읽어야 하고 이 성 바깥으로 외출하지 못하는지" 이유를 알아달라고 부탁하고, 연꽃나무는 "상가지에만 꽃이 피고 다른 가지에는 피지 않"는 팔자에 대해 물어달라고 부탁한다. 이무기는 "야광주를 셋이나 물어도 용이 못 되고 있으니 어쩌면 좋겠는가" 물어달라고 하고, 매일이는 항상 글만 읽고 읽는 자신의 팔자를 물어봐 달라 한다. 이 모든 부탁을 듣지만, 오늘이는 해결할 능력이 없다. 하지만 오늘이는 만나는 모든 이의 문제를 외면하지 않고 귀 기울이며 소중하게 간직한다. 이러한 오늘이의 태도는 다음 여정에서 실제 문제해결 능력으로 발현된다.

바가지에 구멍이 나 물을 긷지 못하는 시녀 궁녀가 오늘이에게 도와주기를 청하자, 처음에는 자신의 능력을 믿지 못하고 "옥황의 선녀가 못 푸는 물을 어리석은 인간으로서 어찌 풀 수 있느냐"고 거절을 하다가 정당풀을 베어 바가지의 구멍을 막고 송진을 녹여 칠하여 문제를 해결한다. 오늘이의 이러한 문제해결 능력은 처음부터 갖고 있던 것이라기보다 여러 존재를 만남으로써 다양한 경험을 내면에 온축해 발현될 수 있었던 것으로 보인다.

Contemporaneity of the Uncontemporary)'이라는 형용모순으로 설명했다(박설호, 『꿈과 저항을 위하여-에른스트 블로흐 읽기Ⅰ』, 울력, 2011).

원천강에 가서 부모님을 만나고 돌아오면서 오늘이는 장상이와 매일이를 만나게 해 그들의 운명을 바꾸고, 연꽃나무는 첫 가지를 떼어 다른 가지에 꽃이 피게 하였으며, 이무기는 야광주 두 개를 뱉으라 일러주고는 자신은 그 야광주와 연꽃으로 선녀가 된다. 오늘이는 자신과 장상이, 매일이, 연꽃나무, 이무기가 모두 연결된 존재임을 원천강에 다녀오는 과정에서 깨닫고 신격으로 좌정하는 것이다. 이렇듯 〈원천강본풀이〉는 관계를 통한 성장 서사라고 할 수 있다. 각자의 문제가 지금, 여기에 긴밀히 연결되어 있음을 알고, 오늘의 동시성을 구현하는 존재가 되었기 때문에 오늘이는 시간과 운명의 신이 된 것이다.

　　〈소셜무당지수〉에서는 '매일', '장상', 연꽃을 환기하는 고양이 '로투스'까지 〈원천강본풀이〉에 등장하는 인물의 이름이 그대로 쓰인다.[21] 장상의 누나는 뇌의 칩을 통해 세상의 정보를 검색할 수 있는 능력지수 "소셜 집단지능 지수"가 상위 0.2%여서 "현재 과학 지식으로는 이해할 수 없는 정보들"도 받을 수 있는 인물이다. 오늘이가 다른 존재들과의 관계를 통해 성장하며 자신의 능력을 발현시키는 존재라면, 장상의 누나는 애초부터 그런 능력을 지녔다는 점에서 차이가 있다.

　　그런데, 누나의 뛰어난 정보 검색 능력은 정부에 의해 통제된다. 정부는 사람들에게 "알 필요도 없는 정보를 걸러준다"는 명목으로 뇌의 칩을 리콜하고, "뇌의 칩을 다운그레이드 하지 않는 이

21　화자 '장상'의 누나가 작품에서 '오늘이'의 역할을 하는 인물로 보이지만 '오늘이'의 이름은 작품 문면에 드러나지는 않는다.

들은 사회부적응자"로 분류해 취업도 불가능하게 했다. 누나는 사회 주변부로 밀려나면서도 뇌의 정보를 리콜하지 않고 '아카식레코드랩'이라는 신방(神房)을 차려놓고 '소셜집단지능지수'를 이용해 미래를 예측하는 일을 하고 있다. 뇌의 칩을 통해 얻은 정보로 습도와 이스라엘 테러, 대통령 귀국과 장상의 사랑을 연결해 내는 식이다.

정보나 소식을 사람들에게 연결해 주는 역할을 하는 장상의 누나는 오늘이를 연상시킨다. 오늘이는 길을 떠나 다양한 존재들과 실제로 접속함으로써 능력을 키워가지만, 장상의 누나는 국가가 통제하는 정보의 틈새로 다양한 생명체들로부터 생동하는 정보를 얻는다. 또한 장상의 누나는 "모든 슬프고 괴로운 일들은 바로 정보나 소식들이 사람들에게 제때 전해지지 않아서"라는 믿음을 가지고 슬프고 괴로운 일을 겪는 이들을 포용한다. 장상과 누나의 집은 폭력을 피해 도망 온 베트남 결혼이주민 여성 '매일이'와 고양이 '로투스', 다람쥐, 거북이 등의 '피난처'이기도 하다. 장상의 누나는 연결이 제한된 세상에서 어떻게든 다른 존재들과 새로운 연결을 시도하고, 이를 통해 현실의 문제를 해결하려고 한다.

장상의 누나는 하천 옆 동물들에게서 싱크홀에 대한 정보를 얻고 경찰서가 무너지기 전에 사람들이 대피하게 하는 등 적극적 문제 해결자의 역할을 한다. 하지만, 현실의 누나는 여전히 국가의 관리 대상이다. 사회부적응자 낙인과는 별개로 싱크홀 사건 해결 이후 국가기관 연구소의 연구 대상이 되는 것이다. 여전히 정보는 거대한 권력에 의해 통제되고, 그리하여 오늘의 동시성도 온전히 구성되기 어려운 시대인 것이다.

> "국가기관 연구소 분들이야. 싱크홀과 여러 예측을 성공한 나를 연
> 구하신대."
> 누나는 실험동물이 된 것이 뭐가 좋은지 희희낙락이었다. (중략) 연
> 구원들을 보는 누나의 표정을 보니 소셜무당지수 덕분에 이미 연
> 구원들에 대해서도 많은 것을 알아낸 모양이었다. 연구 대상이 누
> 나인지 연구원들인지 알 수 없는 일이었다.[22]

그런데, 작품에서 누나는 자신이 연구 대상이 된 사실을 즐기
며 도리어 연구원들을 연구 대상으로 만들어 버린다. 다양하게 접
속하는 존재, 그들의 경험과 연결망을 통해 장상의 누나는 그 성
장의 원동력을 계속해서 제한받는 존재이지만 불안해하거나 포기
하지 않는다. 여전히 다양한 존재들을 포용하면서 시스템의 통제
를 비껴간다. 〈원천강본풀이〉 오늘이가 관계를 통해 획득한 정보
전달 능력을 사람들에게 베푸는 존재라면, 〈소셜무당지수〉 장상
의 누나는 시스템의 틈새에서 다양한 존재들과 협력하며 정보를
얻고 이를 전달하는 존재이다. 제도적 통제 시스템에 포획되지 않
는, 시스템 너머에 존재하는 신성의 가능성을 보여주는 인물이라
하겠다.

---

22 켄 리우 외, 앞의 책, 395-297쪽.

2.2. 종말 이후의 차가운 신성 - 삼승할망/산신

〈홍진국대별상전〉의 작가 이경희는 "'마마신' 혹은 '대별상'
이라 불리는 존재에 대한 설화들을 중심 모티프로 활용했다."라
고 '작가 후기'에서 밝히고 있다.[23] 천연두 신인 마마신은 '손님네',
'손님마마', '명신손님', '호구', '별상', '별성', '대별상마누라' 등으
로 불리며, 사람들은 제석신과 칠성신, 조상신, 성주신 등과 더불
어 마마신을 중요하게 모셔 왔다. 이 천연두 신에 관한 서사는 전
국적으로 발견되지만, 제주도에서는 〈마누라본풀이〉라는 독특한
변이형으로 전승된다.[24] 제주도 큰굿 초감제에서 부르는 마마신에
관한 서사 〈마누라본풀이〉는 삼신 신화인 〈삼승할망본풀이〉에 이
어 연행되는데, 이 〈삼승할망본풀이〉는 〈마누라본풀이〉와 깊이 관
련된다. 굿의 연행에서 이들은 연결되어 불리므로 실제로 〈마누라
본풀이〉는 독립적 서사로 인식되기보다는 '삼승할망', '저승할망',
'마마신'에 대한 복합적 신화로 파악된다. 또한 육지의 마마신 서
사 〈손님굿〉에서는 주인공이 마마신이지만, 〈삼승할망본풀이〉에
이어 불리는 〈마누라본풀이〉의 주인공은 마마신이 아니라 마마신

---

23 위의 책, 495쪽.

24 손님굿의 전국적 전승 양상은 홍태한, 「손님굿 무가 연구」, 『한국민속학보』 10,
한국민속학회, 1999, 145-165쪽 참조. 손님굿의 질병신화적 분석은 신동흔,
「코로나 위기에 대한 신화적 · 인문학적 성찰: 〈손님굿〉 신화 속 질병신의 속성
과 인간의 대응을 중심으로」, 『통일인문학』 83, 통일인문학연구단, 2020, 167-
226쪽 참조. 제주도의 〈마누라본풀이〉의 전승의 특성에 관해서는 정재호, 「〈마
누라본풀이〉의 전승 맥락과 서사 구성 원리」, 『고전과 해석』 26, 고전문학한문
학연구학회, 2018, 69-96쪽 참조.

을 퇴치하는 '삼승할망'이라는 점이 특이하다.[25]

그중에서도 가장 나를 매혹시켰던 이야기는 '산신'과 관련한 일화다. 아이를 잉태시키는 존재인 산신은 어느날 단지 여자라는 이유로 마마신에게 모욕당한다. 산신은 마마신에게 후회할 것이라 경고하지만 마마신은 이를 웃어넘긴다. 훗날 시간이 흘러 마마신의 부인이 아이를 갖게 되자 기묘한 일이 벌어진다. 열두 달이 넘도록 아기가 태어나지 않는 것이다. 그제야 마마신은 산신 앞에 엎드려 자신의 무례를 사죄하지만 산신은 무심히 마마신의 등을 밟고 지나가 버릴 뿐이다.[26]

이경희 작가는 '작가 후기'에서 이 신화에서 가장 주목한 지점이 마마신과 산신(產神)의 대결 구도라고 밝히고 있다. 작가는 마마신을 제압하고 '무심히' 마마신을 지나치는 산신(삼승할망)의 모

---

25 이는 육지의 신화가 마마신을 주인공으로 삼아 질병신의 성격을 기술하는 것과 차이를 보인다. 동해안 〈손님굿〉의 마마신은 그를 믿고 정성을 다하는 이들에게는 건강과 복을 주는 존재다. 무례한 사공의 자식과 자신을 박대한 김장자의 자식은 죽이고, 자신을 환대한 노고할미의 자식과 잘 배웅한 영웅선생의 자식들에게는 건강과 복을 주는데, 이러한 위력을 통해 마마신은 신의 권능을 드러낸다. 그러나 제주도의 마마신 대별상은 남성으로 나타나며, 삼신인 삼승할미에게 굴복해 퇴치되는 존재로 나타난다. 정재호는 〈삼승할망본풀이〉와 〈마누라본풀이〉를 비교하며, 산육신인 삼승할미는 저승할망이자 질병신인 동해용왕따님애기를 배척하지 않고 포용하며 굿을 통해 모셔지게 하는 반면, 마마신은 굴복시키고 배척함으로써 산육신으로서의 위상을 공고히한다고 했다. 그 이유로 저승할망은 토착 질병신이지만 마마신은 외부에서 유입된 신격이어서 육지와는 다른 방식으로 천연두에 대응했다고 보았다. 정재호, 위의 글 참조.

26 켄 리우 외, 앞의 책, 495쪽.

습에 매혹되었다고 고백하는데, 이를 통해 이 둘의 관계가 〈홍진국대별상전〉의 주요 대결구조가 될 것임을 예측할 수 있다. 제목에 '대별상'이 드러나고 있어 이야기의 주인공이 마마신 '대별상'인 것처럼 보이지만, 이야기는 실제로 산신(産神) '산'을 중심으로 전개된다. 〈홍진국대별상전〉을 살피기 전에, 제주도 〈마누라본풀이〉에서 나타나는 삼승할망의 모습을 짚어보자.

> 옛날 옛적 할마님이 인간(人間)에 신ᄂ릴 때 만민ᄌ손(萬民子孫)에 생불을 주저 할 적 ᄒ를 천멩 생불(生佛)을 주고 ᄒ를(一日) 만멩 환생(還生)을 줄 때 할마님이 서천강ᄃ리(西天江橋)를 나가 보니 ᄉ도전거리가 근당(近當)ᄒ난 (1)앞의 영끼(令旗) 뒤원 몸끼 영서끼(令司旗) 파랑당돌영끼 벌런뒷계(別輦獨轎) 쌍가메(雙駕馬) 삼만관속(三獻官屬) 육방하인(六房下人) 거느리고 인물도감책(人物都監冊) 아늠 ᄀ득 안아 만민(萬民) ᄌ손(子孫)에 호명을 주저 대별상이 ᄂ려왐고나. (2)할마님이 공손(恭遜)이 양무릅(兩膝) 꿀리고 열손(十手)을 마주 붙여
> "대별상님아 저가 생불을 주고 환생을 준 ᄌ손에 고온 얼굴로 호명 허여 주십서."
> 대별상이 그때에사 붕에눈(鳳眼)을 버립뜨고
> "이게 어떤 일이냐! (3)예성(女性)이라 ᄒ는 건 꿈에만 시꾸와도 새물(邪物)인디 남ᄌ(男子)의 대장부 행찻질(行次路)에 사망(邪妄)ᄒ 예성(女性)이라 ᄒ게 웬일이냐? 괘씸ᄒ다." (중략) 대별상이 생각ᄒ니 (4)"남ᄌ(男子)의 대장부가 어찌 예성(女性)을 청하레 가리야, ᄒ주마는 마누라가 죽게 뒈염시니 ᄒ번 가보저." (5)백망근(白網巾)에

백도폭(白道袍)에 마부(馬夫)를 거느리고 몰(馬)을 탄 멩진국을 들
어가 할마님 앞의 근당(近當)ᄒ뒈, 할마님이 눈도 걷어뜨지 아니ᄒ
난 훌 수 엇이 대별상은 이잇돌 알로 양무릅(兩膝)을 꿀고 업대ᄒ
니 그제사 할마님이 말을 ᄒ뒈, "날 너의 집의 청ᄒ고 싶으거들랑
어서 바삐 돌아강 (6)대공단고칼로 머리 삭삭 가까두고 ᄒ 침 질른
굴송낙 둘러쓰고 두 귀 노른 굴장삼(長衫) 둘러입엉 멘보선 바랑에
이이 알로 왕 업대ᄒ민 내가 가리라." (중략)
"그만ᄒ난 하늘 노프고 땅 ᄂ자운 줄 알겠느냐? 뛰는 제주가 좋댕
허여도 ᄂ는 제주가 싯젠 허여라."
"예 과연 잘못허엿수다." (중략)
할마님이 은찔 ᄀ뜬 손으로 허리를 삼ᄉ번(三番) 씰어 ᄂ리우난 구
애문이 율려가고 환생(還生)을 시겨올 적[27] (밑줄 필자)

동해안 〈손님굿〉이나 제주도 〈마누라본풀이〉 모두 대결 구도
는 있지만, 〈손님굿〉에서는 마마신과 인간, 〈마누라본풀이〉에서는
삼신인 삼승할망과 마마신 대별상의 대결이 나타난다는 점이 다
르다. 위 예문에서 삼승할망은 화려한 행차를 꾸리고 온 대별상에
게 "공손히 무릎 꿇고 두손 모아" 아이들이 마마에 얼굴이 얽지 않
게 해달라고 부탁한다(2). 자신이 점지한 아이들을 위해서라면 삼
승할망은 체면을 돌아보지 않고 별상을 "별상님"이라 극존칭으
로 부르며 "고온 얼굴로 호명허여 주십서."라고 예를 다해 부탁한
다. 그런데, 이러한 부탁에도 대별상이 "새물(邪物)", "사망(邪妄)"이

---

27 현용준, 『제주도무속자료사전』, 신구문화사, 1980, 119-121쪽.

라는 발언으로 할망을 욕보이고 할망이 부탁한 아이들의 얼굴을 "대별상의 풍운(風雲)으로 두용박"을 만들어 놓자, 삼승할망은 대별상의 부인인 '서신국 부인'에게 태기를 주고 해산하지 못하도록 만든다. 이후부터 삼승할망은 대별상에게 (6)에서 보이듯 머리를 밀고, 출가자 차림인 송낙에 장삼 입고 맨발로 아래에 엎드리라고 하며 대결한다. 삼신의 직능과 권한에 대한 인정과 복종을 요구한 것이다. 결국 위세의 대결에서 삼승할망은 승리한다.

　그러나 삼승할망은 자신이 점지한 아이들에게 더 가혹한 마마를 내린 대별상처럼 그의 아이에게 똑같이 복수하지 않는다. 할망은 대별상의 사과를 받아내는 것으로 만족하고 대별상의 아내가 순산할 수 있도록 도와준다. 삼승할망은 "은결같이 고운 손으로 서상국부인의 배를 삼세번 쓸어내려"주고 아이를 되살린다. 결국 삼승할망이 자신의 우위를 확인하고 삼신으로서의 자신의 본래 역할을 해내는 것으로 〈마누라본풀이〉는 마무리되고 삼승할망은 굿에서 모셔지게 된다. 삼승할망의 위상은 대별상과의 대결에서 확고해지지만, 그 신성은 본질적으로 생명을 살려내고 온전히 보전하는 데서 확보된다.

　삼승할망과 대별상의 대결에 주목한 이경희 작가는 〈홍진국대별상전〉에서 삼승할망의 직능을 맡은 '산'과 산이 점지한 '별상', 그리고 별상을 임신하고 출산하는 '마고'를 만들어 냈다. 산신(産神)인 '산'은 유전자의 조합으로 '애기 씨'를 만들어 마고의 자궁에 주삿바늘을 집어넣는 것으로 생명을 점지한다. 그런데 '산'은 아이에게 혼백이 있다고 믿는 마고와 달리 "생명은 오로지 산신의 손으로 빚어낸 물질의 조합일 뿐"이라고 생각하며, "오직 자신의 지혜와 손재주만을 믿"으며 제품을 생산하듯 생명을 제조해 낸다.

> "이리 크게 숨을 뱉으시면 아이의 혼백이 날아갑니다."
> "혼백이란 없는 것이다. 생명은 오로지 산신의 손으로 빚어낸 물질의 조합일 뿐이니." (중략) 마고는 위로하듯 부드럽게 산의 얼굴을 끌어당겨 입을 맞추었다.
> "그대와 내가 한 짝이며, 우리의 정이 이 아이를 잉태한 것입니다."
> 마고는 거대한 몸을 뒤척이며 자신의 배를 쓰다듬었다. (중략) 산은 오직 자신의 지혜와 손재주만을 믿을 뿐 미신을 신봉하지는 않았으므로, 주술이 허물어지는 것을 크게 신경쓰지 않았다.[28]

작품에서 '산'의 모습은 마고와의 관계에서 우위에 있는 것처럼 보인다. 마고는 산에게 항상 존대하지만, 산은 마고에게 아랫사람 대하듯 하게체를 쓴다. 산은 스스로를 "여인"으로 지칭하거나 "치맛자락을 움켜쥐고" 같은 표현에서 산의 성별을 여성으로 유추할 수 있지만, 말투나 행동 방식 등에서는 출산을 담당하는 신인 마고와는 달리, 그 성별을 여성이나 남성으로 단정하기 모호한 측면이 있다. 산은 마고와의 관계에서는 마고의 사랑을 일방적으로 받는 대상이고, 세상을 변혁하려는 목적을 위해서는 어떤 방법도 감수할 수 있다고 생각하며 감정에 쉽사리 휘둘리지 않는 냉철한 인물이다. 무엇보다 자신이 점지한 아이들을 자신의 목적을 위해 희생시킨다는 점에서, 삼승할망이 생명을 대하는 태도와 차

---

28 켄 리우 외, 앞의 책, 407-408쪽.

이를 보인다.

산은 핵폭발로 방사능에 오염된 '원개' 외부와 우주의 궤도를 통제하는 성주에 대항해 자유를 위한 혁명을 준비하는데, 그 혁명의 도구로 만들어진 존재가 바로 '별상'이다. '강화아기'처럼 치밀하게 기획된("너는 내 평생 쌓아올린 모든 것이다. 홍진국 백성들의 형질을 모두 모아 네 씨앗에 담았다.") 별상은 산에 의해 강하게 길러진다.("괜찮다. 너는 고통을 겪을수록 더 단단해진다. 내가 그리 설계하였으니.") 혁명을 위한 도구 '대별상'이 자신의 계획과 달리 쌍둥이로 태어나자, 산은 쌍둥이 중 하나의 목숨을 직접 "단숨에" 끊어내고, 별상의 능력치를 끌어올리기 위해 자신이 만든 다른 아이들을 동원해 별상에게 폭력을 가하기도 한다. 산은 별상뿐 아니라 자신이 점지한 '윤희', '강목', '성덕'이 원개 바깥 백 번째 구덩이에 도착하기 전에 죽을 것을 알면서도 별상의 성공을 위해 그들을 외면하는 인물이다. 자유로운 세상을 위해 혁명을 준비하는 '산'은 변혁을 위해서는 자신의 아이 별상이 세상을 미워하도록 가르치며 결국에는 별상을 없앨 방안까지 직접 마련한다.

삼승할망이 산신(產神)으로서 자신이 점지한 아이들을 끝까지 책임지고 살려내려고 한 것과 달리, 〈홍진국대별상전〉의 '산'은 자신의 아이들을 자신의 목적 실현을 위한 도구로 이용한다. 삼승할망은 어떤 생명도 자신이 점지한 것이니 소중히 여기고, 살아 있는 동안 무탈하기를 바라며, 이를 위해 자신의 체면도 버릴 수 있는 신이다. 그러나 〈홍진국대별상전〉에서 '산'은 자신의 목적에 맞게 유전자를 배치하고 조합해서 생명을 만들어 내며, 이를 도구로 활

용한다. 이는 작품이 표방한 장르적 특성-포스트 아포칼립스[29]와
도 연관이 있는 것으로 보인다. 지배욕과 권력욕, 물질에 대한 탐
욕으로 문명을 파괴하고 이를 반복하는 인간의 모습을 응징하기
위해서 포스트 아포칼립스 시대의 산신(産神)은 생명에 대한 감정
적 지지나 사랑을 거두게 된 것이다.

'별상'은 '산'의 계획 실현을 위해 만들어진 존재다. 그는 한
달 만에 걷고, 일 년 만에 말과 글을 깨쳤으며, 세 살에 풍부한 학
식을 갖추었다. 다섯 살부터 학당에 다니며 관례를 치르고 어른이
되라는 산의 말을 따라 성장한다. 〈홍진국대별상전〉에서 대별상
은 역병을 퍼뜨리는 존재가 되지만, 이는 사실 산이 그를 원개 바
깥으로 보냈기 때문에 방사능에 오염되어 그리 된 것이다. 산이 혁
명의 시간을 앞당기기 위해 별상을 빨리 자라나게 했기 때문에, 별
상은 강인한 몸을 지녔지만 내면은 어린아이에 불과했다. 자신을
낳은 마고에 대한 애착에서 벗어나지 못하고, "나는 잠시 당신의
사랑스러운 뱃속에 들어갔다 나온 존재일 뿐"이라 하며 자신을 낳
아준 마고와 혼인까지 감행하고, 결국 비극을 초래하게 된다.

'마고'는 자기 몸에 '애기 씨'를 넣어 임신하고 출산하며 양육

---

29 포스트 아포칼립스라는 단어의 어원은 '아포칼립스(Apocalypse)', 묵시록이라는
   뜻으로 성경의 요한 묵시록에서 따왔음을 알 수 있다. 포스트 아포칼립스 장르
   에서의 세상은 성경의 묵시록에서 예언하는 것처럼 모든 인간 문명이 파괴된
   세상이다. 세상에 대한 종말은 성경에서뿐만이 아니라 다른 종교의 예언서에도
   언급되는 내용으로, 매우 오래전부터 상상되어 온 장르라고 볼 수 있다. 포스
   트 아포칼립스란, 묵시록적 사건 이후의 세계를 이야기하는 SF의 하위 장르로
   서, 주로 3차 세계대전, 전염병, 컴퓨터의 반란 등과 같은 묵시록적 사건 이후의
   세계를 다룬다.(김준양, 『이미지의 제국: 열도 위의 애니메이션』, 한나래, 2006,
   354쪽.)

까지 책임지는 신격으로 묘사된다. 원래 삼승할망은 생명 점지와 출산, 무탈한 성장을 모두 관장했다. 그런데 〈홍진국대별상전〉에서는 생명을 점지하는 존재와 출산하는 존재를 구분하고, 산과 마고 사이에 위계를 설정해 마고를 잉태와 출산을 위한 몸을 가진 존재로 그리고 있다. 거대한 몸집에 여섯 개의 가슴을 가진 신적 존재 마고는 현실에서 산 없이는 생활을 영위하기 힘들어 이웃에 젖을 팔아 얻은 쌀로 자신이 낳은 별상을 기르는 존재다. 그는 결국 자신이 낳은 별상의 요구대로 그와 혼인하고 별상의 아이를 임신하지만, 방사능에 노출된 별상의 독을 받아 뱃속의 아이와 함께 죽는다.

결국 〈홍진국대별상전〉은 산신(産神) '산'이 도덕적 타락과, 탐욕, 폭력이 극에 달한 세상에서 지배를 정당화하고 폭력성을 은폐해 온 권력자 성주에 대항해 기존의 질서를 재편하는 영웅 서사로 볼 수 있다. 그러나 산신(産神)이라는 여성 신격 측면에서 보면, 미래 세계의 생명에 관한 비극적 전망을 다루는 서사이다. 성주와 별상이 이기심과 탐욕으로 반복해 자행하는 폭력과 파괴의 행태를 보면서, 포스트 아포칼립스 시대 삼신은 결국 자신이 점지한 생명마저도 냉정하게 심판할 수밖에 없음을 보여주는 것이다.

2.3. 신성 배제와 위험에 처한 여성 신체 – 설문대할망/거인 소녀

남유하 작가의 〈거인 소녀〉는 〈설문대할망〉을 모티프로 한 SF 소설이다. 작가는 "거인 할망, 힘을 가진 여성이 왜 이토록 외면받거나 끔찍한 죽음을 맞이해야 했을까?"[30]라는 의문에서 시작하여 "너무 커져 버렸기 때문에 사회에서 배척당하는 소녀들, 다르다는 이유로 세상에서 고립된 아이들의 이야기"를 쓰고 싶었다고 밝혔다. '거대함'이 다름으로, 다름이 분리와 통제, 배제로 연결되는 인식을 작가는 문제 삼고 싶었던 것으로 보인다.

'선문대', '선문데', '선맹뒤', '설문대', '설명두', '세명뒤', '설명지', '할망', '마고할망', '사만두고(沙曼頭姑)', '설만두고(雪曼頭姑)' 등으로 불리는 설문대할망은 태초의 창조신이었을 가능성이 매우 높다. 그러나 남성 중심의 질서가 자리 잡으면서 신화 체계는 변화를 겪을 수밖에 없었고, 설문대할망 또한 남성에게 창세신의 자리를 넘겨주고 전설의 일부로 남게 되었다. 남아 있는 설문대할망 전설의 대부분에서 설문대할망은 희화화되는데, 창세신이 전설의 주인공으로 몰락해 간 과정에는 이 거대하고 힘센 여신에게 가해진 물리적, 인식적 시련이 은폐되어 있을 것으로 보인다.[31] 다음 18, 19세기의 기록에는 설문대할망을 믿음의 대상으로, 신성한 존재로 숭배했던 양상을 파악해 볼 수 있다.

바다에 표류하던 제주민 "백록선자님 살려주소, 살려주소. 선마선파(詵麻仚婆)님 살려주소 살려주소.""옛날에 선마고(詵麻姑)가 걸

---

30 켄 리우 외, 앞의 책, 174쪽.

31 설문대할망 전승의 특징에 관해서는 김혜정, 「설문대할망 설화의 전승 양상과 신적 성격-마고할미 설화와 비교를 중심으로-」, 『우리어문연구』 63, 우리어문학회, 2019, 93-126쪽; 조현설, 「마고할미, 개양할미, 설문대할망-설문대할망 전승의 성격과 특징에 대하여」, 『민족문학사연구』 41, 민족문학사학회, 2009, 140-173쪽 참조.

어서 서해를 건너와서 놀았다."

- 장한철, 『표해록』, 1771년 1월 5일 기사

옛날에 '사만두고(沙曼頭姑)'라는 신녀가 있었는데, 키는 거의 하늘에 닿았고 손은 한라산 꼭대기에 걸치고 발은 바다에 담가 물결로 장난했다. 항상 혼잣말로 "이 사람들이 내게 옷 한 벌을 지어주면 나는 분명 육지에 다리를 이어 건너다닐 수 있게 할텐데."라고 했다. 그러나 온 섬 사람의 힘을 다해도 끝내 그 옷을 짓지 못해 다리는 결국 이루어지지 못했다. 제주도 동쪽 신촌에 거인의 발자취가 바위에 남아 있는데, 지금까지 '만고(曼姑)'의 발자취라고 한다.

- 이원조, 『탐라지본초』(1843),
제주대학교 탐라문화연구소 영인본, 1989.

위의 기록에서 단편적으로 남아 있기는 하지만, 18세기까지 설문대할망은 뱃사람들을 살려줄 수 있는 신성한 존재로 신앙의 대상이 되었음을 알 수 있고, 19세기 자료에서도 '신녀(神女)'로 묘사되어 여전히 그 신성성이 유지되었던 듯하다. 그렇지만 대다수의 전설에서 설문대할망은 사람들에게 옷을 요구하거나 잘난 척하다가 물에 빠져 죽는 부정적 모습으로 나타난다. 오름과 섬, 나무와 풀, 물고기를 포함한 천지를 창조해 낸 설문대할망의 신체는 이야기 속에서 그 거대함을 유지하지만, 사람들은 그를 신기하게 여길지언정 신성하다 숭배하지는 않는 것이다. 설문대할망의 거대함은 아래 각 편에서 그 생식기(음부)의 거대함으로도 이야기되는데, 사람들은 설문대할망을 생명, 자연을 낳는 거대한 초월자의 모습으로 신성시하는 것이 아니라, 그 거대한 생식기에 초점을 두어 대상화한다.

설문대 할망이 잇어나십주(있었읍지오).

원 그건 모릅주.[32] 거 뭐, 비단 백필만 허영 소중기[33] 맹들어 주민(만들어 주면) 추ㅈ.도.ㅱ지 ᄃ리(다리) 놔 주멘(놓아 주마고) 허였다고.

주문ㅎ.단 훈 필이 부족하여서[34] 못허여 주니 걸[35] 곧 다리 놓기를. 아이 허여 줘 부렀다고.

겨니(그러니) 설문대 할망이 경허여도(그리해도) 족은장오리[36]에는 빠전죽었다고 ㅎ.니 족은장오리가 원 그렇게 짚은가(깊은가) 모르겠어, 그렇게.

한라산 머릿박ㅎ.고[37] 사ㅅ(泗水)ㅎ.고 추ㅈ(楸子島)는 발 걸치고 허연 눠난(누웠던) 할망(할머니)이라고 ㅎ.니, 허허허. 엉뚱흔 할망이주.

그 할망이 경 허였주계(그리 했지요). 한라산 우의(위에) 가가지고 ᄋᆞᆼ(이렇게) 가달(다리) 벌견(벌려서) 오줌을 싸는디, 포수가 각록(角鹿)덜을, 사슴덜을 다울려가지고(몰아서) 총으로 쏘을랴고. 거, 굴

---

32 그 이야기가 사실인지 아닌지는 모르지오의 뜻.(원문 각주)

33 여자의 속옷의 일종.(원문 각주)

34 온 도민이 힘을 모아 비단을 모았으나 한 필이 부족해서.(원문 각주)

35 그것을.(원문 각주)

36 한라산 허리에 있는 물 이름.(원문 각주)

37 한라산을 베개 삼아 머리를 베고의 뜻.(원문 각주)

속에 곱아 부러(숨어 버려).³⁸ 어, 보니, ㅇ(이렇게) 보니 엉큼흔 할망인디, 할망(할머니) 그디³⁹가 들어가 부렸어, 각록이. 하하하하.
[조사자 : 각록이?] 각록이. 들어가 근지러와가니 오좀 싸니 것이(그것이) 내가 뒈였다고. [조사자 : 아, 아, 아.]
설문대 할망이 크긴 커난(컸던) 모양이라 양. 각록 ㅇ나문(여남은) 개가 그디(거기) 들어가게쿠름. 허허허허. [현원봉 : 엣, 말도. 허 허 허.]⁴⁰ (밑줄 필자)

위 예문에서 구연자는 설문대할망을 '자신이 요구한 비단이 부족하다고 다리를 놓아주지 않은' 인물이자 '한라산에 머리를 두고 추자도에 발이 닿을 만큼 큰 몸집을 지녔지만 죽은장오리에는 빠져 죽은', 그래서 뭔가 앞뒤가 맞지 않아 "엉뚱한" 존재로 인식한다. 더 이상 설문대할망의 서사는 자연물을 창조하는 신성 존재의 이야기가 아닌 것이다. 남성 구연자와 청자들은 설문대할망을 신성한 창조신이 아니라 이질적-비정상적 신체를 지닌 여성으로 대하며 이야기를 음담으로 희화화하여 소비한다.

설문대하르방이 잇어낫쥬(있었었거든). [김영돈: 설문대하르방도 잇어마씸?] 설문대할망이 이신디(있는데) 하르방이 웃입니까. 할망이 이시민 하르방이 잇쥬. 하르방이 잇다가,

---

38 포수가 잡을려고 하니 사슴들이 굴 속으로 도망쳐 숨어 버렸다는 말.(원문 각주)
39 거기. 곧 설문대 할망의 성기 속에.(원문 각주)
40 한국정신문화연구원, 『구비문학대계 9-1』, 1980, 201-202쪽.

"궤기(고기)가 꼭 먹고 싶다."

고. 할망이 ᄒ는(말하는) 말이,

"한라산 꼭대기에 강 잇다가 나 말대로만 ᄒᆸ서(하십시오)."

갓어. 갓는디 하르방 보고,

"당신이랑 한라산 꼭대기에 가저 대변 보멍(보면서) 그것으로 낭
(나무)을 막 패어 두드리멍(두드리면서) 오줌을 작작 굴깁서(갈기
십시오). 굴기면은 산톳(멧돼지)이고 노루고 다 잡아질 텝쥬(터이지
요)."

아닌게아니라, 이영햇더니(이리했더니) 산톳이고 노루고 막 도망가.
할망은 자빠젼 누워 잇엇댄(있었다고). 비부름 피ᄒ젠(피하려고.) ᄒ
단 그것들은 할망 그디(그곳, 陰部) 간 믄딱(모두) 곱안(숨었어). 곱
으니(숨으니) 이젠 그것들 잡아단(잡아다가) ᄒᆫ 일년 반찬 ᄒ연 먹
엇댄(먹었다고) ᄒ여.⁴¹ (밑줄 필자)

위 예에서 설문대할망의 신체(음부)는 남편을 위해 사슴이나
잡는 도구로 전락한다. 더 이상 사람들은 이 거대한 여신의 창조
능력을 떠올리지 않는다. 설문대할망의 자궁은 생명을 탄생시키
는 근원으로서가 아니라 하루 끼니를 위해 생명을 가두어 잡는 비
루한 공간으로 전락한다. 아들들을 위해 죽을 끓이다 죽 솥에 빠
져 죽는 할망의 모습 역시 설문대할망에게 더 이상 창조적 생명을
관장하는 역할을 요구하거나 맡기지 않는 향유층의 변화된 인식
을 보여주는 사례다.

---

41 한국정신문화연구원, 『구비문학대계 9-2』, 1980, 710-714쪽.

SF 소설 〈거인 소녀〉는 어느 날 갑자기 외계인에게 납치된 여학생 '나(미아)'와 '솔이', '인주', '현서', '나희'의 이야기다. 이들 다섯 명의 소녀는 납치된 시간 동안 외계생명체를 임신하고, 그들의 신체는 태아를 보호하기 위해 하루아침에 어마어마하게 커진다. 갑자기 몸이 거대해지면서 나희는 목이 침대 틈에 끼어 죽고, 현서는 산부인과 검사를 받다가 죽는다. 아이들은 외계인 태아를 보던 산부인과 의사가 짓는 혐오의 표정을 보고 스스로를 괴물로 인식하고 절망하며 연구소에서 탈출한다.

　　그들은 친구를 질투하고 자신을 알아주지 않는다며 다투는 보통의 사춘기 여학생들이었다. 이 평범한 소녀들은 5교시 국어 시간, 교실에서 갑자기 납치되어 임신하고, 격리된다. 자신의 의지와 상관없는 일들이, 다만 그들이 자궁을 지니고 임신할 수 있는 존재라는 이유로 일어나게 된 것이다. 〈거인 소녀〉는 애초 작가가 문제 삼고 싶어한 거대함-남다름이 비정상으로 인식되는 현실을 다루고 있지만, 그보다 근원적으로 원치 않은 변화(거대화)가 어린 여성에게 폭력적으로 주어진다는 점에서 문제적이다. 다섯 명의 여학생은 '배란기'였기 때문에 납치된다. 그들 각자의 개성이나 의지, 꿈은 그들의 자궁을 도구로 삼는 무언가로부터 무시되며, 그 세력은 소녀들을 자신의 근거지에서 내몬다. 소녀들을 내모는 세력은 외계인, 연구원, 의사, 가족, 국가(군대)로, 소녀들을 제외한 세계 전체다.

　　〈거인 소녀〉에서 여성-소녀는 전인적 인격으로서가 아니라 임신, 출산의 생식 능력(생식-기계)으로만 유표화된다. 이러한 양상은 거대한 신체—팔, 다리—로 산과 바다를 창조한 설문대할망이 창조와 연결되지 않는 생식기(음부)와 배설 행위로만 소비되는 양상과 닮았다. 생명을 잉태하는 몸에 대한 최소한의 배려가 없다는 점, 임신 여성을 통제 대상으로만 보는 점, 비정상적 신체를 격리, 억압, 배제한다는 점 등은 오늘날 임신과 출산에 관한 사회적 시선과도 연관된다고 볼 수 있다.

3. 여성 신격의 새로운 지향

2장에서 제주도 설화의 신격과 이를 기반으로 만들어진 SF 소설 〈소셜무당지수〉(윤여경), 〈홍진국대별상전〉(이경희), 〈거인 소녀〉(남유하)가 재해석한 신격을 살펴보았다. 신화의 서사는 일반적으로 신성의 조건, 신격 좌정의 정당성, 신직의 가치 등을 구명하기 위해 조직된다. 신화를 바탕으로 만들어진 SF 소설 작품에서 여성 신격은 신화의 고유한 속성을 이어받으면서도 현실의 구체적 요청을 담고 있는 것으로 보인다. 여신의 흔적이 사라진 시대, 신성이 절실히 필요한 문제들을 해결하기 위해 SF 소설은 신화의 상상력을 소환한다.

다코 수빈(Darko Suvin)의 정의에 따르면 "SF는 소격과 인지가 대면하고 상호작용하며, 작가의 경험적 환경을 대체하는 상상적 틀이 주요한 형식적 장치일 것이 필요충분조건인 문학 장르"[42]다.

---

[42] 백과사전 해당 문서의 저자(브라이언 스테이블포드(Brian Stableford), 존 클루트(John Clute), 피터 니콜스(Peter Nicholls))에 의하면, 수빈이 말하는 "인지"는 합리적인 이해의 추구를 의미하며, 그의 소격 개념은 베르톨트 브레히트

신화를 기반으로 한 위 소설들은 과학 기술이 발전된 미래 사회를 배경으로 하고 있다는 점에서 환상성을 확보한다. 그러나 미래 사회에 소환된 신격은 무엇보다 현실적 요청에 의해 나온 것으로 보이며, 변화된 세계에서 독자들이 욕망하는 것이 무엇인지 분명히 보여준다. 3장에서는 차례로 SF 소설에서 재현된 여성 신격의 의미와 지향을 살피고자 한다.

3.1. 공존과 돌봄을 통한 존재의 연결

〈원천강본풀이〉의 오늘이가 길을 떠나 다양한 존재들과 만나면서 자신의 신성을 온축해 갔던 것처럼 〈소셜무당지수〉 장상의 누나 역시 관계 속에서 정보를 얻고 자신의 능력을 발현하는 인물이다. 다만 SF 소설 속 인물들은 자유롭게 공간을 이동하거나 자신의 능력을 마음대로 발현하는 데 제한을 받는다. 뇌의 칩을 리콜하라는 외부 세계(국가)의 제약을 받으며 주인공은 '아카식레코드랩'이라는 신방(神房)을 차려놓고 정보를 검색하고 분석해 다른 이들에게 전달하려 한다. '아카식레코드랩'은 제도권 내에서 자리 잡지 못한 인물들이 흘러들어오는 변두리 공간이다. 그곳은 색다르고 '수상'하다고 묘사되지만, 한편으로 '다정'하고 '편안'하며 '신나'는 공간이기도 하다.

가 개발한 소외 개념과 비슷하다. 즉 소재 제조 방법은 낯설어 보이면서도 인식 가능한 것이다. Brian Stableford, John Clute, and Peter Nicholls, "Definitions of SF", in John Clute, and Peter Nicholls, *Encyclopedia of Science Fiction*, Brown and Company, 1993, pp.311-314.

사실 이 동네는 좀 색달랐다. 다른 곳에서는 똠양꿍이나 훠궈니, 메뉴를 번쩍거리며 도도하게 서 있는 이국의 레스토랑들이 이곳에서는 조그맣게 어깨를 나란히 늘어서 있었다. 가격은 소박했고 인테리어는 다정했다. 서로 다른 나라에서 온 외국인노동자들이 자신들의 공통된 고향처럼 느끼는 곳이었다. 고양이와 개들도 자기 집 안방처럼 편안히 다니고 다녔고 밤에는 귀신들도 신나게 활보하고 다닐 것 같은 수상한 동네였다.[43]

주인공이 사는 동네의 건물은 "번쩍거리며 도도하게" 자기만을 내세우며 존재감을 과시하는 것이 아니라 "조그맣게 어깨를 나란히"하며 서로 어울리고 있다. 여기서는 외국인노동자, 개, 고양이, 심지어 귀신조차도 안방이나 고향에 있는 것처럼 편안할 수 있다. 주변 공간인 이곳이 편안할 수 있는 이유는 내국인과 외국인, 인간과 비인간 간에 경계를 짓거나 서로를 차별하거나 배제하지 않기 때문이다.

〈원천강본풀이〉의 오늘이가 마침내 도달하게 되는 '원천강'은 계절과 시간의 이치가 담긴 공간이다. 오늘이가 원천강에 이르러 신격이 될 수 있었던 이유는 길을 떠나 만나는 다양한 인물의 문제를 함께 고민했기 때문이기도 하다. 〈소셜무당지수〉 주인공은 〈원천강본풀이〉에서처럼 일련의 과정을 통해 순차적이고 점층적으로 성장하는 것이 아니다. 장상의 누나는 애초 소셜집단지능

---

43 켄 리우 외, 앞의 책, 369-370쪽.

지수를 타고난다. 그러나 그 지능을 드러내놓고 활용하지 못한 채 사회부적응자가 되어 변두리로 밀려나는데, 이 과정에서 자신의 능력을 발현할 조건을 마련한다. 획일적이지 않고 잡다하며 모든 것이 차별 없이 공존하는 이 공간은 이 시대의 '원천강'으로 제시된다.

> 이해할 수 있는 정보들만 좋은 정보들이 아니에요. 잡정보들도 다 사연이 있고 소중해요. 저는 모든 정보들을 평등하게 대하고 있어요.[44]

장상의 누나는 자신이 얻는 정보를 '잡귀들'이라고 규정하며 "큰 신 하나를 모시고 잡귀에 휘둘리지 말고 편히 생활"하라는 '천하보살'의 조언에 위와 같이 대답한다. 자기 기준에 따라 해석 또는 이해 가능한 정보와 이해 불가능한 정보를 구분하고, 여기에 다시 윤리적 평가를 가하는 방식은 우리에게 편리하게 느껴지지만, 그로 인해 많은 것을 놓칠 수 있다는 것도 사실이다. 〈원천강본풀이〉 오늘이는 자신이 만나는 다른 처지의 사람, 식물(연꽃), 비인간(이무기, 선녀)의 문제를 차별하지 않고 동등하게 대하며 함께 고민하고 이를 해결해 주었다. 그런데 〈소셜무당지수〉 장상의 누나가 정보 또는 다른 존재를 평등하게 대하는 방식은 천하보살이나 장상에게는 이해하기 힘든 것이다. SF 소설이 구현하는 환상성은 바로 이 지점에서 발생한다. 우리 시대의 접속은 이미 철저히

---

44 위의 책, 380쪽.

평가/구획되고, 제한/차단되어 있는 것이다. 편견 없이 무언가 또는 누군가와 연결되기가 점차 더 어려워지는 시대에 장상의 누나는 그 존재 자체가 환상성을 담보한다.

장상의 누나는, 남편의 폭력을 피해 도망친 결혼이주민 여성 '매일이', 상처 입은 고양이 '로투스', 길고양이, 동네 하천가에 버려진 다람쥐, 거북이 등을 외면하지 않고 자신의 공간 안에 받아들여 함께 지내며 이들을 구제하고 위로해 준다. '아카식레코드랩'은 이 변두리 공간에서도 상처 입은 존재들이 다시 도망해 올 수 있는 이중, 삼중의 피난처인 것이다. 그런데, 이 피난처는 장상이 매일이를 찾아온 남편과 실랑이를 벌이다 경찰이 방문하게 되면서 혼란스러워진다. 경찰은 집 안에 있는 동물들을 보고 야생동물 포획 혐의를 묻고, 매일이, 로투스, 장상이, 장상의 누나는 소란을 피웠다는 이유로 차례로 유치장에 갇히게 된다. 이들의 사정을 참작하지 않고 원칙만을 내세우는 공적 공간인 경찰서는 '아카식레코드랩'과 대척점을 이루는 곳이다. 결국 혼란에 빠진 경찰서는 싱크홀로 무너지게 되는데, 이는 돌봄의 대상이 되는 존재들을 처벌하기만 하려는 시스템의 분열적 태도에 대한 상징적 응징으로 읽을 수 있다.

하천 옆 동물들은 싱크홀로 경찰서가 무너지기 전에 장상의 누나에게 정보를 전달함으로써 많은 이들의 생명을 살린다. 전혀 연결될 것 같지 않은 존재들이 실은 긴밀히 연결되어 서로 영향을 주고 자신에게 지대한 영향을 끼치는 결과로 돌아온다는 〈원천강본풀이〉의 서사는 〈소셜무당지수〉에서 반복, 구현된다. 이는 우리 세계의 성장이 공존과 돌봄에 대한 인식 및 실천과 맞닿아 있다는 점을 보여준다.

3.2. 분노와 개혁을 통한 심판

이경희 작가는 자신의 작품을 리뷰하는 지면에서 〈홍진국대별상전〉을 "마마신 설화를 모티브로 한 포스트 아포칼립스"[45]라고 정의했다. '마마신'과 '포스트 아포칼립스'가 이 작품을 다루는 중요한 키워드가 되었음을 말해주는 지점이다. 포스트 아포칼립스는 "묵시록적 사건으로 인해 인류문명이 파괴된 세상을 배경으로 하여, 인류가 완전히 사라질지도 모른다는 절망 속에서 세계를 상대로 맞서는 영웅의 모험을 기본적인 신화로 삼는" 장르이다. 이 작품에서 묵시록적 사건이란 핵폭발 이후 원개 바깥의 공간이 오염된 것이다. 성주는 원개 바깥의 공간을 통제, 관리하며 권력을 유지하는데, 자신의 권력 유지에 위협이 되는 것을 제거하기 위해 모든 정보를 통제하고 공포정치로 평화를 위장한다.

거리에는 언제나 신기한 것들이 많았다. 무너진 담장 아래 부모를 잃고 바닥에 널브러진 아이들, 그런 아이들을 잡아가는 군졸들, 지워지지 않는 화약 냄새와 끈적한 핏자국들, 눈알을 파먹는 쥐 떼와 알을 낳는 파리 떼들. 길을 나설 때마다 매번 새로운 이름의 축제가 열리고 있었으나, 사람들의 얼굴은 그리 즐거워 보이지 않았다. (중

---

45 이경희, 「2020년 결산」, 『월간 안전가옥』, 2020. 12. (https://safehouse. kr/59e74ce7-63c3-4ede-a92b-d00a10437c13)

략) 누군가의 얼굴이 그려진 현판 아래에 사람들의 잘린 머리가 피를 뚝뚝 떨어뜨리며 장식물처럼 매달려 있었다. 그보다 한참 아래에선 발을 맞춰 걷는 군졸들이 총칼을 이리저리 휘두르며 사람들에게 호통을 쳐댔고, 그들의 발 아래엔 여인 하나가 낮게 웅크려 짐승처럼 짓밟히고 있었다.[46]

위 예문은 대별상이 산과 함께 마을 바깥의 풍경을 구경하는 장면이다. 거리에는 축제가 벌어지지만, 사람들의 것은 아니었다. 성주는 공권력을 동원해 무력으로 아이와 여인까지 제압하고, 호통치고 폭력을 가하며 죽이기를 서슴지 않는다. 그러면서 자신은 하늘 높은 곳에 궁전을 짓고 호화롭고 탐욕스러운 생활을 영위한다. 탐욕으로 타락한 권력자를 타도하고 사람들을 구하기 위해 점지되고 길러진 영웅 '별상'은 결국 성주를 죽이고 세상을 구원할 계기를 마련한다. 하지만 별상은 산의 의도와 달리 성주가 독점했던 부와 권력을 사람들과 나누기를 거부한다. 산은 충격을 받고 별상에게 총을 쏘지만 별상을 죽이기엔 역부족이었다. 별상은 스스로를 '대별상마마'라 부르기를 명하고 전횡을 부리다 마고까지 죽게 만든다. 결국 산은 '혜령'이라는 인물을 내세워 역신이 된 대별상을 사라지게 한다.

"허나, 어찌 내 잘못만을 논하고 그대들의 잘못은 모른 체 넘어가려 하는가? 근원을 따지고 들면 이는 모두 그대들의 조바심에서 비롯

---

46 켄 리우 외, 앞의 책, 417-419쪽.

한 것이다. 하루빨리 키워내라는 성화에 못 이겨 훈육할 틈도 없이 성장을 촉진했으니, 아이의 어린 마음이 어찌 측은지심을 이해하겠는가."

산은 앞으로 나서며 차가운 목소리로 선언했다.

"대별상이라는 괴물이 탄생한 것은 우리 모두의 책임이다." (중략)

"아니, 싸우지 않아. 나는 널 무시할 거야." (중략)

"며칠 전 홍진국 백성들이 모두 모여 한 가지 합의를 했어. 더는 너에게 굴복하지 않기로, 하지만 너를 힘으로 이길 수는 없으니, 대신 너를 상대해주지 않기로 약속했어." (중략)

"그래. 나 외에는 누구도 너와 눈을 마주치지 않고, 너의 응석을 받아주지도 않고, 너를 안아주지도, 너에게 말을 걸지도 않을 거야. 결국 외로움이 널 죽일 거야."[47]

산은 탐욕으로 가득 찬 독재자 성주에 대항할 무기 '대별상'을 만들어 내고 그를 무기로 기르는 과정에서 오염시켰으며, 오염된 대별상을 다시 물리친다. 신이 만들어 낸 인간이 지나친 이기심과 탐욕으로 세상을 파괴하고, 이를 바로잡기 위해 만든 새로운 인간마저도 같은 실수를 반복해 결국 세상은 종말로 회귀하는 아포칼립스를 반복 재현한다. 이러한 상황은 세계대전 이후 핵무기의 사용, 환경 파괴와 같은 인류의 궤적에 대한 은유이기도 하다. 같은 실수를 반복하며 자신의 근거까지 파괴해 나가는 인류에게 〈마누라본풀이〉 삼승할망에게서 보이는 무한한 지지와 사랑은 더 이상

---

47 위의 책, 484-490쪽.

산신으로서 생명을 책임지는 방식이 될 수 없는 것이다.

세상을 구원하기 위해 산이 만들어 낸 아이들-강목, 윤희, 성덕은 별상을 키워내기 위한 도구적 희생양이 되어 사라진다. 별상역시 성주를 상대하기 위해 산이 심혈을 기울여 탄생시킨 아이다. 그러나 그는 육체적 성장만 촉진해 측은지심 같은 인간의 마음을갖지 못한 채 반사회적 인격 장애를 지니게 되고, 결국 산에 의해제거된다. 위 예문에서 산은 정신과 육체가 균형을 이루지 못한별상의 성장에 대한 책임을 모두에게 요구하고 있는데, 물질적 외형적 성장에만 치우친 우리의 현실을 돌아보게 하는 대목이다.

인간의 불균형한 진화, 탐욕과 이기심이 반복되자 삼신은 더이상 자애롭게 자신의 아이들 대하지 않는다. 아이를 낳는 신적존재 '마고'가 정을 앞세우며 별상의 요구를 무조건적으로 들어주고 죽는 것과 다르다. 출산과 양육의 역할만으로 그 직능이 국한된 마고는 '사랑', '정'에 의해 움직이는 지극히 수동적이고 맹목적인 인물로 그려진다. SF 소설은 생명 자체가 도구화된 상태에서생명을 낳고 기르는 행위가 존중될 수 없음을, 자신이 점지한 인간이 탐욕으로 파괴적 존재가 되어갈 때 삼신마저도 인류를 외면하고 처단할 수 있음을 경고한다. 삼신의 신성은 본질적으로 생명을 살려내고 온전히 하는 데서 온다. 그러나 삼신의 자애가 모두에게 미치기를 바라기에는 지금 우리는 너무 엄청난 환경적 위기에 직면해 있다. 그래서 SF 소설 속 삼신은 기꺼이 자신이 점지한생명을 제거할 수도 있음을 경고한다.

3.3. 신성 소멸을 통한 재생산 위기 경고

선문대할망은 거대한 팔과 다리로 산을 이루고 물장구를 치며 바다의 지형과 생물을 만들어 냈다. 그렇지만 시간이 지날수록 사람들은 그의 생동하는 신체에서 신성함을 느끼는 대신 그 거대함에 비정상성을 부여했다. 특히 생명 창조와 연결되었던 여성 신체인 음부(자궁)만을 부각하여 희화화의 소재로 남긴 것은 신화의 시대를 거쳐 역사의 시대, 남성 중심의 사회로 시대가 변모하면서 생긴 궤적의 편린으로 보인다. 신화의 신성성이 탈각된 여신은 가부장 체계 안에서 철저하게 소모되고 배제되기 마련이다. 설문대할망은 전설 속에서 남편이나 아들들을 위해 먹을 것을 마련하다 죽는다. 신화의 시대를 지나며 설문대할망은 그 신성성을 잃고, 고달픈 현실의 위협 속에서 그 생명마저 온전히 영위하지 못하는 모습으로 그려진다.

거인 소녀들 역시 그들이 가진 가능성, 가치들은 탈각된 채, 오로지 자궁만 소유한 존재로 대상화된다. 소녀들은 자신의 신체에 관한 권리를 갖지 못한 채, 임신하고 달라졌다는 이유로, 그래서 다른 이들에게 해를 끼칠 가능성이 있다고 하여 사회에서 배제되어야 하는 존재로 취급된다. 〈거인 소녀〉는 미혼 또는 비혼 여성의 임신, 미성년 여성의 임신, 나아가 임신 자체를 바라보는 사회적 시선을 다루는 작품으로 볼 여지가 있다. 여성이 그 신체적 특성으로 겪게 되는 임신, 출산의 문제는 신화에서는 생명을 낳는 신성한 과정으로, 그로 인해 신성 존재로 좌정할 수 있는 조건으로 여겨졌다. 그러나 선문대할망의 경우에서도 보이듯 신화의 시대가 지나고 여성의 생식에 대한 인식이 사회, 경제적 조건과 연결되어 결정되면서 많은 것이 변화했다. 생명을 잉태하는 신성한 존재가 외부의 위협으로 인해 그 정체성과 신성을 상실하게 되는 위험은 신화시대 이후 중세와 근대를 지나서도 여전히 유효하다. 〈거인 소녀〉는 출산율 0.72명 시대에 오기까지,[48] 우리 사회가 여성의 신체에 가한 위협과 여성이 느끼는 소외와 공포를 상징적으로 보여주는 작품으로 읽힌다.

> 그들이 떠났다. 우리를 물속에 버려두고. 그들은 우리를 커다란 비눗방울 같은 막에 넣고 바다에 던졌다. 우리는 투명한 막 속에서 몸부림치다 정신을 잃었다. 우리가 물 위로 떠오른 것은 그들이 대기권을 완전히 벗어난 후였다. …… 우리, 나와 함께 납치된 네 명의 아이들은 알몸으로 바다 위에 떠 있었다. 수치심을 느낄 틈은 없었다.[49]

평범한 소녀들은 교실에서 갑자기 외계인의 우주선에 납치되었다. 아이들은 알 수 없는 존재에 의해 납치되고 "축축하고 우툴두툴한" 불편한 감촉으로만 단편적으로 기억되는 어떤 일을 겪은 후 바다에 던져진다. 납치 당사자인 외계인은 소녀들을 "버려두고", "대기권을 완전히 벗어나" 떠나버린 상태다. 자신의 의지와 무관한 일을 겪은 소녀들은 그 일에 대해 책임을 물을 당사자를 찾

---

48 2023년 대한민국 합계 출산율 0.72명(통계청, 『2023년 출생통계, 통계청 「인구동향조사」-국가통계포털 (https://kosis.kr/))

49 켄 리우 외, 앞의 책, 133쪽.

을 수도 없는 채로, 수치심보다 더한 위기감에 직면한다. 예기치
못한 사고로 임신하게 된 아이들이 겪게 되는 당혹감과 막막함은
여기서 그치지 않는다.

> 잠에서 깨어났을 때 나는 바닥에 있었다. 팔꿈치가 벽에 닿아 있었
> 고, 무릎은 꺾어진 자세라 몹시 불편했다. …… 침대로 다시 올라
> 가려고 몸을 일으켰는데 천장에 세게 머리를 부딪쳤다. 뭐? 허리를
> 다 펴지도 않았는데? 그제야 나는 내 손이 벽시계보다 더 커졌다는
> 걸 알았다. 발 밑에는 손바닥만 한 천쪼가리가 있었다. 조금 전 몸
> 을 일으킬 때 떨어진 원피스였다. …… 나는 상자 안의 코끼리처럼
> 좁은 방 안에 꽉 들어차 있었다. 등뼈에 소름이 돋는 기분이었다.
> …… 포복하듯 기어서 방문 손잡이를 잡으려다 발이 침대 다리를
> 밀었고, 그 순간 철제 침대가 종이로 만든 것처럼 찌그러졌다. ……
> 나는 내 소리에 놀라 또 한 번 천장에 머리를 박았다. 내 목소리는
> 동굴에서 외치는 것처럼 크게 울렸다. 꺄아아아악, 옆방에서 비명
> 이 들렸다. 그건 코끼리의 포효와 비슷했다. 무시무시하게 큰 소리
> 였지만, 솔의 목소리라는 걸 알 수 있었다. 아마 솔도 나처럼 거인
> 이 됐나 보다.[50]

바다에서 구조된 아이들은 곧장 연구소에 감금돼 관찰 대상
이 된다. '나'는 이곳을 "하얀 감옥" 또는 "감옥보다 못한 곳"으로
인식한다. 자신들을 위한 어떤 배려도 없는 공간이기 때문이다. 아

---

50 위의 책, 138-140쪽.

이들은 자고 일어나서 갑자기 커진 자신의 몸을 발견한다. 아이들의 거대한 몸을 묘사하는 대목은 작품 내에서 여러 번 반복되며 이질감을 배가시킨다. 위 예문에서는 벽시계보다 커진 손, 허리를 펴지 않아도 천장에 닿는 몸집, 커진 몸을 감당하지 못해 떨어진 원피스, 밀치기만 해도 철제 침대를 찌그러뜨리는 가공할 힘, 동굴 소리처럼 과도하게 증폭된 목소리 등이 묘사된다. 이는 외계인을 임신해 벌어지는 이상 신체 변화로 나타나지만, 실제로 많은 여성들이 임신 후 자신의 신체 변화로 느끼는 감정과 연관해 해석할 수 있다.

임신과 분만으로 인한 신체상의 변화는 자존감 손상, 모성 역할에 대한 심리적 갈등 등 여러 가지 심리적인 문제를 일으킬 수 있는데,[51] 임산부가 느끼는 임신 스트레스는 신체 평가, 체중과 관련해 특히 높게 나타난다고 한다.[52] 자기 신체에 대해 기존에 갖고 있던 이미지와 현재 신체 상태의 불일치가 여성의 정서적 긴장감

---

51 임신으로 인한 체중증가는 혈액, 단백질 및 지방저장량의 증가로 인한 모체 조직의 중량 증가와 태아와 태반의 증가로 인한 임신 산물의 중량 증가를 반영하며, 평균적으로 산모의 체중 증가량은 10~13kg 정도라고 하는데,(김민희, 「여성의 임신상태와 바디이미지의 상관관계」, CHA의과학대학교 통합의학대학원 임상미술치료전공 석사학위논문, 2013, 9쪽.) 이러한 신체 변화는 부정, 회피, 자아존중감 하락 등의 심리변화를 야기한다. Jang, H.S., Kim, S.J., Kim, J.S., Kim, H.K., Choi, E.S., "A study on the postpartum depression experience: Q-methodological approach", *The Journal of Nurses Academic Society* 26(4), 1996, pp.917-928.

52 문태영·박순문·한미선, 「임산부 체조 참여가 신체평가 및 임신스트레스에 미치는 영향」, 『한국산학기술학회논문지』 11(3), 한국산학기술학회, 2010, 1153-1162쪽.

에 영향을 주어 우울이나 불안, 슬픔을 야기할 수 있다는 것이다.[53] 임신으로 인해 본래 자기 신체가 아닌 다른 존재-거인으로 변한 모습에 대한 놀람과 당혹감, 두려움 등은 '임신'이라는 신체 변화를 경험하는 여성들이 경험하게 되는 감정과 다르지 않다. 그러나 임신 여성의 자기 인식보다 외부의 시선이 더 큰 문제가 된다. 정상의 범위를 정해두고 거기서 벗어나면 관리의 대상으로 정해 통제하고 다른 신체(거인 소녀, 외계인 태아)에 혐오를 감추지 못하는 태도와 시선은 거인 소녀들이 절망해 탈출을 결심하는 결정적 계기가 된다. 탈출한 거인 소녀들은 자신들을 공격하는 군대의 공격을 뚫고 도망친다. 가족에게 돌아가려 하지만 솔이의 어머니 역시 연구소로 돌아가라며 설득할 뿐 거인 소녀를 받아주지 않는다. 가족에게 외면당하고 사회, 국가에 의해 배제되는 거인 소녀의 모습은 임신, 출산 등의 재생산을 바라보는 우리 사회의 시선에 공명해 만들어진 것으로 볼 수 있다.

여성이 경험하는 임신과 출산, 그리고 이 과정에서의 임신 유지·종결은 개인의 생물학적 사건이라기보다는 이와 관련된 다양한 우리 사회의 규범과 정치적 규제에 의해 여성 공동체가 겪는 사회적 현상으로 볼 수 있다.[54] 재생산은 임신·출산 영역에만 머물지 않고 성별화된 사회구조에서 파트너와의 성관계와 피임, 가족 구성 및 양육 등 여성 공동체의 건강과 삶을 포괄하는 용어인

---

53 김민희, 앞의 글, 1-107쪽.

54 하정옥, 「임신과 출산을 여성의 건강으로 조망하기」, 『한국모자보건학회지』 18(1), 한국모자보건학회, 2014, 24-34쪽.

데, 이는 여성의 인권 측면에서 보장되어야 하는 것이다.[55] 여성이 어떠한 차별이나 강압, 폭력에서 자유로운 상태에서 재생산과 관련된 모든 것을 결정할 수 있어야 하고, 이 시기에 필요한 정보와 상담, 의료서비스를 제공받아야 한다는 '재생산 권리'는 우리나라에서는 2030년까지의 지속가능개발목표(Sustainable Devleopment Goals, SDGs)에서도 제외된 상태라고 한다.[56] 정책 마련 이전에, 여성의 재생산을 바라보는 진지한 고민과 성찰이 보건, 의료 분야에서뿐 아니라 교육, 노동, 경제, 사회, 문화 전반에서 필요해 보인다.[57] 〈거인 소녀〉는 임신과 출산을 둘러싸고 여성에게 가해지는 전방위적 위협을 가시화하여, 현재 우리 사회가 겪고 있는 재생산의 문제를 드러내는 작품으로 해석할 수 있다.

4. 나가며

설화 기반 SF 소설은 우리가 처한 시대적 요청에 공명하며 우리 시대 신성의 모습을 구현해 내고자 한 새로운 시도로 평가된

---

55 김동식, 「'인권'으로서 성·재생산 건강과 권리에 대한 이해와 정책적 지향점」, 『젠더리뷰』 60, 한국여성정책연구원, 2021, 4-13쪽.

56 김동식·송효진·동제연·이인선, 『여성의 성·재생산 건강 및 권리 보장을 위한 정책방향과 과제』, 한국여성정책연구원, 2019, 1-661쪽.

57 이 외에도 비혼 또는 미혼 임신, 미성년 임신 역시 한국 사회에서는 여전히 금기시된다. 2022년 기준 한국의 비혼 출산 비율은 2%다. 경제협력개발기구 (OECD) 평균 비혼 출산율이 약 40%라는 점을 감안하면 한국에서 비혼 출산은 극히 예외적 출산 형태라 할 수 있다.(서원희, 「'비혼출산' OECD 평균 40%인데…한국은 왜 2%?」, 『한겨레』, 2023. 4. 10.)

다. 필자는 '설화 SF 소설'을 표방한 프로젝트 SF 단편소설집 『일곱 번째 달 일곱 번째 밤』의 작품을 대상으로 SF 소설의 신격 재해석 양상을 살펴보았다. 제주의 설화를 바탕으로 만들어진 이 작품들은 지역적 특성이 본질적 관심사로 다루어지지는 않는다. 대신 이 시대를 살아가는 우리가 공동으로 직면한 공시적 문제, 즉 정보의 연결을 둘러싼 문제나 생명 도구화, 재생산성 위기 등을 그려내는 데 더 비중을 두고 있다.

SF 소설은 현실을 넘어서면서도 개연성을 담보하는 존재를 소환하는 과정에서, 낯설면서도 익숙한 신화의 신성 존재를 빈번히 차용하는데, 위 작품들에서 나타나는 신격은 우리 시대의 절실한 문제들 즉, 공존과 돌봄, 이기심으로 인한 환경 파괴, 재생산의 위기를 해결하기 위해 SF의 주인공으로 소환된다. 〈원천강본풀이〉 오늘이의 성격을 이어받은 〈소셜무당지수〉 장상의 누나는 어떤 존재/정보도 함부로 무시하지 않으며, 주변에 버려지고 아파하는 존재를 받아들여 돌봄으로써 '연결'되는 존재다. 폭력과 통제에서 오는 소외와 불평등을 해결하기 위해서 오늘날 우리에게 필요한 신성은, 낯설고 그래서 두려운 것들과도 공존하고 이들을 돌보며 위로할 수 있는 존재라는 것이다. 〈홍진국대별상전〉은 인류가 반복해온 잘못을 바로잡기 위해서 엄혹한 결단을 내리고 심판하는 신의 모습을 제시한다. 자신의 존재 기반까지 파괴하는 인간, 극한 상황까지 치달은 세계를 보면서, 생명을 살려내는 자애로운 산신은 인간을 희생시킬 수 있는 냉혹한 존재로 바뀐다. 생명을 점지하고 돌보는 신격은 더 이상 방치할 수 없는 심각한 파괴의 시대에 직면해서 자신이 점지한 아이마저 심판하며 세계를 재편하고자 하는 것이다. 〈거인 소녀〉는 생명을 잉태하는 여성의 몸을 비정상으로 보고 격리, 억압, 배제하는 우리 안팎의 시선과 재생산을 가로막는 우리 시대의 문제를 반영한다. 여성이 안정감을 갖고 재생산 권리를 행하기에는 임신과 출산을 둘러싼 인식적, 제도적 지지나 지원이 충분치 않을 뿐 아니라, 이러한 상황에서 여성 스스로가 느끼는 절망감은 극에 달하는데, 작품 속 거인 소녀의 죽음은 신성 소멸의 형상화라 하겠다. 작품은 주인공의 소멸(죽음)을 통해 재생산 위기를 제시하는데, 이는 생명을 낳고 기르는 여성을 대하는 우리 사회의 조건에 대해 진지한 질문을 던지는 것으로 읽힌다.

제주도 신화에서는 관계 즉, 신과 신, 신과 인간, 인간과 인간 사이의 포용과 화해, 균형, 긴밀한 상호 연결이 중요하게 작동했다. 대립으로 설정된 시공간과 관계 역시 서로 분리된 것이 아니라 연속되어 있으며, 서로 어울려 조화를 이루고 있었다. 신화를 통해 소환해 내는 SF 소설의 분리와 배제는 디스토피아 또는 포스트 아포칼립스에 대한 경고로 해석된다. SF의 여성 신격의 재해석(재창조)은 일견 부정적 전망과 신성의 변질, 암울하고 억압적 현실을 부각하고 있는 것처럼 보인다. 그렇지만 SF가 암울한 현실을 답답해하며 이러한 현실을 바꾸고 싶어하는 사람들이 좋아하는 장르라는 점을 감안한다면, 여성 신격을 모티프로 재창조된 SF 소설은 암울한 시대의 당면한 문제를 해결하려는 시도이며, 신화적 해결을 넘어서 현실에서 가능한 해법을 발견하려는 노력으로 평가된다. 분리와 배제, 결핍과 배척 속에서도 화해와 포용의 가치를 지켜온 제주도 신화와 그 향유층의 특성이, 새로 쓰이는 SF 소설에서 더 적극적으로 반영되었으면 한다.

일본 돌봄 소설과 정동적 불평등 문제
: 영케어러 소설 『욕지거리(あくてえ)』를 중심으로[1]

이 지 현

1. 들어가며

이 글에서는 인간 누구나 언젠가는 필요로 하게 되는 돌봄의 문제와 이를 둘러싼 관계를 일본 문학 작품을 통해 고찰하고, 그 가운데서도 최근 사회적 이슈가 되고 있는 돌봄 청년 문제를 중심으로 하여 이를 둘러싼 관계와 정동, 돌봄 윤리 문제를 성찰해 나가고자 한다. '돌봄'과 의존을 새로운 평등 개념으로 제시한 에바 키테이(Eva Feder Kittay)는 인간은 누구나 돌봄을 받지 않으면 성장할 수 없고, 질병이나 노화로 인해 간병이나 돌봄을 필요로 하기 때문에 의존을 인간 조건의 하나이자 보편적 사실로 규정하였다.[2]

---

1   이 글은 「일본돌봄소설과 정동적 불평등 문제-영케어러 소설 『욕지거리』를 중심으로-」, 『日本語文學』 105, 일본어문학회, 2024를 수정·보완하여 재수록한 것이다.

2   エヴァ・フェダー・キテイ, 『愛の労働あるいは依存とケアの正義論』, 白澤社,

아무리 사소한 돌봄이라 하더라도 언젠가는 돌봄 수혜를 받을 수밖에 없는 인간의 삶에서 돌봄은 가족과 공동체를 유지시키기 위한 필수적 개념이지만 재생산 노동, 또 그림자 노동의 속성을 가지기에 정당하게 평가받지 못하고 자주 폄하되어 왔다. 사랑, 보살핌, 헌신과 같은 정동적 관계에 의해 이루어지는 돌봄과 돌봄을 담당한다는 것, 그리고 돌봄을 하는 사람에 대해 어떤 이해가 필요할까.

다른 사람을 보살피는 행위를 뜻하는 돌봄은 육체 노동이면서 정신 노동, 감정 노동에 속하는 영역으로 우리의 신체적, 경제적, 정신적 약자로서의 속성에 눈을 뜨게 하고 지금까지와는 다른 양상으로 자신을 돌아보게 해준다.

또 돌봄 문제는 일견 사적인 것으로 보이지만, 돌봄에 우선하는 '규범적 경제적 사회적 틀'에 기반하고 있기도 하다.[3] 또한 개인의 문제뿐만 아니라 의료, 경제, 노동, 지역 격차 등 사회 제도적으로도 많은 문제점을 노정시킨다.[4]

이 글에서는 인간이 기본적으로 비독립적이고 취약한 상호 의존적인 존재이며 돌봄 의존을 상호 의존의 출발점으로 강조하는 에바 키테이의 돌봄 이론과, 젠더와 사회구조적 상황이 교차하면서 정동적 불평등이 생겨나는 돌봄 상황을 분석한 캐슬린 린치(Kathleen lynch)[5]의 이론을 바탕으로, 돌봄의 문학적 재현을 살펴보

2010, p.92.

3   上野千鶴子, 『ケアの社会学―当事者主権の福祉社会へ』, 太田出版, 2011, p.35.

4   米村みゆき・佐々木亜紀子[編], 『〈介護小説〉の風景』 森話社, 2015, p.15.

5   캐슬린 린치 외, 강순원 역, 『정동적 평등: 누가 돌봄을 수행하는가』, 한울아카

고자 한다. 캐슬린 린치는 모든 사람이 '사랑과 돌봄, 연대'와 같은 '정동적 관계'로부터 소외받지 않을 권리로서 정동적 평등(Affective Equality)[6]을 주장한다.

정치경제적인 생존의 요구뿐만 아니라, 각종 정동적 관계의 현실 속에 있는 인간의 삶과 돌봄 행위는 외부 관찰자에게는 잘 보이지 않는 인격적 관계적 특징 및 상호성과 호혜성의 특징을 가진다. 문학을 통해 재현된 돌봄을 살펴보는 것은 이러한 정동적 관계와 특징에 보다 생생하게 접근하고, 돌봄 위기의 구체적이고 현실적인 지점들을 예민하게 포착할 수 있게 해줄 것이다.

일본 문단에는 육아 돌봄, 장애인 돌봄, 고령자 돌봄 등 다양한 돌봄을 소재로 한 케어 소설(ケア小説)이라 불리는 소설군이 있고, 그 가운데서도 특히 2007년 초고령 사회[7]로의 진입 이후 고령화 사회에 대한 관심과 함께 노인 돌봄을 소재로 한 노인 개호소설(高齢者介護小説)류의 작품들이 일찍부터 축적되어 왔다.

1972년 아리요시 사와코(有吉佐和子)의 베스트셀러 『황홀한 사람(恍惚の人)』을 시작으로 하여 2022년 아쿠타가와상 후보작 『욕지거리(あくてえ)』[8]까지 다양한 현장에서의 노인 돌봄 문제가

데미, 2016, 5-387쪽.

6 캐슬린 린치에 의하면 '정동적 평등'이란 모든 사람이 돌봄, 연대를 경험하고 사랑과 돌봄을 박탈당하지 않는 상태를 말한다. 또한 이러한 사랑, 돌봄, 연대, 배려 등 비물질적 가치적 관계를 정동적 관계라 칭한다.(캐슬린 린치 외, 앞의 책, 20쪽.)

7 日本総務省 統計局 자료 2023년 9월 65세 이상 노령인구 3,623만 명(총 인구의 29.1%) (https://www.stat.go.jp/data/topics/pdf/topi138_01.pdf)

8 山下紘加, 『あくてえ』, 河出書房新社, 2022, pp.1-180.

문학적으로 표상되었으며, 독자들은 돌봄 문제 속 구조의 표리를 당대의 젠더화되고 구조화된 문제로서 포착할 수 있었다. 이러한 일본의 돌봄 소설에서 돌봄과 배려로 연결되는 인간의 문제와 돌봄을 둘러싼 인간의 상호 의존의 관계는 어떻게 재현되고 있을까. 인격적, 관계적 성격을 갖는 돌봄에는 그동안 가장 큰 이슈가 되었던 젠더 불평등의 문제 외에도, 고령화 문제, 빈곤 격차 문제, 실업 문제 등 현대 사회의 여러 불평등의 상황을 내재하고 있다. 그 가운데서도 최근 성인 대신 가족의 돌봄과 집안일 등의 책임을 장기간 떠안고 있는 돌봄 청년(영케어러)에 대한 사회적 관심의 증대와 함께 이들의 돌봄 고충을 소재로 한 이야기들도 작품화되고 있다.

이하 본론에서는 일본 돌봄 소설의 전체적 흐름과 특징에 대해 살펴보고, 현대 사회 구조적 문제가 빚어낸 돌봄 불평등 문제, 그 가운데서도 영케어러 문제를 다루고 있는 작품을 중심으로 고찰해 나가고자 한다.

2. 현대 일본 돌봄 소설의 흐름과 초기 돌봄 소설

먼저, 현대 일본 돌봄 소설이 어떤 방향으로 돌봄을 서사화되고 작품화되어 왔는지 전체적 흐름을 살펴보도록 하겠다. 일본 문학 작품에서 노인 돌봄 문제를 공론화하기 시작한 것은 1972년 『황홀한 사람』이후이다. 사회파 소설인 이 작품은 출판 당시의 예상과 달리 200만 부 이상 판매되며 전후 최대의 베스트셀러

가 되는데, 이 작품에서 작가는 노인 돌봄 문제를 둘러싼 근대 사회의 공적 영역과 사적 영역에서의 젠더 질서와 사회 구조적 문제를 고발하고 있다. 소설 제목인 '황홀한 사람(恍惚の人)'은 책이 출간된 해의 유행어가 될 정도로 소설의 인기는 사회적 현상이 되기도 하였다.

물론 『황홀한 사람』이 발표되기 이전, '돌봄'이라는 개념조차 정립되지 않은 시대에도 일본 근대 작가들에 의해 병간호를 소재로 한 소설이 쓰이기도 했지만, 가부장제 영향 아래 의무적으로 여성이 남성을 돕는 형태를 취하고 있었고,[9] 현대적 의미의 첫 돌봄 소설인 『황홀한 사람』은 노인 돌봄 문제에 대한 공적 시스템의 부재, 돌봄 수행의 성별화 등 돌봄의 제 문제를 화두로 삼고 있다. 이 소설은 일본 내 그동안의 노인 돌봄과 치매에 대한 인식을 완전히 바꾸어 놓는 계기를 만들고, 또 그동안 개인적이고 '가족 안의 일'이었던 치매 노인을 돌보는 일을 사회적 문제로 확대하면서 노인 복지의 큰 틀을 바꾸는 계기를 마련하게 된다.[10] 이 소설에서 제기한 노인 돌봄 문제에 대한 화두는 출간 50년이 지난 지금도 공감할 수 있는 돌봄의 제 문제를 생생하게 묘사하여, 여전히 독자에게 읽히고 있는 노인 돌봄 소설의 대표작 중 하나로 자

9　志賀直哉, 『老人』, 改造社, 1932(初出1911), pp.1-185; 芥川龍之介, 『河童・玄鶴山房』, 角川書店, 1967(初出1927), pp.1-175.

10　이 소설 출간 이듬해인 1973년에는 고령자 복지법 개정(고령자 무상의료), 건강보험법 개정(유가급여 70%, 고액의료비), 연금제도 개정(급부수준 인상, 물가 임금 인상 등)이 전면적으로 시행되어 '복지원년'이 선포되었다. 大下義之, 「以高齢文化論(3)ー恍惚の人」 Active Archipeago, 2020. 7. 8. (https://active-archipelago.com/column/kourei3)

리매김하고 있다.[11]

이 소설은 '남부러울 것 없이 안정되고 평화로웠던 한 가정'에서 일어난 '치매에 걸린 부모 돌봄'이라는 갑작스럽고 예상치 못한 사건을 소재로 하여, 돌봄의 성별화에 따른 정동적 불평등의 현실을 보여주는 전형적인 작품으로, 전문적 일에 종사하며 중산층 이상의 생활을 영위하는 40대의 아키코 부부가 은퇴한 대학교수인 부친을 케어하는 상황을 그린다. 작품에는 아키코의 돌봄 현실을 극적으로 부각하는 몇 가지 장치들이 설정되어 있는데, 아키코의 돌봄의 대상이 그녀와 성별이 다른 시부 시게조라는 점, 또한 아키코가 직업여성, 즉 맞벌이를 하는 여성이라는 점, 돌봄을 수행하는 아내의 고충에 남편 노부토시가 전혀 무관심하다는 점 등이다. 아키코는 남편의 도움 없이 시게조의 목욕과 배변을 돕는 일은 물론, 기저귀를 갈아주는 일까지도 감당하지만 남편 노부토시는 본인의 아버지를 케어하는 돌봄 수행의 육체적, 정신적 구속으로부터 거리를 두려 하고 있다.

소설의 배경이 되었던 1970년대에 돌봄 수행자로서 고령자의 케어를 하도록 기대되었던 것은 당연히 여성 쪽이고, 당시로서는 동서양을 구분하지 않는 현상이었다. 돌봄 행위가 여성의 본성에 더 적합하다는 사회화된 인식이 있었던 데다가,[12] 에도 시대부터 이어져 온 근대 일본의 가부장제 유교 도덕과 그것에 기반한 현모양처 이데올로기도 이 소설에 그림자를 드리우고 있다. 이는 아키

---

11   有吉佐和子, 『恍惚の人』(72刷), 新潮文庫, 2023, pp.1-437.

12   캐슬린 린치 외, 앞의 책, 325쪽.

코 자신에게 깊이 내면화되어 있는 의식이기도 하여,[13] 남편에게 분노를 느끼다가도 어떻게든 헌신적인 주부 규범을 따르기 위해 애쓰기도 한다. 이러한 아키코의 돌봄의 젠더 격차는 한 세대 지난 페미니즘 돌봄 소설인 『황락(黃落)』[14]에도 이어지고 있는데, 여기서 남성 작가인 사에 슈이치(佐江 衆一)가 본인의 경험을 토대로 90대의 부친과 80대의 모친을 케어하는 내용을 그려내면서, '남자의 뻔뻔함과 이기적인 본성'을 '아내'의 시선을 통해 들추어내기도 한다.

이처럼 오랫동안 돌봄은 여성성과 연관된 일이라는 인식과 함께 여성 젠더에 할당되어 온 일이었다. 돌봄은 사랑의 행위라는 이데올로기 아래 여성이 수행해야 마땅한 일이었고, 특별한 상황이 아닌 한 가족을 위한 헌신이 적합하다고 여겨져 온 여성이 기본적 돌봄 수행자가 되어 왔다. 즉 일차적 돌봄 수행은 헤게모니적 남성 규범에서 제외되었고,[15] 돌봄은 젠더에 따라 불평등하게 분배되고 수행되어 왔다. 물론 헤게모니적 남성 규범이 성취되려면 여성이 경제적으로 남성에게 의존해 있다는 전제를 필요로 하지만, 위의 두 소설에서의 여성 캐릭터는 자기 일을 가진 직업여성으로 등장하는 것이 특징적이다.

위 소설에서 돌봄의 성별 격차가 지적되고 있는 시점은 1980년대 이후 페미니즘 돌봄 이론, 즉 돌봄이 여성적 활동이 아닌 성

---

13   米村みゆき・佐々木亜紀子[編], 『〈介護小説〉の風景』森話社, 2015, p.18.

14   佐江 衆一, 『黃落』, 新潮社, 1995.

15   캐슬린 린치 외, 앞의 책, 326쪽.

별과 무관하게 누구나 할 수 있는 일로 평가한 사라 러딕(Sara Ruddick, 1980)이나 버지니아 헬드(Virginia Held, 2006)[16] 등이 돌봄 노동과 여성의 역할을 분리한 시점보다 이른 시기임을 알 수 있다.[17] 이처럼 이른 시기에 일본 내에서 돌봄 문제 및 성별화된 돌봄 질서에 관심을 가지게 된 것은, 1970년대 일본 여성들을 전국적으로 봉기시킨 여성해방운동, 즉 우먼리브운동(Women's Liberation)의 영향과도 무관하지 않다. 여성들이 젠더 구조의 차별을 자각하여 집단적으로 목소리를 냈던 우먼리브운동은, 출산, 섹슈얼리티의 문제에 있어 여성의 자율권 확보하기 위한 투쟁을 전개하면서 일본 제국주의 침략 체제와 연결된다고 본 가부장제 폐지와 여성을 억압하는 성역할로부터의 해방 등을 주장했다.

즉 당시는 남성 중심의 지배 이데올로기를 벗어나 여성의 주체적 자기 결정권을 주장했던 사회적 분위기가 있었던 것으로 보이며, 이러한 급진적 여성 해방 운동에 의한 사회적 각성과 당시 GHQ의 민주화 정책의 일환으로서 시행된 '이에(家)' 제도의 폐지도 젠더화된 돌봄을 고발하는 이 소설의 탄생 배경이 된다. 여성들이 사회와 가족 구성원에 대한 봉사를 여성의 본분으로 인식하는 가부장제 체제에 복속되지 않고 온전히 여성 주체로 살기를 희망하며 일부일처제 해체를 주장하는 운동을 하는 가운데, 여성에

---

16 이들은 남성도 돌봄 관계에 가치를 두고 동등하게 수행해야 한다는 주장을 제기하였다. 다니엘 잉스터(Daniel Engster), 김희강 · 나상원 역, 『돌봄: 정의의 심장』, 박영사, 2017, 42쪽.

17 돌봄을 윤리적 가치를 지닌 활동으로 제시한 것은 Carol Gilligan의 In a Different Voice(Harvard University Press, 1982, pp.1-216.)가 처음이다. 그러나 캐롤의 돌봄 윤리는 가정 내 돌봄 역할과 여성의 연관성을 분리시켜 놓지는 못하였다.

게 부여된 과중한 돌봄 책임을 적나라하게 드러내는 이 소설은 페미니즘 돌봄 연구사에 있어서도 중요한 위치를 차지한다고 할 수 있다.

하지만 『황홀한 사람』이 사적 영역에서의 정동적 불평등과 공적 시스템의 부재를 제시하며, 노인복지법 개정, 건강보험법 개정, 연금 제도 개정 등과 같은 사회 제도의 개선을 끌어냈다고 하지만 그 후 공적 영역이 아닌 사적 영역에서의 돌봄 현실이 얼마나 진보되었다고 할 수 있을까? 가사 노동이나 육아로부터의 초월적 자유를 추구했던 여성 해방을 위한 투쟁의 시간이 지나간 후, 남겨진 돌봄 현실 속에서, 돌봄 현장은 어떻게 이어지고 있었을까?

사회 정책과 공공 시스템에서의 개선 문제와 별개로, 사적 영역에서 돌봄의 젠더화와 같은 정동적 불평등은 현대에도 간단히 해소될 수 있는 문제가 아니다. 돌봄 행위가 갖는 인격적, 관계적, 정동적 성격은 젠더화를 둘러싼 돌봄 관계의 복잡한 차원과 맥락 속에서 현재까지도 여전히 다양한 상황들을 형성한다.

이러한 현상은 상황이 달라져도 돌봄은 대부분 여성에게 할당되고 있는 상황을 그려내는 이후의 여러 작품에서도 확인할 수 있다. 예를 들어 아들 부부와 동거하는 엄마의 병간호를 담당하는 사람은 비동거자인 딸이 되는 상황을 그린 히가시노 게이고(東野圭吾)의 『붉은 손가락(赤い指)』(2006), 예술을 애호하고 교양 있는, 자존심 강한 어머니의 병간호라는 과제가 불러온 가족 불화를 그린 미즈무라 미나에(水村美苗)의 『어머니의 유산: 신문소설(母の遺産─新聞小説)』(2012) 등의 작품에서 각각의 사정에 따라 다양한 정동적 불평등 상황이 그려졌다. 미즈무라 마나에의 이 소설은 철없

고 자기밖에 모르는 어머니의 간호를 하는 딸 미쓰키의 '엄마 도 대체 언제 죽어 줄거야?'라는 한 문장으로 유명해지기도 했다.

그 후 OL세대 여성들이 중년이 되고, 1980~1990년에 데뷔한 작가들이 40~50대가 되어 돌봄을 감당할 나이가 되면서 일본 돌봄 소설은 양적, 질적으로 급성장하게 되었고,[18] 새로운 불평등의 정동 체계들이 작품 속에 반영되기도 했다.

그 가운데서도 시노다 세쓰코(篠田節子)의 『장녀들(長女たち)』(2014)은 부모의 실제 돌봄을 감당하고 있는 세 여성의 스토리로, 이들은 모두 집안에서 장녀의 위치에 있는 비혼 여성들이다. 위 소설들은 돌봄에서의 불평등이 젠더, 계급, 가족 등 여러 상황이 착종하는 복잡한 패턴으로 작용하며, 사회 시스템을 바꾸듯 단번에 바꾸기 어렵다는 것을 보여준다. 개인을 위한 자율성과 평등을 지지하는 돌봄 이론 밖의 가치로 보완하기 어려운 불평등의 한계 또한 마주하게 된다.[19]

하지만 소설 속에서의 돌봄이 계속 젠더화된 돌봄 질서에 갇혀 있었던 것만은 아니다. 가족 구성이 달라지고, 고령인구가 늘어나며, 다양한 형태의 돌봄이 이루어지면서 이는 작품에도 재현되기 시작했다. 1990년대에 들어서면서 케어의 윤리에 기반한 관계성이야말로 인간 존재의 약함을 인정하는 사회 구축의 중요한 열쇠가 된다고 지적한 에바 키테이의 논의, 돌봄 수혜자뿐만 아니라 수행자에게도 정동적 불평등 상황에 처하지 않도록 배려할 것을

---

18   斎藤美奈子, 『日本の同時代小説』, 岩波書店, 2014, p.231.

19   다니엘 잉스터, 앞의 책, 43쪽.

말하는 캐슬린 린치의 논의 등이 등장하며 돌봄의 윤리 문제가 새롭게 인식되게 되고, 또한 가족 구성이 달라지고 고령인구가 늘어나며 상호 돌봄에 대한 의식 변화와 다양한 형태의 돌봄이 필요시되기 시작한다. 이에 2000년대 이후의 소설에서는 전통적 성역할에 국한하지 않은 돌봄 자녀, 돌봄 남편, 돌봄 청년 등 다양한 형태의 돌봄 상황도 그려지게 된다. 암 치료를 받는 부인을 남편이 돌보는 내용을 그린 무라타 기요코(村田禧代子)의 『광선(光線)』(2012)이나, 손자가 조모나 조부의 돌봄을 하는 모부 노리오(モブ·ノリオ)의 『돌봄 입문(介護入門)』(2004), 돌봄 청년 현실을 그린 하다 게이스케(羽田圭介)의 『스크랩 앤드 빌드(スクラップ·アンド·ビルド)』(2015) 등의 작품이 그것이다.

이처럼 문학에서 다양한 돌봄 현장에서 개개의 고민이 쌓이며 돌봄 불평등 해소를 위한 여러 방법이 모색되고 있다. 서로의 취약함을 인정하며 의존의 보편성을 추구하는 이러한 시도들이 공존을 향한 방법을 찾아나가는 데 새로운 방향성을 제시해 줄 수 있는 것이다.

3. 『욕지거리』: 현대 일본 돌봄 불평등과 영케어러 문제

3.1. 영케어러 소설

앞서 살펴본 바와 같이, 일본 소설의 많은 작품에서 여성에게 돌봄 부담이 가중되는 현실을 그려낸 젠더적 불평등을 재현해 온 한편, 최근의 돌봄 소설은 인간 삶의 정동 체계[20]에 의한 모순과 복잡성 외에도 현대 일본 사회의 고령화와 청년 실업, 빈부 격차, 소외, 고립 등 다양한 구조적 문제가 얽힌 돌봄 위기 현실을 드러내는 것을 특징으로 하고 있다.

즉 1970년대의 아리요시 사와코의 소설과 1990년대의 사에 슈이치의 소설이 경제적으로 안정된, 중산층 이상의 가정을 배경으로 하고 있다면, 현대의 돌봄 소설들의 주인공들은 가족 해체, 경제 불안 등 정치 체계와 경제 체계에서의 현대 사회의 제 문제들이 교차하는 정동적 불평등 상황을 만들어내고 있다.

그 가운데서도 가족 내 장애나 정신 및 신체의 질병을 가진 성인이나 아동에게 돌봄을 제공하고 있는 14세 이상 34세 이하의 사람으로 정의되는 영케어러(돌봄 청소년, 가족 돌봄 청년)[21]에 대한 관심의 증가와 함께, 돌봄 청년을 소재로 한 소설들이 최근 지속적

---

20 사회에서 평등과 불평등을 발생시키는 매개이자 영역으로, 캐슬린 린치는 경제 체계, 정치체계, 사회 문화체계와, 정동체계로 나누어 분석하고 있다. 그중 정동 체계는 사랑, 돌봄, 연대의 관계를 형성하고 지속시키는 데 관련되어 있으며 이 또한 불평등 수준을 결정하는 데 중요한 영역이라 볼 수 있다. 캐슬린 린치 외, 앞의 책, 20쪽.

21 관계부처 합동(2022), 가족 돌봄 청년(영케어러) 지원 대책 수립 방안. 세종: 관계 부처 합동. 일본 영케어러 연맹에서의 영케어러에 대한 정의는 가족 중에 케어가 필요한 사람이 있을 때, 어른이 해야할 케어의 책임을 떠안아 가사나 가족 돌봄, 개호, 감정적인 부분 등을 행하는 18세 미만의 아동으로 정의하고 있다. 2020년 취업구조기본조사에 따르면 29세 이하 연령 중 약 21만 명이 돌봄을 담당하고 있고 15~19세로 한정하면 3만 7,100명으로 추산된다고 한다.(안주영, 「일본의 영 케어러 현황과 대책」, 『국제사회보장리뷰 2022년 겨울 23호』, 한국보건사회연구원, 2022, 16-27쪽.)

으로 생산되고 있다. 예를 들어 2015년에 발표된 하다 게이스케 (羽田圭介)의 『스크랩 앤드 빌드』, 2022년의 『욕지거리(あくてえ)』와 같은 소설이 불안정한 생활 가운데 있는 청년이 조부나 조모를 돌봄을 담당하고 있는 현실을 그리고 있는 작품이라 할 수 있을 것이다. 『스크랩 앤드 빌드』는 직장에 다니는 어머니 대신 집에서 할아버지를 돌보면서 현재는 재취업을 목표로 취업 준비 활동을 하는 28세의 돌봄 청년 겐토의 이야기를,[22] 『욕지거리』는 파견직으로 회사에 다니면서 소설가의 꿈을 위해 소설 쓰기를 계속하는 유메의 시점에서 돌봄 이야기를 펼쳐내고 있다.

출간 시점을 최근 1, 2년 사이로 범위를 좁혀 본다면 아동문학가 하마노 쿄코(濱野京子)가 중학생 영케어러의 이야기를 소재로 풀어낸 『with you』(2022)와 마에카와 호마레(前川ほまれ)의 『남빛 시간의 너희들은(藍色時刻の君たちは)』(2023)과 같은 작품은 고등학교에 다니는 돌봄 청년을 소재로 하여 어린 학생들이 짊어진 가족 돌봄의 무게와 그들의 아픔을 사실적으로 전달하고 있다. 뿐만 아니라, 『고등학생 영케어러(高校生ヤングケアラー)』(미쓰이 기요타카(三津井清隆), 2024, 文芸社)와 같은 작품도 평범한 가정에서 자란 고등학생과 가족 돌봄을 감당해야 하는 소년의 이야기를 대비하여 어린 청소년 돌봄 현실을 담아내고 있는 영케어러 소설이다.

영케어러들은 어린 나이부터 돌봄을 수행함으로써 교육의 기

---

22 겐토는 사회에서 효용성 있는 인간이 되기 위해 외국어 공부 등 취업 준비를 하고 매일 근육 트레이닝도 하지 않지만 사회에서 쓸모를 다하고 세금만 축내는 노인들을 위해 젊은이들이 희생되어야 하는 사회 시스템이 너무 불합리하다고 생각한다.(羽田圭介, 『スクラップ・アンド・ビルド』, 文芸春秋, 2015, pp.1-121.)

회를 박탈당하고, 취업에서의 어려움뿐만 아니라, 돌봄 책임으로 또래 관계를 원만하게 유지하기 어려움을 겪는 등 심리, 사회관계 등에서 부정적 영향을 받는 것으로 보고되고 있다.[23] 그들은 가족 돌봄을 하지 않는 또래보다 우울증과 불안 증상이 현저하게 높고 정신 건강의 저하, 자해, 자살, 약물 남용 등의 위험에도 노출되어 있다.[24] 이처럼 생애 초기에 영케어러들이 돌봄 책임으로 인해 학업이나 취업 등 생활 안정에 대한 기회를 박탈당하면서 전 생애에 걸쳐 드리우는 부정적 영향은 무시하기 어려울 만큼 크다고 할 것이다.

한국에서도 2021년 아버지를 돌보던 청년 돌봄자가 돌봄의 부담을 견디지 못하고 아버지를 방치하여 사망하면서 '가족 돌봄 청년' 문제가 공론장에 대두되었고,[25] 일본에서도 나이 어린 돌봄 청년의 문제가 일찍부터 사회적 아젠다로 부상하여 「조부모 돌봄, 고립된 청년」,[26] 「중2학생 18명 가운데 1명 영케어러… 고민 털어놓지 못해… 가족청이 지원강화하도록」[27] 등과 같이 미디어에서 기사화되기도 하였다.

---

23 노혜진, 「가족돌봄청년 지원사업 현황 분석」, 『사회복지 실천과 연구』 20(3), 이화여자대학교 사회복지연구소, 2023, 76-77쪽.

24 최윤진·김고은, 「영케어러(Young Carer) 돌봄 경험에 대한 탐색」, 『청소년학연구』 29(11), 한국청소년학회, 2022, 160쪽.

25 「경제적 문제로 중병父 방치해 숨지게 한 20대 징역 4년 확정」, 『동아일보』, 2022. 3. 31.

26 「祖父母介護 孤立する若者」, 『読売新聞』, 2018. 3. 16.

27 「中2の18人に1人「ヤングケアラー」, 悩み打ち明けられず…こども家庭庁が支援強化へ」, 『読売新聞』オンライン, 2024. 2. 21.

문제는, 이들 청년 돌봄자, 즉 어린 돌봄자들은 성인 돌봄자보다 복잡하고 다양한 층위의 부담을 지니고 있음에도 불구하고, 정작 가족 간 돌봄의 관계적 성격으로 인해 자신의 행위가 돌봄이라는 정체성을 깨닫지 못하는 경우가 많고,[28] 이로써 복지의 사각지대에 놓여 있다는 것이다. 어린 돌봄자들은 곤경에 처해 있는 자신의 상황에 대해 호소할 권리가 있다는 의식을 가진 어른과 달리 그들의 고충이 외부로 나타나지 않는 특성을 지니고 있어 '숨어 있는 집단(hidden group)'으로 불리기도 한다. 그러기에 문학을 통해 그들의 상황에 대한 문제를 인식하는 것은 돌봄 윤리를 고민하는 정동적 실천의 의미에서도 중요한 의미를 지닌다고 할 수 있을 것이다.

여기에서는 위와 같은 문제점을 가진 영케어러의 돌봄 현실을 작품화하여 2022년 아쿠타가와 상 후보작에 오른 신예작가 야마시타 히로카(山下紘加)의 『욕지거리』라는 작품을 고찰해 나가고자 한다. 비교적 최근 발표되어 주목받고 있는 이 소설은 아직 연구가 이루어진 바는 없지만, 할머니를 돌보는 작가의 경험을 바탕으로 한 자전적 글이기도 한 만큼 『스크랩 앤드 빌드』 등 현대의 어떤 돌봄 소설보다 처절하고 현실적이며, 청년 유메의 끝나지 않는 돌봄 상황을 소설 공간과 현실을 오가며 풀어내고 있어 주목을 끈다.

소설의 배경인 유메의 집에는 90세의 할머니와 엄마 '키이짱', 딸인 유메, 3대의 여성이 살고 있으며, 3년 전 바람을 피워 집을 나

---

28 시부야 토모코, 박소영 역, 『영케어러』, 황소걸음, 2021, 108쪽.

간 아버지 대신, 엄마와 유메가 할머니를 돌보며 생활하고 있다. 아버지가 부양과 돌봄 책임을 회피하고 있는 고령의 할머니는 전적으로 누군가의 돌봄에 의존해야 할 정도의 중증 케어 환자인 것은 아니지만, 할머니가 한 번씩 쓰러지거나 병원에 실려 가거나 할 때 유메가 유급 휴가를 받아 병원에 따라가야 한다.

유메는 자기 뜻대로만 하려는 이기적이고 고집스러운 성격의 할머니 때문에, 또 할머니가 화장실 바닥에 매번 배변 실수를 하는 문제나 용납하기 힘든 위생 문제 등으로 늘 화가 나 있고 신경이 곤두서 있다. 또한 유메가 예민한 이유는 할머니에 대한 돌봄 부담뿐만 아니라, 생활고의 어려움도 그녀를 짓누르고 있기 때문이다. 집을 나간 아버지가 할머니를 자신들에게 맡기고는 생활비도 제때 주지 않는 탓에 엄마 키이짱과 유메는 언제나 경제적 어려움에 시달려야 한다. 그렇게 유메가 경제적으로도, 정서적으로도 보호받지 못하는 상황에서 아버지는 남의 일처럼 할머니의 안부를 물어오곤 한다. 암울한 상황에서 자신이 통제할 수 없는 분노에 침식되지 않기 위해 그녀가 취할 수 있는 방법은 거친 욕지거리를 쏟아내는 것뿐이다.

한편, 유메의 어머니 또한 현실적으로 유메에게 의지가 되어주지는 못한다. '무지렁이 같은' 성격의 어머니 '키이짱'은 남편의 어머니를 돌보는 것에 대한 어떤 비용도 책임도 그에게 청구하지 않기에, 유메는 더 어려운 상황에 내몰린다. 생활이 어려운 상황에서도 할머니의 부탁이라면 뭐든 마다할 줄 모르고 헌신적으로 돌보는 어머니와 달리, 이 상황에서 누구보다 막막한 현실적 스트레스와 힘겨움을 느끼는 것은 예민한 성격의 유메이다.

"꽝을 뽑았네." 원래라면 귀가 어두운 할머니를 두고 욕지거리를 했겠지만 지금 여기 할머니가 없기에 화풀이할 심산으로 키이짱의 인생을 조롱했다. 어느 때건 상냥한 키이짱을 책망해 보고 싶어졌다. 키이짱의 인생을 조롱하는 건 내 인생을 조롱하는 것이나 다름없었다. 냉정하게 생각해보면 알 수 있는 사실이었다. 바람피우고 애까지 가져서 집 나간 남자와 결혼한 것만 해도 꽝인데, 그 남자의 엄마를 갈라서고 난 지금까지 부양하고 앉았으니 꽝도 이런 꽝이 없다.[29]

엄마와 함께 할머니에 대한 공동 돌봄 책임을 짊어지고 있는 19세 유메가 마주하고 있는 돌봄 상황에는 '돌봄이 배제된 사회구조 속에서 돌봄 제공자나 수혜자가 경험하는 다면적이고 체계화된 불평등'인 '돌봄 부정의'[30]가 표면화된다. 또 이러한 불공정하고 불평등한 사회구조적인 돌봄의 부정의한 상황을 몸으로 부대끼며 겪어내는 가운데 촉발되는 것은 분노나 욕지거리와 같은 '정동적 부정의(affective injustice)'[31]이다. 정동적 부정의에 대해 정종민은 때

29 山下紘加, 『あくてえ』, 河出書房新社, 2022, pp.1-175. (한국어판 야마시타 히로카, 박우주 역, 『욕지거리』, 달로와, 2023.)

30 김희강·박선영, 「코로나19, 돌봄부정의, 돌봄포용국가」, 『한국행정학보』 55(2), 한국행정학회, 2021, 61쪽.

31 정종민은, 정동적 부정의를 돌봄노동자들이 부정의한 상황을 몸으로 부대끼며 상응하면서 촉발하는 얽히고설킨 삶의 자기 원인으로서의 생생한 힘, 에너지, 생명력 등으로 설명하고 있다. 정종민, 「비접촉시대에 돌봄노동자의 삶과 노동의 위태로운 기술로서 정동적 부정의」, 『한국문화인류학』 55(3), 한국문화인류학회, 2022, 323쪽.

로 돌봄노동자들에게 삶의 에너지가 되고, 생명력이 되기도 함을 설명한 바 있다. 작가가 소설의 제목을 "욕지거리"로 정한 것에 주목한다면 유메가 겪는 돌봄 부정의 속 유메가 내뱉는 '욕지거리' 즉 정동적 부정의가 이 소설에서 중요한 의미를 지니고 있음을 알수 있다. 어쩌면 그녀의 고단한 돌봄 현실 속 유일하게 그녀를 버틸 수 있게 해주는 장치가 되고 있는 것이다.

3.2. 유메의 돌봄 경험과 정동적 부정의

이하에서는 유메가 겪고 있는 돌봄 부정의의 상황을 구체적으로 고찰하기 위해 청년 돌봄자들이 겪고 있는 돌봄 경험을 몇 가지 주제로 분류하여 살펴보도록 하겠다. 본 글에서 돌봄 주제의 분류는 청소년학에서 실제 청년 돌봄자들의 경험을 세밀히 분석한 청년 돌봄 경험 주제를 참고했다.[32]

3.2.1. 경제적 어려움과 돌봄 책임으로 인한 감정적 소진

우선 이 소설이 내내 환기하는 것은 자본주의 속에서의 돌봄 불평등의 문제이다. 19세의 유메는 아버지로부터 정서적 지지는 물론 경제적 지원도 전혀 받지 못한 채 생계를 위해 일하러 나가

---

[32] 영케어러의 돌봄 경험 주제는 Braun & Clarke(2006)의 주제분석 방법에 따른 '홀로 감내하고 허덕이며 살아감', '모든 게 막혀 포기하고 참아냄', '끝없는 터널에 갇힌 듯한 막막함', '극단적인 암흑같은 감정', '가까스로 의지하며 버틸 수 있는 힘', '감당하며 꿋꿋이 성장해 나가기' 등으로 분류할 수 있다. 최윤진·김고은, 앞의 글, 165쪽.

고 있다. 때로 엄마는 낮은 시급의 아르바이트를 많이 하다 건강을 해치기도 하며 집의 월세는 유메가 함께 벌어 겨우 내는 정도로, 엄마 키이짱과 유메는 언제나 경제적 불안정에 시달려야 한다.

『황홀한 사람』에서는 어디에도 시게조를 맡길 데가 없는 공공 시스템과 노인 복지의 부재가 지적되었지만, 『욕지거리』의 저소득층 돌봄 수행자들은 필요한 돌봄 지원 서비스의 수혜를 입을 수가 없다. 키이짱과 유메는 할머니를 노인시설에 맡기고 싶어도 두 사람의 수입으로는 여유가 없다. 일반적으로 돌봄의 책임은 저소득층 돌봄 수행자에게 특히 과도하게 부과되고 있다고 하는데, 이뿐만 아니라, 그들이 돌봄을 수행해내는 데 필요한 자율성과 유연성을 제대로 확보할 수 없다는 상황적 특징을 가진다.[33]

캐슬린 린치는 '사랑, 돌봄, 연대, 노동을 수혜받는 데서의 불평등을 당하지 않는 상태, 아무도 사랑과 돌봄을 박탈당하지 않는 상태'를 정동적 평등이라고 하였지만, 과연 진정한 평등을 어떤 상태로 볼 것인가? 평등의 영역에서 배제되는 것은 피보호자만이 아니다. 돌봄을 제공하는 노동자들도 평등에서 배제될 수 있다. 의존 노동자는 자신에게 의존할 수밖에 없는 사람을 돌보기 위해 자신의 이해관계를 일단 뒤로 미뤄야 하기 때문이다.

소설 쓰기를 계속하며 공모전에 응모하기도 하면서 소설가의 꿈을 포기하지 않고 있지만, 유메의 대부분의 삶은 생계와 생존에 집중되어 있다. 유메가 할머니를 돌보면서 감정적 정신적으로 소진되지만, 유메의 집에서 엄마도, 할머니도, 유메도, 누구도 여유

---

33 캐슬린 린치 외, 앞의 책, 174-175쪽.

를 부릴 수 있는 사람은 없다.

"이제 지쳤어. 이런 삶. 지긋지긋해, 죄다 관둬버리고 싶어. 그냥 죽
어버리고 싶어. 힘들어도 너무 힘들어."

"증오가 너무 밀려와 죽이고 싶고, 가족과 함께 최선을 다하기
로 결심한 다음 날, 우리 셋이 죽었으면 좋겠다는 생각이 든다."

돌봄노동자들이 흔히 경험하는 육체적 · 정신적으로 완전히
소진되는 극한의 상황에 이르는 감정과 정신의 상태를 유메는 생
생하게 고백하고 있다. 영케어러들의 돌봄 경험에 관한 연구에 따
르면, 많은 돌봄 청년이 '내가 죽어야 돌봄이 끝날 것만 같은 우울
감'과 같은 극단적인 암흑과 같은 감정과 '끝없는 터널에 갇힌 듯
한 막막함'과 같은 감정을 경험하곤 한다. 마찬가지로, 유메도 '죽
고 싶어도 가족이 신경이 쓰여 죽지 못하는' 포기할 수도 없고, 벗
어날 수도 없는 그들의 가족 돌봄의 굴레는 '핏줄이나 의리, 책임
때문이 아닌', '상처 입은 피부가 시간 지나 재생되듯, 원상태로 돌
아가려는 힘'과도 같이 끝없이 이어진다고 말한다.

아빠가 매달 생활비를 주는 것에도 불성실한 탓에 삶은 늘
힘든 상황인데 엄마는 문제를 해결해 주지 못하므로 때로는
유메가 직접 돈을 받기 위해 아빠를 만나러 가기도 한다. 현
실 감각이 없는 엄마 대신 싫은 소리를 해야 하는 것은 유메이
지만, 정작 아빠를 만나면 지금 가족 내 상황이나 자신의 마음
고생에 대해, 제대로 말로 표현할 수가 없다. 대신 남의 일처럼

무심하게 묻는 아빠에게 느끼는 견디기 힘든 분노는 '욕지거리'가 되어 밖으로 나온다.

"아빠는 왜 맨날 당연하다는 표정인데? 이게 뭐가 당연한데? 당연한 거 아니야. 나랑 키이짱이 할머니랑 사는 것도, 할머니 뒷바라지 하는 것도 안 당연하다고. 이건 비정상이야. 아빠는 자기 부모 내팽개치고 태평하게 사는 주제에 왜 우리만 개고생인데?"

대학도 진학하지 못하고 돈을 벌며 할머니를 돌봐야 하는 유메의 상황이 불공정한 사회 구조를 드러내는 돌봄 부정의라면 유메가 내뱉는 욕지거리는 불평등한 상황을 몸으로 부대끼며 분출되어 버리는 정동적 부정의다. 즉 돌봄노동자들이 고단한 현실에서 정동 노동을 감당하며 생겨나는 부정적 정동은 관리하고 통제해야만 하는 대상으로만 보는 것이 아니라 돌봄 상황에서 이러한 정동적 부정의는 일종의 에너지, 생명력을 배태하는 힘이 되기도 한다. 유메는 부당한 현실을 마주하여 분노, 무기력, 두려움 등의 감정에 매몰되지 않기 위해 욕지거리를 내뱉는다.

욕지거리를 내뱉음으로써 잔혹한 일상에서 버틸 힘을 얻고 살 에너지를 얻게 될 수 있다면 이러한, 정동적 부정의는 주변화하고 배제되어야 할 대상이라 단죄할 수 없다. 오히려 '포용, 인정 존중' 되어야 하는 영역이라 할 수 있다. 유메에게 넘쳐흐르는 감정이나 정서가 표현된 '욕지거리'는 유메에게 현실을 분투해서 살게 하는 행위가 되는 것이다.

3.2.2. 교육 권리 박탈과 미래에 대한 불안

한편, 영케어러들은 돌봄을 감당하는 동안 교육, 진로, 직업 선택, 사회관계 등 여러 측면에서 부정적 영향을 받는 것으로 나타나고 있다. 돌봄 청년들은 돌봄 부담으로 인해 교육의 기회를 박탈당하고, 또 취업 준비를 하거나 경력을 쌓을 기회를 상실하게 될 가능성도 높다.[34]

유메가 처한 상황 역시 돌봄 청년들이 돌봄을 수행하면서 겪게 되는 빈곤이나 교육받을 권리의 박탈, 직업 훈련 부족 등의 현실을 나타내 준다. 청년기에 시작된 이러한 격차는 누적되어 가면서 갈수록 불평등의 상황을 심화시키기도 한다. 많은 가능성이 열려 있는 청년기에 가족 돌봄의 짐을 짊어지고 있으면서 기회를 박탈당하는 영케어러들은 이 때문에 자신이 경쟁 사회에서 도태될 수 있다는 지배적 두려움을 안고 살아가며 스스로 한계를 짓고 체념하기도 한다.[35]

유메와 같이 가족을 위해 자신의 대부분을 포기해야 하는 돌봄 청년들의 삶은 각각의 다양한 상황으로 많은 소설에서 그려지고 있다. 예를 들어 『남빛 시간의 너희들은』(2023)에서 양극성 장애를 앓고 있는 할머니를 돌보는 코헤이, 알콜중독자 어머니와 보육원에 다니는 남동생을 돌보는 린코, 조현병을 앓는 어머니와 할

---

34 Chantelle Day, "An empirical case study of young adult carers' engagement and success in higher education", *International Journal of Inclusive Education* 25, 2019, pp.1597-1615.

35 권범철 외, 『돌봄의 시간들-돌봄에 관한 9가지 정동적 시선』, 모시는 사람들, 2023, 148-149쪽.

아버지를 돌보는 코하네 등이 가정 환경으로 인해 자신이 하고 싶은 것들을 대부분 포기하는데, 그들은 가족 돌봄의 책임으로 인해 수학여행에 참가할 수 없고 동아리 활동이나 아르바이트도 포기해야 하며 진학에도 어려움을 겪게 된다. 이러한 소설들은 어린 돌봄자들의 어려움을 섬세하게 묘사하며 그들이 끊임없는 지원을 필요로 한다는 사실을 전한다. 그들은 평생 도태될 것 같은 두려움 속에 시간이 갈수록 스스로 한계를 짓고 체념해 간다.

유메 또한 또래가 대학을 다닐 19세의 나이에 회사를 다니며 일을 하고, 그 가운데 자신의 꿈을 포기하지 않기 위해 소설 쓰기를 계속해 나간다. 소설 쓰기는 '욕지거리'와 함께 유메가 고통의 상황을 버틸 수 있는 유일한 방법이자, 유메를 지탱해 주는 힘이다. 유메가 남자 친구와 크리스마스를 보내기 위해 예약한 호텔에서도 자신의 소설 쓰기를 계속하는 이유는 이러한 두려움이 바탕에 있는 것이다. 아직 19세의 유메는 상황에 머물거나 좌절하지 않기 위해 소설 쓰기를 포기하지 않았지만, 10년 후의 유메는 어떠한 상황일까?

불평등한 사회구조적 체제뿐만 아니라 인구 감소 문제로 인한 돌봄 불평등이 점점 심화될 것이 전망되는 지금, 피돌봄자뿐만 아니라 유메와 같은 돌봄 제공자들도 보살핌을 받고 그들의 필요 또한 충족시키려면 어떻게 해야 할까?[36] 그들이 경험하는 다면적

---

36 에바 키테이의 저서에서 말하는 돌보는 사람을 돌보는 둘리아 원칙은, (피)돌봄자가 필요로 하는 돌봄을 제공함으로써, 의존 노동자도 케어받을 수 있도록 사회서비스를 제공하는 사회 시스템을 표현한다.(エヴァ・フェダー・キテイ, 『愛の労働あるいは依存とケアの正義論』, 白澤社, 2010, p.162.)

이고 역동적인 상황에 대한 지나친 단순화는 금물이다. 개인의 다양한 상황과 사회적 경제적 정치적 불평등에 대한 치밀한 이해가 필요하게 된다. 자신의 돌봄 불평등 상황에 대해 설명하기 어려워하는 어린 돌봄자들의 경우 더욱 그러하다.

3.2.3. 어른 역할을 감내하며 정서적으로 결핍됨

유메는 소설 쓰기를 하면서, 가족에게 거칠게 폭언을 퍼부으면서, 부여된 현실에서 무너지지 않기 위해 고군분투하고 있지만 아직 가족의 사랑을 필요로 하는 10대 청년이기에 정서적으로도 결핍감을 경험하고 있다. 그녀가 아빠 앞에서 심한 말을 퍼부으며 거친 모습을 보이지만, 정작 아빠가 자신에게 보여준 적 없는 다정함을 아들에게 보일 때 배신감을 느낀다. 아빠가 자기 아들을 위해서 비싼 보습 학원을 보내고 오키나와 여행에 돈을 쓰고 고급 술을 마시기도 한다는 걸 알고 있는 유메는 언젠가 꿈이었던 자신의 소설이 첫 출판을 하게 되었을 때, 아빠로부터 출판 비용 지원을 거절당했었던 기억을 아프게 간직하고 있다. 그런 아빠에게 냉소적 태도로 도움을 요청하고 돌아오는 길은 심한 감정적 공허감에 휩싸인다.

또한 할머니에 대해서도 때로는 안쓰러운 마음과 어렸을 때 좋은 기억을 가지고 있긴 하지만, 그녀가 할머니를 케어하는 데서 오는 힘듦보다 더 힘든 것은 정서적 충족감의 결여이다. 엄마와 나에게 의존해 있는 할머니가 정작 보고 싶어 하는 것은 아버지의 어린 아들인 것을 알게 되었을 때, 묘한 감정을 느끼기도 한다. 이러한 자신의 심리적 불안감이나 답답함은 엄마에게 호소하거나

상의할 수도 없다. 엄마 자신도 과도한 노동으로 소진되어 때로 불 꺼진 방에 우두커니 서 있기도 하고, 또 무엇보다 유메보다 훨씬 현실 감각이 결여되어 있기 때문이다. 이러한 유메의 답답함은 그녀의 남자 친구와도 제대로 나눌 수가 없다.

또한 많은 영케어러들이 경험하듯, 그들은 나이보다 더 어른스럽게 행동하도록 학습되어 간다. 유메도 아르바이트로 늘 고군분투하고 있지만 "조금만 더 버티어 줄 수 있겠니"라고 하는 엄마의 요청에 고개를 끄덕일 수밖에 없다. 아직 미성년으로 보호받아야 할 나이에 거꾸로 보호자가 되어 어른스러움을 감당해야 하지만 정작 자신이 기대고 케어받을 수 있는 곳은 없다.

『욕지거리』의 결말은 유메가 여전히 가족들에게 소리를 지르고 짜증을 내면서 아무것도 해결되지 못한 채 마무리되는 모습이다. 이 소설의 마지막이 그려내는 것이 개인적 극복과 해결점 도출 등에 있지 않다는 것은 매우 인상적인 부분이라 할 수 있다. 즉 등장인물들의 성장 서사나, 당사자들 사이의 호혜적 연대와 같은 결말이나 케어의 윤리에 기반한 문제 해결과 같은 끝맺음도 하지 않는다. 그런 의미에서, 소설 책 띠지에 인용된 "내가 쓰는 소설은 반드시 끝을 맞이하고 좋게든 나쁘게든 결말이 나지만, 현실은 그렇지 않다. 끝없이 이어지는 것이다"라는 문장이 던지는 여운과 해결점 도출을 하지 않는 소설의 결말은 중요한 시사점을 던지고 있는 것으로 보인다.

자신에게 주어진 상황이 불합리하고 조정되어야 할 일이라고 생각하지만, 유메가 할 수 있는 것은 그저 소리치고 욕지거리를 내뱉으며 하루하루 자신의 현실을 버티어 나가는 것이다. 하지만 그녀가 단순히 인내하는 것을 넘어 새로운 다른 것이 되기를 욕망하는 힘, 이러한 생명력은 욕지거리가 되어 발현된다. 이와 같은 생명력이 돌봄노동자들을 버틸 수 있게 하는 힘이 되는 것이다.

유메가 독자에게 던지는 물음 그대로, 이 소설은 현대 사회에서 이러한 복잡한 상황이 도출하는 돌봄 위기 속 유메의 돌봄 권리는 어떻게 실현될 수 있는지 묻는다. 그러나 실제로 돌봄 현실의 고통 속에 있는 유메에게 섣불리 해결점을 제시하기는 쉽지 않다.

키테이는 돌봄을 받는 사람이나 돌봄을 담당하는 사람 모두 돌봄을 받을 권리가 있으며 의존 관계의 바깥에 있는 사람들, 즉 사회 전체가 지지할 의무가 있음을 강조하고 있으며, 혹자는 무관심이 지배하는 세상에서 초국가적 지구적 차원의 돌봄 연대의 필요성을 말하기도 한다.[37] 불평등한 사회구조적 체제뿐만 아니라 인구 구조의 문제로 인한 돌봄 불평등이 심화되는 시대에, 정상 가족 이데올로기를 벗어난 곳에서의 돌봄의 관심에 대한 요구가 갈수록 절실해지고 있다. 먼저는 유메와 코헤이, 린코 등이 희망을 버리지 않고 살아갈 수 있도록 이 소설들에 그려진 세계의 그들의 현실을 이해하고 인식해야 하는 과제가 독자들에게 부여되어 있다.

---

37 더 케어 컬렉티브, 정소영 역, 『돌봄 선언』, 니케북스, 2021, 5쪽.

4. 나가며

이상에서 살펴본 바와 같이, 서구 페미니즘 돌봄 이론에서 돌봄 노동과 여성의 역할을 분리하기 시작한 시점보다 훨씬 이른 시기인 1970년대에, 일본에서는 노인 돌봄의 사적 영역과 공적 영역에서의 정동적 불평등 상황을 고발한 돌봄 소설이 있었다. 이는 기존의 젠더 질서를 지탱하는 공적 영역과 사적 영역을 비판적으로 바라보면서 돌봄이라는 그림자 노동의 실상을 드러내는 데 커다란 역할을 했다. 이를 시작으로 일본에서는 사회 시스템의 개선과 달리 사적 영역에서의 다양한 정동적 불평등 및 쉽게 해결되기 어려운 지점들이 지속적으로 작품화되어 왔다. 인격적 관계적 정동적 성격을 가진 돌봄의 정동적 불평등의 상황은 각 가정의 사정만큼이나 다양하다.

현대 소설에서의 돌봄 수행자들은 기존의 정동적 불평등의 상황 외에도 정치적 경제적 사회적 구조의 문제가 교차하는 복잡한 돌봄 위기 상황에 노출되어 있다. 『욕지거리』에서 유메는 돌봄 청년들의 숨겨진 심적 육체적 고통을 생생하게 토로하면서 1) 경제적 어려움과 돌봄 책임으로 인한 극한의 감정적 소진, 2) 교육 권리 박탈과 직업 선택에서의 불평등의 상황을 경험하고, 3) 어른 역할을 자처하면서 정서적 결핍을 경험하기도 한다. 유메는 그러한 돌봄 위기의 현실 속에서도 다른 것 되기를 갈구하는 끈질긴 생명력으로 자신의 불합리한 상황을 버티어 나가고 있는 모습을 보여준다.

돌봄을 받는 사람이나 담당하는 사람 모두 돌봄을 받을 권리를 이야기한 에바 키테이의 말처럼, 돌봄의 수혜자와 제공자 모두가 보살핌을 받고 필요를 충족시키기 위해 돌봄 중심의 가치 전환이 필요하다. 그들의 개인적이고 사회적인 삶의 변화를 위해서는 그들의 현실을 섬세하게 이해하고 인식하는 것이 우선 필요할 것이다.

본 연구에서 살펴본 정동적 불평등의 다양한 예시들과 또 숨겨진 그룹으로 지칭되는 청년 돌봄자들이 겪는 어려움과 고통은, 문학이기 때문에 이해할 수 있게 되는 부분도 존재한다고 할 수 있다. 구조화된 돌봄 불평등을 문학을 통해 섬세하게 이해하는 것역시 배려, 돌봄으로 이어지는 정동적 실천 중 하나일 것이다. 그러한 실천들을 쌓아감으로 개인적이고 사회적인 삶 전체를 포괄하는 가치 전환을 이루는 열쇠를 찾아볼 수도 있지 않을까.

스마트 기저귀와 인지증(치매) 돌봄
: 정동·기술적 접촉의 연결 (불)가능성[1]

정 종 민

1. 서론

최근 인지증[2]의 예방 · 검진 · 완화 · 지원 · 관리에 이르기까지 인공지능 로봇 등을 포함한 다양한 디지털 기술을 활용한 스마트 돌봄이 급격히 증가하고 있다. 이 가운데, 스마트 기저귀는 온도

---

1 이 글은 「스마트 기저귀와 인지증(치매) 돌봄: 정동적 기술적 접촉의 연결 (불)가능성」, 『생명연구』 73, 서강대학교 생명문화연구소, 2024를 수정 · 보완하여 재수록한 것이다.

2 이 글은 '치매'라는 용어가 사회적 낙인과 부정적 인식을 유발한다는 점에서 인지기능의 감소에 따라 일상생활에 어려움을 초래하는 "후천적인 다발성 장애" 혹은 그 "증상들의 묶음"이라는 의미의 '인지증'을 사용한다. 자세한 내용은 정종민, 「결여/부재의 정동적 욕망: 팬데믹 상황에서의 한 요양보호사 사례를 중심으로」, 『생명연구』 68, 서강대학교 생명문화연구소, 2023, 239쪽 참조. 아울러 이 연구는 기관생명윤리위원회로부터 윤리적 연구 수행에 관한 승인을 받았으며(1040198-230426-HR-050-01), 생명윤리법에 따라 이름, 지명 등 개인이나 기관을 식별할 수 있는 정보를 익명화했다.

와 습도 감지기가 배뇨와 배변 정보를 무선 인식시스템을 통해 스마트폰 또는 컴퓨터의 단말기로 전달하는 제품으로, 2010년대 초 시장에 처음 등장한 이래 코로나19 팬데믹을 계기로 급격히 판매가 증가했다. 하지만 디지털 기술의 획기적 발전 및 시장 규모의 확장 가능성과는 사뭇 다르게, 2023년 6월 스마트 기저귀를 시범적으로 사용해 본 전라남도 청산군 죽산면에 위치한 하늘인지증전문요양원(이하 하늘요양원)은 도입을 유보했다. 스마트 기저귀는 코로나19 팬데믹 상황에서도 사각지대 없이 돌봄을 제공할 수 있을 뿐만 아니라 침체한 경제를 회복할 수 있는 '신산업'으로 주목받고 있다는 정부, 기업, TV, 소셜미디어 등을 통해 전해지는 기대와는 상당히 엇갈린 반응이라 언뜻 이해가 가지 않았다. 또한 알림등, 모니터, 센서를 포함한 무선 장비들이 설치되는 과정이 떠들썩하고 눈에 띄게 홍보되었다면 스마트 기저귀 도입 결정 과정은 잘 드러나지 않았다는 점이 흥미로웠다. 무엇보다 이 과정에서 가장 큰 목소리를 냈을 것으로 예상되는 요양보호사의 목소리는 잘 드러나지 않았다. 돌봄노동자는 스마트 기저귀와 관련된 심층면접 요청을 정중히 사양했으며, 일상에서 불평 섞인 말, 태도, 표정을 지었던 이들의 반응이 공식적으로 표상되는 것을 꺼렸다. 설상가상으로 돌봄노동자의 말에는 "좋기는 좋은데…", "언젠가는 꼭 도입해야 할 것인데…"처럼 신기술 도입에 관한 이들의 태도는 깔끔하고 정연된 질서로 드러나기보다는 얼기설기하고 때론 대립되는 것들이 공존했다.

그렇지만 이러한 반응을 혁신적인 디지털 돌봄 기술과 문화를 따라가지 못하는 시대착오적인 '문화적 지체 현상'이나 일자리를 뺏기지 않기 위한 돌봄노동자의 '집단행동'으로 단순화한다면 개별 돌봄노동자의 일상의 돌봄을 소홀히 다루게 된다. 더불어 디지털 돌봄 혁명이라는 장밋빛 미래를 투사하며 대중매체나 미디어를 통해 표상되는 돌봄은 바로 여기-지금 돌봄노동자가 경험하는 돌봄 현실을 왜곡할 위험이 있다. 인간과 기계, 디지털과 아날로그 등의 이분법적 접근을 넘어 끊임없이 이러한 경계를 횡단하며 매끄러운 연결을 시도하는 돌봄노동자의 잘 드러나지 않는 일상적 실천을 간과하기 때문이다. 이러한 상황에서 누가 최종 결정을 내렸느냐보다는 결정이 내려지는 과정, 이러한 결정을 추동했던 상황과 조건 그리고 그 힘에 관해 묻지 않을 수 없었다. 더 정확히 말하면 스마트 기저귀 도입의 유예를 결정하는 과정은 신체적일 뿐만 아니라 정치적·경제적·윤리적·사회문화적인 힘들로부터 자유롭지 못하며 이들이 서로 얽히는 과정에서 드러나는 효과와 흔적을 추적하고 기술할 것을 요청하는 것이다. 아울러 '스마트 기저귀 도입 유보'라는 한 줄짜리 사업평가 보고서에서 담지 못한 돌봄노동자의 노동에 대한 재평가를 요구하는 것이다.

그렇다면 돌봄노동자의 일상적 돌봄을 폄훼하지 않으면서 스마트 기저귀 돌봄에 대한 부정적 분위기와 도입과 유예를 둘러싼 의사결정 과정을 어떻게 접근하고 설명할 수 있을까? 문제는 앞에서 언급했듯이 공적인 자리에서 스마트 기저귀 사용에 대한 돌봄노동자의 의사표현이 애매모호하다는 점이다. 문서 자료도 없었다. 이 연구가 일상의 돌봄 현장에서 스마트 기저귀에 관한 돌봄노동자의 경험이 표현되고 이야기되는 과정에서 드러나는 정동(affect)에 주목한 이유가 여기에 있다. 한마디로 이미 범주화되고 규정된 "언어·담론·감정으로는 쉽게 포착하기 어렵지만, 물질과 비물질, 인간과 비인간 사이를 끊임없이 횡단하며" 작동하는 "신체능력이자 존재역량으로서의 힘"으로 규정되는 정동 개념은 이 연구에 유용한 분석틀을 제공한다.[3] 즉, 정동은 돌봄노동자의 디지털화된 신기술에 대한 막연한 기대뿐만 아니라, 일말의 불안·걱정·불만 등에서 배태되어 묻어나오는 것으로, 딱히 명확하게 구분지어 설명하기 힘들지만, 거기에서 느껴지는 어떤 느낌, 분위기, 힘, 에너지를 추적하고 포착하고 묘사할 수 있는 인식론적·방법론적 대안을 제공한다. 게다가, 이 형언하기 어려운 강도의 힘은 나의 신체에도 끈적끈적하게 달라붙어 현장연구 기간뿐만 아니라 글을 쓰는 순간까지도 공명하며 기록되지 못하고, 인정받지 못한 돌봄노동에 대한 인정을 추동했다. 때론 격정적으로, 어느 날에는 우려의 목소리로, 어떤 날에는 하소연하듯 열정적으로 표현한 것으로 인간과 인간 그리고 인간과 비인간이 접촉하면서 출현하는 정동적 실천에 관한 인류학적 응답이라고 할 수 있다.

이런 의미에서 이 글은 이미 도입 유예로 결정된 스마트 기저귀 사건의 정당성을 발견하거나 합리화하고자 하는 것이 아니다. 4차 산업혁명 과학기술로 융복합된 사물·기계·장치의 실패한 행위자성을 포착하고 인간의 승리를 선언하고자 함도 아니다. 오히려 변화하는 세상과 조우하는 과정에서 돌봄노동자가 상이한 강도로 표현하고 수행했던 정동적 실천을 맥락화함으로써 자

---

3   정종민, 「똥, 고름 그리고 영혼: 환대 (불)가능한 인지증 돌봄에서 영혼과 정동적 관계 맺기」, 『한국문화연구』 45, 한국문화연구원, 2023, 143쪽.

첫 의미 없이 사라질 뻔한 이들의 수행성을 드러내는 작업이다. 당연히 이 작업은 행위자 혹은 행위 주체를 선험적으로 규정하지 않으며, 인간과 비인간을 포함한 이종 물질의 결합과 연쇄를 통해 새롭게 생성하고 지속하거나 도태되거나 유예되는 관계의 궤적을 쫓으며, 기술하고, 분석한다.[4] 그럼으로써 이 과정에서 돌봄노동자의 행위, 즉 돌봄은 생성하는 인간과 비인간의 관계적 얽힘을 통해 존재함을 강조한다. 나아가, 여기에서 드러나는 일률적이지 않고 때론 상반된 것처럼 보이는 돌봄노동자의 응답이 끊임없이 변화하는 인간과 인간, 인간과 비인간 간의 마주침에 상응하며 조율하는 과정에서 드러나는 정동적 실천임을 증명한다. 그럼으로써 스마트 기저귀로 표상되는 스마트 돌봄이 자본주의 상품 가능성을 넘어 인간과 기술 간의 상호의존성과 매개성을 토대로 한 돌봄의 (불)가능성을 제시한다.

2. 포스트휴먼 돌봄과 기술적 접촉의 정동적 연결

코로나19 팬데믹 경험을 통해 얻은 소중한 교훈 중 하나가 돌봄과 마스크·산소·방호복·산소호흡기 등 사물·기계·장치의 의미를 중요하게 인식했다는 점이라는 데는 별다른 이견이 없을

---

4 임소연, 「과학기술과 여성 연구하기: 신유물론 페미니즘과 과학기술학의 안-사이에서 "몸과 함께"」, 『과학기술학연구』 19(3), 한국과학기술학회, 2019.

것이다. 하지만 돌봄을 분석할 때 인간적인 것과 비인간적인 것의 얽힘을 어떻게 인식론을 넘어 존재론까지 확장할 것인가에는 여전히 논쟁의 여지가 있다. 특히 기존에 '인간의 조건'으로 여겨지던 이성, 언어, 인지력 등을 상실함에 따라 인간됨(personhood)을 인정받지 못하는 인지증과 사는 사람을 돌보는 상황이라면 인간중심 돌봄이나 인간에 방점을 둔 관계적 돌봄의 유혹을 쉽게 뿌리치기 힘들며, 돌봄의 물질성을 소홀히 취급하기 쉽다.[5] 역으로, 최근에 스마트 돌봄 기술과 관련된 연구, 보고서, 대중매체, 소셜미디어 논평에는 이러한 과학기술을 가능케 하는 때론 지루하고 반복적인 인간 노동을 생략하거나 하찮은 것으로 간주하는 "기술정치"와 "기술문화"가 작동하기도 한다.[6]

이런 상황에서 아멜리아 디팔코(Amelia DeFalco)는 인간은 "임시적이고, 우연적이며, 상호의존적인 동물이자 기술적인 존재로, 생존과 정체성을 위해 인간 너머 세계에 의존하는 많은 종들 가운데 한 동반자로서 보는 시각"에서 출발한 "포스트휴먼 돌봄" 개념을 제안한다.[7] 디팔코는 포스트휴먼 돌봄이 인간과 비인간 중 누구를 더 우선시해야 하는가를 밝히는 것이 아니라, 인간과 비인간이 복잡하게 얽히면서 "**함께** 만든"다는 점을 강조하면서 "노출, 확

5   Meiriele Tavares Araujo et al., "The Significance of Overlooked Objects: Materiality and Care at Home for People with Dementia", *Nursing Inquiry* 27, 2019.

6   하대청, 「루프 속의 프레카리아트: 인공지능 속 인간 노동과 기술정치」, 『경제와 사회』 118, 비판사회학회, 2018, 284쪽.

7   Amelia DeFalco, "Towards a Theory of Posthuman Care: Real Humans and Caring Robots", *Body & Society* 26(3), 2020, p.49.

장, 증강을 위해 이미 작동하고 있거나 적합한 종을 횡단하는 유기적/무기적 네트워크들의 혼종성(hybridity)을 밝히는 것"에 초점이 있음을 명시한다.[8] 즉, 이미 "비인간 종과 공존하는 세계에서, 눈에 보이든 보이지 않든, 삶을 생산하고 유지하는 광범위한 범위의 정동, 에너지, 행위, 애착, 의존성을 포괄하는 개념"으로서 포스트휴먼 돌봄을 제시한다는 점에서 디팔코의 논의는 이 연구의 좋은 출발점을 제공한다.[9] 예컨대, 스마트 기저귀 돌봄을 수행함에 있어 돌봄노동을 비가시화된 사적 노동으로 폄훼해서도 안 되며, 역으로 돌봄노동이 인간 중심적으로 기술되고 분석되어야 한다는 오만에 대한 반성에서부터 시작해야 한다고 디팔코는 피력한다. 그리고 스마트 돌봄을 형성하는 인간적인 것과 비인간적인 것들의 얽힘을 탐구하고 이들 간의 마주침을 두껍게 기술할 필요성을 강조한다.

한 걸음 더 나아가, 나는 아멜리아 디팔코와 루나 돌레잘(Amelia DeFalco and Luna Dolezal)이 『The Senses and Society』 특집호에서 제시한 "정동·기술적 접촉(affective technotouch)" 개념에 주목한다.[10] 포스트휴먼 돌봄이 인간적인 것과 비인간적인 것의 접촉을 통해 드러나는 생생한 삶을 포착할 수 있는 포괄적인 이론적·실천적인 틀을 제공했다면, 정동·기술적 접촉은 이종 간의 마주침에서 발현되는 정동적 실천에 초점을 둔다. 특히 하늘요양원 사

---

8   Ibid., p.49. 굵은 글씨는 원문 강조.

9   Ibid., pp.49-50.

10   Amelia DeFalco & Luna Dolezal, "What is Affective Technotouch (and Why Does It Matter)?", *The Senses and Society* 18(2), 2023, p.86.

례처럼 공식적 담론, 발언, 심층면접을 통해서는 잘 드러나지 않지만, 일상의 돌봄 현장에서 돌봄노동자의 말, 표정, 태도, 분위기 등을 통해 수행되는 정동적 움직임, 에너지, 힘, 분위기를 포착하는 데 적합하다. 그리고 인간-비인간의 얽힘으로 구성되는 돌봄의 그물망을 기술하고 분석할 수 있는 유용한 틀을 제공한다. 좀 더 구체적으로 정동·기술적 접촉은 인간 신체와 기술 간의 접촉에서 생성되는 일차원적인 "감정적·생리적인 반응"뿐만 아니라, 기술의 개발·적용·실행 과정에서 조우하는 사회적·정치적·문화적·윤리적인 차원의 "정동적 반응"도 포함한다.[11] 스마트 기저귀와 돌봄노동자의 접촉을 예로 들면, 반복 수행되어 체화된 돌봄기술뿐만 아니라 어떻게 이질적인 존재들이 마주하고 상응하면서 포스트휴먼 돌봄을 구성하며, 끊임없이 변화하는 상황에 또 응답하는지를 묻는다. 나아가 이러한 과정에서 어떻게 선택과 배제, 혹은 주변화가 작동하는지를 밝히며, 그와 관련된 상호의존성과 매개성뿐만 아니라 사회적·정치적·문화적·윤리적 차원의 설명과 책임을 묻는다. 미리 언급할 것은 이러한 인식론적 구분은 인간적인 것과 비인간적인 것의 얽힘이 분리가능한 것이 아니라, 상황적·우연적·관계적인 접촉을 통해 출현하는 현상으로 존재론적으로 분리 불가능함을 의미한다.[12]

11　Ibid., p.86.

12　조주현, 「과학적 실천이론과 페미니스트 과학기술학의 접점: 캐런 바라드의 경우」, 『한국여성철학』 25, 한국여성철학회, 2016, 75쪽.

3. 연구방법

이 연구는 2023년 1월부터 9월까지 매주 목요일마다 하늘요양원에서 '인지증 돌봄의 공공성' 연구를 수행하던 중 6월경에 스마트 기저귀 시범사업을 목격하면서 시작되었다. 흥미롭게도, 하늘요양원은 시범사업 후 스마트 기저귀 도입을 유예했지만, 다른 요양원은 스마트 기저귀 도입을 결정했다는 것을 알게 되었다. 이후 나는 하늘요양원장의 소개로 스마트 기저귀를 도입한 충청북도 금오시 소재의 바다요양원장을 알게 되어 연구 현장을 확대하였다. 하지만 바다요양원에서는 오직 원장만 심층면접이 가능했으며 돌봄노동자는 불가능했다. 또한 2023년 12월 5시간가량의 참여관찰 1회만 허용되었으며, 추후 부족한 사항은 전화 면담을 통해서만 진행할 수 있었다. 이에 따라 스마트 기저귀를 통한 포스트휴먼 돌봄 연구는 하늘요양원을 중심으로 2024년 3월까지 추가로 현장조사 및 심층면접을 진행했다. 그리고 바다요양원에서의 현장연구는 비교의 준거를 제공하는 사례로 활용하였다.

요약하면, 이 연구는 연구계획 수립, 현장조사, 자료 분석이라는 '통상적인' 질적연구 과정을 따르지 않았다. 오히려, 이 연구는 스마트 기저귀를 둘러싸고 하늘요양원의 돌봄노동자가 일상에서 표현하고 수행한 사적 경험이 공적 경험으로 인정받지 못하는 상황을 포착하고, 정동적 실천을 중심으로 추적하고 기술하였으며, 정동·기술적 접촉이라는 관점에서 분석했다. 이 과정에서 문헌 및 인터넷 자료 이외에 두 요양원 원장과 '인지증 돌봄의 공공성' 연구에 참여한 15명의 하늘요양원 돌봄노동자 중 스마트 기저귀 돌봄에 참여했던 요양보호사 7명의 사례를 중심으로 전개하였다. 심층면접은 90분에서 120분가량 1~2회씩 진행되었으며, 연구참여자의 일반적 특성은 아래 〈표 1〉과 같다.

〈표 1〉 연구참여자의 특성(2023년 12월)

이름	성별	연령(세)	경력(년)	이름	성별	연령(세)	경력(년)
최금성	남	38	15	김충청	남	40s	3
김유정	여	65	15	정나주	여	64	1
전곡성	여	60	13	이순천	여	65	4
노화순	여	60	3	정압록	여	66	2
노영암	여	69	15				

4. 안전한 접촉에 대한 기대와 스마트 기저귀의 등장

4.1. 스마트 인지증 돌봄의 등장

한국은 2000년에 65세 이상 인구율이 7.2%로 고령화 사회에 진입한 이래 2018년에는 14.3%로 고령 사회, 2025년에는 인구 5명 중 1명이 고령자인 초고령 사회가 될 것으로 예상되고 있다. 동시에, 나이 듦과 인지증 유병률에는 뚜렷한 인과관계가 없음에도 불구하고, 상대적으로 노령인구가 증가하면서 인지증 유병률이 급격히 증가할 것으로 예상된다. 실제로, 국립중앙의료원 중앙치매센터는 2023년 65세 이상 노인 인구 중 인지증 유병률은 10.41%에 이른다고 보고하였다.[13] 다른 한편, 불안정한 돌봄인력 수급은 더 큰 문제로 다가왔다. 국민건강보험공단에 따르면, 2024년 4월 30일 기준 요양보호사 종사자는 총 657,104명으로 20대 이하 1094명, 30대 4,652명, 40대 34,921명, 50대 185,299명, 60대 336,088명, 70대 이상 95,050명이다.[14] 평균 나이는 2016년 57.1세, 2020년 59.6세, 2023년 61.4세로 증가했다. 하늘요양원의 돌봄노동자 평균연령도 2023년 12월 기준 63세인 점을 고려하면, 돌봄노동자의 '여성화'와 '노령화' 현상이 두드러지게 나타나고 있음을 알 수 있다. 한국에서의 이러한 초고령화와 돌봄인력 부족에 따라 스마트 노인 돌봄 기술은 더 이상 미룰 수 없는 상황을 맞이했다.

이에 따라 정부는 2005년 「저출산·고령사회기본법」을 시작으로 2006년 「고령친화산업진흥법」, 2008년 「노인장기요양보험법」 등 스마트 돌봄사업에 대한 법적 근거를 마련하였다. 2016년 스위스 다보스포럼을 계기로 4차 산업혁명이 주목을 받으면서, 2017년 정부는 4차 산업혁명 대응계획을 도입하며 디지털 시대의 돌봄기술과 서비스에 대한 논의를 본격적으로 시작하였다. 특히 2020년 코로나19 팬데믹 이후 보건복지부는 모바일 기술을 활용한 응급안전안심서비스를 실시하였고, AI·IoT 기반 어르신 건강관리서비스 시범사업을 실시하였다. 동시에, 스마트 노인 돌봄 정책은 기본 돌봄서비스의 인프라 구축에 중심이었던《제1차

13   이지수 외, 「대한민국치매현황 2023」, 중앙치매센터. 2024.

14   국민건강보험공단, 「국민건강보험공단_연령대별 요양보호사 수(자격증 취득자 및 종사자」, 유네스코, 2024. 8. 12. (https://www.data.go.kr/data/15113597/fileData.do)

독거노인 종합지원대책(2012~2017)》, 4차 산업혁명 기술의 활용을 통한 돌봄 서비스를 확대하고자 했던《제2차 독거노인 종합지원대책(2018~2022)》, '로봇산업 글로벌 4대강국 도약' 중심의《제3차 지능형 로봇 기본계획(2019~2023)》, 그리고 2020년부터는 비대면 자기 돌봄과 스마트 노인돌봄을 강조하는《제4차 저출산·고령사회기본계획(2021~2025)》,《혁신성장을 위한 사람 중심의 4차 산업혁명 대응계획(I-KOREA 4.0(2017~2020))》,《한국판 뉴딜 1.0(2020)》,《한국판 뉴딜 2.0(2021~2025)》으로 꾸준히 이어졌다.[15]

이렇듯 인구 구조의 변화, 돌봄노동자의 고령화, 팬데믹이라는 의료재난이 겹치면서 비대면을 통한 돌봄이 가능한 신기술에 대한 요구는 늘어났다. 특히 비대면 접촉과 사회적 거리 유지가 강제됐던 코로나19 팬데믹 상황에서 인지증과 사는 사람에게 "안전한 접촉"을 통한 돌봄의 필요성은 그 어느 때보다 강하고 중요하게 요구되었다.[16] 그리고 스마트 돌봄은 안전한 접촉을 통한 돌봄이 가능하다는 상상과 겹쳐지면서 스마트 돌봄에 대한 수요와 관심은 폭발적으로 늘어났다.

---

15   김우영, 「스마트 노인 돌봄 기술과 더불어 돌봄중심사회로 나아가기」, 이화여자대학교 석사학위논문, 2022, 42-51쪽.

16   Cristina Douglas, "A World of Touch in a No-Touch Pandemic: Living with Dementia in a Care Facility during COVID-19", *Anthropology in Action* 28(1), 2021, pp.12-13; Mariana von Mohr, Louise P Kirsch & Aikaterini Fotopoulou, "Social Touch Deprivation during COVID-19: Effects on Psychological Wellbeing and Craving Interpersonal Touch", *Royal Society Open Science* 8(9), 2021.

4.2. 스마트 기저귀에 관한 기대와 상상들

하지만 스마트 돌봄, 특히 스마트 기저귀에 대한 이상과 현실은 달랐다. 사실, 기저귀 교체를 특별히 가르치는 교육은 없다. 이는 요양보호사 표준양성 교재에도 존재하지 않는다. 요양보호사 교육 실습 과정에서 배우는 것이 아니라, 현장에서 몸으로 부딪치면서 터득할 것이 권장되는 것이다. 다만, 국민건강보험의 「장기요양기관 급여제공지침서」는 기저귀 교체 시 최소한의 도움만 제공하면서 잔존기능을 유지하고 향상하는 방향으로 기저귀 돌봄을 수행하도록 권장한다.[17] 그래서 요양시설의 규정, 기저귀의 종류·품질·가격, 개별 요양보호사의 경험과 기술, 사용 당사자의 상황에 따라 다르지만, 일반적으로 기저귀 돌봄에는 겉기저귀 1장과 일반 기저귀(대/중/소) 2장, 총 3장을 사용한다. 하지만 와상의 경우, 소변이 새지 않도록 양쪽 골반 부위를 작은 기저귀로 감싸 5장을 사용하기도 한다. 중형 요양시설에서 2명의 요양보호사가 30여 명의 거주인을 돌봐야 하는 밤의 상황은 또 다르다. 보통 2~4명이 함께 사용하는 다인실에서 다른 거주인의 수면을 방해하지 않고 기저귀 돌봄을 하기란 현실적으로 어려우므로, 남녀 한 장씩 더 착용해서 6장을 쓰기도 한다. 특히 남성은 옷과 침구류를 적시는 경우가 많으므로 작은 기저귀로 성기를 감싸두기도 한다.

---

17 국민건강보험, 「장기요양기관 급여제공지침서」, 국민건강보험공단 대구경북지역본부, 국민건강보험, 2022.

한편, 「장기요양기관 급여제공지침서」는 하루에 기저귀를 몇 번 확인하고 몇 장을 써야 하는지는 명시하지 않는다. 대신, 욕창 예방을 위해 와상의 경우 두 시간에 한 번, 의자에서 생활하는 경우 한 시간에 한 번 자리바꿈을 하면서 배뇨와 배변 상황을 확인하도록 한다. 그 외의 경우 4시간을 넘기지 말도록 권장하기 때문에 하루 최소 4~7번의 기저귀를 교체한다.

이러한 상황에서 신기술에 대한 희망과 기대는 성인용 기저귀 분야에서도 나타났다. 국내 성인용 기저귀는 생리대와 유아 기저귀의 개발과 생산을 통해 축적된 기술을 바탕으로 1999년 ㈜대한펄프에서 최초로 성인용 기저귀 사업에 참여하였으며, 크게 성장하는 추세다. 2024년 11월, 기존 P&G, 킴벌리클라크, 유니참과 같은 대형 기업뿐만 아니라 모닛, Opro9, 시노펄사르, ㈜에스디센스, ㈜메디로지스 등 다양한 스타트업기업이 스마트 기저귀 개발에 참여하고 있다.

스마트 기저귀 개발 사업은 축적된 배뇨와 배변 시간 · 패턴 · 양, 기저귀 사용량에 대한 정보를 향후 개인 맞춤형 돌봄을 제공하는 데 핵심 자료로 활용할 수 있다.[18] Z사의 "기저귀 안의 위생과 건강 정보들을 24시간 놓치지 않겠습니다."라고 강조하는 스마트 기저귀 광고는 최근 늘어나는 소비자의 이해와 요구를 잘 반영하는 전형적인 사례라고 할 수 있다. 특히 자존감 때문에 기저귀 교체를 요구하기 어려워하는 사람의 말 못 할 고민과 스트레스

---

18 백재호, 「멀티 센서 IoT 시스템 기반의 기저귀 케어 모니터링 개발」, 『제어로봇시스템학회』 27(12), 제어 · 로봇 · 시스템학회, 2021.

를 해결하는 순기능과 기저귀 교체의 지연으로 발생할 수 있는 요로감염, 피부염, 욕창 등의 위험을 방지할 수 있으며, 치료비용 감소로 국민건강보험 재정에 이바지할 것으로 기대했다. 더불어, 와상 생활을 하는 사람을 기준으로 적어도 2시간마다 체위를 변경해야 하는 시간에 맞춰 기저귀를 점검하던 돌봄노동도 줄일 수 있으며, 불필요한 기저귀 소비를 줄여 경제적 효과가 클 것으로 여겼다. 바다요양원의 김충청 원장은 돌봄 경력이 풍부한 요양보호사도 "어쩔 수 없이" 기저귀를 한 번에 4~5개를 사용할 수밖에 없는 상황에서 스마트 기저귀는 책임 있고 경제적으로 효율적인 대안이라고 여겼다. 그야말로 스마트 기저귀는 돌봄인과 사용 당사자 모두에게 자존감과 존엄성을 포함해서 삶의 질을 향상하는 등 돌봄 세계에 혜성처럼 등장한 "간병 히어로"였다.

하지만 하늘요양원에서도 스마트 기저귀의 도입이 유일한 정답이었을까? 하늘요양원에서 스마트 기저귀에 대한 이러한 상상과 기대는 현실에서 상당한 차이가 있었다. 문제는, 앞에서도 잠깐 언급했듯이, 한 달이 채 되지 않는 스마트 기저귀 시범사업 동안 내가 사적인 자리에서 마주했던 '불평불만'의 목소리, 몸짓, 태도, 분위기가 공적인 심층면접 자리에서 찾아보기 힘들었다는 점이었다. 무엇보다 돌봄노동자는 자신의 목소리가 공론화되거나 대표되는 것을 꺼렸다. 그렇다면 시범사업 보고서에 한 줄로 정리된 스마트 기저귀 도입의 유예 결정은 원장을 비롯한 시설 운영자들이 돌봄노동자를 위해 내려진 결정이었던 것일까? 섣불리 결말을 내리기 전에 스마트 기저귀와 돌봄노동자가 어떻게 돌봄을 구성하며 돌봄 노동이 주변화되는지를 정동·기술적 접촉을 중심으로 알아본다.

5. 불완전하고 불편한 스마트 기저귀 돌봄

5.1. 효과와 효율성을 둘러싼 상이한 정동들

바다요양원도 쉽게 스마트 기저귀를 받아들인 것은 아닙니다. 경력이 많은 요양보호사 선생님 4~5분이 적응하지 못해 일을 그만뒀어요. (김충청, 바다요양원장, 2023. 12. 8.)

바다요양원장의 이야기처럼 순수하고 중립적으로 보였던 스마트 돌봄 기술 그 자체는 실재를 반영하는 것이 아니며, 단순히 서로 다른 물질적 존재 간의 섞임 또한 아니었다. 스마트 기저귀라는 사물·기술·기계·장치는 이와 관련된 정부정책과 제도, 요양원장 개인의 욕망과 기대, 요양원의 돌봄 관점과 실천들이 얽히는 과정에서 드러나는 상황적·관계적·생성적인 현상이었다. 이 과정에서 나는 자신의 몸을 통해 "상황적 지식(situated knowledge)"을 생산하며 역동적인 참여자 되기를 수행하는 요양원 원장뿐만 아니라 돌봄노동자를 목격했다.[19] 즉, 스마트 기저귀를 지배적인 돌봄 장치로 도입한다는 것은 이미 주어진 과학적 결론으로서 당

---

19 도나 J. 해러웨이, 민경숙 역, 『겸손한_목격자@제2의_천년. 여성인간ⓒ_앙코마우스TM를_만나다』, 갈무리, 2007. 63-64쪽.

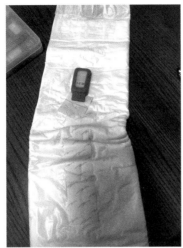

〈그림 1〉 바다요양원에서 사용한 스마트 기저귀와 알림등

연하게 여겨야 할 진실이 아니라, 설명할 필요가 있는 사실이었다.

　　2020년 6월 개원한 바다요양원은 처음부터 스마트 기술을 통한 돌봄의 혁신을 강조했다. 김충청의 단호한 어조에서 디지털 돌봄에 대한 그의 확신을 느낄 수 있었다. 이러한 신기술에 "적응"하지 못하고 3~4개 이상 기저귀를 계속 사용한다든지 디지털 돌봄에 동의하지 않는 요양보호사는 일을 그만둘 수밖에 없었다. 반면, 하늘요양원은 디지털 돌봄의 필요성을 인정하면서도 도입을 유예했다. 그리고 하늘요양원 돌봄노동자는 잘 드러나지 않지만, 일상의 소통에서 스마트 기저귀에 대한 평가에 대해 머뭇거리는 말과 불만의 표정으로 도입되지 않았으면 좋겠다는 것을 에둘러서 표현했다. 흥미로운 점은 두 요양원 모두 30~40대 원장이 운영하며 디지털 돌봄에 관심이 많다는 점이었다. 그리고 모두 효과와 효율성이라는 단어를 쓰면서 다른 결론에 도달했다는 점이다. 도대체 이들 사이 어떤 상황과 조건의 차이가 서로 얽히면서 상이한 결정을 추동했을까?

<표 2> 하늘요양원과 바다요양원의 특성(2023년 12월 기준)

요양원	설립 (연도)	돌봄 노동자수	거주인수	위치	노동자 유형	원장
하늘요양원	2008년	37명	57명	면 소재지	장·노년 장기근속	2세대
바다요양원	2020년	15명	23명	도시 시내	중장년	피고용인

우선 두 기관의 환경적 차이와 지역사회와 돌봄노동자와의 관계는 스마트 기저귀 도입 결정에 빼놓을 수 없는 조건이었다. 위 <표 2>에서 보듯이 2023년 12월 기준, 하늘요양원은 57명의 거주인과 37명의 돌봄노동자가 있으며, 바다요양원은 23명의 거주인과 15명의 돌봄노동자가 있었다. 전라남도 청산군 면소재지에 있는 하늘요양원에는 인근 농촌 지역 출신 거주인이 많으나, 충청북도 금오시 중심가에 위치한 바다요양원은 도시 출신 거주인이 대부분이었다.

두 요양원 원장의 경력 또한 달랐다. 바다요양원 원장은 같은 건물에 자리 잡은 외과병원의 사무장으로 근무하다가 건물주였던 원장의 병원 축소 운영 방침에 따라 빈 공간의 "효율적 활용"으로 사업을 변경하던 과정에서 돌봄 사업에 참여하게 되었다. 그리고 스마트 돌봄에 관심이 있던 친구와 동업하였으며, 유아용 기저귀를 전문적으로 생산하던 A기업과 기술 및 제품 개발에 관한 양해

각서를 체결하고 B성인용 기저귀를 개발·유통·판매하는 사업을 병행하기에 이르렀다. 동업자는 이후 B스마트 기저귀 사업 홍보이사를 겸하게 되었다. 눈여겨볼 것은 김충청의 고백처럼 금오시의 인력 수급이 상대적으로 원활했기 때문에 "출혈"을 감수하더라도 스마트 기저귀 도입을 지속적으로 강력하게 추진할 수 있었다는 점이다.

> 개인 요양원에서는 홍보 차원에서는 괜찮지만, 실질적으로 이걸 하기가 어려워요. 그리고 또 저희 (요양보호사) 선생님 같은 경우는 이제 시간은 정해 놓지만 자주 확인을 하시거든요. 그러니까 크게 의미가 없어요. 그리고 이걸 했을 때 또 단점 하나가 너무 이걸 맹신해버리면 오히려 역효과가 발생하죠. 원래 갈아야 하는데 알람이 안 울렸으니까. 안 썼겠지라는 생각 그리고 기저귀의 센서 위치에 따라서 민감도가 달라져요. (최금성, 하늘요양원장, 2023. 7. 27.)

바다요양원장의 시장가치와 경제적 효율성에 대한 확신과 다르게, 하늘요양원장은 "크게 의미가 없어요."라며 스마트 기저귀에 대한 효과를 의심했다. 하늘요양원장의 말에는 분명 기저귀의 기계적 기능, 효율성, 추후 활용가능성을 포함한 경제적 가치 이상의 어떤 것이 담겨 있었다. 우선 최금성 역시 몸으로 하는 일이 디지털 기술로 대체되어 무분별한 개인 맞춤형 돌봄으로 변해가면서 거주인이 대상화될 것이라는 "포스트휴먼 디스토피아"를 상상하지는 않았다.[20] 2008년 하늘요양원 설립 때부터 자원봉사와 사회복지사로 참여했던 최금성은 실무를 익힌 뒤 2022년부터 부모를 이어 직접 시설을 운영 중이다. 그는 누구보다도 과학적이면서 혁신적이며 거주인과 돌봄노동자 친화적인 디지털 기술에 관심을 보였다. 예를 들어 인근 대학과 산학협력 체결, 노인복지센터 네트워크 협약, 치매안심마을 만들기 협약 등을 통해 새로운 돌봄서비스를 적극적으로 실험했으며, 새·물고기·동식물 등을 이용한 포스트휴먼 돌봄, 원격 의료를 시범적으로 운영하고 있었다. 다양한 사회복지 및 노인장기요양 단체에서 임원과 실무진으로 활약하는 그의 대외 활동도 이러한 연장선상에서 이해할 수 있었다.

다만, 최금성은 재정적·행정적·제도적으로 아직 준비되지 않은 상황에서 여전히 뭔가 "2% 부족한" 디지털 기술의 맹신을 우려하면서 요양보호사와 거주인 간의 소통과 이들의 체화된 몸의 기술이 무시되는 상황을 경계했다. 팬데믹 이전 스마트 기저귀 제품이 일부 개발되었지만, 일상적인 개인위생 용품으로 상용화되지 않았다는 점과 여전히 더 가볍고, 더 편하고, 더 예쁘고, 더 작고, 더 오래 사용할 수 있는 제품을 만들어 가는 과도기라는 점을 고려하지 않을 수 없었다. 무엇보다 기존에 "존재하지 않은 의료기기"라는 이유로 건강보험 수가를 적용받지 못해 시설 혹은 개인 사용자가 추가로 경비를 부담해야 한다는 점에서 "가격 대비 효율

20 Matthew Tieu & Alison L Kitson, "Care Depersonalized: The Risk of Infocratic 'Personalised' Care and a Posthuman Dystopia", *The American Journal of Bioethics*, 23(9), 2023, p.89.

성"도 부족함을 인지하고 있었다.[21]

최근 새롭게 도입한 전산화 관리프로그램인 케어포(Carefor)와의 불완전한 연동도 문제였다. 케어포는 수급자관리, 요양급여·간호급여·물리(작업)치료급여·프로그램 급여 제공, 위생·안전점검 관리로 구성된다. 최금성은 스마트 기저귀 시스템이 체위변경, 욕창관리, 배뇨·배변 관리 정보를 기관, 수급자, 보호자에게 실시간으로 제공할 수 있는 과학적이면서도 획기적인 장치라고 생각했다. 하지만 레이다 감지기를 통해 작동되며 침대 주변에 설치할 수 있는 낙상감지기에 비해 습도, 온도, 압력의 차이를 이용한 스마트 기저귀는 가동 범위, 감지기의 위치와 상태 등 주변적인 상황과 조건에 따라 민감도에 차이가 있었으며, 케어포의 연동도 불안정했다.

실제 스마트 기저귀를 착용하는 당사자의 반응 또한 소홀히 할 수 없었다. 스마트 기저귀 시범사업 초기에는 일회용 기저귀를 사용하는 모든 거주인이 시범사업의 참여 대상이었다. 하지만 "인지가 어느 정도 있고" 홀로 걷거나 앉을 수 있는 거주인은 몸에 부착된 감지기를 이질감이나 호기심 때문에 떼어 버리거나 감지기 영역 밖으로 이동하는 바람에 스마트 기저귀가 작동하지 않기도 했다. 그래서 시범사업은 일회용 기저귀를 착용하는 모든 거주인에서 인지증이 어느 정도 진행된 거주인, 이후에는 와상 상태인 여성 인지증 거주인 2명으로 축소되었다.

---

[21] 기저귀용 전도성 잉크를 사용한 H스마트 기저귀의 경우 배뇨훈련용으로 주로 활용되며 의료수가 청구가 가능하다.

와상 상태의 아예 인지가 없으시면 굉장히 좋을 것 같아요. 근데 저희가 인지가 어느 정도 있고 저희 같은 경우는 와상 어르신이라 하더라도 침대에 누워 있게 하지 않거든요. 대부분 여름엔 다 나와 계세요. 근데 센서 범위 밖에 나가 버리거나 앉아 계실 때는 민감도가 아예 떨어져요. 그러니까 아예 누워 계시면 이게 진짜 좋은 제품인데 어르신을 자주 휠체어에 앉혀요. 저희는 침상에서 식사하시는 분이 없어요. 다 나오시라고 해요. 그러면 (스마트 기저귀의) 의미가 없어져 버려요. 중간에 끊겨버리고 그 다음에 이제 어느 정도 이게 인지가 있는 분들은 다 찢어버리세요. 왜 그러냐면 이게 조금 약간 걸리적거리잖아요. 그래서 그것을 다 찢어버리고 그러니까 실제로 하신 분은 (마지막에는) 딱 한두 명 정도예요. 근데 이게 전체로 해가지고 제가 한번 여러 개 해봤는데 왜 그러냐면 (작은 성냥갑 크기) 만한 것을 기저귀 앞에 차는데 이게 느낌이 없다고 하더라도 이질감은 분명히 있어요. 그래서 이것을 만져버리거나 하면 또 기술적으로 이게 압력 센서라서 민감도가 그렇게 좋지는 않은 것 같아요. (최금성, 하늘요양원장, 2023. 7. 27.)

무엇보다 하늘요양원이 스마트 기저귀 도입을 유예한 이유는 다름 아닌 요양원의 핵심 구성원인 거주인, 돌봄노동자, 원장 사이의 마주침에서 느껴지는 '관계의 강도' 때문이었다. 이제 막 입주한 바다요양원에 비해 하늘요양원의 장기 거주자와 돌봄노동자 사이에는 "사회서비스"라는 무미건조한 단어로 설명할 수 없는 어떤 '끈적끈적함'이 진하게 연결되어 있었다. 예를 들어, 옥자 어르신의 마지막 가던 길은 상당한 시간이 흘렀지만, 여전히 하늘요양원 구성원들 사이 회자되고 있었다.

목사님하고 굉장히 오랫동안 사셨던 분이래요. (옥자 어르신이) 몇 개월 전에 암으로 돌아가셨거든요. 그래서 유방암 말기였는데 아프다고 아픈 표현을 못 해요. 제정신이 아니고 50대에 와서 70대에 돌아가셨거든요. 한 20년 목사님하고 인연이 있었죠. … 그랬는데 그 뭐냐 안 아프냐고 하니까 그분이 안 아프다고 했는데, 그때 그랬는데, (병원에서는) 너무너무 바늘로 쿡쿡 쑤시는 통증이 온대요. 우리한테 말을 안 한 거예요. "아파, 아프다고… 바늘로 쿡쿡 쑤셔!" 막 이러더라고요. 그래 가지고 내가 물어봤어요. "아프다고 왜 말을 안 했어요?" 하고 물었더니 "아이구! 선생들이 아프다고 하면 뭐 도움이 돼!" 그러더라고요. 그렇게 마음이 예쁜 거예요. 그래가지고 마지막에 이제 병원에 갔다 왔는데 통증 때문에 잠을 못 자요. 우리 같으면 저런 고통이 있으면 죽음이다, 그럴 거예요. 항암치료 하고 난리가…. 이렇게만 누워도 고통스러워서 손을 못 쓰고, 그래 가지고 너무 아프고 마음이 아프고, 뭘 좋아해도 먹지를 못하고 하니까 나도 이 뭐냐 식판만 잡고 있고, 이렇게 계신 거예요. 그러다가 돌아가셨는데, 딸이 하나 있는데, 딸도 정상적인 딸이 아니고, 조금 심하대요. 그래가지고 저기 뭐냐 저기 의료 시설에 있다고 해서 보고 싶어 했는데, 못 보고 가신 거예요. 그래서 목사님한테 물었다고 "내가 먼저 갈게, 목사님 천천히 와잉!" 그랬다는 거예요. 이러면서 돌아가셨는데 … 목사님이 너무너무 불쌍하니까 가시는 마지막 길에는 리무진으로 … 그러니까 대표님한테 우리가 마지막에

해 줄 수 있는 것은 이것밖에 없다고. 마지막 가는 것을 좀 화려하게 보내고 싶었나 봐요. 근데 나 그때 울었네. (김유정, 요양보호사, 2024. 3. 8.)

원장과 돌봄노동자의 관계 또한 경제적 효율로는 설명할 수 없는 어떤 '끈끈함'이 있었다. 바다요양원의 경우 5년 이하 중·장년의 신입 돌봄노동자로 구성되었다면, 하늘요양원은 설립부터 지금까지 함께 일한 장기근속 장·노년의 돌봄노동자가 많았고, 연구참여자들도 상당수가 5년 이상의 경력을 갖고 있었다. 그리고 하늘요양원은 팬데믹 시기를 제외하고 매달 '요양보호사의 날'을 지정하여 단체영화관람 등 사회문화 활동을 지원하거나 매년 '요양보호사 챔피언'을 선정하여 해외여행을 보내주는 등 고용인과 돌봄노동자 사이 상대적으로 친밀한 관계가 창립 이래 꾸준히 유지되고 있었다. 반면, 바다요양원의 경우 지난 3년 동안 돌봄노동자의 퇴사가 상당히 잦아 돌봄인력의 변화가 심했으며, 최근에서야 요양원의 공실을 모두 채우고 돌봄 사업이 안정화되는 상황이었다. 무엇보다 10여 년 전만 하더라도 전라남도 청산군 전체 5개 미만이던 요양원이 2023년 9월 현재 18개로 늘어난 상황에서 죽산면 소재지에 위치한 하늘요양원의 인력 수급은 갈수록 어려워지고 있어 요양보호사의 불평불만을 쉽게 묵인할 수 없었다. 이렇듯 두 요양원의 노사관계는 복잡하게 얽혀 있었으며, 두 요양기관이 내린 결정과 뗄 수 없는 밀접한 관계가 있었다.

5.2. 블랙박스화된 돌봄 노동

이분은 언제 어느 때 양이 많고 어떤 때는 많이 하고, 시간이 딱 인자 저희가 알죠! 저희가 오랫동안 돌봤으니까 그분의 특성을 알아요. 그러니까 그 시간대에 가서 해주고, 뭐냐 11시 하고, 5시 30분에 하고 … 근데 저희는 육안으로도 식별할 수 있어요. 왜 그러냐면 밤에 어르신들이 소변보고 아침에 많은 양의 소변을 보면 … 주간에는 그렇게 많이 안 해요. 그러니까 그걸 데이터를 따진다고 굳이 스마트 기저귀로 한다는 것은 이해가 안 돼요. 근데 인제 청결이나 건강이나 거 뭐야, 저기 위생적으로 그걸 말한다면 그거에 대해서 공감은 가죠. 왜냐하면, 자주 뭐냐 기저귀를 교체하다 보면 어르신 기저귀가 항상 청결하게 유지할 수 있고 또 건강에도 요로 감염 같은 것이나 대변을 봐서 또 많이 감염이 되잖아요! 긍께 인제 거기 그런 거에선 도움이 될지는 몰라도 양을 측정해 가지고 저기 한다는 것은 좀 이해가 안돼요. 근데 제가 전문적인 간호사가 아니기 때문에 그것도 모르겠고. (김유정, 요양보호사, 2024. 3. 8.)

그렇다면 돌봄노동자는 스마트 기저귀 돌봄을 어떻게 구성하고 대응했을까? 돌봄노동자는 보통 와상 상태 등 예외 상황을 제외하고 2시간마다 배뇨와 배변 상황을 확인해야 한다고 했다. 겉기저귀와 속기저귀 2장만 사용하고, 돌봄 결과를 일지에 기록한다고 답변했다. 그렇지만 스마트 기저귀는 또 달랐다. 김유정은 4차 산업혁명이라는 과학적 성과의 최종 결과물인 스마트 기저귀를 가능케 하는 '인간 노동'이 끊임없이 주변화되고 지워진다는 점에서 불편함을 숨기지 않았으며, 목소리의 톤과 태도에서 그의 의도를 충분히 확인할 수 있었다. 스마트 기저귀라는 블랙박스 안에 담긴 정보가 추후 개인위생과 건강에 도움이 될 수 있다는 점은 비전문가로서 수긍할 수밖에 없지만, "육안으로도 식별할 수" 있는 일을 굳이 "비싼 기계"를 사용할 필요가 있겠냐며 목소리를 높였다. "시도 때도 없이 울리는" 알림음은 사람의 손이 닿아야 하는 일을 기계의 일로 치환해 버린다고 비판했다. 정나주는 별 볼 것 없었다는 듯 실망한 표정을 짓더니 기저귀 돌봄은 단순히 냄새나고 축축해진 기저귀를 교체하는 것이 아니라 따뜻한 물과 수건으로 밑도 닦고 살의 온기를 나누는 일이라면서 열변을 토해냈다.

아침에 한 5시 반에서 6시쯤에 어르신 기저귀 돌보고 따뜻한 물도 드시게 떠다 드리고 ⋯ 오줌 대소변하신 분들, 이제 냄새나는 분들 씻겨드리고 밑도 닦아주고 이제 따뜻한 수건으로, 얼굴도 닦아드리고 ⋯ 그게 오줌, 똥을 싸지 않는 이상은 옷은 안 갈아입히고 ⋯ 물수건으로 따뜻하게 해서 얼굴 씻어드리고 뭐 그런 일이죠. (정나주, 요양보호사, 2023. 2. 23.)

근데 저희가 맨 처음에 오작동이 나 가지고 안 됐어요. ⋯ 한 번은 안 되고, 오작동 잘 나고, 분실되기 쉽고, 또 막 그냥 어르신들이 기저귀를 뜯어서 버려 버린 적도 있어요. ⋯ 그러니까 배꼽 밑에 딱 위치가 있어요. 어느 선에다가 부착하라고, 그러면 그것을 뜯어 갖고 버려버리는 때도 있고, 그래서 도저히 이것을 안 되겠다 싶어가지고 저희 동에서만 사용을 했거든요. B동에서만 했어요. 원장님께서 이거는 고가(高價)라면서 이거 잊어버리면 인자 돈 물어줘야 한다고 … 그렇게 농담도 했는데 … 분실 염려도 있고, 시도 때도 없이 띵동띵동하면 정신없잖아요! … 여기서 띵동, 사람은 생리적으로 모르잖아요. 육체적으로 다 뭐 생리 구조가 다르니까 여기서 띵동, 저기서 띵동 하면은 밤에는 (어떻게 할 수가 없어요). 낮에는 그래도 직원이 여러 명 있어 괜찮은데 밤에는 직원들 둘이서 30명을 다 케어(돌봄)한다는 게 힘들어요. (김유정, 요양보호사, 2024. 3. 8.)

그뿐만이 아니었다. 불만 섞인 김유정의 말에서도 짐작할 수 있듯이, 스마트 기저귀의 홍보물과 홈페이지를 통해 광고된 "부착만 하면 자동으로" 연결된다던 스마트 돌봄은 한마디로 문제투성이였다. 깔끔하지도, 매끈하지도 않았고, 자동도 아니었으며, 보이지 않는 곳에서 사람의 손이 절대적으로 필요했다. 생활방수 기능을 걱정해야 했으며, 여섯 달 정도 사용할 수 있다는 건전지는 사용 당사자의 소변 양과 소변 빈도수 등에 따라 차이가 있어 수시로 점검해야 했다. 요양보호사들은 오염된 기저귀를 교체하다 감지기를 함께 버리는 실수를 하지 않도록 특별히 주의해야 했다.[22] 게다가 거동 가능한 거주인이라면 감지기가 제대로 잘 붙어 있고, 작동하는지 수시로 확인해야 했으며, 감지기의 가동 범위 내에서 활동하도록 끊임없이 안내해야 했다. 소변 양, 성기 모양 등에 따

---

22 이들이 사용한 스마트 기저귀의 경우 아직 의료기기로 인정되지 않아 일반 기저귀보다 개당 20원 정도 더 비싼 감지기를 부착할 수 있는 특수 기저귀를 사용해야 했다. 또한 시설 혹은 가족이 감지기 임대비용으로 개당 1만원 혹은 구입비용으로 19만 9,000원을 추가로 부담해야 했다.

라 감지기 위치를 때때로 조정해야 했다. 무엇보다 아직 완벽하지 않은 기계에 대한 맹신으로 "울림이 안 울렸으니까 안 쌌겠지!" 하고 생각한다면 오히려 거주인과 요양보호사 사이의 원활한 소통을 방해하는 요소가 될 수 있다는 우려 때문에 신경을 곤두세워야 했다. 이뿐만이 아니었다. 한정된 노동 인력 상황에서 동시에 두 가지 일을 수행하는 것이 불가능하다는 점은 모두가 인정하지만, 돌봄노동자는 눈에 확연히 보이는 알림등과 소리를 의식하지 않을 수 없었다. 게다가, 알림등이 반짝이며, 울릴 때 얼마나 빨리 반응해야 하는가는 절대 사소하지 않은 돌봄노동자의 윤리적 실천의 문제를 제기했다. 무엇보다도, 이러한 배뇨와 배변 정보가 스마트 기기와 연결됐을 경우 데이터 추출과 관리는 용이할 수 있겠지만, 이 데이터를 생산하는 돌봄노동자의 돌봄 기술이 뒷전으로 사라진다는 점을 불편해했다. 몸 쓰는 일은 돌봄노동자가 다 하고, 성과는 스마트 기술이 챙기는 것이 아니냐는 요양보호사의 볼멘소리는 귀담아들을 필요가 있었다. 한마디로, 일반 기저귀든 스마트 기저귀든 거주인의 반응을 세심히 살펴야 하는 것은 돌봄노동자의 몫이었다. 그리고 기계 작동까지 살펴야 하는 신기술은 돌봄노동자에게 추가 노동을 요구했으며, 이는 요양보호사에게 상당한 정신적·육체적 부담으로 작용했다.

그렇다면 왜 하늘요양원 돌봄노동자의 목소리가 공적인 의사결정과정에서 잘 들리지 않았으며 대신에 일상의 소통에서 불평불만과 불안과 배신감으로 표현되었을까? 이는 돌봄노동자와 원장 사이 오랜 직장 동료로서의 믿음과 신뢰도 있었지만, 지역사회에서 구성되는 노사관계를 무시할 수 없기 때문이었다. 겉으로 보면 상당수의 돌봄노동자들은 최금성 원장이 하늘요양원에서 자원봉사와 사회복지사로서 사회에 첫발을 내디딜 때부터 함께 일해왔기 때문에 스스럼없는 대화가 가능했다.

그러나 상명하달식의 강압적인 조직문화가 없어지고 원장과의 의사소통이 원활해졌다고 위계가 사라진 것은 아니었다. 팬데믹 상황에서 수시로 바뀌었던 산업안전보건 교육을 포함해서 정기적으로 실시되는 각종 교육프로그램을 통해 위계질서는 보이지 않지만, 끊임없이 재생산되었다. 물론 교육 주체를 나이·성별·연공서열이 아닌 개인의 역량과 노력에 대한 돌봄노동자의 투표로 결정하는 등 수평적 위계질서의 가능성도 내비쳤다.

돌봄노동자를 대상으로 실행되는 다양한 문화 활동도 마찬가지였다. 앞 절에서 잠깐 언급했듯이 최우수 직원의 해외여행 프로그램이나 돌봄노동자의 단합과 격려를 위한 '문화의 날'은 단순히 노래하고 영화보고 여가 활동을 즐기는 자리를 넘어 하늘요양원이라는 유사가족의 일원으로서 역할과 의무가 강조되고 재확인되는 자리이기도 했다. 그리고 지역의 다른 요양원과 비교해 확연히 구별되는 하늘요양원의 돌봄노동자를 위한 복지 정책과 노사간의 단결과 화합을 위한 활동은 "원장님 덕분에"로 받아들여졌다.

나아가, 이러한 문화는 나이 들어 이제는 지역사회에서 쉽게 구할 수 없는 일자리를 제공한다는 점에서 이윤 추구라는 하늘요양원의 사적인 목적 성취는 모두가 함께 구성하고 협력하여 만들어가야 한다는 상상과 관념을 추동하였다. 그리고 여러 사람이 함께 희생하고 헌신하고 참여해야 제공할 수 있는 돌봄이라는 점에서 개인의 능력 혹은 불평불만에 대한 인정의 요구는 쉽게 공식화될 수 없는 분위기였으며, 돌봄노동자들은 이를 눈치로 느끼고 인지하고 있었다. 김유정이 "원장님은 할 수 있는 데까지 해보고 하라고 했는데…"라며 에둘러 말하는 데는 여러 불평불만을 하늘요양원장에게 직접 전할 수 있지만, 자신의 목소리가 공식화되는 것을 우려했다는 점이 드러난다. 무엇보다, 하늘요양원장이 "언젠가는" 도입될 것이라고 명시했다는 점에서, 김유정을 비롯한 다른 돌봄노동자는 섣불리 나서서 목소리를 높이거나 대결 구도로 표상되는 것을 경계하고, 공식과 비공식 사이에서 조금씩 그리고 지속적으로 표정, 몸짓, 분위기로 자신의 의견을 개진할 뿐이었다.

이렇듯 스마트 기저귀 돌봄에는 인간과 비인간, 디지털과 아날로그, 거주인과 요양보호사, 원장과 요양보호사 사이의 경계를 넘나들며 연결하는 몸을 통한 접촉을 빼놓고는 상상할 수 없었다. 실제 매끄러운 스마트 기술로 연결된 듯 보이는 스마트 기저귀 돌봄에는 인간과 인간 사이 그리고 인간과 비인간 사이에 많은 틈새가 있었으며, 이 틈새를 메꾸고 붙이고 접속해야 하는 잘 드러나지 않는 돌봄노동자의 '조용한 노동'이 필요했다. 이런 점에서 돌봄노동자의 몸은 단순히 환자와 전문 의료진/간병인 간의 물리적 접촉을 넘어 '안전한' 돌봄이 실행되는 접촉의 현장이자 '따뜻한' 돌봄이 이해되고 기억되고 실천되는 현장이 되었다. 팬데믹 상황에서는 유동적인 현장 상황과 환자의 상태에 따라 때로 위험을 무릅쓰고 위생장갑이 아닌 맨손을 사용하거나 환자의 미묘하고 때론 비언어적 움직임에 상응하면서 직접적인 접촉뿐만 아니라 간접적인 접촉을 통해 돌봄을 수행했다.

5.3. 드러나지 않아서 인정받지 못하는 공동거주의 기술로서의 '요령'

요령이 생겨요. 힘으로만은 이 일은 안 돼요. 요령이 있어야지. 그리고 어르신 인자, 또 이렇게 어떤 쪽이 불편하시고, 이 어르신은 어느 발에 힘을 준다, 이 어르신은 어쩐다 그걸 다 선생님들이 터득하잖아요. 그걸 다 알아요. 선생님들이 … 그러니까 2인 1조가 할 수도 있고 혼자도 할 수 있고 그래요. (이순천, 요양보호사, 2023. 1. 19.)

요양보호사들이 거의 고질적 병이 있어요. 테니스 엘보우 같은 것도 많이 있어요. 족저근막염도 많이 오고요. … 또 허리! … 저희는 10년이 넘다 보면 요령으로 하죠. 요령으로! 힘으로 하면은 절대 안 되고, 저희보다 어르신들이 몸무게가 작게 나가도 어르신들 몸을 움직이거나 힘을 빼버리니까 엄청 힘들어요. (김유정, 요양보호사, 2023. 3. 8.)

이순천과 김유정의 말처럼 돌봄은 "힘으로만" 할 수 없었다. 돌봄은 가장 개별적인 행위이면서 동시에 다종의 물질(위생장갑, 기저귀, 물티슈, 비누, 손 소독제, 물, 수건 등)을 능수능란하게 다뤄야 할 뿐만 아니라 거주인이 수치스럽거나 불편함을 느끼지 않도록 섬세하고 친밀한 접촉을 요구했다. 또한 위생과 시설의 돌봄 규칙에도 어긋남이 없어야 했다. 당연히 이러한 앎과 지식은 규범적인 기저귀 돌봄 교육과정에서는 찾아볼 수 없는 것이었다. 다만 이렇게 상상되고 실천되는 돌봄은 물리적 접촉을 통한 검진·치료·소통·지시뿐만 아니라 씻기, 주무르기, 부축하기, 들기, 옮기기 등 오랜 시간 동안 반복적인 실행을 통해 몸에 누적되어 기억되고 체화된 "몸의 기술(body technique)"로서 암묵지(tacit knowledge)를 요구했다.[23]

제임스 라이트(James Wright)는 일본의 한 요양원에서 이동지원 포옹 로봇을 연구하면서 암묵지의 상실에 대한 돌봄노동자의 감정적 반응을 구체적으로 묘사하고 분석하였는데, 이는 인간의 물리적 접촉 너머 감정적·감각적·정동적 접촉의 중요성을 상기시킨다.[24] 정부와 로봇 개발자들은 로봇의 도입으로 돌봄노동자의 고질적인 근골격계질환 예방은 물론 돌봄노동의 질적 변화를 가져올 것이라고 기대했지만, 정작 당사자들로부터 환영을 받지 못했다. 제임스 라이트는 이동이 단순한 물리적 위치의 변화를 의미하는 것이 아니며 거주인과 돌봄노동자 간에 신체가 부딪치는 물리적 접촉뿐만 아니라, 그 과정에서 일상적인 유머와 대화를 통한 사회적 삶이 구현되는 구체적인 현장이라는 점을 발견하였다. 아울러 혁신적 기술과 기계의 도입은 오히려 기계를 준비하기 위해 걸리는 시간, 로봇이 차지하는 물리적 공간, 로봇 작동에 필요한 추가적인 지식과 책임 등에 따른 부담으로 인해 일상적인 돌봄노동을 실행하는 데 오히려 부정적인 영향을 미침을 지적했다.

---

23 마르셀 모스, 박정호 역, 『몸 테크닉』, 파이돈, 2023. 71쪽.

24 James Wright, "Tactile Care, Mechanical Hugs: Japanese Caregivers and Robotic Lifting Devices", *Asian Anthropology*, 17(1), 2018.

오줌 상태가 안 좋으면 물도 먹이고 설탕도 달콤하니 먹이고 오줌의 양이 어느 정도 나왔다고 보고도 하고, 오줌 상태가 맑지 않고 탁하고 잘 안 나온다는 등 그런 식으로. 그리고 그렇게 꽂고 계시는 (연명의료를 하시는) 분들은 오줌이 깨끗하지를 않지요. 표정도 살피죠. 찍찍이 붙이는 곳을 보면서 체중도 살피고 어르신 많이 아프시구나! 알기도 해요. (정압록, 요양보호사, 2023. 3. 2.)

여기에서 내가 주목한 것은 장기근속 요양보호사가 대부분인 하늘요양원 돌봄노동자의 웃는 얼굴이 아닌 불편한 표정과 몸짓 그리고 묵직하게 강도의 힘으로 전해오는 어떤 느낌이었다. 기저귀 교체 시점을 알고 능숙한 손놀림으로 기저귀를 교체한다는 것은 기저귀를 착용한 거주인의 미세한 움직임과 표정, 거주인의 배뇨와 배변 패턴, 손의 감각에 대한 앎이 어우러진 암묵지의 실행이었다. 정압록은 기저귀 교체가 단순한 물리적 접촉을 넘어 사회적 접촉을 추동하며, 오감을 통해 거주인을 살피는 '주의 기울임'과 '알아차림'이 필요하고 또 요구된다고 피력했다. 하지만 수치화된 데이터로 존재하는 스마트 돌봄에는 표정을 통해 소리 없이 교감하고 오줌 색깔, 냄새, 농도를 통해 건강을 살피고, 손의 감촉을 통해 공유하는 돌봄이 존재하지 않음을 비판했다.

폭력적인 사람도 있죠. 때리기도 하고, 그러신 분도 계세요. 때리려고 하면은 얼른 피해야 해요. 그분이 이미 흥분된 상태니까 피하고 봐요. 피하고 조금 가라앉으면 이제 곁에 가서 그러죠. "어르신 이렇게 하면 안 되시죠!" 그러면 그때는 딱 알아들어요. … 기저귀 케어(돌봄)하다가도 맞아요. 엊저녁 같은 경우도 어르신이 소변을 보셔서 "기저귀를 봐 드리겠습니다." 했는데 저한테 그래요. 반항해요. 그러면 나도 이제 옷을 다시 한번 갈아입히더라도 이 어르신이 가라앉을 때까지 (기다려요.) 어르신이 계속 그러지는 않거든요. 순간적이니까. 가라앉히고 나면 그때 다시 가서 해드려요. 그러면 그때는 수긍해요. 그때는 인자, 또 수긍이 되고 그래요. (노영암, 요양보호사, 2023. 3. 23.)

노영암은 때로 예측할 수 없는 거주인의 필요와 요구에 귀 기울여야 하고, 거주인과의 갈등에 웃음과 여유로 유연하게 대처하는 필수적인 돌봄 기술을 강조했다. 기저귀를 사용할 수밖에 없는 상황에 놓여 당황하는 거주인을 마주하며 능숙하게 별일 없다는 듯이 기저귀를 교체하는 것은 기본이라고 했다. 특히 남성 기저귀 돌봄은 거주인의 신체적 불편함을 최소화하면서 심리적인 안정과 편안한 분위기를 만드는 요령뿐만 아니라, 침대를 젖게 하지 않는 특별한 기술이 필요하다고 했다. 또한 성기 크기와 모양, 소변량, 낮과 밤, 몸의 움직임, 사용자의 반응까지 고려하는 기술이 기저귀 돌봄에 요구된다고 역설했다. 하지만 스마트 기저귀 단말기 어디에도 요령에 대한 언급이나 표시는 없음을 지적하기도 했다.

이제 인지가 좀 있으신 분들은 고생한다고 격려도 해 주시고, 그리고 또 저희가 제일 애로사항이 여러 방면에서 또 치매가 한쪽으로 온 거 있잖아요. 이쪽으로 오고 저쪽 각양각색 방향 뭐냐 행동장애도 심하고 폭력적이고. (김유정, 요양보호사, 2024. 3. 8.)

김유정은 때로 거주인으로부터 고맙다는 말을 들으면 힘이 솟다가도, 기저귀가 무엇이든 돌봄 노동의 속사정을 알아주지 않는다며 "이게 첫째는 건강과 위생을 위해서 했는데 불편한 데 많이 있었어요. 일하기는요….''라며 차마 더는 말을 잇지 못했다. 하지만 인간-기계-기술-환경 사이에 벌어진 틈새를 메우기 위해 돌봄노동자가 끊임없이 접촉의 방법을 재정의하고 재구성하는 암묵적 기술이 주변화되는 것에 대해 아쉬움과 두려움을 넘어, 배신감도 느낄 수 있는 상황이었다. 당황스러워하는 거주인을 대하며 능숙하게 별일 없다는 듯이 기저귀를 교체하며 응원하던 손길뿐만 아니라, 이유도 예고도 없이 날아드는 주먹질과 같은 폭력에 대한 두려움의 목소리는 신기술에는 없다고 하소연했다.

한편, 하늘요양원 돌봄노동자는 이러한 암묵지를 주변화하는 기술의 사용을 회피하거나 외면하는 경우도 있었다. 일례로 컴퓨터 마우스 모양과 크기인 배뇨감지기가 상용화된 지는 10여 년이 되었다. 옷 위에 대고 버튼을 누르면 녹색 혹은 적색 불빛에 따라 배뇨 여부를 확인할 수 있는 휴대용 감지기다. 그렇지만, 이 감지기를 사용하는 돌봄노동자는 하늘요양원에는 없었다. 오히려 감지기의 사용은 비전문성 또는 경험 부족을 드러내는 것으로 간주되었으며, 거주인으로부터도 긍정적인 반응을 얻지 못했다. 한마디로, 거주인의 의료·치료·돌봄을 위한 단순한 생리학적·물리적인 접촉(contact)을 넘어 접촉하고(touching) 접촉되는(being touched) 상호작용을 통해서 감정적·정동적·사회적 관계로 확대

발전하고 삶에 활력을 불어넣는 "기술(an art)"에 대한 아쉬움이었다.[25]

게다가, 지금의 스마트 기저귀는 남성 개발자와 대비되는 여성 돌봄인의 모습으로 돌봄의 여성화 및 낭만화시키고 있었다. 예를 들어, H사 제품 광고 영상 속 딸은 편안한 잠자리에서 일어나서 스마트 기저귀 알람 소리를 듣고 어머니의 돌봄을 수행한다. 과학기술 덕분에 기저귀를 자주 확인할 필요도, 어머니에게 직접 물어볼 필요도 없다. 잠을 설칠 염려도 없다. 무엇보다 새벽에 단아한 모습으로 어머니를 돌보는 딸의 모습에는 '돌봄 독박'이나 잠 못 이루는 가족 돌봄인의 말할 수 없는 고통은 보이지 않는다. 회사는 "누군가에게는 불편이 되고 불안이 커지고 부담감은 쌓여갑니다. 기술의 발전이 모든 걸 고쳐주진 못합니다. 그러나 기술 속에 담긴 H사의 진심은 마음을 연결합니다."라고 한다. 하지만 이러한 기술이 간과한 것은 돌봄노동의 성별 경계가 사라지지 않고 몸에 각인되어 새롭게 구축된다는 점이다.[26] 코로나19 팬데믹 상황에서 이미 경험했듯이, 인간은 홀로 설 수 없는 취약한 존재이기에, 상호의존적인 돌봄의 필요성을 절대적으로 인정하면서도, 신기술이 도입되는 과정에서 여성화된 노동은 여전히 비가시화되고 인정받지 못했음을 지적하는 것이다.

---

25 Els van Dongen & Riekje Elema, "The Art of Touching: The Culture of 'Body Work' in Nursing", *Anthropology & Medicine*, 8(2-3), 2001, p.150.

26 이동후 · 김수정 · 이희은, 「여성, 몸, 테크놀로지의 관계 짓기: '여성되기' 관점을 위한 시론」, 『한국언론정보학보』 62, 한국언론정보학회, 2018; 정연보, 「"4차 산업혁명" 담론에 대한 비판적 젠더 분석: 젠더본질론과 기술결정론을 넘어」, 『페미니즘연구』 18(2), 한국여성연구소, 2018.

비슷한 맥락에서 김유정은 거주인의 가족이나 보호자들이 돌봄노동을 인정하지 않고 때로는 욕설을 하는 등 폭언과 갑질 때문에 일의 자존감이 떨어지고 일에 회의를 느낄 때가 한두 번이 아니라면서도 "1년만 더" 하던 것이 15년이 넘도록 이어지고 있다고 했다. 그는 "인제 저희도 최대한 서비스를 하거든요. 친절하게! 근데 이게 인간이니까. 한계에 도달할 때도 있어요."라며 돌봄노동을 여성의 일, 남성의 일이 아닌 "인간"의 일로 대해 주라고 당부했다. 그러면서 인간중심의 기술이 되어야지 인간에게 "갑질"하는 기술이 되어서는 안 된다고 힘주어 말했다.

요약하자면, 스마트 기저귀 도입을 유보한 하늘요양원의 결정은 단순한 개별 돌봄노동자의 문화적 지체도, 집단적 일탈도 아니었다. 오히려 취약하고 상호의존적으로 보이는 돌봄노동자가 변화하는 환경에 상응하면서 친밀하고 편안하고 애정 넘치는 기저귀 돌봄을 구성하고 실행하기 위해 인간 너머 돌봄 요소와 결합하는 과정에서 보여주는 조용하지만 매우 적극적인 행위라고 할 수 있었다. 당연히 이런 의미에서 하늘요양원의 부정적인 분위기는 디지털 기술의 실패를 의미하는 것도 아니었다. 다만, 잘 드러나지 않는 요양보호사의 '몸 쓰는 일'의 의미를 은폐하거나 축소하는 방향이라면, 일본의 포옹 로봇 사례가 그랬던 것처럼, 저항에 부딪힐 수도 있다는 점을 암시했다. 인간 너머 돌봄의 가능성을 구성하고 상상하는 것과 함께 여기-지금 불완전하고 불편한 인간-기계-기술-환경 결합과 어우러져 살기 위해 보이지 않게 분투하는 돌봄노동자의 노동을 살펴볼 것을 요청하는 것이다. 이런 의미에서 포스트휴먼 돌봄을 통한 이 연구는 인간-스마트 기저귀의 접촉을 서로 다른 물적 존재의 평평하고 매끈한 결합이라는 장밋빛 미래로 구체화하지 않는다. 오히려 새로운 디지털 기술의 도입과정에서 생성하는 인간, 기술, 권력이 개입된 돌봄 노동에 관한 질문을 제기하는 것이다.

6. 결론

최근 점점 더 많은 인지증 연구가 반이원론을 장착하고 공공연히 "포스트휴먼 전회"를 시도한다는 점은 부정할 수 없는 사실이다.[27] 실제로 팬데믹을 전후로 급격히 늘어난 정부, 기업, 대중매체, 소셜미디어를 통해 홍수처럼 밀려오는 스마트 돌봄에 대한 지지, 설득 혹은 '강요'는 도래할 현실의 한 단면을 잘 보여준다. 스마트 돌봄의 등장은 기존 인간의 자격과 인간과 비인간 사이 가로놓인 넘을 수 없을 것 같은 인식론적·존재론적 벽에 틈을 만들고 종횡함으로써 인지증과 사는 삶의 새로운 가능성을 현실로 보여주고 있다. 인간을 지원하기 위해 이용된 기술적 보철물, 특히 재

---

27 Margrit Shildrick, "Robotic Technologies, Touch and Posthuman Embodiment in Queer Dementia Care", *The Senses and Society*, 18(2), 2023, p.134; Gavin Andrews & Cameron Duff, "Understanding the Vital Emergence and Expression of Aging: How Matter Comes to Matter in Gerontology's Posthumanist Turn", *Journal of Aging Studies*, 49, 2019; Jocey Quinn & Claudia Blandon, "A Posthumanist Perspective on Dementia", in *Lifelong Learning and Dementia: A Posthumanist Perspective*, Jocey Quinn & Claudia Blandon(eds), Palgrave Macmillan, 2020, pp.23-41.

활·서비스·동료·원거리 영상 로봇의 도입은 건강과 안전을 모니터링할뿐만 아니라 물리적 사건으로서의 접촉과 정동적 연결의 가능성을 제공함으로써 기존의 인간중심 돌봄의 서사·정의·개념을 문제시하며 기술적 접촉이라는 새로운 상상력과 실천을 요구한다.

포스트휴먼 관점에서 이러한 기술적 접촉은 기존의 유기물과 무기물, 자연과 인공, 인간과 비인간의 이분법적 접근을 거부한다. 이를 통해 이질적인 요소들의 명확히 경계 지을 수 없는 복잡한 집합이란 점을 강조한 것은 자연스러워 보인다. 한 걸음 더 나아가, 마그릿 쉬드릭(Margarit Shidrick)은 이러한 포스트휴머니즘 사고는 인지증과 노령화라는 "취약성"과 "의존성"이 인간과 인간 너머 신체와 "상호작용의 열린 가능성"의 토대가 된다는 점을 강조하면서 신체와 물질 사이의 "생산적 얽힘"을 환영하고 "되기의 생태계(ecosystems of becoming)"로의 전환을 역설한다.[28] 한마디로, 기존 인지증 돌봄의 성공이 유기체 자아를 어디까지 유지하고 회복할 수 있는가가 관건이었다면, 포스트휴먼 자아는 체화적 자아가 이미 주어지거나 결정된 것이 아니라, 사물, 기술, 기계, 환경과 결합함으로써 새롭게 구성되고 형성되는 것이며, "순수한 인간으로서가 아닌 분산적 행위성"이 두드러지는 것이다.[29] 그럼으로써 취약하고 상호의존적일 수밖에 없는 인지증과 사는 자아는 비결정적·우연적·관계적·열린 마주침의 가능성에 따라 포스트휴먼 삶을

---

28 Ibid., p.135.

29 Ibid., p.134.

상상하고 실천할 수 있다는 것이다.

하지만 하늘요양원 사례가 보여주듯이, 건강·보건·돌봄 영역에서 노동 효율성을 위한 (재)조직화는 "몸 쓰는 노동의 경직성", "노동 수요의 예측 불가능성", "일의 표준화, 재조직화 혹은 합리화를 제한하는 몸의 복잡하고, 유일하며, 반응하는 물질적 산물로서의 특징" 때문에 제한적일 수 있다.[30] 이미 하늘요양원에서도 원격진료와 스마트폰 애플리케이션을 이용한 돌봄이 일부 시행되고 있는 상황에서 몸 쓰는 노동의 시·공간적 한계를 넘어 새로운 "포스트휴먼 설명"과 "실천"은 거역할 수 없는 현실처럼 보이지만,[31] 그 과정은 동일하게 진행되지 않음을 의미하는 것이다. 무엇보다, 매끈하게 연결된 듯 보이는 인간-기술-기계-환경 결합은 인지증 근절/박멸을 위한 21세기 첨단과학기술의 활용이라는 "트랜스휴머니즘(transhumanism)"의 유혹뿐만 아니라, 인간중심적 접근을 해체하고자 하는 "비판적 포스트휴머니즘"을 모두 품고 있음에 유의할 것을 경고한다.[32] 단적으로, 이는 인간을 중심에 둔 인간-비인간의 연결에 주목하는지 아니면 인간-비인간 간의 우연적인 마주침과 그 연쇄에 따른 역동적인 배치의 결과로 작동되는 물질의 힘에 주목할 것인지를 결정하는 선택, 관점, 실천의 문제로

30 Rachel Lara Cohen, "Time, Space and Touch at Work: Body Work and Labour Process (Re)organisation", *Sociology of Health & Illness*, 33(2), 2011, p.191.

31 Margrit Shildrick, op.cit., p.134.

32 Nicholas Jenkins, "No Substitute for Human Touch? Towards a Critically Posthumanist Approach to Dementia Care", *Ageing and Society*, 37(7), 2017, pp.1489-1492.

다가온다. 예를 들어 인지증을 상실 혹은 치료와 관리의 대상으로 간주하는 트랜스휴머니즘은 로봇, 동물, 예술 등과의 마주침에서 생성되는 포스트휴먼 삶의 가능성을 간과한다.[33] 인공두뇌 혹은 로봇과의 공생도 중요하지만, 그에 따른 상대적인 인간 접촉의 감소, 통제력 상실, 사생활 침해, 개인 자유 상실, 비인간이라는 속임수에 기반한 돌봄, 기계로 인한 사고 책임 등 윤리적 문제를 소홀히 다룰 수 없다.[34] 포스트휴먼이 유일한 답이 아니라면, 인간중심적이지 않은 좀 더 경험적이고 윤리적인 생기론자(vitalisist) 접근과 대응도 간과할 수 없다.[35] 바야흐로 디지털 기술이 이미 우리 삶에 체화되고(embodied) 배태된(embedded) 상황에서 이를 무작정 환영하거나 "인간의 손길을 대체할 수 없다"라고 비판하는 것이 아니라, 인간중심적 관점과 실천에 대한 근본적인 성찰이 필요한 것이다.[36]

　이런 점에서 이 글이 주목했던 것은 열린 가능성의 시작이다. 캐슬린 리처드슨(Kathleen Richardson)이 언급하듯이,[37] 소위 미래의

33　Dragana Lukić, "Dementia as a Material for Co-creative Art Making: Towards Feminist Posthumanist Caring", *Journal of Aging Studies*, 67, 2023.

34　Noel Sharkey, "The Ethical Frontiers of Robotics", *Science*, 322(5909), 2008; Amanda Sharkey & Noel Sharkey, "Granny and the Robots: Ethical Issues in Robot Care for the Elderly", *Ethics and Information Technology*, 14(1), 2012; Robert Sparrow & Linda Sparrow, "In the Hands of Machines? The Future of Aged Care", *Minds and Machines*, 16(2), 2006.

35　Thomas Osborne & Nikolas Rose, "Against Posthumanism: Notes Towards an Ethnopoltics of Personhood", *Theory, Culture & Society*, 41(1), 2024.

36　Nicholas Jenkins, op.cit., p.1485.

37　캐슬린 리처드슨, 박충환 역, 『로봇과 AI의 인류학: 절멸불안을 통해 본 인간,

낙관적 기대로 제시된 "반이원론 범주들(사이보그, 그물망, 행위자-네트워크, 어셈블리지)"은 인간-기계-기술-환경의 마주침 과정에서 "상이한 실체들에 대한 여하한 존재론적 차이도 제시하지 않은 채 단순히 복수성(multiplicity)만을 제안"했으며, "이론화에서 포착되는 존재론적 차이가 거부되면서 '나/자아'의 형태 또한 위협받고 있다."고 비판한다. 다시 말하면, 아직 도래하지 않는 '선언'들의 묶음인 '불완전한' 미래를 좇는 '잔인한 낙관'에 대한 경고이자 성찰이다.[38] 마찬가지로, 24시간 정서·생활·인지·건강과 관련된 다양한 콘텐츠와 함께 활동 모니터링, 안전 관리, 전화 연결, 약 복용 관리, 긴급구조요청 기능 등을 제공하는 효돌이, 효순이, 실벗(silbot), 보미(Bomi), AI(순이), 아리아 같은 돌봄 로봇이 상용화되어 일상에서 사용되는 상황에서 스마트 기저귀라는 혁신적 기술을 거부하겠다는 것도 이 글의 목적은 아니다.

이 글은 스마트 기저귀 도입의 경우 찬성과 반대 견해를 드러내기 전에 관심과 토론을 추동하기 위한 시론적 연구로서 여기-지금 돌봄노동자가 느끼고 상상하고 실천하는 현장의 상황과 목소리를 듣고자 했다. 디지털 돌봄이 인간을 보조 혹은 대신할 수 있다는 기대뿐만 아니라, 불안과 의구심이 공존하는 상황에서 스마트 기저귀 돌봄을 정동적 관점에서 접근하려는 이유가 여기에 있다.

이 연구는 하늘요양원 사례를 중심으로 스마트 기저귀 돌봄

기술, 문화의 맞물림』, 눌민, 2023, 25쪽.

38 로런 벌랜트, 박미선·윤조원 역,『잔인한 낙관』, 후마니타스, 2024.

이 어떻게 상상되고 이해되며 실행되는지를 기술하고 분석했다. 특히, 접촉을 기반으로 하는 기저귀 돌봄이 스마트 기술을 탑재한 기술적 접촉으로 변하는 것에 대한 부정적인 분위기가 생성되고 확산되는 정동적 실천을 중점적으로 살펴보았다. 즉 바다요양원과 마찬가지로 하늘요양원은 최신 기술을 탑재한 스마트 기저귀에 대한 상당한 기대와 상상이 있었지만, 결론적으로 도입을 유예했다.

이 과정에서 내가 주목한 것은 한 줄로 요약된 하늘요양원의 도입 유보 결정이 아니었다. 오히려 그 회의에 참석할 수 없었지만, 이 결정을 실질적으로 추동했던 보이지 않는 힘, 즉 시설 운영자, 돌봄노동자, 스마트 기저귀, 사회적 · 물질적 환경 간의 마주침 과정에서 때로는 은밀하게, 때로는 맹렬하게 드러났던 정동적 실천이었다. 바다요양원과 마찬가지로, 하늘요양원은 인건비와 자원 절약이라는 경제적 이유뿐만 아니라, 최첨단 기술에 기반한 프리미엄 서비스에 대한 사회적 요구가 있었다. 그렇지만 오랫동안 유지해 온 돌봄노동자와 거주인과의 끈적끈적한 관계는 경제적인 효과와 효율성에 대한 상이한 접근을 요구했다. 또한 겉보기에 인간의 개입이나 간섭 없이 매끄럽게 자동으로 생성되는 것처럼 보이는 배뇨 · 배변 정보는, 이를 가능케 하는 보이지 않는 수많은 IT 노동자뿐만 아니라, 돌봄노동자의 실질적인 노동이 필요했다.

하지만 돌봄노동자들이 실제로 체험한 스마트 기저귀 그 어디에도 이러한 사실에 대한 언급은 없었다. 오히려 이들은 기계 속의 유령으로 취급되었으며, 노동의 주변화에 대해 일상의 소통과정에서 불편한 표정과 몸짓 그리고 분위기로 표현했다. 무엇보다 이 과정에서 돌봄에 필요한 체화된 몸의 기술, 예를 들어 '막무가내로' 화를 내거나 주먹을 휘두르는 거주인의 기저귀 돌봄 기술이나, 눈빛 혹은 몸의 미세한 움직임만으로도 거주인의 상태를 파악할 수 있는 돌봄 기술에 대한 '언급없음' 혹은 '불인정'은 돌봄노동자의 불만을 넘어 심각한 배신감을 불러일으키기에 충분했다. 물론 이러한 최신 과학기술에 대한 개별노동자의 부정적인 반응과 대응은 지역사회에 거주하는 고령의 여성 노동자라는 위치성과 유사가족주의에 근거한 하늘요양원의 운영 기조와 얽히면서 공식적인 담론으로 성장하지 못했다. 다만 하늘요양원 원장과 돌봄노동자 사이의 사적인 마주침 과정에서 끊임없이 조율되는 정동적 실천으로 수행되었다.

결론적으로, 하늘요양원에서 하나의 신체적 사건으로서의 스마트 기저귀라는 정동·기술적 접촉은 단순한 감각적·감정적·생리적 차원뿐만 아니라 사회적·정치적·경제적·문화적·윤리적 차원의 다층적이며 역동적인 얽힘의 산물이었다. 이 과정에서 개별노동자의 정동적 흔적을 추적하여 접촉의 역사를 드러냄으로써 동일한 사건이라도 개인마다 상황과 조건에 따라 접촉의 경험이 다르며, 이에 따라 다른 정동적 목록을 활용함을 드러냈다.

즉 개별 돌봄노동자의 "접촉 전기(touch biographies)"는 변화하는 세상과 마주하면서 다양하고 역동적인 방식으로 정동적 목록을 "조율하고, 등록하며, 인식"할 뿐만 아니라, 존재적 차이에 따른

"정동적 특권"과 "불평등"을 적나라하게 드러낸다.[39] 하늘요양원의 경우, 주어진 물질적 환경, 제도, 관행, 사람과의 관계 내에서 제한 적으로 표현되고 수행되어 공적 담론이나 '전복적인' 실천으로 이 어지지 못했다. 하지만 보이지 않게 작동하는 위계와 유사가족주 의적 조건에서 스마트 기저귀 도입의 유예를 추동할 정도의 충분 한 공명을 울릴 수 있었다.

한마디로, 스마트 기저귀 도입 유예라는 한 줄짜리 보고서로 마무리될 뻔한 시범사업에 대한 정동·기술적 접촉의 탐구란 인간 과 비인간 간의 취약성과 상호의존성뿐만 아니라, 정동 이론이 강 조하는 신체능력이자 존재능력의 "원정치성(proto-political)"을 보 여주었다.[40] 이질적인 물질들, 예를 들어 개별노동자의 '돌봄철학', 시설의 돌봄 규칙과 전통, 디지털 기술, 인지증과 사는 사람, 시장 의 상황 등이 얽히면서 동원되고, 번역되고, 변화되고, 노출되고, 사용되거나 무시 혹은 은폐되는 과정에서 드러나는 이종 집합적 어셈블리지였다. 포스트휴먼 시대의 도래를 의심할 여지는 없다. 다만, 인간과 공동 거주하는 로봇, 디지털 기술로 통제·관리되는 스마트 기저귀 돌봄을 상상하기 전에 현장에서 여전히 불편하고 불완전한 디지털 돌봄을 매끈하게 연결하기 위해 은밀하게 또 부 단히 노력하는 돌봄노동자의 주름지고 까칠하지만 따뜻한 온기 가 느껴지는 손에 대한 인정부터 시작해야 하지 않을까 반문할 필 요가 있다. 더불어, 인간에 의한 돌봄만이 좋은 돌봄이라는 인간

---

39 Taina Kinnunen & Marjo Kolehmainen, "Touch and Affect: Analysing the Archive of Touch Biographies", *Body & Society*, 25(1), 2018. p.51.

40 브라이언 마수미, 조성훈 역, 『정동정치』, 갈무리, 2018, 12쪽.

중심적 접근을 넘어, 이미 돌봄 영역에 깊숙이 참여하고 있는 과학 기술과 함께 어우러져 만들어가는 돌봄 중심 사회를 고민해야 함을 제안한다.

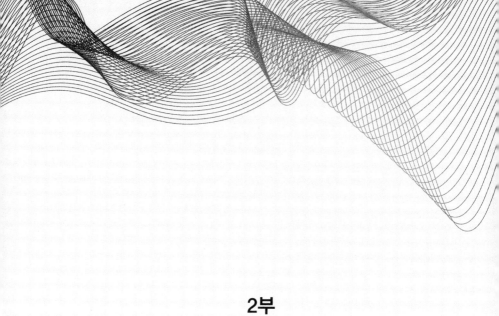

2부

네트워크 어펙트와
매개적 신체

라디오 공동체와 전파의 정동
: KBS클래식FM 〈가정음악〉 오프닝 시를 중심으로[1]

김 나 현

1. 들어가며

'오늘도 여러분 곁에 두 시간 동안 배경으로 함께 있겠습니다.' 2018년 5월부터 2023년 3월까지 방송됐던 KBS클래식FM의 〈김미숙의 가정음악〉[2] 디제이가 방송 중에 자주 하던 이 인사말은 이 프로그램의 방향성을 보여주는 일종의 캐치프레이즈 문장이 었다. 주인공이 아니길 자처하며 청취자들의 일상 속 배경이 되길

---

1   이 글은 「라디오 공동체와 전파의 정동-KBS클래식FM 〈가정음악〉 오프닝 시를 중심으로」, 『석당논총』 88, 동아대학교 석당학술원, 2024를 수정·보완하여 재 수록한 것이다.

2   이 프로그램은 2023년 4월부터는 디제이가 바뀌어 〈윤유선의 가정음악〉으로 운영되다가, 현재는 신윤주 아나운서가 고정적으로 진행을 맡게 되면서 〈신윤 주의 가정음악〉이 되었다. 본고에서 주목한 방송 시기는 김미숙 디제이가 진행 하며 김경미 작가의 오프닝 시가 발표된 시기인데, 대체로는 프로그램명을 〈가 정음악〉으로 통칭하되 오프닝 시 코너가 있었던 시기를 강조하는 맥락에서는 〈김미숙의 가정음악〉이라고 명기하겠다.

소망했던 이 프로그램은, 거슬러 올라가면 1980년부터 시작됐던 KBS클래식FM의 간판 프로그램이다.

KBS클래식FM[3]은 1979년에 개국한 클래식 음악 전문 라디오 채널로, 다른 채널과 달리 뉴스[4]나 상업광고 없이 클래식 음악을 전달하는 프로그램들을 편성했다. 개국 당시 기사에서도 "FM 팬의 염원이던 광고 없는 클래식 중심의 음악 방송을 스테레오로 들을 수 있게" 되어 "상업 FM의 광고 공해와 팝송의 난무에서 짜증스러워하던 FM 팬에게는 기쁜 소식이 아닐 수 없다"며 광고 없는 클래식 방송이 하루 10시간 동안 송출된다는 사실을 강조했다.[5] 현재는 재방송을 포함하여 24시간 방송하고 있다. KBS클래식FM의 프로그램들은 청취자 사연이나 신청곡도 받고 있긴 하지만 청취자와의 적극적인 소통을 전제로 한 토크쇼 방식의 진행을 최소화하고, 클래식 음악[6]을 충실히 전달하겠다는 공통의 목적을 가지고 몇십 년째 이어지고 있는 경우가 많다. 〈가정음악〉 역시 청취자의 일상 속 배경이 된 지 45년째를 맞는다.

김미숙이 지난 5년간 진행하던 〈가정음악〉에는 독특한 오프

---

3 수도권 기준 FM93.1MHz 주파수를 사용한다. 채널의 정식명칭은 KBS제1FM이지만, 2007년 이후부터는 KBS클래식FM으로 불리고 있다.

4 다만 아침 7시부터 9시에 방송되는 〈출발 FM과 함께〉에서는 기상 캐스터를 연결해 날씨 정보를 1회 전달하고 있다.

5 「FM 방송이 또 하나 늘었다」, 『조선일보』, 1979. 3. 18.

6 대체로 서양 고전 음악을 기반으로 한 프로그램으로 구성되어 있으나, 예외적으로 〈국악의 향기〉와 〈FM 풍류마을〉에서는 국악을 들려주고 있고, 〈세상의 모든 음악〉에서는 클래식뿐만 아니라 다양한 월드뮤직도 들을 수 있다. 주말에는 재즈 음악을 다루는 〈재즈수첩〉도 방송된다.

닝 코너가 있었다. '가정음악을 위한 시'라는 제목으로, 매일 〈가정음악〉만을 위해서 쓰여진 한 편의 시를 읽어주는 코너였다. 모든 라디오 프로그램의 오프닝은 그 프로그램이 겨냥하는 정조와 분위기를 단적으로 보여주는 문장들로 채워지기 마련인데, 〈김미숙의 가정음악〉에서는 그 자리를 '시'에 내어준 것이다. 처음에는 유명한 국내외 시를 소개하는 것으로 시작됐지만, 마침 〈김미숙의 가정음악〉의 방송작가 김경미가 시인이기도 했으므로 김 작가의 창작시로 바뀌게 되었고 청취자들의 많은 사랑을 받았다.[7]

매일 방송되는 클래식 프로그램만을 위한 창작시가 수십 편 넘게 이어진 것은 주목할 만한 특별한 일이다. 특정한 기념일 행사를 위해 목적지향적으로 쓰여지는 축시 형태의 통칭 행사시는 상대적으로 우리에게 익숙한 시 형태지만, 특별하고 예외적인 기념 행위를 위한 것이 아니라 매일의 일상적 프로그램을 채웠던 '가정음악을 위한 시' 텍스트는 '행사시'라고 하기엔 그 기념의 대상이 지나치게 보편적인 일상이며 일반적인 시 텍스트로만 읽기에는 발표 맥락의 특수성을 간과할 수 없는 것이다.

라디오 방송을 통해 매일 창작시가 발표되기 위해서는 무엇보다 라디오 작가의 시 창작 역량도 필요하지만, 실체를 특정할 수 없는 다수의 대중 청취자의 문학적 수용력도 필요하며, 클래식 음악을 전달한다는 프로그램 본연의 목적과 시 텍스트 사이의 조화도 필요하다. '가정음악을 위한 시' 텍스트는 김경미 시인 개인의

---

[7] 김경미 작가는 〈윤유선의 가정음악〉에서도 작가로 활동했으나 '가정음악을 위한 시' 코너는 〈김미숙의 가정음악〉과 함께 막을 내렸다.

시 쓰기 작업의 맥락에서도 독특한 위상을 갖고 있으며, 클래식 FM 청취자에게도 독특한 경험을 선사함은 물론, 프로그램의 독특한 정체성을 형성하는 데에도 크게 기여하고 있다는 점에서 주목을 요한다. 더 정확히 말하자면 친숙함과 낯섦, 고급문화와 대중문화, 조화와 부조화, 언어와 비언어 등 다양한 충돌의 역학이 이 사이에서 발생한다는 점에 주목해 보고자 한다.

이상의 논의와 직접적으로 관련된 선행 연구는 아직 없다. 본고가 다루고자 하는 분석 대상이 동시대 텍스트이기 때문에 그간 연구대상화되기 어려웠기도 하지만, '라디오 극'이 아닌 '라디오 시'는 생소한 양식인 때문이기도 하다. 근대 가극을 포함하여 식민지 시기부터의 라디오 방송극에 대한 여러 연구는 있지만, 창작시는 일반적인 라디오 대본 양식에 잘 나타나지 않았다. 라디오 방송에 소위 '명작 시'가 삽입되었던 것에 주목해 그 의미망을 해석하려 한 연구로는, 1967년 동양라디오 프로그램의 방송 대본을 집필한 적 있는 신동엽 시인의 라디오 대본 연구가 있다. 이 연구에서 박은미는 신동엽의 라디오 대본에 김소월, 한용운, 괴테 등의 작품이 인용된 것을 1930년대부터 있었던 방송문예 형식을 이어간 것으로 보아, 독서 중심의 지식 보급 체계가 매체를 통한 근대적 보편문화를 공유하는 방식으로 전환된다는 점을 읽어낸 바 있다.[8]

또한 클래식FM 프로그램에 관한 연구는 아니나, 특정 청취자

---

8   박은미, 「신동엽 시인의 라디오 대본 연구」, 『리터러시 연구』 28, 한국리터러시학회, 2019.

그룹을 고려하여 제작된 라디오 교양 프로그램에 관한 선행 연구도 있다. 홍명신은 노인 대상 라디오 프로그램 제작자들을 인터뷰한 결과를 토대로 해당 프로그램의 특성을 분석한 바 있으며,[9] 최미진은 당대 어린이문학 담론의 차원에서 해방기부터 1950년대의 어린이 대상 라디오 프로그램을 분석한 논문들을 발표한 바 있다.[10] 본고가 연구대상으로 삼고 있는 〈김미숙의 가정음악〉도 상대적으로 명료한 청취자 그룹을 상정하고 진행되는 프로그램으로 볼 수 있다. 평일 오전에 클래식FM 채널을 들을 것으로 기대되는 청취자 그룹은 대개 여성 주부들이기 때문이다. 그러나 본 연구는 라디오 제작자나 청취자에 대한 본격적인 분석을 목적으로 하지는 않으며, 라디오 오프닝 시라는 텍스트가 어떤 정동적 매개로 기능하는지에 주목할 것이다.

대중들의 귀에 친숙한 클래식 가정음악, 오프닝 시, 디제이의 어쿠스틱 퍼스널리티, 청취자의 문자 메시지 참여 등의 결합이 '배경으로서의 가정음악'을 만들어 나갔다. 본고에서는 그중에서도 특히 오프닝 시에 주목하여 가정음악을 둘러싼 몇 가지 운동에 주목해 보겠다. 김경미의 시가 가정음악이라는 이념을 따라가기도 했고 해체하기도 하면서 무시간적인 클래식 음악에 현재성을 부여한 텍스트였음을 드러내는 것이 이 글의 목표이다. 주요 검토 대상으로 삼은 것은 김경미가 2020년에 '가정음악을 위한 시'를 모아 엮어낸 시집 『카프카식 이별』에 수록된 시편들이다.

---

9   홍명신, 「라디오와 노인」, 『한국노년학』 30(4), 한국노년학회, 2010.

10   대표적으로 최미진, 「라디오방송 어린이 프로그램과 어린이문학의 자리(1)」, 『대중서사연구』 20(1), 대중서사학회, 2014.

2. '가정음악' 이념과 '라디오'라는 음악가

김경미의 시가 놓인 '가정음악'이라는 맥락부터 살펴보자. 서구의 '가정음악'[11] 담론은 1930년대를 전후해 식민지 조선에 들어온다. 이 시기 가정음악 담론에 대한 정지영의 연구는, 1920년대에는 서구 클래식 음악이 고상한 교양이자 계몽의 상징으로서 근대적인 삶의 표식 역할을 담당했지만 1930년대 중반부터 가정음악에 대한 논의가 전면화됐다고 지적한다. 특히 홍난파 등에 의해 가정에서 연주되고 온 가족이 즐길 수 있는 음악 전체가 가정음악으로 통칭되면서 "부부싸움을 막고 우는 아이를 달래는 것으로 가정불화를 해결하는 만병통치약처럼 논의"되었고 "가정에 음악만 있으면 우리도 서양사람 같은 유쾌한 가정을 만들 수 있는데, 음악이 없으면 비참하고 불행한 가정이 된다"는 논리가 등장하게

---

11   '가정음악'은 17세기부터 프랑스 건축에 나타났던 사교 공간으로서의 살롱이 19세기에 들어 일반 주택에도 전면화됨에 따라 사교 모임의 고상한 즐거움을 위한 음악이 부각되었던 역사적 맥락 속에서 탄생했다. 살롱의 변천에 따라 선호하는 음악의 장르도 바뀌게 되는데, 특히 시민 가정에서 이루어진 음악을 독일에서 '가정음악(Hausmusik)'이라고 부르기 시작하면서 화목한 가정의 분위기를 상징하는 음악을 통칭하게 되었다. 귀족의 살롱에서는 음악가나 오케스트라를 초대한 음악회가 열렸지만 시민의 주택에서는 그게 불가능했기 때문에 피아노 위주의 음악이 주요 가정음악으로 자리 잡게 된다. 1840년경 '살롱 음악'에 대한 슈만의 설명에 의하면, 음악을 연주하는 장소가 오히려 음악의 장르로 표시된 것으로, 가정 내에서 울리는 피아노 음악을 살롱 음악과 가정음악의 동의어로 사용했다고 한다. 이상은 조연숙, 「19세기 가정음악」, 『음악연구』 48, 한국음악학회, 2012 참고.

된다.[12] 요컨대 "가정음악은 단순히 가정에서 즐기는 음악이 아니라 부부와 그 자녀로 이루어진 근대사회의 '소가정'을 구성하고 그 이상을 유포하는 장치"[13]였다 하겠다.

선교사가 세운 근대식 학교에 피아노가 들어온 이후 소수의 상류층 가정에도 피아노가 보급되었으나 피아노 연주에 기반한 가정음악 문화를 이룰 만한 규모로 들어왔을 리 없고, 1930년대 중반 가정음악 담론의 확산은 '축음기'라는 테크놀로지의 등장과 맞물린 것이었다. 우리나라 최초의 방송국인 경성방송국(JODK)이 1927년에 설립되어 라디오 방송을 시작하면서 라디오 기기의 보급도 꾸준히 늘어 1929년 10,153대였던 것이 1935년에는 52,853대, 1940년에는 227,573대로 늘었고, 유성기(축음기) 보급도 1930년대 후반에서 1940년대 초반까지 대략 30~40만 대였던 것으로 기록된다.[14] 1929년에는 조선가요협회도 창설되어 시의 음악화 작업도 크게 는다.[15] 새로운 테크놀로지를 활용한 청취 문화 발달의 맥락 속에서 가정음악으로서의 서양 고전 음악이 새로운 문화적 요소로 부상하게 되었던 것이다.

이런 맥락 속에서 홍난파는 가정마다 '축음기라는 음악가'를 초빙하자고 권하기도 했다.

---

12 정지영, 「'가정음악' 담론과 식민지 조선의 가정 형편」, 『페미니즘 연구』 17(2), 한국여성연구소, 2017, 164쪽.

13 위의 글, 167쪽.

14 이상길, 「1920~1930년대 경성의 미디어 공간과 인텔리겐치아: 최승일의 경우」, 『언론정보연구』 47(1), 서울대학교 언론정보연구원, 2010, 142-143쪽.

15 구인모, 「근대기 한국 시인들의 매체 선택: 조선가요협회를 중심으로」, 『현대문학의 연구』 42, 한국문학연구학회, 2010.

그렇다고 보면 우리네 가정에는 불가불 좋은 음악을 연주해서 들려줄 만한 음악가 한사람식이 필요하게 됩니다. 만일 무슨 방법으로던지 이 음악가 한분씩을 초빙해다 둘 수만 있다면 당장에 가정에는 화긔가 돌고 어린이들은 춤을 출 것인즉 웬간만하면 헐벗거나 굼찌않을 정도라면 이것만을 꼭 실행하시기를 권하고 싶습니다. 내가 여긔에 말씀하랴는 음악가라는 것은 곧 '축음기'를 가르키는 것입니다.[16]

그는 "헐벗거나 굶지 않을 정도라면" 무슨 방법을 써서라도 축음기라는 음악가 초빙을 실행하라고 권한다. 이른바 '스위트 홈'을 만들기 위해서는 축음기를 구입하라는 말이다. 1965년 한국에서 첫 FM 방송이 개국한 이래 1980년대까지 각 지역의 음악FM 방송이 잇따라 개국했는데, 이때 FM 라디오 음악 방송이 겨냥하고 있던 이념이 1930년대 홍난파의 논리와 정확히 일치한다는 점도 새삼 놀랍다. 1980년대에는 만화와 전자오락에만 빠져 있는 청소년들의 정서를 함양하고 화목한 가정의 분위기를 만들기 위해서 클래식 음악이 중요하다는 가정음악 담론이 다시 부상하였다.

예컨대 1982년 『조선일보』 주간 연재란에는 '가정교육의 모든 것'이 게재됐었는데, 자녀를 모나지 않은 인격체로 성장시키기 위해서는 가정교육이 중요함을 강조하는 특집이었다. 이 중 「부모부

---

16 홍난파, 「가정음악에 대하여」, 『신가정』, 1934년 12월호.(정지영, 앞의 글, 171쪽에서 재인용.)

터 가꿔야 하는 정서」[17]라는 제목의 기사에서는 정서교육을 위해서는 기성세대가 먼저 정서를 키워야 하는데 그때 필요한 것이 음악과 문학작품 감상이라고 지적한다. 이 기사에는 "힘에 벅찬 학과 공부 틈틈이 연주 연습을 하고 있는 '세브란스 오케스트라'의 학생들. 예술로 정서 생활을 이끄는 이 의학도들은 인술도 이같은 종합인격으로 가능하다고 믿고 있다"는 설명과 함께 밝은 미소로 바이올린을 들고 있는 대여섯 명의 오케스트라 단원 사진을 크게 실었다. 이 사진은 "멋없는 세대 … 화제라곤 신변잡사만"이라는 부제의 타이포그라피와 대조를 이루며, 클래식 음악을 통한 기성세대의 정서 함양이 결국 화목한 가정을 만드는 기틀이 됨을 시사한다.

그리고 이는 당시 전면적 개국을 맞이했던 FM이라는 전파의 테크놀로지와 맞물린 것이었다. 1930년대 식민지 조선에서 '축음기'라는 음악가가 가정의 화기를 불러온다고 믿었던 것처럼, 오디오시대라 할 수 있는 1980년대에는 클래식이 흘러나오는 '라디오'라는 음악가가 소환된 셈이다.

(가) 클래식이 가정음악으로 애청되고 있다. 오디오 시대가 열리고 FM방송이 본격화되면서 클래식 애호층이 주부와 일반 직장인은 물론 젊은이들에게까지 확산되고 있다. 이제 FM방송은 AM의 보조 수단에서 벗어나 생활 속의 음악으로 파고들고 있다. 주부들은 집에서 여가선용으로, 회사원들은 직장에서 휴

---

17 「가정교육의 모든 것: 부모부터 가꿔야 하는 정서」, 『조선일보』, 1982. 4. 28.

식 시간에, 팝송에 심취했던 청소년들까지도 FM의 클래식에 귀를 기울이게 되었다. FM과 클래식은 이제 소수의 전유물이 아니라 집단청취층을 형성하고 있다. … FM을 통한 클래식의 샘은 긴장의 연속 속에 사는 도시인들에게 청량제 구실을 해 주고, 휴식의 시간을 마련하는 방향으로 이끌어야 한다는 게 중론이다.[18]

(나) 어느 시간, 어느 장소에서나 볼륨을 살리고 다이얼을 맞추는 순간 라디오에선 소리가 쏟아져 나오게 마련이다. 뉴스도 있고, 드라마도 있고, 음악도 있고…. 그중에 나는 음악을 즐긴다. … 온갖 악기가 빚어내는 음악의 세계는 한번 빠져들면 몸과 마음은 이상한 증세를 일으킨다. 아무리 피곤하고 짜증스럽고 화나는 일이 있더라도 순식간에 음악은 이런 생활의 찌꺼기들을 씻어내고, 마음속에 요즘의 개나리나 진달래 같은 아름다운 꽃망울을 피워내는 것이다. 향기와 꿀을 담은 꽃의 축복을 나는 음악에 의하여 누리게 되는 것이다. … 현대인의 복잡한 도시 생활에 더욱 번거로움만을 주는 어떤 취미 활동이나 스포츠보다도 이 라디오 음악을 즐기는 일이야말로 아직은 먹고살기 위해 일해야 하는 우리네 형편에 걸맞는 여가선용이 아닐까.[19]

---

18 「FM 클래식 생활화 되고 있다」, 『조선일보』, 1980. 3. 16.

19 이은집, 「음악감상과 피로」, 『동아일보』, 1981. 4. 9.

첫 번째 기사 (가)는 FM의 클래식 방송이 생활 속의 음악으로 자리 잡으며 긴장 속에 사는 현대인들의 청량제이자 휴식이 되어준다는 이야기를 담고 있고, (나)는 다른 어떤 취미보다 라디오 음악을 즐기는 일이야말로 도시 생활의 피로를 씻어내 주는 실용적인 활동임을 강조하고 있다. 부부와 자녀로 구성된 소가족의 스위트 홈 이념을 구체화하는 장치로서의 가정음악 담론은, 1980년대를 전후하여 도시에서 겪는 현대인의 일상적 피로를 잊게 해주는 여가 담론과 맞물리게 된다. 이는 오늘날까지도 이어지는 자기계발 이데올로기가 내장하고 있는 '회복의 신화'라 명명할 수 있겠다. 고도성장기 산업화와 도시화의 부산물로 발생한 정신적 피해를 온전히 개인이 담당해야 함을 넌지시 전하며, 가정은 회복의 장소로, 그리고 가정음악을 실어 나르는 라디오와 FM 전파는 이것을 돕는 테크놀로지로 의미화되고 있던 것이다.

KBS클래식FM의 〈가정음악〉은, 1992년에 프로그램 제목이 지금의 〈가정음악〉으로 바뀌기 전까지 〈가정희망음악〉이었다. 방송 시간은 지금과 마찬가지로 오전 9~11시였는데, 1980년대 〈가정희망음악〉이 타깃 청취자로 설정했던 것은 가정주부였다. 오늘날과 달리 라디오 청취 행위는 라디오가 있는 한 장소에 묶여 있는 활동일 수밖에 없었기 때문에 해당 시간에 가정에 있는 중산층 가정의 주부가 자연스러운 타깃 청취자일 수밖에 없었다. 친숙한 클래식 음악과 함께 가정주부들이 겪는 일상의 고단함을 나누고 가정에 필요한 교양 정보를 전달하는 것이 프로그램의 주목적이었다. 그래서 "1부에서는 '아내의 일기'라는 제목으로 주부들이 일상생활에서 겪고 느끼는 감정의 물결을 음악과 함께 실어 보내고 2부

에서는 샐러리맨 코너로 중산층 가정에 필요한 정보와 문화계 소
식 등을 엮"[20]었다.

1980년대부터 여러 라디오 채널에서 DJ로 활동했던 배우 김미
숙은 90년대에도 KBS클래식FM의 〈가정음악〉 진행을 맡은 바 있
다. "오전 10시쯤이면 주부는 청소까지 대충 끝내놓고 주스라도
한잔 마시면서 한숨을 돌린다. 이때 라디오에서 흘러나오는 쇼팽
의 피아노곡은 집 안을 대번에 작은 음악회장으로 만들어준다. 이
처럼 아침나절의 분주함을 우아한 분위기로 바꿔주는 프로가 바
로 KBS 1FM의 〈김미숙의 가정음악〉(연출 윤문희)이다."[21]라는 기사
에서도 잘 드러나듯이, 이때에도 〈가정음악〉은 가정음악 담론의
자장 아래에서 회복의 신화를 돕는 프로그램으로 자리매김되어 있
었다. 이 무렵은 주부들의 정서 또한 사회적으로 관리하는 수치[22]
가 되었고, FM 전파를 타고 흐르는 클래식 음악은 가정주부의 회
복을 돕는 사회적 교양임이 반복적으로 확인되었다. 요컨대 밖에
서 일하는 샐러리맨 남편과 안에서 가정을 돌보는 아내 사이의 교

---

20 「새 MC에 이미경」, 『동아일보』, 1981. 9. 7.

21 「K~1FM '김미숙의 가정음악', 클래식과 함께 하는 2시간의 평화」, 『경향신문』,
1995. 5. 24.

22 예컨대 다음과 같은 기사는 이 점을 잘 보여준다. 『조선일보』에 실렸던 「음악
방송, 주부들 정서에 큰 영향」이라는 기사에 따르면 "KBS2FM이 한국갤럽조사
연구소에 의뢰, 서울 시내 만 20세부터 49세까지의 주부 1천명을 호별 방문해
〈국민음악감상지수〉를 조사한 결과, 주부들은 음악장르별로는 대중가요, 클래
식, 팝송, 종교음악, 동요의 순으로 … 좋아하는 것으로 집계됐다. … 또 '음악
을 들으면 마음이 안정된다', '그날의 날씨에 따라 듣고 싶은 음악이 달라진다',
'음악을 듣다가 눈물을 흘린 적이 있다'고 답변한 주부도 각각 84.7%, 62.7%,
25.8%나 돼 음악이 주부들의 정서에 큰 영향을 미치는 것으로 밝혀졌다." 「음
악방송, 주부들 정서에 큰 영향」, 『조선일보』, 1992. 9. 2.

묘한 위계 안에서, 〈가정음악〉은 가족의 회복을 돕는 재생산 노동으로서의 주부의 '그림자 노동'[23] 뒤를 장식하는 두 번째 그림자로서의 소명을 담당하고자 했던 것이다.

이제 '라디오라는 음악가'는 이동하며 들을 수 있는 카 오디오를 거쳐 모바일 디바이스에까지 옮겨왔고, KBS클래식FM의 〈가정음악〉은 여전히 회복의 장소로서의 가정이라는 이념을 뒷받침하는 문화적 교양으로 그 생명력을 이어가고 있다.

> 오전 9~11시는 어떤 이에게는 사무실에서 분주하게 왔다 갔다 할 시간이고 어떤 이에게는 식구들이 나간 뒤 조용하게 갖는 자기만의 시간이기도 하다. 그들이 바쁘게 일하고 휴식하는 그 시간에 나를 드러내지 않고 동반자처럼 조용히 곁에 있고 싶다. 그런 취지로 만들고 있다. 에릭 사티라는 음악가가 '음악은 가구 같은 존재'라고 말한 적이 있다더라. 있는 듯 없는 듯, 남의 일이나 대화를 멈추게 하는 존재가 되고 싶지 않다.[24]

2021년의 〈가정음악〉 디제이 김미숙의 말이다. "동반자처럼 조용히", "가구 같은 존재"로 있고자 하는 이 프로그램의 목표는, 서두에 인용했던 "배경으로 함께 있기"와도 일맥상통한다. 카 오디오뿐만 아니라 라디오 방송을 실시간으로 들을 수 있는 모바일 애플리케이션이 보편화된 지금, 클래식FM의 청취자는 라디오 앞

---

23 이반 일리치, 노승영 역, 『그림자 노동』, 사월의책, 2015.

24 「늘 곁에 있는 가구 같은 방송 만들고 싶다」, 『중앙일보』, 2021. 6. 15.

에 앉은 가정주부만일 리 없다. 각자 자기만의 시간을 보내고 있을 다양한 청취자를 포용하기 위한 소구력을, 오히려 비워내기를 통해 찾고 있다는 점도 흥미롭다. 쉽게 말해 개성 있고 특색 있는 프로그램을 만들기보다는, 개성 없음을 특색으로 삼아 "나를 드러내지 않고" 함께 하겠다는 태도가 위의 인터뷰에서 드러난다.

지금까지 살폈던 몇 편의 기사에 기대어 따라가 보자면, KBS 클래식FM 개국 초기 〈가정음악〉은 중산층 가정의 교양을 위한 정보를 제공해 주는 방송이었다. 여기에서 흘러나오는 클래식 음악 자체도 행복한 가정을 만들어 나가는 데에 필요한 하나의 교양 정보였음은 물론이다. 그러나 1995년도 기사가 보여주는 〈가정음악〉의 핵심은 정보가 아니라 우아함이라는 분위기 자체이다. 일상의 분주함을 우아함으로 치장해 줄 수 있는 프로그램이었던 것이다. 그리고 20여 년이 흘러 다시 〈가정음악〉의 라디오 부스에 앉은 김미숙은 청취자의 일상을 우아한 분위기로 바꿔주고 싶다고 말하는 대신, 있는 듯 없는 듯 존재하고 싶다고 말한다. 이제, 가정음악 담론 안에서 FM 라디오라는 음악가-기계를 경유하며 '있는 듯 없는 듯 있기'라는 이 존재 방식이 의미하는 바가 무엇인지를 생각해 보기 위해, 〈김미숙의 가정음악〉의 특징적 텍스트였던 오프닝 시를 검토해 볼 차례이다.

3. 유동하는 텍스트로서의 라디오 시

〈김미숙의 가정음악〉의 작가 김경미는 1983년에 등단하여 지금까지 일곱 권의 시집을 출간한 바 있는 중견 시인이자,[25] 오랜 시간 라디오 방송작가 생활도 이어가며 라디오 작가로서 쓴 글을 엮은 책도 여러 권이다.[26] 그의 저서 중 시집『카프카식 이별』은 김경미의 개인 시집인 동시에 〈김미숙의 가정음악〉 속 '가정음악을 위한 시' 코너의 원고 모음집이기도 하므로, 시인 김경미의 책과 방송작가 김경미의 책 그 둘 사이에 들어가 있는 교집합에 해당하는 책이다.

시인으로서의 글쓰기와 방송작가로서의 글쓰기 사이의 거리에 대한 감각은 김경미 자신에게 오랜 세월 깊이 새겨진 질문이다. KBS클래식FM 〈가정음악〉의 오프닝 시를 둘러싼 정동에 주목하기 위해서는 이 글쓰기 감각을 설명해 볼 필요가 있겠다.

문득 요즘 쓰고 있는 '두 트랙'(이라고 쓰고 자꾸 '두 트럭'으로 읽는다) 시가 떠올랐다. 그중 방송 프로그램을 위해 쓰는 '오프닝시'는 '청취자 대중'과 '아침 시간'을 의식하면서 매일 한 편씩 써서 방송

---

25 김경미 시인은 1983년에 중앙일보 신춘문예로 등단하여『쓰다만 편지인들 다시 못쓰랴』(실천문학사, 1988),『이기적인 슬픔을 위하여』(창작과비평사, 1995),『쉿잇, 나의 세컨드는』(문학동네, 2001/2006개정),『고통을 달래는 순서』(창비, 2008),『밤의 입국심사』(문학과지성사, 2014),『카프카식 이별』(문학판, 2020),『당신의 세계는 아직도 바다와 빗소리와 작약을 취급하는지』(민음사, 2023) 등의 시집을 발표한 바 있다.

26 『행복한 심리학』(교양인, 2010)과『심리학의 위안』(교양인, 2012)은 KBS클래식FM의 〈출발 FM과 함께〉의 코너였던 '행복한 심리학' 방송원고가 기초가 되어 출간된 책이고, 산문집『그 한마디에 물들다』는 KBS클래식FM의 〈세상의 모든 음악〉 속 동명의 방송 코너 원고를 모든 것이며,『너무 마음 바깥에 있었습니다』(혜다, 2019)는 〈김미숙의 가정음악〉의 한 코너였던 '시간이 담고 있는 것들'의 방송원고를 모은 산문집이다.

국에 내보내는 '일일시'다. 듣는 동시에 바로 날아간다는 점 때문에 안심하고 써온 시. 그동안 시인으로서 써온 '문예지 발표시'들과는 완전히 다른, 서로의 트랙을 넘나들거나 섞일 일은 절대로 없을 거라고 장담했던. 동료 시인들이 알면 터무니없는 시의 남발이자 대중에의 영합이라고 조롱만 할 거란 생각에 (사실 아무도 관심 갖지 않을 텐데도) 혼자 숨어서 쓰듯 썼던 시였다.[27]

인용문은 김경미가 시 전문 계간지인 『포지션』에 먼저 발표했던 글을 시집 『카프카식 이별』의 서문에 다시 수록한 글의 일부로, '두 트랙' 글쓰기에 대한 시인의 생각을 가감 없이 잘 보여준다. 요컨대 라디오 오프닝 시는 '문예지 발표시', 즉 소위 '본격시'와는 다르다는 것인데, 무엇을 다르다고 생각했는지는 인용문의 어휘를 통해 짐작해 볼 수 있다. 오프닝 시가 '청취자 대중'을 위한 시라면, 본격시는 '청취자'가 아닌 '독자', 그리고 '대중'이 아닌 문학적 취향을 가진 '고급 독자'를 위한 시라는 의미일까? 오프닝 시가 "듣는 동시에 바로 날아간다는 점 때문에 안심"했다는 것은, 본격시처럼 종이에 인쇄되어 오래 읽히기에는 부끄러운 불완전한 시라는 의미일까? 동료 시인들이 알면 조롱할 것이라는 생각이 들었다고 쓴 뒤에 괄호에 넣은 부기에는 동료 시인들이 알아도 사실 아무도 조롱하지 않을 거라는 생각이 덧붙는 대신 "사실 아무도 관심 갖지 않을 텐데"라는 말이 들어간다. 결국 동료 시인들이 관심

---

27 김경미, 「서문: 매일 한 편의 시를 쓴다는 것은」, 『카프카식 이별』, 문학판, 2020, 7-8쪽.

을 갖는다면 조롱만 할 거란 생각인가? 말꼬리 잡기 식으로 시인의 서문을 읽어본 것이지만, 그가 두 글쓰기 사이의 거리를 예민하게 감각하고 있었다는 점만은 분명하다.

　그래도 시인은 오프닝 시쓰기를 매일 하며 두 글쓰기가 하나로 섞이는 순간을 경험하게 되면서 "그동안 철저히 구분해 왔던 '본격시'와 '대중시'란 두 트랙(두 트럭!)의 시들이 서로 범람하고 넘나들면서 시가 내게 새로운 말을 거는 것 같"[28]은 느낌을 받게 됐다고 고백한다. 어쩌면 시인 자신에게 있어 시에 미달하는 시, 혹은 시를 초과하는 시였던 라디오 오프닝 시가 드디어 이 불완전성을 벗고 '시'로 완성된 것은 『카프카식 이별』이라는 시집으로 엮인 순간일 수 있겠다. FM 라디오 디제이의 '말'이 되어 전파 속으로 흩어질 때에는 불완전한 시였지만, '김경미 시집'으로 묶인 종이책 매체 속 '글'이 된 순간 본격시와 대중시 사이의 구분은 운동하게 된다.

　두 트랙 글쓰기 간 거리감은 라디오 작가들이 보편적으로 겪는 감각인 것으로 보인다. 라디오 작가는 말 그대로 작가, 즉 글을 쓰는 일을 직업으로 하는 사람이지만, 근대문학이 탄생한 이래 오랫동안 우리에게 익숙해진 '작가' 형상과 '라디오 작가'는 불일치하기 때문이다. 라디오 작가의 글은 디제이가 읽는 순간에야 완성되기 때문에 '진짜'가 아닌 글처럼 받아들여지기도 한다.

　(가) 〈잠깐만〉이란 MBC 캠페인을 오랫동안 담당하면서 진짜로 매

28　위의 책, 9쪽.

일 '글'을 쓰는 작가들과 인터뷰할 기회가 몇 번 있었다. 그들의 대부분은 '매일 글을 쓴다'고 했다. 진짜는 거기에 있다고 생각했다. 말이 아닌, 진짜로 글을 쓰는 사람들이니까. 사실 방송 원고는 작가의 글이지만 디제이의 말이기도 하다. 디제이의 말이지만 작가의 글이기도 하다.[29]

(나) 언니가 라디오 작가를 그만두셨단 얘기를 듣고 물었다. "왜요?" 언니의 대답이 참 오랫동안 생각났다. "이제 남의 글 그만 쓰고 내 글 쓰려고." 실제로 언니는 그동안 쓰던 원고와는 전혀 다른 색깔의 책을 출간했다. 이전에도 여러 권의 책을 냈지만 방송 원고들을 묶어서 낸 책이거나 방송의 뒷얘기들을 모아놓은 얘기였는데 이번엔 달랐다. 언니의 얘기를 듣고, 언니가 쓴 책을 보고 '글을 쓴다는 것'에 대해서 또 한 번 생각해 보게 됐다. 누군가 라디오 작가에 대해 물으면 '라디오 작가는 '글'이 아니라 '말'을 쓰는 직업'이라고 얘기하곤 했다.[30]

인용문 (가)는 라디오 작가 남효민의 에세이로, '진짜 글'이라는 이념을 둘러싼 생각이 잘 드러나 있다. 라디오 작가로서 자신의 글쓰기는 글을 쓰는 일이 아니라, 말을 쓰는 일이고, 전자가 진짜 글쓰기라면 후자는 가짜 글쓰기가 된다. 인용문 (나)에 나오는 선배 작가와의 대화에서도 라디오 작가의 글쓰기는 "내 글"이 아

---

29 남효민, 『그래서 라디오』, 인디고, 2020, 14쪽.

30 위의 책, 77-79쪽.

닌 "남의 글쓰기"로 표현되고 있다.

그렇다면 김경미 시인은 '가정음악을 여는 오프닝 시'라는 '남의 글쓰기' 혹은 '가짜 글쓰기'를 버리고, 『카프카식 이별』 출간을 통해 '나의 글쓰기' 혹은 '진짜 글쓰기'로 옮겨온 것인가. 그렇게 단선적이지 않다는 데에 김경미 글쓰기의 역동성이 있다. 김경미 작가가 〈가정음악〉 오프닝 코너에 다른 시인들의 시를 소개하거나 가명을 앞세워 허구의 시인이 쓴 것으로 위장한 시를 소개하는 방식의 원고 작성을 멈추고,[31] '가정음악을 위한 시'라는 창작시 형식을 전면화한 순간, 두 트랙의 글쓰기는 이미 경계를 지워나가며 운동했다고 말할 수 있다.

〈김미숙의 가정음악〉의 오프닝 원고에서 시라는 양식이 필요했던 것은 인용문으로서의 지위를 획득하기 위한 전략이었다. 디제이가 일인칭 발화 형식으로 청취자에게 말을 거는 것이 아니라 시라는 인용문을 경유하며 간접적으로 말을 거는 방식이 필요했던 것이다. 이것은 앞 절에서 주목했던 '있는 듯 없는 듯 있기'라는 존재 방식을 성취하기 위한 최적의 원고 구성 방식으로 기능한

---

31 김경미는 『카프카식 이별』 서문에서 2018년 7월의 어느 토요일 오프닝 시를 처음으로 직접 썼다고 밝힌다. "그 무렵 주말 오프닝에는 시인들의 시를 하나씩 골라서 보내곤 했다. … 그런데 미안하게도 그 날씨에 딱 맞는 시가 바로 떠오르질 않았다. … 결국 컴퓨터를 켜는 데만도 5분쯤을 쓰고 난 뒤 시계를 보면서 결정해버렸다. 차라리 내가 직접 쓰자. 명색이 시인이니까. 그날부터 토, 일요일 오프닝 시를 직접 썼다. 2019년 3월부터는 아예 일주일에 7편씩 매일 쓰다가 주말에 별도의 진행자와 작가가 오면서 현재는 평일 닷새만 쓰고 있다. 처음엔 '심유리' 같이 최대한 기존 시인 이름과 겹치지 않는 가명으로 방송했다. 내 이름으로 시를 낼 자리도 상황도 아닌 데다 '매일 한 편의 시를 써서 발표(?)'한다는 게 나 자신한테부터 터무니없이 느껴져서였다." 김경미, 앞의 책, 4-5쪽.

다. 그러나 이 과정에서 작가 김경미는 '심유리'나 '제인 퍼듀' 같은 허구의 작가 이름을 창조한 뒤 그것을 다시 인용하면서 시 쓰기를 수행했다. 이는 이 라디오 방송이 클래식이라는 교양을 인용하며 수행된다는 사실을, 외국시 인용을 통해 다시 반복한다고 해석함으로써 인용이 하나의 형식소(素)임을 보여주는 예시로 해석할 수 있다. 그러나 무엇보다도 이는 전파를 타고 흩어지는 대중시와 이른바 본격시 사이의 위계를 암묵적으로 상정하고 있는 문단 제도로부터 자유로울 수 없었던 김경미 시인이 만든 우회로이기도 했다.

하지만 김경미 시인의 이름을 찾아준 것도 결국에는 전파를 나누고 있던 청취자들이었다. 청취자들이 인터넷에 검색해 봐도 '제인 퍼듀'라는 시인이 안 나온다고 의문을 제기하는 순간, 시인은 뭔가 잘못되고 있다는 생각이 들었고, 그때부터 오프닝 시쓰기의 베일을 한 겹 벗게 된 것이다. 그리고 그 시들을 모아 『카프카식 이별』이라는 시집을 출간한 순간, 겹겹으로 숨을 수밖에 없던 글쓰기 행위는 새로운 수행성을 띠게 되었다.

이와 동시에, 『카프카식 이별』은 매 시편의 끝에 작은 글씨로 당시의 오프닝 원고를 함께 기록함으로써 라디오 오프닝 시로서의 역사를 보존했고, 한발 더 나아가 '밀리의 서재'를 통해 디제이 김미숙이 낭송한 『카프카식 이별』 오디오북도 함께 출간함으로써 '나의 글'과 '남의 말' 사이의 관계를 충돌과 모순으로 정위하지 않고 갱신의 계기로 활용한다. 요컨대 김경미는 자신의 시를 라디오라는 맥락과 애써 떼어놓고 구출하여 시로 되돌려놓는 방향으로 작업을 한 것이 아니라, 엄숙함마저 느껴지는 등단 제도의 권위가 지탱하고 있는 현재 시단의 관행적 경로들을 몇 차례 흔들어봄으로써 시라는 양식적 글쓰기 및 관련 제도를 갱신하는 방향으로 나아간 것이다.

시집 『카프카식 이별』의 출간에 얽혀 있는 이 맥락들은, 시인 김경미가 자신의 시를 되찾아온 여정이라고 표현하기보다는 오프닝 시라는 텍스트가 겪은 여정이라고 표현하는 것이 더 자연스러울 것이다. 그리고 텍스트의 유동이 가능했던 것은 라디오 방송이라는 매체적 특수성과 무관하지 않다. 라디오의 가장 큰 특징인 청각성은 곧장 즉시성과 연결된다. 라디오 방송은 그 순간에 듣지 않으면(못하면) 사라져 버린다.[32] 이는 임시적이고 순간적인 휘발성인 동시에, 유일무이한 순간의 시간을 공유한다는 감각 때문에 오히려 라디오 공동체를 연결하는 결속성을 낳기도 한다. 클래식 음악과 마찬가지로 교양의 수단으로 도입되어 인용문으로서 디제이와 청취자 간 대화의 완충지대 역할을 수행한 오프닝 시는, 라디오의 매체적 특성에 따라 시를 구술성으로 돌려놓음으로써 작가 및 독자의 지위를 포함한 문학 제도의 맥락도 운동하게 만든 것이다.

---

32 KBS클래식FM 〈가정음악〉은 실제로 공식적인 '다시 듣기' 서비스를 제공하지 않는다.

4. 회복하는 것, 조율하는 것

『카프카식 이별』에는 여행을 다룬 시편이 많다. 이는 평일 오전 2시간 동안 방송되는 〈가정음악〉이 청취자들로 하여금 각자의 일상에서 잠시 벗어나 여행하는 기분을 가져다준다는 점을 암시하는 것처럼 읽힌다. 애초에 서양 고전 음악 자체가 우리의 일상과 긴밀히 연결된 것일 리 만무하다. 모차르트 피아노 협주곡이나 베토벤 교향곡은 현재성을 띠기는커녕 차라리 무역사적이다. 음악이야말로 무엇보다 물리적인 시간의 흐름이 있어야만 성립하는 시간의 예술이라는 점에서 역설적인 표현이긴 하지만 말이다.

「아예」는 친구들과 다음 모임 장소를 의논하며 나눈 대화 형식으로 이어지는 시이다. "시내 찻집에 모인 친구들과 / 다음 모임을 의논한다 // 다음엔 어디 가까운 교외라도 가서 / 바람이라도 쐬고 오자 // 그래, 근데 이왕 가는 거 / 기차도 타고 아예 시골 어디로 1박 2일쯤 가자 // 그럴 거면 아예 비행기 타고 제주도 다녀오자 // 그럴 거면 아예 더 멀리 해외로 가자"[33] 시의 제목이기도 한 '아예'라는 말은 모빌리티 상상력을 점핑시켜 주는 마법의 단어가 된다. 시내 찻집에서 교외로, 시골로, 제주도로, 그리고 아예 해외로 나가자는 이들의 이어지는 대화에서는 라오스, 시드니, 이집트, 모로코, 아이슬란드, 아르헨티나까지 나온다. 찻집을 벗어나 가볍게 뛰어오르는 이 상상력이 〈김미숙의 가정음악〉 안에서 시가 낭송되는 평일 오전 9시 무렵이 요청하는 상상력임은 물론

---

33 김경미, 앞의 책, 192쪽.

이다.

먼 나라로의 여행을 다룬 두 편의 시를 더 보자.

국경을 맞댄 그 나라들엔
서로의 국경을 넘나드는 국제기차가 있는데

두 나라의 기찻길 폭이 다르기 때문에
국경을 넘을 때는
국경 기차역에서
기차바퀴를 갈아끼운다

큰 바퀴를 작은 바퀴로
작은 바퀴를 큰 바퀴로 갈아끼우는데 그 방법은

기차 전체를 들어올리는 것 …

허공 높이 몸 전체로 뛰어올랐다 내려오는 사이에
바퀴 갈아신고 다른 언어의 세계로 들어가는
그 국경의 그 기차역엘 가고 싶다
－「그 국경의 기차역엘 가고 싶다」부분[34]

러시아와 유럽의 열차 궤도가 달라 중간에 열차 바퀴를 교체

---

34 위의 책, 64-65쪽.

하는 과정을 소재로 삼아 쓰여진 시이다. 국경을 넘는다는 것, 경계를 넘는다는 것은 "몸 전체로 뛰어올랐다 내려오는 사이에" "다른 언어의 세계로 들어가는" 것이다. 흔히 일상으로부터 벗어나 새로운 기분을 느끼고 싶을 때 새 옷을 사거나 머리를 자르는 걸 생각해 보면, 이 시가 제시하는 방법은 더 신체적이고 더 근본적이다. 온몸 전체를 들어 올렸다가 내리는 뜀뛰기의 방식이니 말이다. 기차-몸 들어올리기는 기차 여행 중에 발생하는 부수적 사건이었지만, 시적 화자에게는 오히려 자기 전체를 들어올렸다 내리는 것이야말로 주목적이 된다.

여행가방에는 공기 같은 가벼운 옷과 설렘만 챙긴다지만
나는 가장 무거운 어둠만 골라서 챙긴다 …

무거워 떠날 수 없을 만큼 챙겨 넣고
낯선 곳에 당도하면
그 어둠들 하나씩 꺼내어 판다 …

마지막 하나까지 다 팔고 다면

새들이 뼈 속을 비워 날게 되듯
다 비워진 가방에도
두 개의 날개가 돋아

그 날개 타고 비로소

설레며 집으로 날아올 수 있다

-「무거운 여행」 부분[35]

여행 가방을 꾸리는 상황을 그리고 있는 위의 시에서 화자는 "가장 무거운 어둠"을 여행 가방에 넣어 떠난 뒤 "낯선 곳"에 가서 그것을 다 팔고 돌아오겠다고 말한다. 다시 말해 무거운 여행 가방을 끌고 멀리 낯선 곳으로 여행을 가는 이유는 짐을 비우기 위해, 가벼워지기 위해서임을 알 수 있다. '마음의 짐'이라는, 마음에 대한 가장 익숙한 비유를 통해 현대인들의 보편적 소망을, 여행이라는 소재를 매개로 전하는 것이다.

인용한 시 외에도 직접적으로 이국적인 지명이나 인명, 먼 곳으로의 여행과 관련된 이미지를 담고 있는 시편이 많다. 오늘의 구름을 이야기하면서도 "헤르만 헤세"가 나오고[36] "드라큘라의 나라",[37] "태국의 시골 마을",[38] "반데이 쓰레이 사원",[39] "비행기로 열두 시간 걸리는 그 나라"[40] 등이 계속 호명된다. 요컨대 떠나야 한다. 〈김미숙의 가정음악〉은 매일 똑같은 시간에 매일 똑같은 오프닝 시그널 곡[41]으로 시작되지만, 이때 디제이가 제일 먼저 낭송하

---

35 위의 책, 56-57쪽.

36 「7월 7일의 한국 구름」, 위의 책, 22쪽.

37 「루마니아엘 가면 알게 된다」, 위의 책, 44쪽.

38 「원 플러스 원」, 위의 책, 122쪽.

39 「나비야 집에 가자」, 위의 책, 90쪽.

40 「그곳을 다시 여행해야 하는 이유」, 위의 책, 150쪽.

41 루도비코 에이나우디(Ludovico Einaudi)의 곡 '스텔라 델 마티노(Stella del Mattino)'이다.

는 오프닝 시가 전하는 것은 일상적 반복과는 정반대에 있는 낯선 곳으로 여행이자 뛰어오름이 되는 셈이다.

그러나 낯설고 먼 곳을 꿈꾸는 오프닝 시의 모빌리티 상상력이 일상적 현재로부터의 단순한 도피를 의미하는 것이 아니라는 것 또한 중요하게 지적해야 한다. 여행은 이주와 다른 모빌리티다. 여행은 반드시 돌아오는 이동을 포함하기 때문이다. 이때 강조되어야 할 것은 출발지이자 도착지인 '원점'이라는 장소가 아니라, 이동 자체의 수행성이다.

태풍이나 택배 올 때 꼭 알아야 하는 곳

지금은 집 보러 다닐 때가 아니라 편지 읽어야 할 때
네루다가 친구한테 구해달라고 한 집
'외곽에 있지만 이웃과 쉽게 오갈 수 있는 위치'라는 편지 …

꿈에 히말라야 오르려다가 '현위치' 지워진 안내지도에
포기하고 내려왔다

– 「'현위치'」 부분[42]

이 시는 태풍과 관련된 위험을 알리는 안전 문자 메시지든 택배 도착 메시지든 안내 메시지를 받기 위해서는 '현위치'부터 알아야 한다는 점을 전한다. '내 위치'를 알지 못하면 히말라야가 눈앞

---

42 김경미, 앞의 책, 148쪽.

에 있어도 우리는 이동할 수가 없다. 시 「'현위치'」에 붙어 있는 부기에서는 다음과 같은 말이 나온다. "지도나 안내도 읽기의 시작과 기준은 언제나 지금 내가 있는 곳, '현위치 확인'부터죠. '인생'이라는 지도 읽기도 마찬가집니다."[43] 이같은 부기를 통해 완성되는 메시지는, 지금의 내가 있는 현위치에 대한 확인이 없다면 낯선 곳으로의 여행은 불가능하다는 사실인 것처럼 읽힌다. 여행은 언제나 돌아오기 위한 여정이기 때문이다. 저만큼 멀리 나갔다가 다시 원위치로 돌아오는 이 운동은, 청취자-독자로 하여금 '나'의 안과 밖을 상상하게 하며 '안에서 밖으로'의 운동보다는 궁극적으로 '밖에서 안으로'의 운동에 집중하게 한다.

사라 아메드(Sara Ahmed)가 지적했듯이 '밖에서 안으로' 모델은 "감정을 '우리가 소유한 것'으로 전제"[44]한다. 앞서 인용한 「무거운 여행」에서처럼 슬픔의 감정을 여행 가방에 넣은 뒤 낯선 곳으로 떠나 그 감정을 버리고 다시 돌아온다고 말할 때, 혹은 먼 길을 돌고 돈 후 깨달은 바가 결국 "원래의 나로 돌아왔다는 것이었다"[45]고 말할 때, 우리는 밖에서 안으로 들어오는 운동을 통해 진정한 '나'를 회복했다고 생각하게 된다. 그러나 더 정확하게 말하자면, 오프닝 시와 클래식 가정음악을 통해 〈김미숙의 가정음악〉이 만들어낸 시간은 각자가 '소유하고 있는' 감정을 다루며 '나'를 회복하는 시간이라기보다는, 그 자체로 '나'의 안과 밖을 상상하

43   위의 책, 149쪽.
44   사라 아메드, 시우 역, 『감정의 문화정치』, 오월의봄, 2023, 41쪽.
45   「인생 최고의 사업」, 김경미, 앞의 책, 188쪽.

게 하는 '표면'을 만들어내는 시간이라고 보아야 한다.

감정은 개인이나 사회의 '안'에 있는 것이 아니라 개인적인 것과 사회적인 것을 마치 대상인 것처럼 구분해내는 표면과 경계 자체를 생산한다. ⋯ 나는 감정이 대상의 움직임이나 순환을 통해 움직이는 과정을 탐색하려고 한다. 감정의 대상은 개인적인 혹은 사회적인 긴장이 발생하는 현장에서 끈적이거나 정동으로 가득 차게 된다. 감정은 분명 움직이며, 감정의 움직임은 단지 우리 사이에서 발생하는 데 그치지 않는다. 우리는 '감정(emotion)'이라는 단어가 '움직이다' '나가다'를 뜻하는 라틴어 단어 'emovere'에서 유래했다는 점에 주목할 필요가 있다. ⋯ 우리를 움직이는 것, 우리에게 어떤 느낌을 주는 것은 우리를 어떤 장소에 붙잡는 것, 우리에게 머물 장소를 주는 것이기도 하다. 이처럼 움직임은 몸이 머무는 '장소'와 몸을 단절하는 것이 아니라 몸과 다른 몸을 연결한다.[46]

인용문에 따르면 개인적인 것이나 사회적인 것을 하나의 대상으로 구분하는 표면과 경계를 만드는 수행성이야말로 감정이다. 청취자-독자는 시와 음악을 통해 감정, 혹은 '나'라는 대상의 손상을 복구하고 회복하는 것이 아니라, 감정의 운동 자체를 경험할 뿐이다. 그리고 감정의 운동, 즉 정동은 끈적이면서 신체와 다른 신체를 연결한다.

아메드를 경유하며 〈가정음악〉 오프닝 시의 여행 모빌리티

---

46 사라 아메드, 앞의 책, 42-44쪽.

를 재해석하는 것은, 앞절에서 확인했던 텍스트 자체의 모빌리 티와도 궤를 같이 한다. 김경미가 자신의 방송 원고를 『카프카 식 이별』이라는 시집으로 출간한 것은 시의 바깥에 있던 텍스 트가 마침내 시의 내부로 회복된 것이 아니라 시의 안팎을 규 정하는 표면과 경계를 생성하는 행위인 동시에 끈적이며 그 사 이를 이동하는 수행성 자체였던 것처럼, 『카프카식 이별』 속 여 러 여행 소재 텍스트가 수행하는 것은 '나'의 표면과 경계를 생 성시키고 그것을 움직이게 하는 일이다.

따라서 〈김미숙의 가정음악〉이 수행하는 것은 회복이 아니 라 조율(attunement)이다. 아메드는 "조율은 [있거나 없는 것이 아 니라] 끊임없이 변할 뿐"이라고 지적한 하이데거를 경유하여 조율 을 "우리의 것이 아닌 느낌에 휘말리"[47]는 기분 혹은 분위기 같은 것이라고 말한다. 조율은 전염과도 다르다. 아메드는 많은 학자들 이 정동 개념을 전염성 있는 것으로 받아들여 정동이 어떻게 몸의 표면에 영향을 미치고 여러 몸 사이를 오가는지 잘 보여주는 면도 있지만 무언가 불충분함을 지적한다. '정동의 전염' 개념은 "정동 의 우발적인 정도(우연적 발생의 우연을 포함하여)에 대해 평가절하 하는 경향이 있"는데, "다른 것에 의해 정동되는 것은 하나의 정동 이 단순히 돈다거나 하나의 몸에서 다른 몸으로 '건너뛴다'는 의 미는 아니"[48]기 때문이다. '정동적 조율' 개념은 행복이든 불행이든 우리는 주변의 그 분위기를 느낄 수밖에 없다 하더라도 우리가 결

---

47 위의 책, 470-471쪽.

48 사라 아메드, 「행복한 대상」, 멜리사 그레그·그레고리 시그워스 편저, 최성희 외 역, 『정동이론』, 갈무리, 2015, 69쪽.

국 느끼는 것은 행복 혹은 불행을 맞닥뜨리는 그 우연적 순간의 우리의 각도에 따라 달라질 뿐임을 강조한 것이다. 요컨대 정동은 매끄럽게 전염되는 것이 아니라, 무언가가 전해지지만, 전해진다는 것만이 분명할 뿐인 힘이다.

브라이언 마수미(Brian Massumi)[49] 또한 조율이 조화나 수렴이 아님을 강조한다.

> 정동은 생성하는 공동 활동 안에서 두 몸체들 간에 일어나는 미분적 조율(a differential attunement)입니다. 제가 말하는 미분적 조율이란 서로 마주친 몸체들이 양자 모두 느껴진 이행으로 완전히 흡수된, 그러나 그들은 서로 다르게 흡수되고, 서로 다른 각도에서, 비대칭적으로 다가가고, 정동하고-정동되는 서로 다른 양상을 살아가면서, 그 마주침을 통해 서로 다른 결과들로 이행하는 가운데, 아마도 서로 다른 역할들로 구조화되는 것입니다.[50]

정동적 조율, 혹은 미분적 조율이란 서로 다른 각도에서 비대칭적으로 정동하고-정동되는 서로 다른 우발적인 마주침으로 이행하는 것이다. 그 속에서 '나'는 감정이나 정동의 소유자가 아니라 오히려 정동 안에 있는 신체다. 또한 미분적 조율이 수행되는 신체들은 일치된 하나의 전체가 아니다. 정동적 조율은 언제나 불

---

49 마수미는 정동과 감정 혹은 정서를 엄격하게 구분한다는 점에서 아메드와는 사용하는 어휘목록이 조금 다르다. 여기에서는 조율에 대한 해석만을 검토하기로 한다.

50 브라이언 마수미, 조성훈 역, 『정동정치』, 갈무리, 2018, 147쪽.

일치의 일치이다.

따라서 앞서 독해했던 김경미의 시「'현위치'」는 온전한 자기 위치를 파악하지 못하면 여행할 수도 없으니 현재 '나'의 위치를 회복하자는 메시지를 전달하는 것이 아니라, 현위치는 언제나 지워진 상태로밖에 감각되지 않는다는 사실이라고 해석할 수 있다. 김경미의 라디오 시가 전하는 여행 모빌리티는, 일차적으로 여행을 통해 우리는 나 자신의 이행을 경험하게 되므로 단순히 원점으로 회귀하는 이동이 아니라 새로움을 경험하는 회귀라는 점을 보여주며, 더 나아가서는 원점이라는 장소가 아니라 모빌리티 자체의 운동성이 중요하다는 점을 보여준다. 고정된 위치나 원점은 언제나 지워져 있으며 우리가 감각할 수 있는 것은 변이와 이행의 움직임뿐이다. 게다가 라디오 방송이라는 형식은 (주파수) '조율'을 통해 신체적으로 맞닥뜨리게 되는 전파라는 점도 김경미 시의 수행성을 극적으로 완성시켜 준다. 이로써 이제 우리는 '불일치의 일치'에 기반한 라디오 공동체를 정동 공동체로 부를 수 있겠다.

5. 라디오 공동체의 정동

마지막으로 주목할 점은, 지금까지 검토한 라디오 오프닝 시의 운동이 언제나 복수로 수행된다는 점이다. 애초에 라디오 방송이 성취한 기술적 가능성은 "같은 시간에 무한한 대중을 상대하는 힘"[51]이었다. 그래서 라디오는 손쉽게 계몽의 장이 되기도 한다. 고상한 교양의 대명사인 클래식 음악과 다양한 가정 상식 등으로 채워졌던 1980년대 〈가정음악〉은 라디오 앞에 앉아서 가정을 돌보는 주부를 대상으로 한 계몽 기획이었으니 말이다. 그러나 라디오 방송을 듣는 무한한 대중에게 실제로 전달되는 것은 '같은 대상'이라기보다는 '같은 느낌'이다. 〈가정음악〉 프로그램 앞으로 보내는 문자 메시지나 KBS라디오 공식 어플리케이션 '콩'의 '실시간 게시판'을 통해 청취자들이 공유하는 것은 자신의 느낌이다.

막스 셸러(Max Scheler)에 따르면 "'같은 느낌'은 상대가 느끼는 감정은 공유하지만 느낌의 대상은 공유하지 않는 것"[52]을 이른다. 〈김미숙의 가정음악〉 마지막 방송에서는 "덕분에 무거운 화물도 가벼울 수 있었고 건조한 풍경도 아름답게 보였다"[53]는 한 청취자의 사연이 소개되었다. 비유컨대, 디제이와 작가를 포함한 라디오 제작진과 무한한 대중으로 상정된 청취자들 앞에 놓인 각자의 '화물'과 '풍경'은 다 다르겠지만, 이 순간 무거운 짐이 가벼워졌다는 느낌과 풍경이 아름다워졌다는 느낌이 공유된다. 물론 이 느낌이 라디오 공동체 전체에 매끈하게 전염되었다고 말할 수는 없다. 〈김미숙의 가정음악〉이 창출하는 유동적 무정형의 라디오 공동체는 쉼 없이 조율되는 '같은 느낌'의 공동체이다.

이러한 느낌의 공동체의 조율은 수사적으로는 인용을 통해

---

51 발터 벤야민, 고지현 편역, 『라디오와 매체』, 현실문화, 2021, 33쪽.

52 사라 아메드, 앞의 책, 472쪽.

53 「"무거운 화물도 가벼웠다" KBS '김미숙의 가정음악' 마지막 인사에 '울음」, 『아이뉴스 24』, 2023. 3. 9.

수행된다. 라디오 방송은 짤막하게나마 다양한 청취자 사연을 소개함으로써 복수의 화자를 방송에 도입한다. 청취자가 쓴 사연을 디제이가 인용하면서 말하는 순간, 프로그램의 발신자는 디제이 한 사람의 목소리를 초과하는 것이 된다. 그리고 이는 작가 김경미가 인용한 (가상의 시인) 제인 퍼듀의 시를 디제이 김미숙이 다시 인용하면서 말해야 했던 오프닝 시 코너에서야말로 가장 풍성하게 수행되었던 바이다. 라디오의 청취자가 복수의 대중이라는 점은 라디오 매체의 태생 조건이었지만, 〈김미숙의 가정음악〉은 라디오 방송의 발신자 또한 겹겹의 목소리라는 점을 시의 인용을 통해 만들어 나갔던 것이다. 발신자와 수신자 모두의 복수성은 이 프로그램이 목표로 하는 것이 일방향의 교양 계몽이 아니라 유동하는 조율 그 자체임을 보여준다.

　　이로써 〈김미숙의 가정음악〉은 '나'의 내부 작용(intra-action)이나 '나'와 '너(너희)'의 상호 작용(inter-action)을 포함하면서 동시에 초과하는 "사이(in-between)에 있음의 문제"[54]가 된다. 특정한 느낌을 소유하는 것이 아니라 행하는 것이라는 점에서 말이다. 평일 오전 9~11시는 정동하고 정동되는 힘이 물결치는 "촉각적 시간성"[55]으로 채워지며, 이렇게 경험되는 사이나 틈새, 혹은 "문턱의 이행"[56]은 '나' 역시 복수의 인용문 위에 놓여 운동하는 것임을 인

54　엘리나 펜티넨·아니타 킨실레토, 최성희 역, 『젠더와 모빌리티』, 부산대학교출판문화원, 2021, 276쪽.

55　프루던스 체임벌린, 김은주 외 역, 『제4물결 페미니즘: 정동적 시간성』, 에디투스, 2021, 78쪽.

56　브라이언 마수미, 앞의 책, 25쪽.

식하게 한다. 게다가 여기에 말 그대로 수많은 조율이 만들어내는 클래식 음악이 배경으로 함께 하는 셈이니, 이보다 클래식 음악이 더 현재적인 순간이란 과연 있을까?

시인의 라디오 시 쓰기는 끝났지만, 그의 글쓰기는 여전히 하나의 행위이기를 멈추지 않고 있다.

1. 버스 뒷자석에 앉은 중학교 2학년생처럼
2. 인생살이 다사다난했던 40대처럼
3. 베란다 유리창 밖 지나가는 행인처럼
4. 두 개의 신체와 영혼, 도플갱어처럼
5. 쏜살같은 바퀴벌레 만난 듯이
6. 다중인격자의 가족처럼
7. 손가락만한 전철표처럼
8. 문자 받았는데 일주일째 안 읽는 사람처럼
9. 문자 보냈는데 일주일째 안 읽는 애인을 둔 사람처럼
10. 길고양이의 세모 귀처럼
11. 생방송 뉴스 앵커의 귀 뒤에 꽂힌 마이크처럼
12. 탤런트되고 싶었는데 되지 못한 사람처럼
13. 고무장갑 찝어놓은 주방 집게처럼
14. 소매 길이처럼
15. 80년 된 냉면 전문점처럼
16. 비행기 관제사처럼
17. 글썽글썽 글성(成)글성(星) 말장난
18. 백지수표처럼

시인들은 시쓰기에 방해된다고
방송국 다 떠나고
나는 남았다

쓸쓸해서 오늘도
돌아와 시를 쓴다
이건 글쓰기가 아니라고 시를 쓴다
- 「라디오작가 글쓰기 강의 목차」 전문[57]

가장 최근에 출간된 김경미의 시집에 수록되어 있는 시이다. 18강으로 이루어진 강의 목차는 공통적으로 '-되기(becoming)'를 명령하고 있다. 중학교 2학년 학생이나 비행기 관제사 같은 사람이 되어보기도 해야 하지만 때로는 길고양이의 귀나 주방 집게, 백지수표가 되어보기도 한다. 라디오작가의 글쓰기는 복수의 행위자(혹은 대리자, agent)가 기꺼이 '되는' 일이다. 정동적 조율에 기반한 이 같은 '되기' 행위는 "시쓰기"와 다른 것으로 치부되어 다른 시인들은 다 방송국을 떠났지만, 김경미는 남아서 (쓸쓸한 기분이 들지언정) 방송작가의 글쓰기와 시인의 시쓰기를 겹쳐놓는 행위성(혹은 행위능력, agency)으로서의 시 「라디오작가 글쓰기 강의 목차」를 쓴다.

---

57 김경미, 『당신의 세계는 아직도 바다와 빗소리와 작약을 취급하는지』, 민음사, 2023, 102-103쪽.

이처럼 〈김미숙의 가정음악〉은 이러한 겹겹의 맥락 속에서 작동하는 프로그램이었다. 그리고 매끈하게 봉합될 수 없는 틈새와 문턱을 만들어놓은 것이 '가정음악을 위한 오프닝 시'였다. 인용문의 수사적 수행성은 문학, 시, 작가, 독자, 가정음악, 교양, 글쓰기, 나, 공동체라는 다양한 표면과 경계를 겹치거나 움직이게 해주었다. 따라서 오전 9~11시 KBS클래식FM의 전파가 생성한 것은 매끈한 환상의 시간이 아니라 유동하며 물결치는 시간이었다고 말할 수 있으며, 마수미가 미분적 조율을 설명하며 인용했던 들뢰즈의 표현을 빌어오자면 "시멘트를 바르지 않은 돌담"[58]의 공간이었다고 말할 수 있다. 이것은 유구한 시간을 통과하며 가정음악 담론에 덧붙어 있던 위계적 계몽 질서와 젠더 담론을 비껴가며 정동 공동체 모두를 행위자로 만든다. 그러니 '있는 듯 없는 듯 있기'라는 〈김미숙의 가정음악〉의 목표는 오프닝 시의 수행성을 통해 더할 나위 없이 성공했다 하겠다.

---

[58] 브라이언 마수미, 앞의 책, 352쪽.

렌더링과 에뮬레이팅의 생명정치와 정동지리
: '쿤타 킨테'에서 '빌 코스비'까지[1]

권두현

1. 흑인 남성 신체는 무슨 일을 하는가
: 미디어의 젠더적/인종적 읽기

바야흐로 미디어 테크놀로지에 의한 '초연결'의 시대, 어떤 사물이 인격화되는 사이에 어떤 인간은 사물화되어 버린다. 유시 파리카(Jussi Parikka)가 주장하듯이, 현재 서구, 더 나아가 지구를 활보하는 대다수의 사람은 "디지털 미디어 기술에서 콜탄의 역할을 언급하며 주머니에 아프리카의 작은 조각을 넣고 다닌다."[2] 아프리카에서 광물을 채굴하는 흑인의 노동은 디지털적으로 매개된 삶의 핵심이며, 과거의 식민지 관계를 현재로 이어가는 역사적 프로

---

1 이 글은 「렌더링과 에뮬레이팅의 생명정치와 정동지리-'쿤타 킨테'에서 '빌 코스비'까지-」,『석당논총』88, 동아대학교 석당학술원, 2024를 수정·보완하여 재수록한 것이다.

2 Jussi Parikka, *A Geology of Media*, University of Minnesota Press, 2015, p.46.

젝트다.

인간과 다양한 미디어 테크놀로지의 공존은 포스트휴머니즘 시대의 핵심 사안이다. 포스트휴머니즘 시대는 '인간'은 무엇이며, 그 인간과 공존하는 '테크놀로지'는 무엇인지 동시에 묻고 있는 셈이다. 일찍이 마셜 매클루언(Marshall McLuhan)은 이 문제에 대해 미디어는 '인간의 확장(extension of man)'이라는 응답을 제시했고, 그의 답변은 오늘날까지 여전히 강력한 영향력을 발휘하고 있다.[3] 매클루언은 대개 인종 이론가가 아닌 미디어 철학자로 여겨진다. 그러나 그의 연구는 본격적으로 검토되지 않은 인종적 함의로 가득 차 있다. 매클루언이 말하는 '부족적(tribal)', '탈부족적(detribal)', '재부족적(retribal)' 문화의 인간은 서로 다른 미디어를 사용하는 것에 따라 구분되었다. 매클루언에게 음성적 알파벳은 탈부족적 인간의 중요한 확장이었으며, 그를 부족적이라고 가정되는 과거에서 벗어나게 했다.

흥미롭게도, 프란츠 파농(Frantz Fanon) 역시 이와 유사한 논리의 주장을 펼쳤는데, (매클루언이 언급한 음성적 알파벳에 대응하는) 흑인이 서구인의 물질화를 위한 수단(vehicle)이었다는 것이다. 파농은 서구인이 타자에 대한 인정을 통해 존재하게 된 것이 아니라, 흑인 신체에 대한 폭력을 행사함으로써 스스로를 '문명인'으로 인식하게 되었다고 지적했다.[4] 매클루언과 파농의 주장을 종합해 볼 때, 매클루언이 미디어가 인간의 '확장'이라고 주장한 반면, 파농

---

3 마셜 매클루언, 김상호 역, 『미디어의 이해: 인간의 확장』, 커뮤니케이션북스, 2011.

4 프란츠 파농, 노서경 역, 『검은 피부, 하얀 가면』, 문학동네, 2022.

은 서구인이 서구(유럽)의 확립에 있어 '검둥이(the Negro)', 즉 흑인 신체가 인간의 확장에 수단으로서 매개되면서도, 사실상 '인간'의 확장을 위한 비인간으로서 배제되었다고 주장한 셈이다. 이는 매클루언과 파농의 매개성(mediality)에 대한 사유가 드러내는 심중한 차이다. 이러한 차이에 주목하면서, 아몬드 R. 타운스(Armond R. Towns)는 파농이 서구(백인) 남성의 무감각을 계약, 즉 유럽계 미국인들이 흑인의 몸을 사고팔고 죽이거나 수용소에 가두게 한 인종 폭력적 협정과 같다고 대범하게 주장한다.[5] 요컨대, 매클루언이 이해한 미디어의 기능에 따르면, 흑인 신체는 특정인—서구인—을 인간으로 만들거나 확장하는 데 사용되는 미디어인 것이다.

한편, 존 더럼 피터스(John Durham Peters)는 오늘날 미디어라고 일컬어지는 것은 서구의 자연 개념과 '원소적 유산(elemental legacy)'을 가지고 있다고 주장한다.[6] 미디어는 항상 사물의 한가운데 있는 요소, 환경 또는 수단을 의미했으며, 미디어가 인간의 신호와 의미를 전달하는 구체적 수단으로서 이해되기 시작한 것은 19세기에 이르러서였다. 피터스와 매클루언의 주장을 종합해 볼 때, 한 미디어의 내용이 곧 다른 미디어라고 매클루언식으로 말할 수 있다면, 미디어가 드러낸 흑인 신체라는 내용은 서구 인간을 지탱하는 간과되고 사라진 구조, 즉 피터스가 말하는 '자연'에 해당한다고 할 수 있을 것이다.

---

5   Armond R. Towns, "Toward a Black media philosophy", *Cultural Studies*, 34, Taylor & Francis, 2020.

6   존 더럼 피터스, 이희은 역, 『자연과 미디어-고래에서 클라우드까지, 원소 미디어의 철학을 향해』, 컬처룩, 2018.

'자연'으로서의 흑인 신체는 서구 사회에서 정치경제적 인프라로서 중요성을 가지면서도, 모든 미디어 인프라와 마찬가지로, 그 기능 뒤로 비가시화되는 존재다. 그럼에도 흑인 신체는 종종 다른 미디어를 통해 가시적으로 포착된다. 베스트셀러 가족 사가(saga)를 토대로 삼은 텔레비전 미니시리즈 〈뿌리〉(Roots)가 대표적이다. 1977년 미국 ABC에서 방영된 〈뿌리〉에 이어, 로드니 킹(Rodney King) 사건 재판과 O. J. 심슨(Orenthal James Simpson) 사건 재판 또한 증거 및 중계 등의 다양한 방식으로 광학적 미디어의 영향력에 힘입어 진행됨으로써 흑인 신체가 광범위한 대중에게 가시화된 사례다. 이 두 가지 '흑백 재판'의 충돌, 즉 1992년 4월 29일, 경찰의 로드니 킹 구타 사건에 대한 판결(대규모 인종 폭동을 촉발한 판결)과 1995년 심슨 재판에 대한 판결(전례 없는 백인의 분노를 촉발한 판결)이 이루어지기에 앞서, 미국 NBC에서는 1984년 9월 20일부터 1992년 4월 30일까지 〈코스비 쇼〉(The Cosby Show)가 방영되고 있었다. 해외에 수출된 〈코스비 쇼〉는 한국에서도 1988년부터 1992년까지 KBS 2TV를 통해 〈코스비 가족 만세〉라는 제목으로 매주 일요일 아침마다 방영되었다. 그 영향으로 〈오박사네 사람들〉(1993)과 〈LA 아리랑〉(1995)이 뒤를 이어 제작되었고, 비로소 '시트콤'의 시대가 개막되었다. 이렇게 시작된 한국 시트콤의 시대는 '가족 만세'를 이루며 이어졌다.

〈코스비 쇼〉의 영향은 텍스트의 효용적 차원에 국한되는 것이 아니라, 시트콤의 양태를 형성하고, 시트콤이 접합된 일상을 재편하는 벡터로서의 '정동(affect)'이라 바꾸어 말할 수 있다. 흑인 신체, 특히 〈코스비 쇼〉를 비롯한 일련의 사례에서 확인되는 흑인 남성 신체는 텔레비전 네트워크를 통해 인종화되고 젠더화된 정동을 옮겨 놓는다. '라이브'를 매체적 특징으로 삼는 텔레비전은 화면에 등장한 차이를 가진 신체의 형상에 애니매시(animacy)를 부여하기 위해 인종화되고 젠더화된 정동을 부착시킨다. 인종과 젠더가 교차하는 신체는 화면 너머에서 비로소 생명의 가치를 할당받고, 그 생명은 애니매시 위계구조를 통해 생명정치와 연루된다. 니콜 슈킨(Nicole Shukin)은 『동물 자본: 생명정치 시대의 생명 렌더링 (Animal Capital: Rendering Life in Biopolitical Times)』을 통해 20세기와 21세기 초의 시장 문화에서 자본의 정치와 동물의 생명이 어떻게 서로 영향을 주고받는지 추적하면서 동물의 생명이 문화적으로나 육체적으로 자본이 되는 방식을 이론화한 바 있다. 이를 통해 슈킨은 생명권력이 재현 권력과 경제 권력 양자 모두에 의해 뒷받침된다고 주장한다.[7] 동물 연구를 생명정치학적 비판의 장소로 활용하기 위한 『동물 자본』의 전략은 동물이라는 기호 또는 상징을 문제화 또는 물질화(mattering)하는 것이다. 예를 들어, 슈킨은 루이지 갈바니(Luigi Aloisio Galvani)의 초기 전기 실험이 동물의 신체 부위를 움직이는 실험이었다는 사실과 갈바니의 조카가 범죄자의 얼굴을 전기로 경련시키는 실험을 했다는 사실, 더 나아가 수 세기 후에 토마스 에디슨(Thomas Edison)이 살인 코끼리 탑시(Topsy)를 파괴했다는 사실을 차례로 연결해 보인다.[8] 에디슨은 "코끼리 전

---

7   Nicole Shukin, *Animal Capital: Rendering Life in Biopolitical Times*, University of Minnesota Press, 2009.

8   탑시는 서커스단에서 사육된 암컷 코끼리다. 탑시는 조련사로부터 심하게 학대를 받았다. 탑시는 불이 붙은 담배꽁초를 먹으려고 한 학대를 일삼는 조련사

기처형(Electrocuting an Elephant)"이라는 제목으로 그해 말에 그 파괴, 즉 죽음의 장면을 공개했다. 탑시가 처형 장소로 끌려가다가 발에서 연기가 피어오르고, 몸이 굳어 쓰러지면서, 시체에서 다리가 튀어나오는 장면으로서 그 영상은 끝을 맺는다.

코끼리 탑시의 죽음과 그 재현은 렌더링(rendering)이라는 용어로 동시에 지칭될 수 있다. 『동물 자본』에서 니콜 슈킨은 렌더링이 언어적, 회화적, 음악적, 영화적 또는 기타 미디어로 대상을 재현하거나 해석하는 모방 행위와 동물 유해를 산업적으로 분해하여 재활용하는 것을 모두 의미한다는 설명을 제시한다.[9] 렌더링은 표현의 경제(페이지, 캔버스, 화면 등에 대상을 '렌더링'하는 것)와 동물 사체 밀매의 자원 경제(동물의 뼈, 내장, 혈액을 시장의 신진대사에 다시 재활용하는 사업)를 모두 지표로 삼는다.[10] 이처럼 슈킨은 동물이라는 기호와 물질을 취급하는 생명정치적 테크놀로지로서의 '렌더링'을 미학적 미메시스의 기술에 묶어두지 않고 생명정치적 죽임의 기술로 중층화한다. 토마스 에디슨은 바로 렌더링을 통해 탈물질화된 죽음의 새로운 시대를 열었고, 이는 후대에 남아프리카 공화국 아파르트헤이트 치하의 보안군이 물고문과 전기충격으로 피해자에게 외상의 흔적을 남기지 않고 살해하는 방법으로 제시된 것이었다. 슈킨은 에디슨에게 막대한 부를 안겨준 탑시라는 이

를 포함한 3명의 사람을 죽였기 때문에 인간에 대한 심각한 위협으로 간주되어 1903년 1월 4일에 전기처형을 당했다.

9   Nicole Shukin, "Introduction: New Life Forms and Functions of Animal Fetishism", op.cit., p.20.

10 Nicole Shukin, op.cit., pp.21-22.

름 자체가 『톰 아저씨의 오두막(Uncle Tom's Cabin)』과 민스트럴 쇼 (minstrel shows)에서 유래한 인종 착취의 상징임을 상기시킨다. 생명정치에는 인종주의와 동물성이 함께 작용하고 있다는 것이다. 흑인성은 이렇게 동물성과 마주치고 뒤얽혀 렌더링의 테크놀로지에 포획된다.

니콜 슈킨과 프란츠 파농의 주장을 종합해 보면, 생명권력의 정치적 토대가 동물의 살해에 의해 뒷받침되고 있는 것처럼, 서구의 역사적 토대 뒤에는 흑인의 폭력적 소멸이 보이지 않게 자리하고 있다고 할 수 있다. 그럼에도 흑인의 존재는 사라지지 않는다. 흑인의 존재는 정동의 잔존, 유지, 순환, 변환, 축적을 통해 흔적을 남긴다. 일례로, 광학적 미디어로서의 텔레비전이 미디어로서의 흑인 신체를 활용하는 방식에 대한 검토는 그 흔적을 확인하는 방법이 된다. 흑인 남성 신체에 부착된 정동은 장소와 시대에 따라 상이한 기능을 수행하며 지속되었는데, 그 지속성은 문화적, 정치적 사용의 유연성 덕분이었다. 1990년대 한국이라는 상황에서도 그 정동이 나름의 기능을 발휘했다. 흑인 남성에게 부착된 정동은 한국의 미디어에서 어떠한 기능을 수행했고, 그것은 어떻게 가능했는가. 이 글은 '흑인 매개성(Black mediality)'에 관한 유력한 역사적 사례로서 특히 '쿤타 킨테'라는 이름의 노예, 로드니 킹과 O. J. 심슨, 그리고 빌 코스비라는 흑인 남성 신체에 주목하여 텔레비전을 통해 지속되는 정동의 흔적을 확인함으로써 인종화되고 젠더화된 생명정치와 미디어의 정동 정치를 적극적으로 대응시키고, 더 나아가 대안적 정동 정치의 가능성을 탐색하고자 한다.

'쿤타 킨테'에서 '빌 코스비'에 이르는 흑인 남성 신체는 글로벌 텔레비전 네트워크를 통해 그 형상이 위치한 미국적 맥락과 한국적 맥락을 접합시킨다. 일련의 흑인 남성 신체는 한국적 맥락에서 '인간'의 기호 또는 상징으로 드러나기에 앞서, 미국적 맥락에서 '흑백' 또는 '흑한'이 서로 다른 삶의 조건을 살아내고, 느끼는 방식의 차이를 가지고 있음을 전제로, 불안, 분노, 희망 등의 다양한 감정을 촉발한 미디어이자 인프라에 다름 아니다. 그 인프라는 텍스트 안팎으로 폭넓게 펼쳐져 있으며, 텔레비전을 통해 정동을 상이한 맥락 사이에서 옮기고 움직이게 한다. 이 글이 흑인 남성을 표상이 아니라 정동적 인프라로서 검토하려는 것은 크게 두 가지 목적에 따른다. 첫째, '기호 또는 상징을 문제화 또는 물질화'하는 맥락, 즉 흑인 남성 신체에 관한 인종적이고 젠더적인 맥락을 이론화하고, 둘째, 미국과 한국이라는 맥락의 복수성 또는 광학적 재매개의 다양성이 창출하는 상이한 국면을 비교함으로써 변화의 가능성을 확인하고, 더 나아가 투쟁의 지점을 식별하려는 것이다. 요컨대, 이 글은 흑인 남성 신체에 뒤얽힌 맥락과 그 신체가 맥락을 옮겨가며 창출하는 국면을 동시에 사유하면서, 동시대 정동 정치의 대안을 마련하기 위한 밑그림을 그려보려는 것이다.

2. 도덕적 가독성과 젠더적 인종화의 멜로드라마로서의 〈뿌리〉

텔레비전을 통해 흑인 남성 신체가 뚜렷하게, 그리고 광범위하게 가시화된 것은 〈뿌리〉부터였다고 해도 과언이 아니다. 〈뿌리〉는 미국 흑인 노예제도의 참상을 가장 극명하게 다룬 작품이다. 텔레비전 미니시리즈의 형식으로 전 지구적으로 유통된 〈뿌리〉는 인쇄 매체를 그 토대로 삼는다. 미국 건국 200주년이 되던 해인 1976년에 출간된 『뿌리』는 100만 부 이상이 판매됐고, 퓰리처상 논픽션 부문과 전미도서상을 수상했으며, 이후 20개 이상의 언어로 번역되었다.[11] 미국인 작가 알렉스 헤일리(Alex Haley)가 탐색하는 자신의 아프리카적 '뿌리'에 대한 이야기를 담은 이 책의 출간은 미디어 이벤트로서 즉시 기념되었는데,[12] 그 이벤트는 당시 영화를 대체하면서 가장 대중적인 매체로 자리하게 된 텔레비전

---

[11] 한국에서는 1977년에 번역되어 출간되었다. 알렉스 헤일리, 안정효 역, 『뿌리』, 문학사상사, 1977.

[12] 헤일리의 계보학적 탐색은 사실상 픽션, 즉 역사 소설에 가까운 것이었다. 알렉스 헤일리는 '아프리카인'과의 계보적 연결을 위해 날짜와 증거를 조작했을 뿐만 아니라, 다른 작품을 표절했다. "①「핼리」의 조상 「쿤타 킨테」가 백인(영국인)에게 노예로 잡혔다는 1767년 당시의 「주푸레」 마을은 英國과의 교역중심지의 하나로 「노예잡이」가 벌어졌던 곳은 아니며 ②「핼리」가 口傳으로 주위들은 「주푸레」 마을의 노인 「켓바포파나」의 얘기는 거의 신빙성이 없고 ③「핼리」가 노예선의 출발年代를 1767년으로 잡은 것은 美國에서 자신이 모은 자료에 두드려 맞춘 것으로 확인되지 않은 것들이었다고 한다. (중략) 미국 매스컴들은 지금까지 소설 「뿌리들」을 논픽션으로 다루었고 「핼리」 자신은 "事實을 픽션으로 채색한 픽션"이라고 말하고 있다. 그러나 「뿌리들」의 하이라이트 대목인 「주푸레」 마을의 「쿤타 킨테」가 노예선을 타는 부분이 사실이 아니라면 「뿌리들」은 단순한 역사 소설로 전락하게 된다. 이에 대해 작가 「핼리」는 「오터웨이」 기자와 신빙성 여부를 따지기 위해 지난 10일 밤 「런던」에 도착했다. 그는 이 기사가 나가기 전에 「오터웨이」 기자와 장시간 얘기를 나눈 바 있다고 밝히고 「오터웨이」 기자가 자기 얘기를 「크게 와전」시켰다고 주장했다. 「핼리」 자신도 자기 책의 여러 군데에 잘못이 없는 것은 아니나 이의 眞僞를 누가 가릴 수 있겠느냐고 반문하고 자기가 얻을 수 있었던 최대한의 정확한 자료를 근거로 "우리들 흑인의 역사의 상징으로 「뿌리들」을 쓴 것"이라고 거듭 강조했다." 「「뿌리」 旋風에 찬물」, 『동아일보』, 1977. 4. 14.

을 통한 미니시리즈로의 각색과 방영이었다. ABC는 헤일리의 책이 출판되기 전에 미리 판권을 확보했는데, 이는 텔레비전 역사상 처음 있는 일이라는 점에서 각별했다.[13] 1977년 1월 23일부터 1월 30일까지 8일간 연속 방영된 미니시리즈 〈뿌리〉는 전년도에 방영된 〈바람과 함께 사라지다(Gone With The Wind)〉를 포함해 이전의 모든 텔레비전 시청 기록을 크게 경신했다. 〈뿌리〉는 알렉스 헤일리의 책으로서만이 아니라, 텔레비전 미니시리즈의 형식으로도 특기할 만한 전 세계적 성공을 거두었다. 미니시리즈 〈뿌리〉가 전 세계적으로 큰 인기를 끌기 전까지는 아프리카계 미국인이 등장하는 텔레비전 콘텐츠가 전 세계에 유통된 적이 거의 없었다.[14] 하지만 미니시리즈 〈뿌리〉는 전체 수익의 절반 이상을 해외에서 벌어들일 만큼 성공적이었다.

알렉스 헤일리의 책과 이를 각색한 텔레비전 미니시리즈는 기

---

13 ABC가 출판 전에 『뿌리』의 판권을 인수한 것은 다큐멘터리와 역사 분야에서 경력을 쌓은 베테랑 텔레비전 프로듀서인 데이비드 울퍼가 판권을 인수한 후 혁신적인 텔레비전 미니시리즈 제작을 추진한 덕분이었다. 그런 다음 그는 비교적 새로운 형식의 TV용 영화와 검증된 드라마 시리즈에 모두 경험이 있는 베테랑 TV 작가들을 고용하여 아직 출판되지 않은 헤일리의 책 초고를 각색하기 시작했다. Linda Williams, "Home Sweet Africa: Alex Haley's and TV's Roots", Playing the Race Card: Melodramas of Black and White from Uncle Tom to O. J. Simpson, Princeton University Press, 2001, p.239.

14 1950년대와 1960년대에 영국, 호주, 괌, 나이지리아에서 〈아모스 앤 앤디(Amos 'n' Andy)〉(1951~1953)가 방영되었고, 1970년대에는 〈굿 타임즈(Good Times)〉(1974~1979), 〈샌포드와 아들(Sanford and Son)〉(1972~1977) 등 아프리카계 미국인 시추에이션 코미디가 산발적으로 판매되었지만, 이들 시리즈는 아프리카계 미국인 텔레비전 시리즈가 해외 시청자는 물론, 백인 미국 시청자에게 어필하기 어렵다는 당시의 지배적인 인식을 바꾸는 데 큰 역할을 하지는 못했다.

본적으로 동일한 내용을 다루지만, 그럼에도 매체적 표현 방식 이상의 차이를 가진다. 헤일리의 책은 아프리카라는 자신의 계보적 기원을 '뿌리'로 삼아 서사적 줄기를 형성한다. 이 책의 주요 이야기는 18세기 후반, 막 성인식을 마친 만딩카 부족의 젊은 전사 '쿤타 킨테'가 어느 날 북을 만들기 위해 나무를 베러 나갔다가 백인 노예 사냥꾼들에게 납치되는 데서부터 시작된다. '화물'이 되어 아프리카의 감비아에서 미국까지 대서양을 횡단하는 노예선에 실린 쿤타 킨테는 버지니아에 도착하여 '토비'라는 이름을 강요당한다. 토비라는 이름과 노예라는 신분 모두를 거부한 쿤타 킨테는 네 차례나 도망치면서 격렬하게 저항한다. 마침내 발 일부를 절단당해 더 이상 도망칠 수 없게 된 그는 노예로서의 운명을 받아들이고, 흑인 여성 '벨'과 결혼해서 낯선 미국 땅에 씨앗을 심는다. 이후에 그는 자신의 딸 '키지'에게 아프리카 문화유산에 대한 지식을 전수한다. 쿤타 킨테의 가르침을 바탕으로 성장한 키지는 동료 노예의 탈출을 도운 죄로, 부모로부터 떨어져 다른 곳으로 팔려 간다. 키지의 새 주인은 그녀를 강간하고, 그렇게 태어난 아들 '치킨 조지'는 투계사가 되어 결국 자유를 얻는다. 노예 해방 이후, 치킨 조지는 가족을 이끌고 알렉스 헤일리가 태어날 새로운 고향인 테네시(Tennessee)로 향한다. 이 시점에서 헤일리가 여러 세대에 걸친 킨테 계보의 장구한 이야기를 일인칭으로 서술하면서 등장함으로써, 미니시리즈 〈뿌리〉는 자신의 '뿌리'를 탐색하는 글쓰기에 관한 이야기임이 드러나며 마무리된다.

텔레비전 미니시리즈로서 〈뿌리〉는 알렉스 헤일리가 구성한 가족 사가의 형식과 내용을 크게 거스르지 않는다. 미니시리즈

〈뿌리〉의 1회는 훗날 디즈니의 〈라이온 킹(The Lion King)〉(1994)에 차용된 상징적인 오프닝 시퀀스를 통해 갓 태어난 쿤타 킨테가 그의 아버지에 의해 높이 안겨 있는 모습을 보여준다. 이 장면은 아버지가 된 쿤타 킨테가 갓 태어난 자신의 딸 키지를 하늘로 들어 올리는 모습을 통해 반복되고, 시리즈의 마지막 8화의 클로징 시퀀스에서는 알렉스 헤일리가 직접 등장하면서 자신이 구성한 논픽션의 정동을 텔레비전으로 매개한다. 이는 헤일리의 책이 줄기로 삼는 직계 가족의 재발견이 텔레비전 미니시리즈에서도 여전히 유지되고 있음을 시사하는 것이다.

그런데 미니시리즈는 이러한 내러티브의 재매개 이상으로, 미국 노예제도의 참상을 시각화하는 데 포커스를 맞춘다. 여기서 텔레비전이라는 전자광학적-통신공학적 미디어의 역할은 흑인 남성 신체를 원격현전하게 하는 것이지만, 보다 근본적으로는, 흑인 남성 신체의 가시화를 위한 물질화로서 그 신체를 정동과 함께 렌더링하는 데 있다. 이를 위해 텔레비전 미니시리즈로서 〈뿌리〉는 흑인 도망 노예의 몸에 가해지는 백인의 폭행 장면을 반복적으로 제시한다.[15] 요컨대, 텔레비전 미니시리즈 〈뿌리〉는 흑인의 신체를 가시화하는 재현의 차원을 넘어, 육체적 고통의 스펙터클과 함께 흑인을 물질적-정동적으로 인종화한다. 더 나아가, 백인 앞에서

---

[15] "『그렇게 맞고 살겠나?』출근길 버스 속에서 여인들이 주고받는 말이 얼핏 들렸다. 「뿌리」 이야기였다. 그만큼 화제가 되어있는 모양이다. 美國에서 그렇게 큰 반향을 불러일으켰고, 日本에서는 원작자인 알렉스 헤일리를 초청해서 강연을 듣기까지 했고, 우리나라에서도 그렇게 요란하게 선전을 했으니 그럴 만도 하다." 「「뿌리」의 재미」, 『조선일보』, 1978. 3. 31.

성적 재생산의 목적으로 성기를 보존하기 위해 탈주 기관으로서의 발을 포기하는 쿤타 킨테의 선택은 텔레비전 미니시리즈가 흑인을 남성적으로 인종화하는 데 있어 알렉스 헤일리의 원작에서 보다 한층 더 의미심장한 장면으로 배치된다. 이 장면이 의미심장한 이유는 〈뿌리〉가 스펙터클을 통해 노예로서의 아프리카계 흑인을 인종적으로 물질화하는 한편, 내러티브를 통해 미국 가족의 '승리'를 위한 가부장 남성을 젠더적으로 물질화하는 전략을 교차시키고 있음을 드러내기 때문이다.[16]

　　인종과 젠더를 교차시키는 〈뿌리〉의 이중적 물질화 전략은, 궁극적으로 흑인 해방을 위한 가부장적 행위자성에 초점을 맞추면서 인종화된 흑인 신체의 표면 위에 젠더화된 정동을 덧붙임으로써, 텔레비전 시청자들도 바로 여기에 정동되도록 한다. 알렉스 헤일리의 원작과는 달리, 텔레비전 미니시리즈로 각색된 〈뿌리〉는 가족 사가의 마지막을 정교하게 구조화된 일종의 탈출극으로 바꾸어, 백인들을 농락하는 트릭스터(trickster)로서 가부장의 지적 능력을 한층 부각한다. 아프리칸 쿤타 킨테의 후손들이 플랜테이션을 탈출하여 아메리칸드림을 쟁취하기 위해 테네시로 이주하는 시리즈의 마지막 장면은 구조적이고 제도적인 차별에 대한 저항이라기보다는, 영웅적 활약의 가부장을 통해 개인적(personal) 또는 개별적(individual) 극복이라는 자유주의적 차원에서 마련된 것이

16　알렉스 헤일리가 출판한 책 『뿌리』의 부제는 '미국 가족의 사가(The Saga of an American Family)', 이를 각색한 미니시리즈의 부제는 '미국 가족의 승리(The Triumph of an American Family)'이다.

다.[17]

미니시리즈 〈뿌리〉의 결말에서 부각되는 흑인 가부장의 영리함은 노예 해방을 가능케 한다는 점에서 미덕의 가치를 부여받고, 그 맞은 편에는 착취와 폭력이라는 악덕이 백인 노예주들의 형상으로 자리매김된다. 이는 '착한' 흑인과 '나쁜' 백인의 이항대립적 구조하에서 인종적 가독성을 도덕적 가독성과 병치하는 방식, 즉 '멜로드라마'라 할 수 있다. 기본적으로 멜로드라마(melodrama)라는 용어는 음악 반주가 포함된 연극적 양식을 의미하지만, 텔레비전에서의 멜로드라마는 추가적인 특성을 지니고 있다. 텔레비전 멜로드라마는 일반적으로 선과 악이 명확하게 구분되는 일차원적인 캐릭터가 등장한다. 또한 드라마틱한 음악, 광범위한 클로즈업 등 다양한 미학적 기법을 사용하여 고도의 감정적 스토리를 구성한다. 린다 윌리엄스(Linda Williams)는 이러한 멜로드라마의 현대적 변화와 확장을 인정하면서도, 그것이 특정한 미학적 양식에 그치는 것이 아니라, 미국 대중문화가 "인종이라는 고질적인 도덕적 딜레마에 대해 스스로에게 이야기하는 근본적인 방식"이라며 '멜로드라마적 모드'의 편재성을 설명한 바 있다.[18] 윌리엄스는 해리엇 비처 스토우(Harriet Beecher Stowe)의 구타당한 흑인 남성과 데이

---

17 허먼 그레이(Herman Gray)는 "〈뿌리〉는 나쁜 사람들과 특정 형태의 잔인함에 대한 고발이었지만, 미국의 정치, 사회, 경제 구조라는 전체 구조의 관점에서 보면 별다른 상처를 입히지 않았다"고 말하며 인종주의와 노예제도에 대한 보수적인 담론에 주목한 바 있다. Herman Gray, *Watching Race: Television and the Struggle for Blackness*, University of Minnesota Press, 2004.

18 Linda Williams, *Playing the Race Card: Melodramas of Black and White from Uncle Tom to O. J. Simpson*, Princeton University Press, 2020, p. x iv.

비드 와크 그리피스(David Wark Griffith)의 위험에 처한 백인 여성이라는 각각의 프로토타입이 대중 엔터테인먼트의 역사 전반에 걸쳐 반복적으로 등장하면서, 어떤 순간에는 인종간 이해를, 다른 순간에는 인종간 증오를 조장한다는 사실을 발견한다. 이 발견과 함께 미학적 양식으로 이해되어 온 멜로드라마는 '흑백 인종 멜로드라마'라는 역사적-사회적 차원으로 옮겨지고 정동적 함의를 확보하게 된다.

〈뿌리〉가 방영되었던 1970년대는 흑인 시민권 운동의 정동이 이어지고 있던 시기로서, 린다 윌리엄스는 "아프리카계 미국인 가족의 이야기가 이제 대표적인 미국인의 경험으로 여겨질 수 있다는 것은 흑인 미국인을 마침내 미국인답게 만든 시민권 운동에 대한 설득력 있는 증거"라고 평가했다.[19] 멜로드라마의 정동적 호소력은 텍스트 그 자체만이 아니라 인종적 불안에서 안전히 벗어나지 못한 채 민권법이 가져온 사회적 변화에 대처하기 시작하던 시기라는 콘텍스트와 텍스트의 분리불가능한 차원에서 발휘된다. 윌리엄스가 미국 멜로드라마의 역사적 맥락을 검토하면서 여기에 〈뿌리〉를 등록하고 있을 때, 이는 텔레비전을 통해 재현된 이야기를 주목하게 하려는 것이 아니라, 인종간 이해 또는 인종간 증오 사이에서 진동하는 멜로드라마적 정동과 함께 이야기하는 방식을 확장하고 있는 것이다.

간과해서는 안 될 중요한 사실은, 〈뿌리〉가 미국이라는 맥락에만 배치되지 않았고, 텔레비전의 글로벌 네트워크를 통해 해외

---

19   ibid., p.221.

에 수출되면서 그 내용이 탈맥락화되고, 더 나아가 재맥락화될 가능성을 지니고 있었다는 점이다. 〈뿌리〉에 대한 한국의 수용은 그 가능성이 어떻게 현동화되었는지를 확인할 수 있는 한 가지 사례에 해당한다. 1978년 3월 25일, 〈뿌리〉첫 회가 TBC를 통해 방영됐다.[20] 한국에서도 〈뿌리〉의 선풍은 미국에서만큼이나 대단했다. 8일의 방영기간 〈뿌리〉의 평균 시청률은 74%를 넘었고, 방영 시간 동안에는 평소에 텔레비전을 보지 않던 사람들마저 '안방극장'으로 몰려들어 술집이나 극장이 텅텅 비었다.[21] 〈뿌리〉는 국내 드라마 제작 환경에도 영향을 미쳐, 〈뿌리〉이후 한국 드라마의 패턴을 미니시리즈로 돌리는 데도 기여했다.

'외화시리즈'로서 〈뿌리〉는 '멜로물' 일변도의 한국 드라마가 본받아야 할 작품으로 평가되었다.[22] 그 평가에서 "최근 거개의 드

---

20 「TBC 25日(일)부터 「뿌리」 放映」, 『동아일보』, 1978. 3. 3. "TBC 측은 방영 20일 전부터 TBC 교환대의 전화에 「뿌리」 선전문구 녹음테이프를 연결, 통화중도 아닌데 의무적으로 선전을 들은 후 통화하게끔 하고 있어 시간을 다투는 긴급전화에 불편을 겪게 하고 있다. TBC 측은 「뿌리」 포스터를 전동차역과 열차안에 부착시키고 판넬도 만들었다. 또한 TV 화면은 물론, 라디오, FM에까지 「뿌리」 스파트를 내고 9일 밤 10시 「쇼는 즐거워」는 「뿌리」 선전으로 전부를 할애했다." 「지나친 「뿌리」 宣傳」, 『조선일보』, 1978. 3. 10.

21 시인 박목월은 〈뿌리〉 방영 하루 전에 타계했는데 방영 시간을 전후해서는 문상객의 발길마저 끊겼다고 한다.

22 "최근 거개의 드라마가 멜로性 일변도로 흐르고 있는 점에 대해 한마디 하면 TV가 안방극장이고 채널권이 주로 여성층에 있기 쉬워서 우선 아기자기한 재미를 원하는 시청자들의 욕구에만 영합하다 보니 생긴 현상이라고는 하지만 대부분의 연속극이 멜로物인 데다 史劇마저도 멜로性의 잔재미로 흐르고 있어 TV 娛樂性의 수준을 흥미 본위라는 차원에 묶어버리는 게 아닌가 우려된다. 얼마 전에 放映한 「뿌리」의 저변에 깔린 제작의도나 여러 가지 의미를 비교해 볼 때 우리의 드라마 상황과 한 번쯤 대조해서 검토해 볼 필요가 있지 않을까." 원

라마가 멜로性 일변도로 흐르고 있는 점에 대해 한마디 하면 TV가 안방극장이고 채널권이 주로 여성층에 있기 쉬워서 우선 아기자기한 재미를 원하는 시청자들의 욕구에만 영합하다 보니 생긴 현상"임이 지적되고 있을 때, 장르적 '여성성'과 등치되는 '멜로물'의 '멜로성'은 당대 한국 흥행장의 '신파성'의 후진성을 가리키면서, 그 의미망을 젠더적으로, 지리적으로, 더 나아가 정동적으로 형성하게 한다. 당대의 '신파성'은 한국 텔레비전 드라마의 정동적 인프라로 삼아진 〈동백 아가씨〉(1964), 〈미워도 다시 한번〉(1968) 등과 같은 영화에서 선명하게 드러났다시피, 관객성으로서의 '여성성'과 맞물린 재현된 '모성성'과 남성 또는 가부장의 '비도덕성'이 이루는 선악의 대비를 보여주는 멜로드라마 양식으로부터 발휘되고 있었다. 〈뿌리〉는 이와 달랐다. 드라마화된 〈뿌리〉는 알렉스 헤일리의 책에 비해 도덕적 가부장의 활약이 한층 강조되어 있음은 앞서 논한 바와 같다. 한국적 멜로드라마의 역사적 맥락과 절합되어 비교되는 과정에서 〈뿌리〉는 그 선진적인 가치를 획득할 수 있었다. 다시 말해, 〈뿌리〉는 구시대적 신파의 맥락과 비교되는 과정을 거쳐 미국적 선진성 또는 인류적 보편성의 가치를 부여받았던 것이다. "단순한 血統史劇"이 아니고 "흑백간의 종족적 갈등과 박해를 휴머니즘 차원에서 고발하면서도 감정적 흥분을 여과했고, 白人의 위선을 파헤쳐 美國歷史의 恥部를 재조명"했다는 평가는 미국 사회가 〈뿌리〉를 수용한 맥락과 사실상 동궤를 이

우현, 「TV週評」, 『동아일보』, 1978. 4. 17.

룬다.[23]

〈뿌리〉에 대한 담론적 대응으로 볼 수 있는 또 다른 경우에는 "창씨개명"이나 "인신매매" 등의 어휘를 구사하면서 인종 문제를 '한국적'이거나 '현대적'인 상황으로 재맥락화하는 양상이 종종 눈에 띈다. "노예로 팔려간 미국에서 白人이 마음 내키는 대로 創氏改名해서 부른 이름이 새겨진 碑木의 이름을 딸이 이를 악물고 새 금파리로 긁으며 「킨테 쿤타」라고 써넣는 대목은 인상적이었다"는 평가는 〈뿌리〉의 정동을 피식민의 기억과 연결하는 경우다.[24] 한편, "지난 53년간 6.25 동란중 전쟁고아가 되었다가 미군에 구출되어 美國에 건너갔던 「조우앤터니」(40·본명 朴淑範) 씨는 12년간에 걸친 끈질긴 부모 찾기 끝에 9일 친부모와 극적으로 상봉했다"는 기사에는 '한국판 뿌리 찾기'라는 제목이 부여되어 있는데,[25] 여기에서 〈뿌리〉의 정동은 '코리안 디아스포라'의 맥락과 연결된다. 인종 문제를 개인과 가족의 문제로 환원하는 이러한 수용은, 곡해나 오독이라기보다도, 한국적 맥락에 따른 정동적 변환이라 할 수 있다. 이러한 변환이 가능했던 것은 〈뿌리〉가 인종 멜로드라마이자 가족 멜로드라마로서 양가성을 지닌 채, 모순을 노정하고 있었기 때문이다. 〈뿌리〉가 취하고 있는 개인적이고 개별적인 극복의 서사는 제도적이고 구조적인 인종주의를 시야로부터 멀어지게 만드는 효과를 낳았고, 그 결과, 가족 멜로드라마로서 받아

---

23 이상회, 「TV週評」, 『경향신문』, 1979. 10. 9.

24 박용구, 「뿌리와 價値觀」, 『동아일보』, 1978. 5. 11.

25 「「韓國版 뿌리」 찾기 12年…戰爭孤兒 父母 재회」, 『동아일보』, 1978. 4. 11.

들여졌으며, 이로 인해 작품은 흑백 인종 멜로드라마의 역사적 맥락으로부터 분리되어 한국 디아스포라의 맥락과 결합할 수 있었던 것이다.

〈뿌리〉의 수용 과정에서 나타난 이러한 정동적 변환은 한국의 특수한 맥락을 떠나 시공간을 초월한 보편적 맥락에서 뿌리를 이해하는 데까지 나아갔다. "「뿌리」의 주인공 쿤타 킨테는 아프리카 오지에서 「인간 사냥꾼」들에 의해 쇠사슬로 묶인 채 미주대륙으로 팔려가야 했다. 수백년이 지난 오늘도 「인간사냥꾼」들에 의해 인간 범죄로는 가장 비열하고 잔인한 인신매매 행위가 성행하고 있으며 현대판 쿤타 킨테들은 국내 사창가에서, 해안 도서지방에서 성의 자판기나 일의 노예가 된 채 파멸의 길로 내몰리고 있다."[26] 이상의 기사에서 〈뿌리〉의 모티프이자 역사 그 자체인 노예무역은 동시대의 인신매매와 등치된다. '한국판 뿌리 찾기'에서 '현대판 쿤타 킨테'으로 이어지는 맥락 속에서 흑인은 '인간'의 조건을 환기하고 재정립하는 데 동원되고 있는 셈이다. 여기에는 프란츠 파농이 서구 백인을 만들거나 확장하는 데 흑인이 동원되었다는 통찰이 그대로 적용될 수 있다.

보편적 '인간'의 범주 확장에 동원되기 위해 흑인은 착취와 폭력의 역사적 맥락으로부터 분리되어야 한다. 한국에서 〈뿌리〉의 수용은 바로 이를 보여준다. 〈뿌리〉의 흑인 남성 신체는 글로벌 텔레비전 네트워크를 통해 '아프리카적인 것'에서 '아메리카적인 것'으로 다시 '휴머니즘적인 것'으로 이행하지만, 이는 렌더링

---

26 「人間化 시대 〈3〉 韓國版 "노예선" 人身매매」, 『경향신문』, 1990. 1. 16.

을 통한 생명정치적 과정에서 그 역사성과 물질성을 소모하는 것이나 다름없다. 노예제도에 의해 희생되었고, 여전히 그 정동 체제 안에서 소외되고 있는 흑인 남성 신체는 상이한 역사적-사회적 맥락을 보편적인 것으로 통합하는 매개체 역할을 수행하고 있는 것이다. 그 보편적인 감수성과 함께 이성애 규범적 가부장제가 텔레비전의 핵심 화소로 뿌리 깊게 자리하게 됨은 물론이다.

3. O. J. 심슨 재판의 정동과 렌더링의 테크놀로지

"「뿌리」는 실제로 재미있는 영화다. 철두철미 재미있도록─美國人에게─만들어져 있기 때문이다. 美國의 역사를 무대로 벌어지는 한 黑人 3대의 기구한 이야기는 보는 사람의 가슴을 울려준다. 게다가 흥미를 더하기 위해서 전문배우 아닌 人氣人까지도 동원되었다. 첫회에서 쿤타 킨테와 경주를 벌인 사람은 美國에서는 어린애까지도 이름을 알고 있다는 풋볼의 스타 OJ 심슨이다."[27]

1976년에 실시된 미국의 한 여론조사에 따르면, 버팔로 빌스(Buffalo Bills)의 유명한 러닝백이자 최초의 흑인 '크로스오버' 운동선수였던 O. J. 심슨은 미국에서 가장 인기 있는 인물로 꼽혔다. 이러한 인기를 바탕으로 그는 미국 흑인 운동선수 최초로 백인 렌터

---

27 「「뿌리」의 재미」, 『조선일보』, 1978. 3. 31.

카 상품 허츠(Hertz)의 광고 모델로 활동했고, 영화와 드라마에 출연해 연기 경력도 꾸준히 이어갔다.

　O. J. 심슨은 단 하루의 촬영을 위해 조지아(State of Georgia)로 날아간 적이 있다. 바로 〈뿌리〉를 위해서였다. 심슨은 이 작품에서 아프리카 족장 역을 맡았다. 〈뿌리〉에서 심슨이 연기한 족장은 딸 판타와 함께 여행하던 도중, 쿤타 킨테를 마주친다. 심슨은 성인식 훈련 중인 쿤타 킨테 앞에서 우아하게 헤드 태클을 시도해 그를 멈추게 하는 역동적인 연기를 선보인다. 이 장면은 배우이기에 앞서 러닝백으로서 심슨의 스피드를 과시하는 듯하며, 쿤타 킨테와의 액션 신을 통해 흑인 남성 신체의 물질성과 여기에 내재된 폭발적 힘을 암시하는 것처럼 보인다. 그럼에도, 이 장면은 두 명의 흑인 전사가 아프리카 농담을 주고받는 모습과 함께 다분히 유쾌하게 연출된다. 더 나아가, 심슨은 〈뿌리〉의 아프리카 시퀀스가 화면 톤과 피부색 모두 너무 어둡게 보이지 않도록 흑인과 백인 시청자 모두에게 안심을 제공했다.

　〈뿌리〉에서 제시되는 족장의 모습은 드라마가 할당한 캐릭터를 O. J. 심슨이 연기하는 방식에 따른 것이라기보다도, 심슨의 페르소나에 기대고 있는 것이라 할 수 있다. 이는 또한 심슨이라는 흑인 남성 신체에 내재하는 것이라기보다도 미디어에 의해 정교하게 조율된 정동에 따른 것이다. 이는 미국의 미디어가 흑인을 취급해 온 역사적 방식과는 확연히 다른 것이었다. 사이디야 하트만(Saidiya Hartman)은 『종속의 장면(Scenes of Subjection)』에서 미국에서 흑인과 백인 사이의 역학관계를 근간으로 '향락의 경제(economy of enjoyment)'를 언급하며 미국 엔터테인먼트 산업의 뿌리를 동산 노예제(chattel slavery)에서 찾아냈다.[28] 〈뿌리〉의 쿤타 킨테와 같은 노예들이 채찍질 당하면서 경매 시장으로 끌려가고, 그곳에서 상품으로서 전시되는 동안 흑인들은 비참함, 상실감, 절망감과 같은 감정과는 상반되는 유희를 (자발적 댄스가 아닌) 강요된 안무로서 공연하며 백인들에게 향락을 제공해야만 했다. 이와 같은 '종속의 장면'은 노예 경매를 넘어 플랜테이션에서 다시 한번 확인되었고, 민스트럴(minstrels), 보드빌(vaudevilles), 벌레스크(burlesques) 등의 양식을 거쳐 흑인들의 스탠드업 코미디 또는 시추에이션 코미디 등으로 이어졌다. 이러한 미국 엔터테인먼트의 역사적 맥락을 감안했을 때, 심슨은 흑인에게 전통적으로 요구되었던 우스꽝스러움이 아니라, 압도적인 신체 능력과 다소 거만한 친근감으로 각종 미디어에 등장했다는 점에서 인종화된 정동의 조율에 수동적으로 반응한 것이 아니라, 인종화된 정동을 조율하는 행위자성을 발휘하고 있었다고 할 수 있다. 예컨대, 〈뿌리〉의 흑인 노예들이 플랜테이션의 가축과 구별되지 않는 애니매시를 드러내는 존재였던 반면, 심슨은 그라운드를 자유롭게, 그 누구보다 빠르게 누비는 '흑인 야수'로서의 거친 면모를 과시한다. 그런데 심슨은 텔레비전이라는 가내의 미디어를 통해 스타가 된 사례다. 그는 거만한 '흑인 야수'이지만 어디까지나 텔레비전과 함께함으로써 대중에게 친근할 수 있었다. 일종의 '가축화된 야수'로서 심슨은 전자광학적-통신공학적 기술에 의해 렌더링된 흑인, 즉 '텔레비전적 흑인'

---

28 Saidiya Hartman, *Scenes of Subjection: Terror, Slavery, and Self-Making in Nineteenth-Century America*, Oxford University Press, 2022; 1st edition (September 4, 1997).

이라 할 만하다.

'텔레비전적 흑인'으로서 O. J. 심슨은 그가 운동선수일 때가 아니라 살인 사건의 용의자였을 때 한층 더 뚜렷하게 그 존재감을 드러냈다. 1994년 6월 12일 미국 로스앤젤레스의 고급 주택가 브렌트우드에서 심슨의 전처 니콜 브라운(Nicole Brown)이 소유한 집에서 니콜과 애인 로널드 골드먼(Ronald Goldman)이 온몸을 난자당한 채, 시체로 발견됐다. 사건 신고 직후, 경찰은 현장에서 약간 떨어진 심슨의 저택에서 피가 묻은 장갑과 테니스화 등을 발견하고 심슨을 용의자로 지목했다. 심슨은 니콜의 장례식 다음 날인 7월 17일에 경찰서에 출두하겠다는 약속을 어기고 차량으로 도주하다가 2시간에 걸친 경찰의 추격 끝에 체포됐다. 검찰은 심슨의 백인 부인 니콜이 다른 남자와 내연 관계를 맺자, 배신감을 느껴 살해했다고 주장했다. 검찰은 심슨의 폭력적인 성향을 드러내 주는 증거로 니콜이 피살되기 8개월 전, 심슨에게 구타당하며 경찰에 건 911 긴급구조 요청 전화를 제시했다.[29] 이에 대해 변호인은 심슨이 기본적으로 자상한 남편이었으며, 아내에 대한 불만도 자녀들을 잘 돌보지 않는 데 대한 것에 지나지 않는다고 주장했다. 심슨은 살인 재판에서 증거 불충분을 근거로 끝내 무죄 판결을 받았다.

살인 사건이 발생하고 판결에 이르기까지, O. J. 심슨의 도주와 체포, 그리고 재판의 거의 모든 과정은 텔레비전을 통해 방송되었다. CNN이 631시간 동안 사건의 경과를 보도했고, 재판 과정

---

[29] 녹취 기록에는 니콜이 "O J, O J, 애들이 자고 있으니 제발…"이라는 말이 담겨 있었다.

이 15개월 동안 총 1,000시간 이상 Court TV를 통해 생중계되었으며, 여러 지역 네트워크 방송국 전파를 통해 심슨의 사건은 꾸준히 업데이트되었다. 1995년 10월 3일 아침, 1억 4,200만 명의 시청자가 시청한 O. J. 심슨 형사 재판의 클라이맥스 판결은 같은 해 슈퍼볼(Super Bowl)을 본 시청자보다 더 높은 수치를 기록했다고 한다.

O. J. 심슨이 두 명의 여성을 살인한 용의자로 지목되자마자, 미국의 주간지 〈타임(Time)〉은 즉각적으로 반응했는데, 이는 "한 미국인의 비극(An American Tragedy)" 제호와 함께 표지에 실릴 심슨의 머그샷을 보다 '어둡게' 처리하는 방식으로 이루어졌다. 심슨의 머그샷은 텔레비전 미니시리즈 〈뿌리〉를 좀 더 '밝게' 처리하기 위해 그를 등장시켰던 경우와 정확하게 반대되는 것이다. 디지털 방식으로 그의 피부를 어둡게 만들고, 움직임을 정지시키고, 얼굴에서 자신감 넘치는 미소를 지운 〈타임〉의 머그샷은 우아하게 상대 선수를 속이고, 공항을 아무렇지도 않게 뛰어다니던 운동선수의 모습을 급격하게 반전시켰다.

O. J. 심슨의 머그샷은 그가 백인적 렌즈에 포획되었음을 드러냄으로써, 흑인 신체가 포획자를 위한 존재임을 시사한다. 흑인 신체는 스스로를 위해 존재하는 것이 아니라, 〈뿌리〉의 경우처럼 타인에 의한, 타인을 위한 기능을 수행하면서 동정심을 유발하거나, 심슨의 경우처럼 그 기능에 실패하거나, 보다 근본적으로는 기능적 기대 자체를 배반하면서 적대감을 유발하는 존재로서 발명되어야만 하는 것이다. 렌더링은 바로 이 백인적 렌즈의 포획망에 흑인 신체를 밀어 넣는 테크놀로지다. 미디어의 기계적-전산적 방

식만이 렌더링의 결과를 결정하는 것은 아니다. O. J. 심슨의 머그샷이 보여주고 있다시피, 이미지를 렌더링하는 데는 정동이 동원되고 있고, 그 정동은 인종화의 흐름을 부추긴다. 어둡게 처리된 머그샷은 심슨을 흑인으로서, 범죄자로서, 흑인 범죄자로서 순차적으로 포획하며, 흑인과 범죄자를 동일시하는 인종화된 정동으로 그의 얼굴을 렌더링한다. 이러한 렌더링의 정동적 관행이 '향락의 경제'에 종사하기 위해 얼굴을 검게 칠하는 '블랙페이스'에 기원을 두고 있는 것이라고 보아도 과언은 아닐 것이다. 흑인에 대한 인종적 형상화가 렌더링의 테크놀로지에 의해 이루어졌다면, 렌더링의 테크놀로지는 흑인에 대한 인종적 형상화와 함께 발전해 왔다고 할 수 있다. 뿐만 아니라, 이분법적인 젠더 또한 렌더링의 테크놀로지로서 유력하게 작동한다. 예컨대, 디지털 공간의 여성 아바타는 젊고, 밝은 피부, 풍만한 몸매로 묘사되는 경향이 있다. 요컨대, 여러 식별 지점을 가진 신체는 인종 또는 젠더를 중심으로 렌더링된다.

O. J. 심슨의 머그샷은 인종화된 정동에 따라 렌더링됨으로써 그의 형사 재판을 로드니 킹 판결과의 정동적 대항 관계에 위치시켰다. 1991년 3월 3일, 아프리카계 미국인 로드니 킹은 음주 후 친구 두 명을 차량에 태우고, 샌 페르난도 밸리(San Fernando Valley) 고속도로상에서 과속으로 운전하던 것이 경찰의 눈에 띄었다. 경찰은 즉시 정차를 요구했지만, 킹의 차량은 멈추지 않고 계속 달아났다. 후일 이루어진 킹의 회고에 따르면, 당시 그는 강도 혐의로 인한 집행유예 기간이었기 때문에 음주운전으로 붙잡히지 않기 위해 경찰을 피해 달아난 것이었다. 시속 190km의 초고속 추격전

끝에 붙잡힌 킹은 경찰관들에 의하여 구타를 당하는 장면이 비디오테이프에 녹화되었고, 이 녹화본은 텔레비전을 통해 전국적으로 방송된 후, 미국에서 인종적 긴장의 상징이 되었다.

미국은 물론, 글로벌 텔레비전 네트워크를 뒤덮은 이 영상은 조지 홀리데이(George Holliday)라는 LA 주민의 캠코더로 촬영됐다.[30] 홀리데이가 촬영한 이 영상은 1993년에 개최된 휘트니 비

---

30 "홀리데이는 시끄러운 소리에 잠을 깼습니다. 창밖을 보니 경찰들이 누군가를 둘러싸고 때리는 것이 보였습니다. 직감적으로 "저걸 찍어야겠다"는 생각에 2주일 전 구입한 캠코더를 가져와 집 발코니에서 촬영하기 시작했습니다. 첫 사용이라 작동에 서툴렀던 그는 초점을 제대로 맞추지 못했고, 9분 동안 흐릿한 상태로 촬영됐습니다. 홀리데이는 촬영 내내 의문이 들었다고 합니다. "범인은 이미 실신 지경인데, 왜 경찰은 계속 때리는 거지?" 아침이 밝자 홀리데이는 고민에 빠졌습니다. "촬영한 테이프를 누구한테 전해줘야 하나" 하는 고민이었습니다. 지금 같으면 유튜브 등 동영상을 올릴 곳은 넘치겠지만 당시는 그런 시절이 아니었습니다. 이틀 동안 고민하다가 경찰에 전화를 걸었습니다. 접수계 말단 직원인지 전화를 받은 사람은 홀리데이가 "경찰이 막 구타하는 내용"이라고 해도 전혀 관심이 없었습니다. 낙심한 그는 평소 자주 시청하는 지역방송 KTLA에 전화를 걸었습니다. 전화를 받은 기자 역시 "테이프를 한번 가져와 봐라"며 심드렁한 반응을 보였습니다. 테이프를 전달받은 기자는 이를 틀어본 뒤 곧바로 '물건'이라고 직감했습니다. 보도국장 주재로 어떻게 보도해야 할지에 대한 회의가 소집됐습니다. 특별취재팀이 꾸려져 '경찰 공권력 남용'에 대한 시리즈로 만들기로 했습니다. 당시 미국 TV에서는 연예인 가십이나 흥미 위주의 사건사고를 보도하는 '인사이드 에디션' 등 선정적인 시사프로그램들이 인기를 끌 때였습니다. 홀리데이가 테이프를 '인사이드 에디션'에 넘겼다면 1회성 소비를 위해 단번에 빵 터뜨리고 말았겠지만 양질의 뉴스 제작 능력을 갖춘 지역방송국이었기 때문에 심층보도에 나설 수 있었습니다. 시리즈 1회 개시용으로 홀리데이의 9분짜리 테이프가 편집 없이 전파를 탔습니다. 반응은 어마어마했습니다. CNN 등 대형 방송사들의 테이프 복사 요청이 밀려들면서 KTLA는 전국적으로 주목받는 방송국이 됐습니다. 이 시리즈로 그해 '방송계의 퓰리처상'으로 불리는 피바디상(뉴스 부문)도 받았습니다. 지역방송국으로는 전례가 없는 일이었습니다." 「"헤이 조지, 당신이 내 목숨을 구했어" 로드니 킹과 촬영자 홀리데이의 만남」, 『동아일보』, 2021. 9. 28.

엔날레(Whitney Biennale)에서 〈로드니 킹 구타 사건의 비디오테이프(George Holliday's Video Tape of Rodney King Beating)〉라는 제목의 '미디어아트'로 감상할 수도 있었다. 이와 같은 광학적 재현은 로드니 킹으로 표상되는 흑인을 현대판 노예로 시뮬레이팅하는(simulating) 과정이었다. 시뮬레이션(simulation)이란, 어떤 시스템이 다른 시스템의 작동을 흉내내면서 동일한 작업을 하도록 하는 것이다. 로드니 킹 구타 사건의 비디오테이프의 재생을 통해 이루어진 그 작업은 정동적 재활성화를 촉발했다. 시각적 재현을 넘어 노예제를 재맥락화하는 시뮬레이션을 통해, 역사화된 정동은 잠재적으로 유지되면서 언제라도 재활성화될 가능성을 갖게 된다. 예컨대, 흑인 퀴어의 관점에서 글을 쓰는 작가이자 유명한 소셜 미디어 비평가인 로버트 존스 주니어(Robert Jones, Jr.)는 2017년에 「나는 저스틴 데이먼드에 대해 개뿔도 관심 없어(I Don't Give a FUCK about Justine Damond)」라는 에세이를 그의 블로그 "볼드윈의 아들(Son of Baldwin)"에 게재했는데, 이 글은 소말리아계 미국인이자 무슬림이었던 미니애폴리스(Minneapolis) 경찰관 모하메드 누어(Mohamed Noor)의 손에 저스틴 데이먼드가 죽은 것에 대한 그의 견해를 정리한 것이다.[31] 이 견해는 미국의 치안유지활동이 진화한

---

31 성난 군중들이 들고일어날 것도 없이 누어는 곧바로 해고당했고, 공무원들의 터무니없는 행동마저도 방어해주는 노조에게조차 버림받았다. 그는 신속하게 기소되었고, 신속하게 유죄 판결을 받았으며, 신속하게 징역 12년 6개월을 선고받았다. 그리고 데이먼드의 가족은 미니애폴리스로부터 2천만 달러의 거액을 보상받았는데, 그것은 경찰의 비용이 아닌 납세자들의 비용으로 지불되었다. 이 사건의 경과와 이에 대한 로버트 존스 주니어의 견해를 담은 이 글은, 2024년 1월 현재, 온라인상에서 접근이 차단되어 있다. 그러나 이 글의 대략적

것처럼 보이지만, 결코 진화하지 않았다는 주장을 그 핵심에 둔다. 남북전쟁 이전의 플랜테이션 시스템에서 정부로부터 노예 사냥꾼이나 감독관의 지위를 임명받은 (또는 자기 스스로를 임명한) 백인들은 흑인들을 사냥하고, 구금하고, 학대하고, 살해했다. 로버트 존스 주니어는 이와 같은 인종간 폭력의 전통이 바로 현재 미국 치안 활동의 근간을 이루고 있다면서, '그때'와 '지금' 사이에 전술이 바뀐 것은 없다고 주장한다. 치안 유지를 목적으로 이루어지는 통행금지와 검문검색은 농장에서 도망친 흑인이라면 그들이 누구이며, 어디에 속해 있는지를 증명해만 한다는 현대판 노예 사냥일 뿐이라는 것이다.

조지 할리데이의 비디오테이프에 의해 시뮬레이팅된 장면에서 현대판 노예 사냥꾼에 다름 아닌 4명의 백인 경찰관 스테이시 쿤(Stacey Koon), 로런스 파월(Laurence Powell), 티모시 윈드(Timothy Wind), 시어도어 브리세노(Theodore Briseno)는 과잉 진압이 문제가 되어 구속되었지만, 1992년 4월 29일에 배심원단은 이들에게 무죄를 판결하고 방면했다. 널리 알려진 바와 같이, 이 무죄 판결은 로스앤젤레스의 사우스센트럴(South Central)에서 흑인들의 대대적인 '폭동'을 일으켰다.[32] 한편, 흑인 O. J. 심슨의 무죄 판결은 백인들

인 내용과 그 핵심은 그의 또 다른 글 「불태워라(Let It Burn)」에서의 언급을 통해 파악 가능하다. Robert Jones, Jr., "Let It Burn", *The Paris Review*, 2020. 6. 8. (https://www.theparisreview.org/blog/2020/06/08/let-it-burn/)

32 몇몇 논자들은 LA 소요 사태의 '폭도' 또는 '약탈자'로 규정된 흑인의 정치적이고 의식적인 성격을 나타내기 위해 '반란(rebellion)' 또는 '봉기(uprising)' 등의 용어를 사용하기도 하지만, 이 글에서는 텔레비전을 비롯한 각종 미디어를 통해 가장 널리 알려진 용어로서 'LA 폭동(LA riots)'이라는 표현을 사용한다.

의 분노를 일으켰다. 린다 윌리엄스는 〈뿌리〉에 이어, 로드니 킹과 O. J. 심슨을 둘러싼 두 가지 재판을 흑백 인종 멜로드라마의 맥락 안에 위치시킨다. 재판은 소설이나 연극, 영화나 드라마가 아니지만, 윌리엄스가 이를 흑백 인종 멜로드라마에 포함시킬 수 있었던 것은 그가 말하는 멜로드라마가 매체들을 넘나들며 페이지, 무대, 브라운관, 스크린, 더 나아가 법정 등의 다양한 현장에서 시각, 감정, 정동의 상태로서 기능하기 때문이다. 로드니 킹과 O. J. 심슨의 재판은 이 새로운 인종 멜로드라마가 새로운 종류의 문화적 편재성을 달성하는 중심 플랫폼으로 삼아졌고, 이 플랫폼을 통해 인종적 멜로드라마는 멜로드라마적 인종 재판으로 갱신되었다.

O. J. 심슨 사건의 배심원단은 로드니 킹 구타 재판의 유령에 사로잡힐 수밖에 없었고, 이는 심슨 개인에 대한 법적 심판을 초월한 영역에서 인종화로 점철된 역사성에 대한 도덕적 심판으로서 판결을 의미화했다. 그 의미는 심슨 사건과 킹 사건 모두에게 적용되는 것이었고, 이러한 뒤얽힘 속에서 심슨 사건의 판결은 킹 사건의 판결에 대한 응답으로서 부추겨졌다. 하지만 킹 사건이 백인과 흑인의 인종적 충돌로서 비교적 간명하게 프레임화되었던 것과는 다르게, 심슨 사건은 흑인 남성에게 위협받는 백인 여성이라는 멜로드라마적 배치에 인종적 맥락과 젠더적 맥락이 정동적으로 교차하고 있었다. 재판은 배심원들이 두 가지 형태의 피해, 즉 니콜에 대한 젠더적 피해와 심슨에 대한 인종적 피해 사이에서 극명한 선택지를 제시하는 것처럼 느낄 수 있는 구조로서 마련되었다. 바꾸어 말하자면, 아내에 대한 남편의 가정폭력과 흑인에 대한 백인의 인종차별 사이에서 둘 중 하나를 선택해야 하는 심슨

재판의 배심원단은 인종적 렌즈와 젠더적 렌즈라는 쌍안으로 흑인 남성 신체를 투사하면서도, 두 렌즈 가운데 하나만을 취하고 다른 하나를 버려야만 했다. 그 결과로서 심슨이 무죄 판결을 받았다는 사실은 배심원단이 백인에게 차별받는 흑인이라는 인종적 렌즈를 선택했음을 시사한다. 이 판결에서 잡지가 게재한 머그샷과 텔레비전이 전파한 동물적 기호는 심슨의 신체에서 교차하는 젠더와 인종의 물질적 조건을 분리함으로써 법적 심판에 앞서 렌더링의 정동적 부정의를 겨냥하는 대항 정동을 촉발했던 것이다.

O. J. 심슨에 대한 판결은 그를 '텔레비전적 흑인'으로 만들었던 과정의 역행으로 이루어진 렌더링이라고 할 수 있다. 살인 사건에 대한 재판과 판결은 텔레비전 방송과 함께 진행되었고, 이러한 렌더링은 심슨을 '흑인 야수'에서 다시 한번 백인에 의해 가축화된 흑인으로 되돌려놓는 과정이었다. 하지만 심슨 재판은 법정에서의 판결로 끝나지 않았다. 이 판결은 백인의 분노를 불러일으켰고, 이러한 정동과 함께 심슨을 다시 한번 '야수'의 자리로 옮겨놓기 위한 작업이 이루어졌다. 그 작업이란, '흑인' 야수가 아닌 야수적 '남성'으로서, 살인에 이르는 가정폭력을 일삼은 그를 그의 집과 함께 렌더링하는 것이었다. 흑인 남성으로서 심슨의 신체는 이렇게 흑인으로서, 남성으로서 번번이 찢어지고 분해된다. 이는 〈뿌리〉가 멜로드라마로서 확보해야 하는 주동인물의 도덕적 가독성을 인종적 가독성에서 가부장의 젠더적 가독성으로 옮겨 놓는 방식의 연장선상에 있는 것이기도 하다. 하지만 〈뿌리〉에서 노예해방을 이끄는 가부장의 젠더적 가독성이 도덕적 가독성과 등치되는 방식을 취하고 있다면, 심슨의 경우에는 그 반대, 즉 가부장

의 젠더적 가독성이 가정폭력이라는 야수적 남성성의 악덕과 등치되는 방식이라는 점은 심중하고 극명한 차이다.[33]

〈뿌리〉의 쿤타 킨테 또는 치킨 조지와 O. J. 심슨의 정동적 차이는 양가적 '흑인성'에 기인한다. 쿤타 킨테에서 치킨 조지로 이어지는 〈뿌리〉의 흑인성과 니콜 심슨의 유령에 붙들려 있는 O. J. 심슨의 그것은 각각 백인의 공감 또는 분노라는 상반된 감정을 야기했다는 점에서 양극단으로 나뉘어 있는 것이지만, 그럼에도 '가부장'이라는 위상과 맞물려 있다는 점에서만큼은 다르지 않다. 다시 한번 바꾸어 말하자면, 텔레비전을 통해 제시된 두 가지 '흑인성'은 여기에 부착된 가부장의 성격에 따라 분할되며 양극단을 형성한다. 여기서 흑인 공동체는 곧 가족과 등치되지만, 이 공동체는 〈뿌리〉의 경우에는 인종적 동종사회이며, O. J. 심슨의 경우에는 인종적 이종사회를 이루고 있다는 점에서 다르다. O. J. 심슨의 가족은 인종적 전선을 내포하고 있었다. 멜로드라마가 선악의 이항대립을 전제로 삼아 정동적 소구력을 확보한다고 할 수 있다면, 이는 이러한 이항대립이 배제된 또 다른 가족의 재현을 통해 뒷받침될 수 있는 것이었고, 실제로 그러했다. 요컨대, O. J. 심슨은 니콜 심슨과 이룬 자신의 가족 못지않게 또 다른 가족의 유령에 붙들려 있었고, 그것은 바로 '코스비'라는 이름의 가족이었다.

---

33 야수적 흑인 남성성에 의한 위협적 정동은 재현의 영역에서 영화 〈O. J. 심슨 스토리(O. J. Simpson Story)〉(1995), 〈O. J.: 메이드 인 아메리카(O. J.: Made in America)〉(2016), 〈O. J. 심슨 사건 파일(The Murder of Nicole Brown Simpson)〉(2019), TV 프로그램 〈O. J. 심슨: 잃어버린 자백?(O. J. Simpson: The Lost Confession?)〉(2018) 등을 통해 오늘날까지 꾸준히 이어지고 있다.

4. 〈코스비 쇼〉 또는 빌 코스비의 유산과 가내성의 에뮬레이팅

O. J. 심슨의 신체 못지않게 텔레비전을 통해 빈번하게 노출된 것은 바로 그가 소유했고, 또한 거주했던 브렌트우드(Brentwood)의 대저택이었다. 심슨이 명성과 재산을 모두 잃고, 결국 그 저택을 매물로 내놓았을 때, 부동산 중개인은 "이렇게 많은 언론의 주목을 받은 집은 없었다"고 말했다. 이 간명한 언급은 브렌트우드 저택이 심슨이라는 흑인 남성 신체와 마찬가지의 기호이자 물질로서, 사실상 그의 신체와 등가적으로 결합된 렌더링의 대상이었음을 환기한다는 점에서 되새겨볼 만하다. 대상을 재현하거나 해석하는 모방 행위로서, 물질성을 분해하여 재활용하는 행위로서, 양쪽 모두의 의미에서 브렌트우드 저택은 렌더링된 채로 대중에게 노출될 수 있었다. 먼저, 브렌트우드 저택은 포화된 감시와 함께 병리화된 장소로서 정동을 통해 구축되었다. 브렌트우드 저택의 가내성(domesticity)은 (역설적이게도) 외부로부터 구성되었고, 이는 법이 인정한 심슨의 결백함과는 다르게 그 집을 악덕의 구체성으로 자리매김케 했다. 그 결과, 브렌트우드 저택은 병리적 가내성(pathological domesticity)으로 해석되고 방치되었다. 4백만 달러짜리 고딕 양식인 데다가, 병리화된 이 저택을 매입하려는 사람은 쉽게 나서지 않았다. 흉물에 다름 아닌 이 매물은 결국 누군가에게 팔렸지만, 새 주인은 새집을 짓기 위해 기존의 저택을 파괴해야만 했

다. 브렌트우드 대저택이 위치한 로킹엄(360 N. Rockingham Avenue)
이 뉴스를 통해 전국적으로 소개된 것은 레킹볼(wrecking ball)이 이
저택을 부서뜨리던 1998년 7월 29일이었다. 이웃과 언론 모두 한
때 웅장한 위용을 자랑했던 저택을 불도저가 허물어 버리는 모습
을 보러 몰려나왔다. O. J. 심슨 자신은 "로킹엄은 역사다"라고 말
했고, 한 이웃은 "악덕이 잘려 나가는 것을 보는 것은 정의로운
일"이라고 주장했다.[34] 짓기(building)와 살기(dwelling)가 분리불가능
한 행위라는 점을 감안한다면, 브렌트우드는 철거를 통한 생명정
치가 집행되고 있는 현장이었다. 그 생명정치는 'O. J. 심슨'이라고
이름 붙여진 신체의 인종과 젠더가 병리적인 방식으로 저택에 접
착하면서 비로소 활성화된다.

'브렌트우드'라는 이름으로 불릴 수 있는 가내성의 렌더링
이 병리적 차원에서 부여된 정동과 함께 이루어졌을 때, 이는 이
저택과 심슨만큼이나 광범위하게 공개된 또 다른 가내성과 극
명한 대비를 이룬다. 바로 〈코스비 쇼〉를 통해 렌더링된 '헉스테
이블(Huxtable)'이라는 이름의 가내성이 그것이다. 〈코스비 쇼〉는
그 제목에서 직접적으로 드러나고 있다시피, 주연을 맡은 코미디
언 빌 코스비(Bill Cosby)의 이름을 딴 그의 대표작이다. 필라델피아
(Philadelphia)의 빈민가에서 자란 코스비는 흑인이자 노동자 계급으
로서 겪어야 했던 고난을 가족 관계와 함께 체화하고 있었다. 이
를 바탕으로 그는 자신의 코미디언 경력 초기의 스탠드업 코미
디 루틴을 가족 역학관계에 집중했다. 코스비의 이러한 전략은 인

---

34 *San Francisco Chronicle*, July 30, 1998. quoted by Linda Williams, op.cit., p.288.

종간 장벽을 허물기 위해 시도했던 다른 아프리카계 미국인 코미디언과 그를 차별화시켰다. 코스비는 아프리카계 미국인도 가족으로 인한 기쁨과 슬픔 등의 감정을 겪는 데 있어 백인과 다를 바 없다는 사실을 증명함으로써 정동적 시민권과 함께 '아메리칸'으로서의 소속감을 주장하고자 했다. 이러한 집중은 코스비의 코미디언 이력을 이어가는 데 많은 도움이 되어, 그는 수많은 텔레비전 역할과 애니메이션 시리즈, 그리고 1985년부터 1989년까지 4년 연속 미국 최고의 텔레비전 쇼로 꼽힌 〈코스비 쇼〉에 출연하게 되었다.

〈코스비 쇼〉는 미국의 NBC에서 1984년부터 1992년까지 8개의 시즌에 걸쳐 201개의 에피소드가 방송되었다.[35] 이 시리즈의 중심에는 빌 코스비가 연기한 산부인과 의사 히스클리프 헉스테이블과 필리시아 라샤드(Phylicia Rashād)가 연기한 변호사 클레어 헉스테이블이 있다. 이들은 극 중에서 장녀 데니스, 외아들 테오, 어린 딸 바네사, 그리고 루디로 이루어진 네 명의 자녀를 둔 부모였다. 〈코스비 쇼〉는 해외 각국에 유통되었고, 한국에서는 1988년부터 1992년까지 KBS 2TV를 통해 〈코스비 가족 만세〉라는 이름으로 일요일 아침마다 방송되었다.[36]

〈코스비 쇼〉라는 상황극, 즉 시추에이션 코미디는 어디까지나 가내적 상황(domestic situations)을 활용한다. 〈코스비 쇼〉는 거실 바깥의 세상으로부터 거의 아무런 문제를 겪지 않고, 편안하게 잘

---

35 〈The Cosby Show〉, NBC, 1984. 9. 20.~1992. 4. 30.

36 〈코스비 가족 만세〉, KBS 2TV, 1998. 10. 9.~1992. 4. 5.

사는 중산층 아프리카계 미국인 가족의 모습을 보여주었다. 이 시리즈는 특정 시청자를 소외시키지 않으면서도 다양한 방식으로 많은 시청자를 만족시킬 수 있다는 점에서 뛰어났다. 다양한 환경에 처한 시청자들은 자신의 삶과 관심사가 교차하는 캐릭터와 스토리를 〈코스비 쇼〉로부터 찾을 수 있었다. 이러한 가능성은 미국의 국경을 넘어 세계 각국의 시청자들이 가족이라는 삶의 조건을 보편성으로서 목격하는 정동적 경험으로 이어졌다. 〈코스비 쇼〉의 흑인 가족은 그 가내성을 통해 바로 '인간의 확장'에 기여했던 것이다. 〈코스비 쇼〉는 보편적 가족 테마에 충실했는데, 그것은 가족이 인종을 초월한 보편적 테마라고 믿었던 빌 코스비의 오랜 코미디 루틴에 의해 뒷받침된 것이다. 인종적 폭력, 경제적 어려움, 정치적 박탈감이 없는 〈코스비 쇼〉의 세계, 즉 가내성은 이 작품을 흑인에 관한 것이 아니라 '인간'이라면 누구나 공감할 수 있는 신념과 가치를 보여주는 드라마로 보게 했다. 이러한 공감적 가내성 (sympathetic domesticity)은 그저 코스비의 신념에 따른 것만이 아니라, 흑인 가족의 트러블을 전 세계 시청자의 웃음을 통한 공감과 교환하는 정동 경제를 추동하는 테크놀로지, 즉 코스비가 연기한 가부장에 의한 렌더링의 산물이었다. 〈코스비 쇼〉에서 빌 코스비는 렌더링의 대상이 되는 흑인이 아니라 공감적 가내성, 다시 말해 보편적 가내성을 렌더링하는 도구였다. 그리고 흑인 코스비가 연기하는 '클리프'의 곁에는 흑인 아내 '클레어'와 흑인 자녀들이 있었다. 이와 같은 흑인적 동종사회성에 의해 뒷받침된, 차이가 무화된 가내성은 보편성으로 도약한다. 흑인적 동종사회성은 인종화된 흑인성을 식별 불가능하게 만들며, 다시 한번 흑인성을 '인간의 확장'에 도구적으로 활용할 수 있게 하는 근거가 된다. 그리고 흑인 가부장은 흑인성을 가부장제 가족이라는 보편성으로 렌더링 하는 매개체가 된다.

한국에서 〈코스비 쇼〉로 대표되는 시트콤의 수용은 가부장제 의 이성애규범성을 미국적인 것, 더 나아가 보편적인 것으로서 승 인하는 과정이었다. 이 과정에서 가부장의 형상과 결합된 흑인의 인종성은 그 형상과 분리되고 끝내 '무색'으로 분해된다. 한국을 비롯한 세계 각국이 이질감 없이 받아들이고 공감할 수 있었던 것 이 바로 이러한 가부장제의 보편적 '무색' 가내성이다. 이는 흑인 남성의 야수적 동물성이 아닌 보편적 인간성에 의해 헤게모니화 되는 것이며, 빌 코스비 또는 클리프 헉스테이블은 이를 위해 〈코 스비 쇼〉 내에서 '흑인성'의 스테레오타입에 뒤따르는 제 조건들 과의 결별을 기꺼이 자의식적으로 수행했다. 이렇게 마련된 보편 성의 지평에서 〈오박사네 사람들〉[37]이나 〈LA 아리랑〉[38]과 같은 한 국의 시트콤은 비로소 태동할 수 있었다.[39]

---

[37] 오수연 · 장덕균 외 극본, 주병대 연출, 〈오박사네 사람들〉(총 60회), SBS, 1993. 2. 18.~1993. 10. 17.

[38] 신동익, 오수연 극본, 주병대 · 김병욱 연출, 〈LA 아리랑〉(총 3기), SBS, 1995. 7. 10.~1996. 6. 28.(1기); 1996. 10. 20.~2000. 4. 9.(2기, 3기). 〈LA 아리랑〉의 1 기는 일일 시트콤으로 방영되었고, 2, 3기는 일요일 아침 주간 시트콤으로 방 영되었는데, 1999년 7월 4일에 총결산 특집과 함께 2기를 종영하고, 동월 차주 11일부터 곧바로 3기의 방영이 시작되었다.

[39] "시트콤이란 장르가 우리나라 TV에 처음 등장한 것은 87년 KBS를 통해 방송 된 미국의 「코스비 가족」. 낯선 장르였지만 한 가정을 무대로 전개되는 에피소 드 중심이어서 인기를 끌었다. 한국 시트콤의 효시는 93년 2월 SBS의 「오박사 네 사람들」. 치과 의사로 나온 오지명 가족을 중심으로 일상사를 경쾌한 터치 로 그려 선풍을 일으켰다." 배국남, 「[문화생활] 시트콤이 좋아!」, 『한국일보』,

그럼에도 불구하고, 국경 외부로부터 그 모습을 드러낸 보편성의 지평만이 한국 시트콤의 유일한 인프라는 아니었다. 한국 시트콤의 토대에 〈코스비 가족 만세〉가 한편에 있었다면, 다른 한편으로는, '일요 아침 드라마' 〈한 지붕 세 가족〉이 자리하고 있었다.[40] 〈한 지붕 세 가족〉은 그 제목 그대로, 하나의 주택 안에서 본채 1층에 사는 주인집 가족과 본채 2층 및 '문간방'에서 '셋방살이'를 하는 2개의 가족, 이렇게 '세 가족'을 다룬 드라마다. 이 드라마의 제목이 당시 한국 제도정치권의 '삼당합당'을 풍자하는 데 수사적으로 활용되었던 데서 분명히 드러나듯이, 시청자들이 포착한 것은 뚜렷한 텍스트의 이종사회성이었다.[41] 이러한 이종사회성은 도시 빈민과 계급 문제를 근저에 두면서 물질적 안락함을 통해 가족 구성원들이 고된 일상에서 벗어나 개인과 가족의 행복에 집중할 수 있는 '가족 만세'의 정동적 지평을 제시하는 극적 장치로 볼 수 있다. 이 지평과 함께 〈코스비 가족 만세〉는 '가족 만세'의 비전에 근접한 '아메리칸드림'을 통해 〈한 지붕 세 가족〉이 차지하고 있던 일요일 아침의 정동적 경관을 자연스럽게 대체할 수 있었다.

1999. 6. 4.

40 윤대성·김운경·이홍구 극본, 이승렬·정인·박종·정운현·정지훈·박복만 연출, 〈한 지붕 세 가족〉(총 413회), MBC, 1986. 11. 9.~1994. 11. 13.

41 〈한 지붕 세 가족〉이 방영 중이던 1990년, 민주정의당, 통일민주당, 신민주공화당의 '삼당합당'으로 민주자유당이 탄생하였으나, 신당 내에서 '민정계', '민주계', '공화계'의 계파 간 갈등이 촉발되자, 민주자유당을 '한 지붕(민주자유당)' 내의 '세 가족(세 계파)'으로 풍자했다. 「「한지붕 세가족」 總裁 통할 재확인」, 『경향신문』, 1990. 4. 27.

한국 시트콤은 〈코스비 쇼〉의 현대성과 안락함을 모방하고자 했고, 이 가정에서 가부장적 이성애규범성의 생명정치적 모방, 즉 에뮬레이션(emulation)을 수행했다. 어떤 시스템이 다른 시스템의 작동을 흉내내면서 동일한 작업을 하도록 하는 시뮬레이션과는 달리, 에뮬레이션은 어떤 특정한 기능을 하는 장치를 다른 기종의 장치에서 구현하는 것, 다시 말해 하드웨어적으로 수행되는 작업을 소프트웨어로 흉내내면서 처리하는 방식이다. 〈코스비 쇼〉에서 클리프 헉스테이블로 표상되는 흑인 남성 신체는 (로드니 킹과 같은) 시뮬레이팅된 노예의 역할에서 완벽하게 벗어나, 보편적인 가내성의 에뮬레이팅(emulating) 장치가 되었다.

〈오박사네 사람들〉과 〈LA 아리랑〉은 동종사회성에 기반을 둔 흑인 가부장제 가족에 대한 에뮬레이팅의 산물이라 할 수 있다. 그 증거는 여러 가지다. 첫째, 한국 시트콤이 보여주는 2층 주택과 거실 중심의 생활 환경은 〈코스비 쇼〉의 무대 그 자체인 듯한 착각을 불러일으킬 정도로, 보편적 가내성의 에뮬레이팅을 위한 배경으로 기능한다. 〈LA 아리랑〉의 인서트 컷으로 제시되는 넓은 마당으로 둘러싸인 단독주택이 즐비한 로스앤젤레스 교외 지역이 '아메리칸드림'의 상징적인 장소임은 물론이다.

둘째, 〈코스비 쇼〉의 산부인과 의사(클리프) 및 변호사(클레어)와 마찬가지로, 치과의사(오박사네 사람들) 및 변호사(LA 아리랑) 등 전문직을 가진 가부장의 설정과 바로 이들의 존재 자체를 통해 환기되는 교육의 중요성이다. 이 또한 한국계 미국 이민자들의 삶을 다룬 〈LA 아리랑〉을 통해 시사되는 바가 보다 뚜렷한데, 자녀의 사회적 이동성은 이민의 중요한 동기 가운데 하나였고, 특히 학령기 자녀를 둔 이민자들에게는 해외의 좋은 학교 시스템이 다른 무엇보다도 중요했다. 〈코스비 쇼〉는 바로 이러한 (인종적 차원의 지위 향상보다는) 개인의 계층 상승을 위한 교육의 중요성을 시리즈 내내 강조했던 바, 이는 한국 시트콤으로까지 이어지고 있었다.

셋째, 다자녀 가족의 동종사회성이다. 〈오박사네 사람들〉과 〈LA 아리랑〉에는 더 이상 '한 지붕' 안에 '세 가족'이 살지 않는다. '오박사네' 집 앞에서 생업을 이어가는 '구두닦이'들은 집주인과 갈등을 벌이는 오염 물질에 다름 아니다. 이들은 얼굴에 구두약이 칠해진 '블랙페이스'의 형상으로 등장한다. 또한 집주인은 이들의 삶의 방식이 '오박사'의 어린 자녀에게 전염될까 전전긍긍하는 모습과 함께 계급적 동종사회성을 유지하기 위한 욕망을 노골적으로 드러내는데, 이는 하위계급을 인종화하는 방식이라 할 수 있다. 한편, LA의 이민자 대가족은 별개의 가정을 꾸리고 있을지언정, 이와 같은 설정은 '코리아타운'이라는 더 큰 가족의 구성원이라는 전제에 입각해 있는 것이다.

LA의 코리아타운은 1965년의 미국 이민법 제정의 산물로서, 1970년대부터 본격적인 성장이 이루어졌다.[42] 1985년부터 1987년까지 한국인의 미국 이민이 가장 많았던 시기에는 매년 3만 5천 명가량의 한국인이 미국에 입국하여 한국은 멕시코와 필리핀에

---

[42] 미국은 1965년 하트-셀러법(Hart-Seller Act)이라 일컬어지는 이민법을 통해 기존의 유럽 위주의 이민을 아시아로 확대했으며, 한국에 연간 2만 명의 쿼터를 내준 결과, 한국인의 미국 이민은 늘어날 수 있었다. 한국 정부의 공식 조치도 미국으로의 취업 이민을 부추겼다. 1962년, 한국 정부는 인구 증가를 억제하고 실업률을 낮추며 외국 기술을 습득하기 위해 해외이주법을 공포했다.

이어 세 번째로 큰 이민자 송출국이 되었는데, 한국인의 '아메리칸드림'의 달성을 위한 정착지로 선택된 곳은 바로 LA였다. 그런데 '코리아타운'을 통해 LA를 감각하는 한국의 동종사회적 심상지리와는 달리, 현실 세계의 코리아타운은 다인종-다민족 사회의 긴장과 갈등의 상징적 공간이었다. 로드니 킹이야말로 이 공간의 긴장과 갈등을 보여주는 상징적 인물이다. 백인 경찰의 구타 사건 발생 당시 26세의 로드니 킹은 LA의 흑인 무직자였다. 그는 1989년 한인 상점에서 강도 행각을 벌이다가 주인을 철봉으로 내려쳐 2년형을 선고받고 복역하다가 사건 발생 3개월 전에 가석방으로 풀려났다. 여기서 볼 수 있듯이, LA의 코리아타운은 한인과 흑인이 교차하는 장소였음은 물론, 한층 더 복잡한 인종적-민족적 구성을 보이고 있었다. 특히 LA 폭동 당시, 한인 상점의 약탈자로 재현된 흑인 못지않게 '라티노(Latino)'가 많았던 것은, 실제로 이들이 그 장소의 인구통계학적 다수였기 때문이다. 이는 코리아타운에 한국어 간판과 스페인어 간판이 나란히 배치되어 있다는 사실을 통해 분명히 확인되는데,[43] 1990년 당시, 코리아타운의 인구 6만여 명 가운데 라틴계는 68%, 한국인을 비롯한 아시아계는 26%를 차지하고 있었다.[44] 한국인은 코리아타운 내에서도 인구통계학적 소수자였다.

43   Nancy Abelmann & John Lie, *Blue Dreams: Korean Americans and the Los Angeles Riots*, Harvard University Press, 1995, p.104.

44   Yu Eui-Young, "The Korean American Community." In Donald N. Clark, ed., *Korea Briefing*, Westview Press, 1993, p.157. Quoted by Nancy Abelmann and John Lie, ibid., p.105.

LA 폭동 당시 한국인의 존재는 단순히 피해자로서만 드러나지 않았다. 1992년의 LA 폭동이 1965년의 와츠 폭동(Watts riots)[45]과 마찬가지의 '흑백 갈등'이라는 프레임에서 '흑한 갈등'으로 전이되는 과정에서 미디어에 포착되었던 것은 재산과 생명을 수호하기 위해 무장한 한국계 미국인들의 모습이었다. 이러한 모습은 한국인을 비롯한 아시아계 미국인에게 덧씌워진 '모범 소수자(model minority)'라는 고정관념에 균열을 가했다. 이 균열 사이에서 확인되는 것은 폭동이라는 사태가 '불안'의 차원을 넘어서는 정동적 복잡성을 가지고 있다는 사실이다. LA의 한국계 미국인들은 자신들의 재산과 생명을 보호하지 않는 한국 정부와 미국 정부 양쪽 모두의 대응에 대해 극명한 체념을 느끼고 이를 '방치'라고 여겼다.[46] 코리아타운의 한국계 미국인들은 폭동과 그 이후로 이어

---

45 1965년 8월 11~16일, LA의 남쪽 끝자락 와츠 지역에서 폭동이 일어났다. 경찰이 음주운전으로 의심되는 흑인 운전자를 체포하는 과정에서 촉발된 시위로 34명이 사망하고, 건물 600여 채가 약탈과 방화로 파괴됐다.

46 LA 폭동에 대한 미국 정부의 대처가 피해를 입은 코리아타운 주민들에게 '방치'로 여겨졌다는 사실은 널리 알려진 바와 같다. 이들의 한국 정부에 대한 감정도 마찬가지였다. 폭동 직후 비공식 대표단의 일원으로 한국 구호 자원의 가능성을 모색하기 위해 한국을 방문했던 대표 심(Sim) 씨는 언론과 정치권의 관심이 일시적이라는 사실에 안타까움을 금치 못했다. 한국에서 그는 폭동 보도가 당시 지역 정치 스캔들로부터 관심을 돌리기 위한 것임을 시사하는 신문 만평을 발견했다. 그는 처음에 많은 한국계 미국인들이 폭동이 한국에서 '빅 뉴스'가 된 것에 대해 기뻐했다며 "한동안은 한국 사람들이 정말 중요하다는 느낌을 받았다"고 말했다. 그러나 그는 "[한국에서] 구호 자원 대신에 우리[비공식 대표단]는 '조국을 배신한 너희가 왜 이제 와서 도움을 요청하느냐'는 태도를 발견했다"고 말했다. 이 배신감은 한국에서 이민자에 대한 평가가 낮아졌다는 것을 다시 한 번 보여주었고, 이는 폭동 발생으로 더욱 강조되었다. Nancy Abelmann and John Lie, op.cit., p.29.

지는 대응의 과정에서 '한국인'이 아니라, '미국인'도 아니라, 한국과 미국 양쪽 모두에 의해 정동적 이방인이 되어가고 있었다. 이들은 국가로 귀속되는 소속감 대신에, 자신들이 위치한 영토와의 관계를 직접적으로 재정립하는 통과의례를 수행하고 있었던 셈이다.

폭동에 대한 이와 같은 정동적 관계의 복잡성을 고려했을 때, 〈LA 아리랑〉에서 한국계 미국인의 '한국적' 자의식이 강조되어 있다는 사실은, 이와 같은 형상화가 실재하는 한국계 미국인에 대한 렌더링으로서 생명정치적인 미메시스를 수행하고 있음을 시사한다. 작품 제목의 '아리랑'에서 드러나다시피, 〈LA 아리랑〉은 지극히 국가화된 시나리오, 즉 미국 자본주의에 대항하여 한국의 전통문화와 사회 제도를 보존하려는 '한국인'의 재현을 그 바탕에 두고 있다. 이는 LA의 코리아타운을 한국의 식민지로서 취급하는 것이나 다름없다. 이 시나리오의 중심에는 한국인 남성 가부장이 있다. 미국 사회의 변호사로서 미국의 법질서를 수호해야 하면서도, 가부장이 자신의 가족을 가리키며 사용하는 '교포' 또는 '교민'이라는 용어는 미국의 '법역'과는 무관하게 (몰래 개고기를 먹어도 무방한) 한국인의 뿌리를 잊지 말아야 한다는 동종사회지향적 태도를 나타내는 것이다. 이 태도에 전제된 가부장의 도덕성은 미국의 법질서를 초월하는 가내성의 규범으로서 이들 가족의 뿌리가 태평양 너머에 닿도록 이끈다. 이와 같은 뿌리 의식은 〈코스비 쇼〉의 에뮬레이팅을 넘어, 〈뿌리〉에 가닿는 흑인 남성의 가부장적 렌더링 방식이 〈LA 아리랑〉에까지 우회적으로 기입되어 있기 때문으로 볼 수 있다. 요컨대, 한국 시트콤의 가부장적 가내성의 에뮬레이팅은 흑인 남성 신체로부터 가부장의 도덕적 가독성을 추출하는 렌더링의 역사적 과정을 통해 가능했다. 그 가내성에 대한 공감은 렌더링을 통해 흑인성을 삭제하는 것이자, 다인종-다민족의 이종사회에서 벌어진 한국계 미국인의 죽음을 무시하는 것, 즉 느낌의 생명정치라 할 수 있다.

5. 텔레비전 생명정치의 폐허에서 살아남기 위한 정동 정치

〈코스비 쇼〉를 보고 즐겼던 전 세계의 모든 인구를 커다란 충격에 빠뜨렸다시피, 코스비에 의해 렌더링된 공감적 가내성의 유산은 폐허로 드러났다. 1980년대부터 30여 년에 걸쳐 60여 명의 여성이 코스비에게 성폭행 및 성추행을 당했다고 폭로하면서, 빌 코스비는 〈코스비 쇼〉와 함께 축적한 가부장의 도덕적 권위를 완전히 상실하고, O. J. 심슨보다 더욱 악랄한 이름으로 급격하게 반전되었다.[47]

빌 코스비의 헉스테이블은 백인이 흑인인 자신을 지켜보는 모습에 집착했기 때문에 〈코스비 쇼〉에서만 존재할 수 있었다. 흑인 남성이 지배적인 젠더 규범에 부합하는 가부장의 모습으로 인종을 남성화하려고 할수록, 그들(흑인)을 남성화하지 못하게 하는 짐 크로우(Jim Crow)의 인종적이고 젠더적인 규범에 따라 백인 남

---

47 그러나 지금까지 성폭행으로 기소된 형사 사건은 단 한 건이다. 이마저도 최초 재판이 무평결 심리(배심원단이 교착 상태에 빠져 유무죄를 가리지 못한 재판)로 끝났다.

성을 모방할 위험은 증폭된다. 코스비는 경직된 이성애 가부장제를 통해 인종을 남성화하려고 시도함으로써 백인 우월주의 규범의 최악의 측면, 즉 흑인 여성, 남성, 소년, 소녀에 대한 강간과 학대를 모방했다. 그는 끊임없이 범죄를 저지르면서도 공개적으로 경건함을 주장하며 백인 남성의 도덕적 위선을 모방한 것이다. 그 위선, 더 나아가 폭력은 렌더링된 가내성에 대한 공감, 즉 느낌의 규범을 통해 철저히 은폐될 수 있었다.

흑인 신체는 텔레비전이라는 미디어가 느낌의 규범을 확립하는 데 동원된다. 이는 생명정치적이다. 매개된 생명정치 또는 텔레비전 생명정치(televisual biopolitics)는 렌더링과 에뮬레이팅이라는 두 차원에서 작동한다. 렌더링은 정동적 가상화로서 이중적 의미를 지닌다. 가상화된 대상을 제시하기 위해 실체로부터 역사적 맥락을 삭제하는 것이 렌더링의 한 가지 의미라면, 실체를 분해하여 단순한 물질로 재현하는 것이 다른 한 가지 의미다. 흑인 신체에 대한 렌더링은 이러한 두 가지 행위가 겉보기에는 상반되지만 사실상 상호 보완적인 관행임을 증명한다. 글로벌 텔레비전 네트워크를 통해 〈뿌리〉의 흑인이 노예제의 역사에서 떨어져나와 '인간'을 확인하고 확장하는 데 활용되었다면, 한국 시트콤은 〈코스비 쇼〉를 가부장적 이성애규범에 따라 에뮬레이팅하면서 이를 장르 미학으로 재활용했다. 이는 그저 한국적 특이성이 아니라, 1990년대 글로벌 텔레비전 네트워크가 흑인을 역사적 소멸에서 살아남아 광학적 미디어에서 환생하는 불멸의 '보편적' 남성으로 제시했음을 시사하는 사례다. 이러한 렌더링과 에뮬레이팅은 단순히 미학적인 것이 아니라, 어디까지나 생명정치적 미메시스로서, 인종과 젠더를 분리하고, 젠더화된 형상을 앞세워 인종적 물질성을 분해하고 이를 재활용하는 거시정치적 맥락에서 이루어진다. 네트워크화된 미디어 생태계 안에서 흑인 신체는 젠더적으로 렌더링되고 보편적으로 에뮬레이팅되면서 정동적 유산으로서 주어진다. 하지만 이 유산은 젠더 위계에 따른 폭력의 역사로 점철된 폐허임을 감추고 있는 것이다. 유산으로 위장된 폐허, 즉 흑인 가부장제의 렌더링된 가내성을 토대로 성립한 한국 시트콤은 거시정치적 맥락을 미시정치적 차원으로 다시 한번 에뮬레이팅하는 과정으로서 일상성의 규범을 구축하고 있다.

보편화된 가내성이 공감에 의해 헤게모니적으로 뒷받침되고 있을 때, 그 가내성에 대한 다른 목소리와 해석은 묻혀버리기 십상이다. 이러한 문제적 상황에서 대두되는 중요한 과제는 대안적 해석의 프레임을 제공하는 것이다. 이는 대안적 정동의 프레임을 생성하는 일과 다르지 않다. 공감적 가내성이 인종을 젠더화하고, 젠더화된 인종을 다시 한번 탈인종화하는 렌더링과 에뮬레이팅의 산물로서 주어져 있다면, 그 너머에서 주권을 향한 소수자의 투쟁과 협상이 역사적으로 지속되어 왔음을 이해하는 데서부터 생명정치의 폐허에서 살아남기 위한 대안적 정동 정치는 비로소 재개될 수 있다. 대안적 정동 정치는 문화를 매개하는 기술적이고 산업적인 네트워크를 역사적이고 사회적인 맥락으로 대체하면서 "이미 가능한 이야기들을 위치 짓기(mapping), 사람들의 경험을 규정하는 의미·정동·위치에서 풍경의 복잡성을 인식하기, 특정한 경험과 감정을 이야기로 읽어냄으로써 그것들을 이해하고 인정하기" 등의 작업에 따라 "삶의 조건을 살아내고 느끼는 방식"을 바꿀 수 있도록 한다.[48] 흑인 남성 신체를 가상화된 대상이 아니라, 역사화된 실체로 파악하려는 작업 또한 마찬가지다. 쿤타 킨테에서 빌 코스비에 이르기까지, 흑인 남성 신체는 인종과 젠더를 표면화하고, 때로는 배면화하는 렌더링과 에뮬레이팅의 테크놀로지를 통해 전략적으로 모방된다. 이러한 렌더링과 에뮬레이팅이 텔레비전 화면 바깥에서 죽음정치를 수행하는 전략으로 동시적으로 취해지고 있었다면, 그 화면을 매개로 주어진 공감에 저항하는 '킬조이(killjoy)'의 전략이야말로 소수자를 위한 정동 정치를 재개하고 지속하기 위한 방법이 될 수 있을 것이다.

---

48 로런스 그로스버그, 조영한·이미카 역, 『새로운 세계에서의 문화연구』, 컬처룩, 2023, 10쪽.

디지털 공간 내 공감적 연결의 조건
: 포털 뉴스 댓글 서비스에 대한 언론인의 목소리를 통해 생각해 보기[1]

최 이 숙

1. 들어가며: 댓글창은 닫아야 할까

네이버가 각 언론사에 개별 기사 댓글 창 온·오프(ON·OFF) 기능을 제공하기로 했다. (중략) 이제 댓글을 통한 2차 피해 예방이 기술적으로 가능해졌다 (중략) ㄱ 씨는 당시 인터뷰에서 "성범죄 기사 댓글 창은 불특정 다수 누리꾼이 성범죄 피해자에게 2차 가해를 행하는 창구로 쓰이고 있다"며 "포털 사이트가 댓글 창을 제대로 관리하지 못할 거면 아예 없애야 한다. 포털이 댓글 창을 그대로 두는 건, 살인을 방조하는 것과 다를 게 없다"고 지적했다. (중략) 〈한겨레〉는 △성범죄 사건 등 피해자의 2차 피해가 예상되는 기사의 경우 △기사에 피해자가 부득이 등장해 해당 피해자의 2차 피해가 우

---

1   이 글의 초고는 2022년 11월 언론인권센터가 개최한 언론인권포럼 〈보도댓글 어떻게 개선되어야 하나〉에서 발표되었다.

려되는 기사에 한해 개별 기사 댓글 창 닫기 기능을 활용할 방침이다.[2]

포털 네이버가 30일 언론사들에 12·29 전남 무안국제공항 제주항공 여객기 추락 사고 관련 기사 댓글에서 2차 가해가 일어나자 댓글 관리 협조를 요청했다. (중략) 30일 네이버는 "12월 29일 여객기 사고와 관련해 일부 댓글에서 사회통념을 벗어난 글들이 작성되고 있다. 네이버뉴스는 운영정책에 의거해 위반 댓글들에 대해 최선을 다해 조치하고 있으나 네이버의 조치만으로는 어려움이 있다. 이에 여객기 사고와 관련해 댓글에서의 2차 가해 방지를 위한 댓글 관리 협조 요청드린다"고 언론사들에 당부했다.[3]

미디어는 인간과 신, 인간과 인간, 인간과 비인간을 연결하는 것이었다. 디지털 미디어의 등장으로 장소의 제약이 극복되고, 언제 어디서나 나와 타자가, 나와 세상이 빠르게 연결될 수 있었다. 근대 이후, 권력과 자본이 집중된 미디어 환경에서 소외되었던 개인들이 연결되면서 디지털 공간은 한 사회, 전 지구적 수준의 정보와 감정이 유통되는 정동적 공간으로 부상했다. 인터넷 서비스가 일상에 뿌리내린 30여 년의 세월 동안 대두된 연구 키워

---

2 「네이버에 뜬 '한겨레' 성범죄 기사 댓글창 닫습니다」, 『한겨레』, 2021. 11. 17. (https://www.hani.co.kr/arti/society/women/1019617.html)

3 「포털 네이버, 언론사에 "여객기 사고 관련 댓글 관리 협조 요청"」, 『미디어 오늘』, 2024. 12. 30. (https://www.mediatoday.co.kr/news/articleView.html?idxno=323421)

드의 양상은 디지털 공간의 변화를 극명하게 보여준다. 초창기 인터넷 연구의 주요 키워드가 '차별', '불평등', '참여' 등 새로운 공간에서의 민주주의 확장 가능성에 주목했다면, 최근에는 에코챔버(echo chamber), 필터버블(filter bubble)로 대표되는 의견의 '극화(polarization)', '허위 정보', '혐오 표현' 등에 관한 논의가 대두되고 있다. 이는 디지털 공간이 창출한 새로운 연결성이 연대보다는 고립에, 공감보다는 다름에, 소수자를 향한 혐오에 닿아 있음을 시사한다.

우리의 일상에서 물질과 비물질, 물리적 세계와 디지털 세계의 경계가 사라진 지금, 디지털 공간에서 "어떻게 공감과 연대를 만들어 낼 수 있을까?"라는 오래된 질문은 여전히 유효하다. 이에 답하기 위한 시도로서, 이 글은 인터넷 포털의 대표적인 이용자 중심 서비스였던 뉴스 댓글에 대해서 논의할 것이다. 2003년, 포털 '다음'에서 시작된 포털 뉴스의 댓글 서비스는 매스미디어 시스템 하에서 자신의 목소리를 드러내기 힘들었던 공중이 손쉽게 소통할 수 있는 공간이었다. 이러한 특성으로 인해 댓글은 '공론 형성'의 振로 정의되었고, 댓글을 '인용' 또는 활용하며 누리꾼의 소식을 전하는 기사 및 시사 콘텐츠도 늘어났다. 악플로 인한 유명인의 자살, 인터넷 실명제의 실시 및 폐지, 국정원의 댓글 개입(2012년) 및 드루킹 사건에서 드러난 여론조작(2018년), 여성 연예인 및 스포츠 스타의 사회적 타살과 그에 따른 연예/스포츠면 댓글 서비스 중지(2019년), 성범죄 뉴스에 대한 한겨레의 댓글창 폐지(2021년), 이태원 참사 등 사회적 참사 시 댓글창 폐지를 둘러싼 논란, 다음 '타임톡' 서비스로의 개편 등 지난 20년간 발생한 사건은 댓글창이 디지털 공간 내 다양한 행위자들의 담론 쟁투, 그리고 그 안에서 부딪히는 다양한 정도의 역사를 그대로 담고 있는 공간임을 시사한다.

댓글창에서 반사회적 발언이 난무하는 지금, 댓글창을 폐쇄하면 범죄 및 참사 피해자에 대한 혐오 표현과 이들에 대한 2차 피해가 사라질까? 댓글은 기본적으로 원글에 대한 반응이다. 원본이 어떻게 쓰였는가에 따라 댓글에 대한 반응도 달라진다. 포털을 통해 배포된 뉴스(이하 포털뉴스)는 댓글 서비스의 시작점이자 다양한 원글 중 가장 커다란 비중을 차지한다. 레거시 미디어—신문과 방송—의 영향력이 이전에 비해 약해졌다고는 하지만, 특정 사건이 사회적 주목을 받고 이용자들의 반응을 일으키는 데 있어서의 중요한 트리거는 여전히 레거시 미디어의 보도이다.[4] 이들 미디어가 무엇에 주목하고, 어떻게 보도하는가에 따라, 해당 이슈에 대한 이용자 반응인 댓글의 외양도 달라지기 마련이다. 따라서 디지털 공간 내에서 공감과 연대를 모색하기 위해서는 뉴스 생산자들이 댓글에 대해서 어떻게 인식하고, 대응하고 있는지, 그리고 뉴스가 유도하는 이 논의 공간에 대해 어떻게 개입하고 있는지에 대한 탐구가 중요하다.

이 글은 성범죄 및 아동학대 사건 관련 보도 댓글로 인한 2차

---

4 일례로 2021년 12월부터 진행되었던 장애인들의 이동권 시위에 대한 사회적 관심과 논의가 증폭되었던 것은 2022년 3월 당시 국민의힘 이준석 대표가 공개적으로 이들의 시위를 비판하면서부터였다. 양혜승, 「장애인을 향한 시선: 전장연 지하철 시위 관련 네이버 뉴스 댓글에 대한 텍스트 마이닝 분석」, 『한국방송학보』 37(6), 한국방송학회, 2023, 197-241쪽.

피해를 방지할 수 있는 방안을 모색하기 위한 고민에서 2022년에 실시된 현장 기자들과의 인터뷰에 기초하고 있다.[5] 이를 통해 각 사의 (온라인) 뉴스의 생산과 배포를 담당하고, 때로는 독자와의 소통에 적극적으로 개입하였던 이들이 댓글을 비롯해 현재의 미디어 환경에 대해 어떻게 인식하고 있는지에 조사하였다. 더 나아가, 젠더 데스크의 등장을 비롯해, 젠더 및 인권 감수성을 증진하기 위한 언론계의 노력이 혐오를 넘어 공감의 공간을 형성하는 데 어떠한 영향을 미치는가에 대해 탐색하였다. 궁극적으로 이 글은 포털, 언론사, 이용자라는 '삼각 고리'를 고려하면서 포털 뉴스 서비스에서 유래하는 혐오의 정동이 어떻게 완화될 수 있을지에 대한 해결의 실마리를 찾고자 한다.

2. 연구 방법

포털 뉴스 댓글에 대한 언론인의 인식을 알아보기 위해 7명의 언론인을 인터뷰했다. 성범죄 및 아동학대 보도를 담당한 기자들, 기사 댓글에 대한 모니터링을 비롯해 독자소통 및 디지털용 기사 배포(때로는 생산)를 담당하는 3개 언론사(1개 중앙지, 1개 지역지, 1개 방송사)의 관계자들이었다. 특히 이들 언론사는 '페미니즘 리부트' 이후의 사회적 요구에 적극 대응하면서 젠더 데스크, 성평등 센터 등 성인지적 보도와 생산 문화 형성을 위해 노력한 조직들이었다.

---

5   인터뷰는 이태원 참사 발생 직전인 2022년 9월과 10월 사이에 진행되었다.

(이들과의 인터뷰를 통해) 젠더 감수성 및 인권 감수성을 고양하기 위한 조직의 노력이 댓글로 대표되는 여론 형성에 어떠한 영향을 미치는가에 대해서도 파악할 수 있었다. 인터뷰에 참여한 기자/담당자들의 특성은 다음과 같다.

〈표 1〉 인터뷰 참여자의 특성

	연차/성별	업무 경험 및 담당 업무
A	8년차, 여	젠더 담당 기자
B	9년차, 여	젠더 담당 기자
C	12년차, 남	아동학대, 기획 보도
D	16년차, 여	디지털부 팀장
E	17년차, 여	정치,사회, 디지털/현 디지털부장
F	20년차, 여	정치, 사회/디지털콘텐츠 생산
G	23년차, 남	이용자 관여팀장

인터뷰는 줌/전화/대면 인터뷰의 방식으로 진행되었다. 연구 참여자들의 참여 의사를 확인한 뒤, 1~2일 전에 질문지를 전달하였다. 1) 댓글/댓글창에 대한 본인의 경험과 의견, 언론사의 인식, 2) 기사의 유형, 주제, 작성 방식에 따른 독자 반응의 차이, 3) 젠더 데스크의 유무 또는 조직 내 젠더 감수성의 수준과 기사 생산 방식 및 독자 반응의 변화, 4) 댓글창 폐지에 대한 본인의 의견, 5) 2차 피해를 방지하고 향후 취재원 보호 및 범죄 피해자 보호를 위한 방안 등에 대한 내용으로 인터뷰가 구성되었다. 인터뷰 내용은 참여자들에게 사전에 동의를 구하고, 녹화 또는 녹음되었다.

3. 포털 뉴스의 댓글은 생산자와 소비자를 연결하는 공간인가?

2023년 언론진흥재단의 조사에 의하면, 약 70% 정도의 국민은 포털을 통해 뉴스를 접하고 있다(〈그림 1〉 참조). 댓글에 대한 일련의 조사에 의하면 자신이 접한 뉴스에 대해 의견을 개진하는 사람들, 즉 댓글을 쓰는 사람들은 약 30% 내외지만, 70% 이상의 사람들은 뉴스를 읽을 때 댓글도 함께 읽는 것으로 나타났다. 응답자들은 해당 이슈에 대한 타인의 생각 및 여론 동향을 알 수 있는 통로로 댓글을 활용하지만, 악플 문제가 심각하며, 이에 대한 조치가 필요하다고 생각했다.[6]

이러한 조사 결과는 댓글이 뉴스 이용자들을 긍정적으로든, 부정적으로든 연결하고 있음을 시사한다. 그렇다면 포털 뉴스의 댓글은 뉴스 생산자와 이용자도 연결하고 있을까? A와 B의 연결이 A가 B에게, B가 A에게 서로 영향을 미치는 상황으로 정의한다. 그렇다면, 댓글이라는 공간을 통해 생산자와 이용자는 서로에게 영향을 주고받고 있다고 볼 수 있는가? 있다면 어떠한 영향인가? 포털이 중심이 되는 뉴스 유통 및 소비 환경의 특수성을 고려할 때, 댓글이 언론사와 뉴스를 생산하는 취재 기자에게 갖는 의미는

---

6 김선호 · 오세욱 · 최민재, 「댓글문화분석」, 『미디어 이슈』, 2(10), 한국언론진흥재단, 2016; 김선호 · 오세욱, 「포털 뉴스서비스 및 댓글에 대한 인터넷 이용자 인식 조사」, 『미디어 이슈』, 4(5), 한국언론진흥재단, 2018; 양정애, 「인터넷 포털의 뉴스 댓글 공간 정화 정책들('타임톡' 등)에 대한 인식 조사」, 『미디어 이슈』, 9(5), 한국언론진흥재단, 2023.

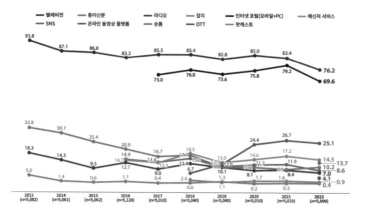

〈그림 1〉 매체별 뉴스 이용추이(2013~2023),
출처: 한국언론진흥재단(2023), 『2023 언론 수용자 조사』, 18쪽.

과연 무엇인가?

3.1. 포털 뉴스 및 댓글이 언론사에 갖는 의미

포털 뉴스의 댓글은 1차적으로 언론사가 생산한 뉴스 콘텐츠에 대한 이용자의 반응을 확인하는 공간이다. 각 언론사의 디지털 및 이용자 부서[7] 책임자들은 댓글이 주요 기사에 대한 반응 및 이슈에 대한 여론을 모니터링할 수 있는 수단으로 의미를 갖는다고

---

7   언론사별로 약간 차이를 보이기는 하지만, 주요 언론사들은 포털이 중심이 되는 디지털 뉴스 소비에 대응하기 위해 온라인 팀을 설치·운영하고 있다. 각 사 온라인 팀은 기사의 모니터링 외에도 자시 기사에 대한 배열, 포털에 적절한 방식으로 기사를 재작성하는 업무를 담당하고 있다. 온라인 팀은 편집국 내의 한 부서로 기존의 취재기자를 중심으로 그 인원이 구성되기도 하지만, 대개는 편집국 경험이 없는 인원을 따로 선발하여 별도의 팀으로 운영된다.

했다.

> [온라인에서의 반응을] 부서에 알려주거나 제작 회의 통해서 하거
> 나, (중략) '이 기사는 생각 외에 너무 반응이 좋고 서로 후속 기사
> 를 원한다는 댓글이 많으니까 후속 기사가 필요하다'는 식의 피드
> 백은 제작 회의 들어가는 부장님이 해주시죠. (중략) 주요 기사로
> 다루는 기사 위주로만 봐요 다 볼 수는 없어요. (D참여자)

G의 회사는 포털 네이버와 다음 댓글을 크롤링하여 분석한
뒤, 이를 다시 사내 인트라넷에 공유한다고 했다. 디지털 부서 담
당자가 취재 기자 출신인 경우, 온라인 공간에서 많은 이야기가
나오는 이슈에 대해 네티즌의 의견에 기초한 관련 기사를 직접 작
성하기도 한다(E참여자). 조직이 어떠한 방식으로 댓글에 반응하
든, 포털에서는 다양한 발언이 24시간 내내 생성되기에 디지털 부
서 담당자들은 장시간의 노동을 감내해야 한다. 또한 이들의 임무
는 포털 댓글창 모니터링에만 국한되지 않는다. 페이스북, X(舊 트
위터) 등을 비롯해 다양한 커뮤니티 공간에서의 뉴스 및 이슈에 대
한 반응 확인 역시 이들의 몫이다. 여전히 취재가 중심이 되는 언
론사의 조직 문화 속에서 디지털 담당 부서는 "반짝반짝하지 않는
부서"다(E참여자). 뉴스의 생산뿐만 아니라, 생산 이후의 상황 전
개도 중시되는 시대이지만, 독자와의 연결을 관리할 수 있는 언론
사의 여력은 충분하지 않다.
　댓글창은 독자의 반응을 실시간으로 확인하고 이를 뉴스 생
산에 반영할 수 있는 기회를 제공한다는 점뿐만 아니라, 지금의

뉴스 생태계에서 또 다른 의미를 지닌다. 다른 산업과 유사하게 디지털 공간은 레거시 미디어에 광고 및 구독 수입을 창출할 수 있는 새로운 기회의 장(場)이기도 하다. 한국 사회에서 유통되는 모든 뉴스와 그 이용자들이 모이는 포털은 언론사 입장에서 무시할 수 없는 수입원이다. 초기부터 각 언론사는 전재료—포털에 뉴스를 게재함으로써 받는 수입—를 받거나 광고 수입을 공유하는 방식으로 포털 공간에서 수익을 획득했다. 주목경제의 원리가 작동하는 포털에서 클릭수가 많은 뉴스를 많이 생산한 언론사일수록, 페이지뷰가 많은 언론사일수록, 독자들이 기사에 머무는 시간이 긴 언론사일수록, 더 큰 수익을 확보한다. 댓글이 많이 달린다는 것은 독자들이 그 기사에 더 많이 머문다는 것을 의미하기에, 이는 언론사의 경제적 이득과 직결된다. 이러한 환경으로 인해 더 많은 주목(클릭)과 이용자의 참여를 유도하는 선정적 보도, 유명인이 중심이 되는 가십성 보도, 사실 검증이 제대로 이뤄지지 않은 속보성 받아쓰기 기사가 포털 공간을 지배하게 되었다.[8] 혐오와 갈등을 조장하는 기사가 급속도로 많이 생산·배포되는 현상은 이들 기사가 공들이지 않고 많은 조회수와 댓글로 이익을 가져다주는 소위 '가성비' 좋은 기사로 인식되기 때문이다. 인터뷰 참여자들은 젠더 갈등, 정치 갈등이 심한 상황을 이용해 몇몇 언론사

---

8   이에 대한 자세한 논의는 김위근·황용석, 『한국언론과 포털뉴스 서비스』, 한국언론진흥재단, 2020 참고. 실제로 2021년 네이버 뉴스에서 가장 많이 클릭된 뉴스를 조사했던 「기자협회보」 보도에 의하면 가장 많이 클릭된 뉴스는 연예, 유명인, 그리고 온라인 커뮤니티발 기사였다. 「네이버에서 가장 많이 읽힌 뉴스, 대부분 '저질·연성화' 뉴스」, 『기자협회보』, 2022. 2. 22. (http://m.journalist.or.kr/m/m_article.html?no=51067)

들의 경우, "갈등을 조장하는 기사"를 일부러 생산하는 경향이 있다고 비판했다(C, D참여자). 결국 댓글은 한국 사회 공론장의 정치경제적 특성이 반영된 공간으로, 언론사들은 이용자들의 갈등 및 혐오 발화를 부추기고 있다는 비판에서 자유로울 수 없을 것이다.

3.2. 일선기자들에게 있어서의 댓글: 회피하고 싶은 것과 성장의 자원 사이

댓글은 기술적으로 뉴스 생산자와 이용자가 직접적으로 만날 수 있는 공간이다. 동시에 전 세계적으로 댓글은 언론인에 대한 온라인 공격—트롤링(trolling)—이 일어나는 주요 공간이기도 하다. 온라인 환경에서 기자와 독자 간의 상호작용을 탐구한 선행연구들에 의하면, 개별 언론사에서는 독자와의 상호작용—언론사에 대한 충성도 및 구독 촉진 등의 이유로—을 중요하게 여기지만, 언론인들은 댓글 및 기사에 대한 코멘트에 불편함을 느끼거나, 이를 회피하는 경향이 있는 것으로 나타나고 있다.[9]

한국도 예외는 아니었다. 기자들의 괴롭힘에 대한 일련의 연구와 조사에 의하면, 한국 기자들의 30% 정도는 온라인 괴롭힘의 피해를 입었으며, 이를 경험한 기자들의 절반 이상(51.4%)은 웹사이트의 악성 댓글에 따른 피해를 언급했다.[10] 인터뷰에 참여한 기

---

9 Fiona Martin & Colleen Murrell, "Negotiating the conversation: How journalists learn to interact with audience online", *Journalism Practice*, 16(6), 2021, pp.839-840.

10 김창욱·신우열, 「젠더 기반 온라인 폭력으로서 여성기자 괴롭힘의 양상과 대

자들에 의하면, 블라인드 앱에는 댓글로 인한 스트레스를 호소하는 글이 올라오곤 하지만, 그냥 보지 않는 게 편하다는 분위기가 기자들 사이에 형성되어 있다고 했다(C참여자). 특히 기자들의 연차가 올라갈수록, 첨예한 갈등 분야—정치/젠더—를 담당하는 기자일수록 댓글이 "기사와 상관없이 의견을 다는 경우가 많기에"(F참여자), 댓글을 잘 보지 않으며 부정적으로 생각하는 경향이 있다고 이야기했다.

> 어쨌든 젠더 이슈를 계속 혼자 쓰던 상황이고 그때 [미투 운동] 당시 사건이 터졌잖아요. (중략) 이런 미투 사건 관련 기사를 계속 썼을 때 달리는 댓글이라는 것이 사실 뻔해서 '굳이 그걸 읽는데 저의 에너지를 낭비하면 안 되겠다' (중략) [이용자들이] 제목 대충 보고, 베댓 분위기 보고, 그냥 그런 레토릭을 반복하거나… 저는 그런 생각이 든 적도 있어요 '이게 정말 이 사람의 진실한 성찰의 결과와 고민의 결과와 의견일까' (중략) 그래서 과연 기사의 관점이 달라지면 소수의 응원 댓글 말고 엄청나게 댓글 판도를 바꿔버리는 데 영향을 미치냐 [물었을 때] '아니오'라고 생각을 하고… (B참여자)

이상의 언급은 댓글이 기술적으로 쌍방향적 소통의 장(場)이지만, 실제적으로는 독자의 목소리가 기사 내용과 무관하거나 언론인에 대한 공격적인 감정 배설일 경우, 기자들이 이를 무시/회

처 전략」,『미디어, 젠더 & 문화』38(2), 한국여성커뮤니케이션학회, 2023, 83-137쪽; 한국언론진흥재단,『2023 한국의 언론인』, 한국언론진흥재단, 2023, 139-141쪽.

피하고 있음을 시사한다. 오랫동안 독자를 계몽의 대상으로 보거나 독자에 비해 기자가 우월한 위치에 있다는 언론계의 인식, 기자들에 대한 공격이 온라인을 넘어 오프라인 공간에서의 스토킹 및 협박으로 이어지는 현실[11] 등을 두루 고려한다면 이는 충분히 예상할 수 있는 반응이다.

몇몇 인터뷰 참여자들의 경우, 댓글의 위험성을 알고 있지만, 댓글을 통해 오탈자 및 오보 여부를 확인하고, 더 나아가 독자의 의견을 통해 후속 취재를 위한 아이디어를 얻었다고 했다(C, E, F 참여자). E참여자의 경우, 기자 생활 초기부터 댓글을 꾸준히 읽었는데, 젠더 이슈를 담당하면서 이른바 '좌표도 찍히고', 기사에 대한 비난과 악플을 경험했지만, 이를 통해 어떻게 하면 자신의 기사가 (의도대로) 읽힐 수 있을지를 지속적으로 고민하게 되었다고 밝혔다.

> 팩트가 잘못된 게 있는데 놓친 건 혹시 없는지, 혹은 기사 방향을 잘못 잡은 건 없는지, 그 외에 제가 생각하지 못한 다른 입장에서의 이야기는 또 추가로 없는지, (중략) 그러니까 그런 실제 현장에서 어떤 다양한 이야기들이 또 있는지, 이런 것들을 좀 파악할 수 있는 그런 통로라고 생각을 해요. 그래서, 예를 들면, 간병인 관련 체험을 해서 그 간병인의 어려운 점에 대해서 썼더니, 이제 환자 입장에서 비싼 간병비라든지, 그러고도 제대로 안 해서 뒷돈을 더 줘

---

11 「온라인 소통과 괴롭힘 사이…딜레마 겪는 방송기자들」, 『미디어오늘』, 2024. 10. 4. (https://www.mediatoday.co.kr/news/articleView.html?idxno=321213)

야 되는 문제라든지, 이런 것들이 댓글에 막 달리거든요. 그러면은 관련한 것들을 추가 취재해서 또 쓸 수 있고, 그랬더니 원래 기사보다 더 많은 댓글이 달리기도 하고, '피드백을 제대로 해줘서 고맙다' 이런 반응도 있고, 그런 거 자체가 이제 소통이 되고 기사 자체에 대한 신뢰를 좀 담보해 줄 수 있다든지 이런 역할을 하는 것 같기는 합니다. (C참여자)

이상의 언급에 비춰볼 때, 취재 기자들에게 댓글은 언론인에 대한 공격이자 이용자의 일방적인 주장 및 감정 표현이라는 비판과 이슈에 대한 정당한 의견이라는 인식이 공존하는 것 같다. 위의 C 기자의 사례는 댓글의 순기능 즉 신뢰를 바탕으로 대안을 논의하는 상호존중에 기초한 여론 형성의 장이 여전히 가능함을 보여준다. 이 가능성을 논의하기 위해서 다시 한번 짚어야 할 점은 댓글이 이미 생산된 원글에 대한 반응이라는 사실이다. 그렇다면 어떤 원글이 어떻게 유통이 될 때, 갈등과 혐오가 더욱 증폭 또는 완화되는 것일까?

4. 모든 뉴스의 댓글이 같지는 않다

포털 뉴스의 댓글에 대해 떠올릴 수 있는 이미지는 기사 아래 수백, 수천 개의 의견이 게시된 정경일 것이다. 그런데 디지털 뉴스 담당자들에 의하면, 하루에 생산되는 기사의 대다수에는 댓글이 달리지 않는다고 한다. 독자의 반응이 "거의 없는"(G참여자) 보도가 대부분인 반면, 댓글이 많은 뉴스는 따로 있다는 것이다(E, G참여자). 인터뷰 참여자들은 더 다양한 요인을 언급해 주었는데, 같은 기사라도 포털 메인에 게시되거나(F참여자), 지역 이슈보다는 전국 이슈에 더 많은 반응이 나타난다고 했다(D, G참여자). 우리 사회의 따스함을 느낄 수 있는 훈훈한 소식의 경우 댓글 역시 훈훈하지만, 양적인 측면에서 반응이 뜨겁지는 않다고 한다. 그렇다면 어떤 기사에 "독자의 반응은 폭발"(E참여자)하는 것일까?[12]

> 가장 격렬한 반응이 오는 건 딱 젠더랑 정치 기사에요. (중략) 딱 정파성이 되게 뚜렷한 경우, 그리고 이제 젠더처럼 치열하게 싸우고 있는 이슈인 경우, 그래서 그 경우 수도 많고, 그 어떤 뭔가 표현하는 감정의 정도도 훨씬 크고 막 그런 것 같아요. (중략) 그냥 싸우고 비난하고 그러니까. 왜냐하면 젠더 이슈에 대해 되게 약간 알러지한 반응을 보이는 이들도 레토릭이 정해져 있잖아요. '왜 우리 다 잠재적 가해자 취급을 하냐 여자만 죽냐' 등 페미니즘에 대항하면서 그들이 만들어낸 주요 견고한 논리들이 이미 이제 자리를 잡았다고 생각을 하거든요. 그게 그냥 댓글 창에서 반복이 돼요. (B참여자)

독자들이 많이 이제 관심을 갖고 댓글을 다는 기사들이 있거든요.

---

12 한국언론진흥재단 조사에 의하면, 포털에서 가장 댓글이 많은 주제는 정치 뉴스였고, 경제, 사회 뉴스가 그 뒤를 이었다. 오세욱, 「네이버 댓글 개편 이후 이용 변화와 향후 댓글 정책 제안」, 『미디어 정책 리포트』 2020년 3호, 한국언론진흥재단, 2020, 5-7쪽.

(중략) 주로 이제 공분을 부르는 기사라든지, 자기 자기한테 직접적으로 뭔가 손해가 오는 거와 관련된 기사라든지, 혹은 양쪽의 대립이나 갈등과 관련한 거라든지, 말도 안 되는 법안이나 갑질, (중략) 좀 참견할 만한 접점이 좀 많은 영역인 경우에 이게 댓글이 좀 많이 달리는 것 같아요. (중략) 또 사안의 중대성에 따라서 좀 다른 것 같고요. (C참여자)

젠더와 정치 이슈의 경우, 댓글이 정치적 세력의 다툼의 공간으로 인식되면서 "기사 제목만 보고", "기사를 읽어보지 않은 채"(B참여자) 갈등하는 양 측의 레토릭이 댓글창에서 그대로 반복된다고 언급한다. 이러한 레토릭 속에 갈등이 과열되면서 소수자에 대한 혐오 발화와 악플이 더 많이 발생한다는 것이다.

이상의 언급은 특정 이슈에 대한 사회적 관심이 높을수록, 기사의 제목이 편향적일수록, 댓글창 내에서의 합리적/공감적 논의가 줄어들게 된다는 점과 맞닿아 있다. 정치적 이슈나 소수자 이슈의 경우, 사회적 약자의 목소리를 외면한 채 정치인 및 온라인 공간에서의 문제적 발언을 언론이 그대로 '중계'함으로써, 혐오와 정동이 증폭되었다는 비판은 여러 차례 제기되었다.[13] 이와 동시에, 좋은 저널리즘이 이용자 반응에 영향을 미칠 수 있다는 점 또한 기자들의 목소리를 통해 다시 확인되었다. B에 의하면, 같은 정치 기사라고 하더라도 갈등보다는 대안에 초점을 맞춘 '공들여'

---

13 양혜승, 앞의 글; 김하영·윤석민, 「무엇이 정치 뉴스 댓글의 질을 결정하는가?-기사 품질과 포털 뉴스 플랫폼의 댓글 정책을 중심으로」, 『한국언론학보』 68(5), 한국언론학회, 2024, 120-164쪽.

쓴 기획 기사의 경우 악플이 줄어든다고 하였다. 젠더 이슈라고 하더라도, 이론 없이 가해자의 잘못이 입증된 사건이나 (예를 들면 신당역 스토킹 범죄), 무난한 제목의 기사에는 악플이 덜 달린다고 기자들은 언급했다. 반면, 선정적인 표현이 있는 제목의 기사는 악플의 피해를 유발할 수 있다고 하였다(D, E, G참여자).

이상의 상황은 저널리즘에 영향을 미친 포털 공간의 주목경제가 혐오 정동을 형성하고 확대하는 기제임을 시사한다. 이러한 상황을 바꾸기 위한 방안은 없을까? 뉴스를 생산하는 데 있어 클릭을 유도하는 표현, 갈등 위주의 서사가 주가 되는 경향에서 벗어난다면 지금의 공론 구조에 변화가 일어날까? 갈등과 혐오, 2차 피해까지 예상하면서 기사가 신중하게 생산될 경우, 과연 어떠한 변화가 나타날까?

5. 변화를 위한 실마리들

5.1. 젠더 데스크의 설치와 그 변화

'미투(#MeToo)' 운동이 언론계에 가져온 가장 큰 변화라고 한다면, 몇몇 언론사를 중심으로 젠더 담당 조직이 형성되었다는 것이다. 대표적인 사례가 바로 『한겨레』, 『부산일보』, 『경향신문』에 등장한 젠더 데스크이다.[14] 언론사 내의 조직/보도의 젠더 감수성

---

14 『한겨레』는 국내 최초인 2019년 5월에, 『부산일보』는 지역지로서는 최초인

을 고양하기 위한 제도로 편집국장 직속으로 설치된 젠더 데스크는 매일 쏟아지는 수많은 기사의 표현, 기획 방향을 성인지적 관점에서 검토하는 일을 담당한다. 동시에, 이제 막 커리어를 시작한 수습기자들의 교육에 젠더 교육이 포함되면서, 보도뿐만 아니라, 조직 내의 전반적인 성인지 감수성을 증진시켰다.[15]

젠더 데스크가 설치된 언론사 소속 인터뷰 참여자들에 의하면, 젠더 데스크가 운영되면서 그동안 기사에서 무의식적으로 사용하던 표현 및 접근방법을 성찰하게 되었다고 한다. 성인지적 관점에서의 게이트키핑/스크리닝을 거치면서, 기사에서 자주 썼던 표현에 담긴 젠더 편향을 고민하고, 조회수를 높이기 위해 암묵적으로 사용했던 선정적 표현을 활용하지 않도록 조직이 노력하게 되었다고 언급하였다. 일례로, 성별이 사건의 성격을 규정하는 경우가 아니라면, 사건 등장인물의 성별을 표시하지 않는다고 했다 (D, E참여자). 그 결과, 예전 같으면 빈번했을 인신공격성 댓글이 점차 줄어들게 되었다고 평가했다.

최근에 저희가 이제 피해자나 가해자 [설명에서] 여성을 [표기를]

2020년 11월에, 『경향신문』은 2021년 6월에 젠더 데스크를 설치하였다.

15 미투 운동 이후 젠더 데스크의 활동이 갖는 의미에 대해서는 장은미·최이숙·김세은, 「"우리는 더디지만 나아가고 있다": '미투 운동(#MeToo)' 이후 성평등 보도를 위한 한국 언론의 실천과 과제」, 『미디어, 젠더 & 문화』 36(3), 한국여성커뮤니케이션학회, 2021, 187-236쪽; 김효원, 「젠더 데스크 & 젠더 기자 운영 후 언론사 성평등 보도에 나타난 변화 연구: 젠더 데스크 및 젠더 기자 인터뷰 분석을 중심으로」, 한국외국어대학교 정치행정언론대학원 석사학위논문, 2024 참조.

많이 빼다 보니까 그런 부분은 또 조금 많이 줄어들기는 했어요. (중략) 교통사고도 만약에 '50대 김모' 해서 괄호에 女가 있으면 김 여사 이래 가지고 나쁜 댓글이 엄청 달리는데 그냥 50대로만 가니 까. (중략) 그 와중에 이거 분명히 여자가 운전했다 그런 건 있죠. 그렇지만 그건 추측일 뿐이고 직접적으로 하지는 않거든요. 이제 그런 것들을 한 번 이렇게 걸러내니까, 나쁜 댓글은 조금 덜 달리고 있지 않나. (D참여자)

아무래도 알몸의 여학생이라고 나가는 것보다는 그냥 인하대 교내 에서 학생 사망[16] 이렇게 제목을 그렇게 일단 덜 자극적으로 달면 그러면 이제 좀 더 댓글이 조정되는 경향이 있긴 있어요. 왜냐하면 제목에 매력을 느껴서 클릭을 한 경우에 제목에서부터 한번 잘라내 는 효과가 있는 것 같아요. 그래서 제목, 사진, 단어 선택 그런 것들 이 굉장히 중요하고 그런 것들을 (중략) 젠더 데스크랑 굉장히 상 의를 많이 해요. "이 정도는 괜찮아요?" "이렇게 제목에 이렇게 할 건데 이건 괜찮습니까" 그렇게. 수시로 젠더 데스크랑 톡을 하면서 "우리 제목 이렇게 달았는데 이제 저희는 많이 봐야 하니까 사람들

---

16 2022년 7월 인하대 캠퍼스 한복판에서 한 여학생이 같은 학교 남학생에게 성 폭행을 피해를 입은 뒤 사망하는 사건이 발생했다. 사건 발생 초기 당시 언론 들은 피해자가 발견 당시의 상황에 초점을 맞춰 '옷을 벗은채', '나체', '알몸' 등 의 표현을 기사 제목에 사용하였고, 이는 피해자 및 유가족에게 2차 피해를 유 발하는 댓글로 이어졌다. 당시의 언론보도에 대해서는 민주언론시민연합의 성 명 "인하대 학생 사망 사건, 언론은 선정적·성차별적 표현 쓰지 말라"(https:// www.ccdm.or.kr/watch/313662), 포털 댓글의 상황에 대해서는 조아라, 「성범 죄 및 아동학대 사건에 대한 포털 댓글 현황」, 『보도댓글 어떻게 개선되어야 하 나』, 2022. 11. 언론인권포럼 발표문을 참고할 것.

이 이 정도 선은 괜찮겠냐" 계속 이렇게 논의를 하고 있어요. (E참여자)

위의 사례가 시사하듯이, 기사의 관점이나 표현이 정제되면서 일반인 등장인물 및 피해자에 대한 악성 댓글, 피해자 및 소수자에 대한 혐오 표현은 줄어든다. 특히 젠더 데스크가 설치된 이후, 각 언론사 디지털 팀은 범죄 피해자 및 일반 취재원에게 (2차) 피해가 유발될 가능성에 대해 한 번 더 생각하고 젠더 데스크와 소통하는 한편, 과중한 업무상 혹여 놓칠 수 있는 부분들을 젠더 데스크가 잡아 줄 수 있게 되었다고 참여자들은 언급했다. 그 결과, 포털에 뉴스가 유통될 때, 발생하는 다양한 유형의 2차 피해 예방에는 효과적인 측면이 있다고 평가했다(D, E참여자).

이러한 언론인들의 경험은 젠더 데스크가 조직 내의 인권/젠더 감수성을 전반적으로 고양함으로써 기사에서 유래하는 혐오의 정동을 완화 시킬 가능성을 엿보게 한다. 하지만 한국 언론에서 젠더 데스크를 운영하고 있는 조직은 3개에 불과하다. 이는 어떤 면에서 전반적으로 '젠더', '인권'의 문제가 여전히 후순위로 밀리고 있음을 시사한다. '갈등'이 주요한 프레임인 기사, 커뮤니티 중계성 기사가 갖는 경제적 가치의 덫에서 벗어나는 것은 젠더 데스크가 설치되었다고 하더라도 쉬운 일은 아니다.[17] 그러나 젠더 및 인권 문제를 고양하는 방안을 어떻게 마련하고 실천할 것인가

---

17 2021년에 진행된 필자와의 인터뷰에서 한 젠더 데스크는 내가 하는 일이 회사나 온라인팀에 오히려 피해를 입히는 것은 아닌가 질문하게 될 때도 있음을 털어놓기도 했다.

에 대한 질문은 댓글을 유발하는 '원글'을 어떻게 정립시키는 것과 연관된다. 그렇기에 포기할 수 없는 문제이기도 하다.

5.2. 취재원 및 피해자 보호하기: 온라인 기사 큐레이션과 댓글창 닫기

이용자들이 온라인 공간 내에서 뉴스를 접하는 방식은 그 흐름에 있어 인쇄 매체 및 TV의 이용과는 많은 차이를 보인다. 신문이나 잡지의 경우, 지면 배치를 통해, 방송의 경우 시간적 연속성을 통해 생산자의 의도/흐름에 맞게 콘텐츠를 이용하도록 꾀한다. 이와는 대조적으로, 온라인 공간의 경우, 지면 기사의 배열도, 방송 기사의 순서 흐름도 파괴되기에, 기획 시리즈를 구성하는 모든 기사가 파편적으로 소비된다. 취재 기자 출신으로 디지털 팀을 담당하고 있는 E는 이러한 점을 고려하여 시리즈의 의도가 독자에게 전달될 수 있도록 하기 위해서는 댓글을 고려하여 시리즈의 큐레이션을 바꾸는 등 디지털 문법에 걸맞은 제작을 시도한 이야기를 들려주었다.

10대 20대 청년들의 산재와 관련된 인터액티브 기사를 제작한 적이 있어요. (중략) 10대 사망자들은 배달 라이더들이 많아요. [첫 번째 기사가] 라이더 사망자였어요. 그래서 제가 그걸 보다가 라이더 사망자를 1타로 가면 안 된다고 얘기를 한 적이 있어요. 왜냐하면 우리의 의도는 이 수많은 10대 20대 젊은 노동자들이 사회에서 보호받지 못하고, 그런 친구들이 많이 그런 불안정 노동에 떠밀리고

(중략) 많이 사망까지 이르게 되고 이런 얘기를 하고 싶은 건데 라이더 사례가 앞으로 가버리면 이건 '악플 밖에 안 달린다', '악플에 그 취재의 의도가 묻힌다', '이 친구를 될 수 있으면 뒤로 빼자', '앞으로 그럼 어떤 사례를 빼면 좋겠냐' 그래서 누리꾼들의 거부감을 줄이는 사례로 가라고 얘기한 적이 있어요. (E참여자)

이상의 사례는 지금의 미디어 환경에서 좋은 저널리즘을 실천하기 위해서는 기사 생산 외에도 온라인 환경을 고려한 배포와 큐레이션이 생각해야 한다는 것을 보여준다. 비슷한 맥락에서 D는 갈등, 혐오 이슈가 아니더라도 일반인 취재원이 너무나 쉽게 악플로 인해 피해를 받을 수 있기 때문에 매번 온라인 뉴스를 편집할 때마다 더 세심하게 기사를 가다듬을 수밖에 없다고 이야기했다. 현장 담당자들이(D, E참여자) 언급하듯, 향후 온라인 환경에 적절한 기사 작성 및 기사 작성 이후에 대한 대응과정까지 고려하는 교육 및 훈련, 직업윤리의 재정의 과정이 필요해 보인다.

젠더 데스크의 활동과 기사 큐레이션 및 편집이 취재원 특히 소수자 취재원 및 등장인물을 보호하기 위한 조치라면, 댓글 공간 내에서의 혐오 표현에 대한 개입으로 가장 많이 활용하는 것은 댓글창 닫기이다. 연예 및 스포츠 섹션 보도의 경우 2018년부터 댓글창을 운영하지 않고 있으며, 2021년 8월부터 포털 네이버는 개별 기사에 대한 댓글창 관리 권한을 개별 언론사에 부여하였다. 현재 기자들의 요청, 부서의 요청이 있으면 언론사가 포털 사이트의 댓글창을 닫을 수 있다(D, E, G참여자). 디지털 부서 담당자들에 의하면, 일반적으로 댓글창은 취재원에 대한 보호 및 자사 기자에 대한 보호를 목적으로 닫거나, 사망한 인물의 유족들이 요구할 경우에 해당 기자가 부서장과 의논하여 사전 또는 사후적으로 댓글창 폐쇄를 결정하게 된다고 한다.[18]

> 사실은 기자의 요청은 사실 많지 않구요. (중략) 가장 많은 케이스로 닫아주는 경우는 유족들 그렇죠. 일단 이 사람이 가해자가 됐든, 피해자가 됐든, 사람이 죽었는데 이게 좀 어처구니없는 교통사고라든지, 이별 사건이라든지 자살 사건이라든지, 이런 게 나오면은 일단 유족들이 댓글에 상처를 많이 받으니까 '기사를 삭제해 주든지 아니면 댓글이라도 닫아주세요'라고 요청을 해오기 때문에 그런 경우는 (중략) 이제 취재를 정성스레 한 건데 삭제할 수 없는 경우도 많아서 '삭제는 안 되지만 댓글은 닫아주겠다', 이런 식으로. (D참여자)

그런데 포털 사이트의 댓글창을 닫는 것이 포털 및 온라인 공간 내의 혐오 표현을 줄일 수 있을 것인가에 대해 디지털 담당자들 그리고 일선 기자들의 의견은 다층적이었다. 현재 뉴스 생산

---

18 사회적 취약자와 관련된 이슈나 이들의 목소리를 담는 경우 (예를 들면 노동자 파업보도), 악플이 예상되어 사전에 미리 댓글창 폐쇄를 결정하기도 하고(G참여자), 때로는 전혀 예상치 못하게 취재원이 악플 피해에 노출될 경우 사후적으로 댓글창 폐쇄를 진행하기도 한다(D, E참여자). 2022년 이태원 참사 그리고 2024년 무안 공항 참사의 경우, 온라인 공간 내에서의 악성 댓글에 따른 2차 피해를 막기 위해 많은 언론사들이 포털 사이트에서 댓글 창을 운영하지 않았다. 해외에서도 독자들의 반시민적 발언을 관리하기 위해 사설 및 칼럼 등 의견 기사의 경우 댓글창을 열어두지 않거나 일시적으로만 오픈하곤 한다. 양정애, 앞의 글; Fiona Martin & Colleen Murrell, op.cit.

환경상 댓글이 많이 달리면 포털 공간 내에서 좋은 기사/읽을만한 기사로 인식되며, 언론사의 수익 창출에 도움이 된다는 현실적인 이유도 있겠지만, 포털의 댓글창을 닫는 것이 과연 적절한가에 대한 의문도 제기되었다. "정당한 의견 개진의 창구 또는 논의 공간을 미리 사전에 없애버리는 것"(G참여자)이기 때문에 이용자간의 상호작용과 소통이 갖는 긍정적이고 생산적 측면을 막아버리는 점을 우려했다(D, E, G참여자). 대표적으로, 스포츠면의 댓글 기능이 사라지면서 기자보다 더 전문적으로 경기를 분석하는 글을 읽을 수 있는 기회를 상실하게 되었다는 것이다(C참여자). 아울러, 댓글창 닫기가 제안된 주된 배경인 혐오 표현 방지에 대해서도 인터뷰 참여자들은 회의적인 시각을 보여줬다.

> [연예 기사의 경우] 연예를 체크를 하면은 댓글을 못 달게 되겠지만, 생활문화 파트로 체크를 하거나 사회 파트로 내보내서 여전히 댓글을 달 수가 있거든요. 그러니까 그런 것도 아마 많이 보셨을 것 같은데, 어디 언론사는 연예로 나와서 댓글을 못 달게 돼 있는데, 어떤 데는 또 댓글이 엄청 많이 달려 있고, 그런데 댓글을 달고 싶은 마음이 [들겠죠]. 이제 독자들이 오히려 한 쪽에서 닫혀 있으면 [댓글 달고 싶은 마음이] 더 들고 그러다 보니까 부작용이 여전히 있기는 있는 것 같아요. 제가 느끼기에는. (C참여자)

동시에 포털 공간의 댓글창을 닫는다고 하더라도 혐오 표현 및 성차별적 발화를 생산할 수 있는 온라인 공간을 모두 막을 수는 없기에, 댓글창 닫기가 효과적인지 의문이라는 의견도 제기되었다. 디지털 부서 담당자 및 몇몇 일선 기자는 연예 기사의 댓글 창을 폐쇄했더니 SNS나 커뮤니티 사이트 등으로 몰려가 이곳에서 혐오 표현이 양산되는 상황을 지적했다. 이러한 맥락에서 포털의 댓글의 경우, 의견이 응집되는 경향이 있어 언론사가 개입하고 관리할 수 있지만, 댓글창을 막을 경우 이용자들이 다른 온라인 공간으로 커뮤니티 사이트로 이동하여 혐오 표현을 생산하고 있다는 점을 우려했다(D, E, G참여자). 댓글창에 대한 언론사의 권한이 단순히 창을 '닫을 것이냐, 말 것이냐'일 뿐인지라 이를 넘어서는 권한이 더 필요하다고도 언급했다. 일례로, 한 기사에 대한 댓글창을 닫기로 하면 한 달 동안 닫아야 하는데, 폐쇄 기간을 보다 유동적으로 설정함으로써 감정 배설형의 댓글을 줄이고 양질의 댓글이 양산될 수 있는 환경을 만드는 방법도 고민해야 한다는 언급이 있었다(E참여자).

5.3. 독자 반응에 대한 개입, 그리고 독자-기자 공동체

뉴스의 소비 가치가 뉴스를 생산하고 보도하는 데서 끝났다, 좋은 뉴스를 생산해서 보도하면 끝났다고 생각하는 그런 시대는 이미 지났습니다. 그렇게 생각하는 기자들은 없을 거라고 생각하고요. 뉴스를 제작하고 유통하고 소비되는 과정에서 이용자 참여라는 것이 보장이 되고, 그런 이용자 참여 자체가 궁극적으로는 뉴스의 소비 가치를 증대시키고 그런 것들이 이용자 만족도를 제고하고 그런 것들이 결국은 이용자들이 원하는 또는 우리가 원하는 고품질

고품격 저널리즘으로 가는 데에서 필수적인 단계라는 부분은 이미 고민은 끝난 부분이라고 생각해요. 그거를 어떻게 할까의 문제인 거지. (G참여자)

저널리즘이 구현되는 방식과 공간이 바뀌면, 저널리즘의 영역과 책무성의 범위 역시 환경에 맞게 재구성된다. '대화형 저널리즘(dialogue journalism)'의 등장이 논의될 만큼, 생산자와 이용자의 상호작용이 가능한 뉴스 생산 환경에서 언론인이 이용자와 어떻게 상호작용해야 할 것인가는 이미 중요하게 다뤄지고 있다.[19]

일반적으로 많은 기자들이 댓글을 무시하거나 보지 않는 경향을 드러내는 것과는 대조적으로, 인터뷰에 참여했던 기자들은 댓글창에 직접적으로 개입하여 자신의 기사에 대한 독자의 반응을 관찰하는 것을 넘어, 기사로 인해 발생하는 토론에 직접적으로 개입하기도 했다. A와 C는 기사가 포털에 송고된 직후 첫 댓글을 비롯해 어떠한 유형의 댓글—감정배설용, 기사에 대한 토론, 훈훈한 댓글 등—이 댓글창을 선점하는가에 따라, 어떤 댓글이 베스트 댓글/추천 댓글로 게시되는가에 따라 댓글창의 분위기가 일정 부분 달라진다고 언급했다(A, C참여자). C는 기사가 송고된 이후 가장 먼저 댓글을 달았는데, 이러한 실천이 댓글창의 분위기나 독자와의 소통에 있어 변화를 가져왔다고 언급했다.

그게 그전에는 뜨문뜨문 달다가 2018년에 ○○○ 시작하면서부터

---

19 Finona Martin & Colleen Murrell, op.cit.

아마 제 기사에는 꼭 거의 기사가 나가자마자 항상 달기 시작해 8시에 출고되면 8시에 바로 달고. 이게 나중에는 독자들도 인식을 하시고 댓글이 좀 늦게 단다거나 하면 "오늘은 ○○ 기자가 좀 늦게 왔다" 이렇게 얘기를 하기도 하고 그러더라고요. 근데 신기하게 항상 그게 독자들이 추천을 누르고 베플이 되는 편이어서 항상 상위에 올라가 있었고, 그래서 거기에서 댓글로 이제 제가 또 댓글에 댓글을 달기도 하고 이런 식으로 소통을 좀 했던 것 같아요. (C참여자)

고연차 기자인 F 역시 인터뷰가 중심이 되는 기획 기사를 담당한 이후 댓글에 대해서 다르게 인식하고 독자와 소통하고 있다고 언급했다. F는 이러한 소통이 악플을 막고 기자와 이용자, 이용자 상호 간의 의견 교환을 증진하는 데 도움이 된다고 언급했다.

이제 기자들마다 다르긴 할 텐데, 저는 댓글을 아주 중요하게 생각하는 편이거든요. 거의 기사를 온라인에 송출하자마자 계속 댓글 반응을 살피고 읽고 이제 하는 편이에요. 근데 원래 그렇지는 않았는데 (중략) 콘텐츠 기획으로 인터뷰 기사를 담당하면서 그 기사에 대한 의견을 다는 (중략) 댓글을 읽으면서 '독자들이 기사를 읽고 이랬구나' 그리고 그 기사를 읽고 자기 생각은 어떤지를 자기 서사를 댓글로 쓰더라고요. 그러니까 댓글들이 수적으로 많기도 했지만 하나의 댓글마다 분량도 충실했어요. 그래서 (중략) 댓글을 거의 다 읽어봤죠. 그러고 나니까 제가 그 기사를 쓴 기자로서 가만히 있을 수가 없었던 거예요. 그래서 이제 제가 댓글을 달았어요. '이

기사를 쓴 아무개 기사인데 여러분 댓글에 어땠다' 그랬더니 거기에 대댓 기능이 있잖아요. 대댓글이 달리고, 또 제 댓글에 '좋아요'를 누르는 독자들도 생기고, 그래서 이제 그게 좀 큰 동기부여가 된 거죠. (중략) 정리하면, 독자하고 중요한 소통의 도구가 된다는 걸 느꼈고, 저 개인에게도 동기부여가 되고, 또 구체적인 피드백의 증거이기도 하고, 기사의 신뢰도를 높이는 효과도 있고, 또 악플을 좀 막고 본래적 의미의 댓글을 쓰고 싶게 만드는, 일반 그런 독자들로 하여금 그런 분위기를 만드는 데도 영향이 있다고 생각을 합니다. (F참여자)

두 기자의 사례는 기사를 작성한 기자들이 먼저 독자들과의 긍정적인 소통을 유도함으로써, 기사에 대한 신뢰도를 높일 뿐만 아니라, 댓글에 기초하여 독자-기자가 공감에 기초한 담론 공동체를 형성해 갈 수 있음을 시사한다.

C와 F가 댓글을 실제로 작성함으로써 독자와 소통하고, 악플 대신 선플을 생산하는 전략과 방식을 취했다면, 젠더 뉴스를 담당했던 A의 경우, 댓글창 내에서 각 댓글에 대해 동의/비동의를 표시하는 방법으로 악플을 예방하고 독자 소통에 개입하였다.

제가 약간 좀 화가 나기도 하고 그래서 좀 제 나름의 실험을 해보자. 네이버에 댓글이 보통 많이 달리잖아요. 그럼 거기 들어가면 그런 약간 좀 혐오 표현이나 여성 비하를 하는 표현이나 내 기사를 읽지도 않고 쓴 댓글에 대해서 이렇게 비공감을 누르는 거에요. 그거를 엄청 빨리 다 눌러요. 그리고 내 기사를 제대로 읽고 그 취지를 이해하면서, 더 좋은 정보를 주거나, 혹은 '이런 기사도 있는데 읽어 보세요' 이런 정보가 있으면 공감을 되게 빠르게 눌러봤어요. 그거 좀 오래했거든요. 제가 로그인 안 하고 했는데 한 댓글에 어차피 한 개밖에 못하니까 그렇게 해보면서 이제 좀 추이를 지켜보면은 확실히 그 혐오 댓글이나 이런 거에 비공감 눌러놓으면은 그 뒤로도 비공감이 되게 많아지고, 자신의 작성한 혐오 댓글을 이제 삭제하는 사람도 많은 거예요. (중략) 내 기사에 그런 댓글 보는 것도 싫고 그나마 좀 한번 실험 느낌으로 약간 해봤어요. 근데 진짜 좀 저는 효과가 있다고 생각했어요. (A참여자)

댓글창을 관찰하고 여기에 개입한 기자들은 이러한 실천이 보도에 대한 댓글창의 분위기를 다르게 만든다고 평가하였다. 하지만, 독자와의 건전한 소통이 모든 기사에 적용되거나 모든 기자에게 요청하기는 쉽지 않다고 언급했다. 언론의 신뢰도가 낮고, 기자에 대한 온라인 공격이 심해지고 있으며, 신문의 경우 지면 기사와 디지털용 콘텐츠 생산을 병행해야 하는 노동 여건 등을 고려할 때, 독자와의 소통 및 댓글에 대한 모니터링까지 기자들에게 요구하기는 어렵다는 것이다(A, C, F참여자). 그렇다면 댓글창이라는 공간을 혐오를 넘어 공감이 넘쳐나는 장으로 만들기 위해서는 어떻게 해야 할까?

6. 나가며: '닫기'가 아닌 '열림'을 향하여

이 글은 포털이라는 공간에서 뉴스를 매개로 이뤄지는 상호작용이 어떻게 긍정적 정동을 형성될 수 있을지에 대한 의문에서 시작되었다. 이 글을 시작했던 첫 질문으로 돌아가 보자. 포털 뉴스의 댓글창은 참사 및 범죄 피해자에 대한 보호, 반사회적인 발언의 확산을 위해 막아야 하는 것일까? 소셜 미디어, 유튜브, 다양한 커뮤니티 사이트 등 개인이 발화할 수 있는 미디어가 포화된 현실에서 포털 내의 댓글창을 막는다고 혐오 발화가 감소할 수 있을까? 간단히 답할 수 없는 문제다.

지금까지 논의했듯이, 댓글은 원글, 즉 뉴스 보도에 대한 반응이다. 대립과 혐오를 벗어나기 위해서는 최근의 한국 저널리즘의 문제─조회수를 위한 선정적 보도, 갈등 프레임에서 벗어나지 못하는 보도, 이슈에 관한 심층적 탐사보다는 중계방송식 보도 등─에 대한 개선이 필요하다. 이를 위해 디지털 뉴스 담당자들이 언급했듯이, 새로운 유형의 '공들여' 쓴 보도, 포털 공개 이후를 고려한 뉴스의 생산 및 기사 큐레이션 등이 민주주의의 주요 제도로서 언론의 책임으로 분명하게 인식되고 강화되어야 할 것이다. 특히 젠더 데스크의 사례가 시사하듯이, 보도와 조직의 젠더 감수성 및 인권 감수성을 고양하기 위한 개별 언론사의 노력은 기본적으로 매우 중요하다. 하지만, 현재 한국 언론 지형에서 10인 이하의 소규모 언론사의 비율이 높아져 가는 상황[20]에서 개별 언론사에

---

20 2023년 한국신문산업 실태조사에 의하면, 주간 신문의 경우에는 10인 이하의

이러한 책무성을 실행해야 한다고 주장하는 것은 언론사별 규모의 차이를 고려하지 않은 요청일 것이다. 레거시 미디어들이 저널리즘 책무성 고양을 위한 논의와 흐름을 창출하는 한편, 언론사-학계-언론 유관 연구기관 및 자율조직(예를 들면 기자협회, 언론노조 등)에서도 전반적인 저널리즘 윤리를 형성해 나가기 위한 노력이 필요하다. 뿐만 아니라, 영국 IPSO의 사례처럼 언론계의 자율 조직에서 자체적으로 저널리즘 윤리를 실행하지 않았을 때의 제재 조치를 마련하는 방안[21] 또는 윤리를 잘 실천한 언론보도/언론사에 대한 보상 조치 역시 고민해야 할 것이다.

기자들의 독자 소통에 대한 고민, 그리고 댓글창에 대한 직접적인 개입은 댓글 공간의 분위기를 바꾸고 보도에 대한 신뢰성 및 취약한 취재원을 보호하는 데 긍정적인 역할을 하는 것으로 보인다. 이는 그동안 반사회적 댓글에 대한 대책을 '나쁜 저널리즘'을 만드는 언론사, 악플을 방조하는 포털을 위주로 사고했던 것과는 다른 접근도 필요함을 의미한다. 즉 기자와 이용자의 상호 커뮤니케이션 공간이라는 댓글창 본래의 성격을 고려하여, 이 공간을 공감과 연대의 공간으로 구성하기 위해 누가 어떤 실천을 해야 하는가에 대해 고민해야 함을 시사한다. 이용자로부터 변화를 위한 움직임을 기대하기 어렵다면, 이 이슈를 제기한 기자들이 실질적으로 나서는 것이 즉각적인 변화를 만들어낼 것이라는 긍정적 희망

사업체가 대부분이고, 인터넷 신문의 경우에는 10인 이하의 사업체가 대부분이어서, 기자가 경영, 취재, 편집을 함께 담당하는 경우가 많다.

21 김세은·장은미·최이숙, 『젠더 이슈 보도 실태 및 개선 방안』, 한국언론진흥재단, 2019.

을 품게 만든다.

　독자와 소통에 나서는 기자들의 움직임에 대해 누군가는 이제 기자가 해야 할 일은 좋은 기사를 쓰는 것을 넘어, 이용자와의 적극적인 커뮤니케이션까지를 포괄하며 모든 기자가 이를 실행해야 한다고 주장할 수 있을 것이다. 하지만, 기자 집단에 대한 폄하, 특히 정치 및 소수자 이슈 담당 기자가 겪고 있는 괴롭힘의 경험과 그에 따른 업무 수행의 위축을 고려한다면, 이들이 이용자들과 적극적인 소통에 나서기 위해서는 몇 가지 전제가 필요하다. 첫째, 기자들이 직무를 수행함에 있어 위축되지 않도록 온라인 공격으로부터 이들을 보호하기 위한 방안이 마련되어야 할 것이다. 악성 댓글에 대한 고소 및 고발 등을 법무팀의 지원을 받아 고려할 수 있지만, 독자를 상대로 소송을 한다는 것은 기자들에게는 매우 부담스러운 일이다(A참여자). 취재 및 보도의 과정에서 기자들이 겪는 심리적 외상에 대해 지원하는 시스템을 갖춘 곳은 『한국일보』, 『한겨레』, KBS 등으로 그 수는 손에 꼽는다. 설사 트라우마 치료 지원 제도가 있다고 하더라도, 과중한 업무로 인해 이를 활용하는 기자의 수도 적다. 기자를 향한 온라인 공격이 기자들이 '보도'라는 직업적 역할을 수행하는 데 장애요인으로 거론되는 상황에서 일선 기자에 대한 아무런 보호조치 없이 독자와의 반응 점검 및 소통의 역할까지 요구할 수는 없다. 둘째, 이용자 반응에 대한 대응 매뉴얼 및 그에 대한 교육이 필요할 것이다. 한국의 기자 교육에서 독자와의 소통 영역은 매우 주변적인 부분이었다. 교육과 함께 보다 적극적인 소통을 위해, G참여자가 제안하듯, 기자 개인의 신상 정보를 드러내는 기사 유통 방식보다는 현재 포털 사이트에 개인이 아닌 회사 계정을 열 수 있도록 해주고, 기자들이 회사 계정을 통해 독자와 소통할 수 있도록 하는 식의 방안도 고려할 수 있을 것이다. 셋째, 반사회적 발화를 수행하는 이용자에 대한 포털의 제재 및 사회적 제재 조치 역시 마련되어야 할 것이다. 포털은 더 이상 뉴스의 단순 수집자가 아니며, 한 사회의 공론 형성에 많은 영향을 미치는 주요 행위자 중 하나다. 네이버에서 악성 댓글을 차단하는 '클린봇' 등을 운영하고 있지만, 악성 댓글 생산자에 대한 경고와 제재 조치는 사실상 미흡한 수준이다. '삼진아웃제' 등 이용자의 책임을 고양할 수 있는 방안이 제시되었을 때, 댓글 공간의 분위기를 바꾸는 데 보다 효과적일 것이다.

지금의 현실을 조금이나마 개선할 수 있는 기술 환경에 대한 개입, 서로 연결된 개인들의 책임을 환기하는 다양한 정책에 대한 진지한 모색이 필요한 시점이다.

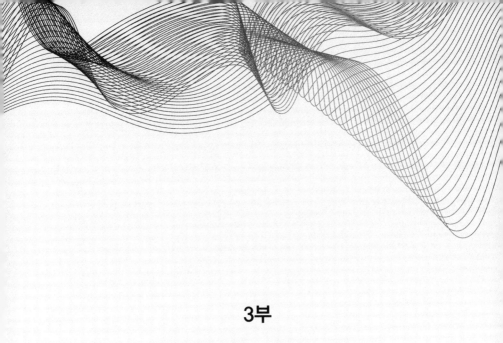

3부

담론적 접속과
물질적 접촉의 장치들

공서양속론의 법리를 통한 풍속의 본질화
: 1946~1970년 법정사 사장 장후영을 중심으로[1]

김 대 현

1. 머리말

법은 사회를 반영하고 사회는 법을 반영하며, 법과 사회의 각 체계는 상호 의사소통하면서 서로를 재창출한다.[2] 이 과정에서 법은 어떤 역사적 국면에서 사회의 다양한 부면들 가운데 어느 특정한 면을 취사선택하여 자신의 체계에 반영하고, 그렇게 취사선택된 각 시대 및 각 사례 속 사회와 그것을 원용한 법 모두는 훗날 역사적 평가의 대상으로 자리매김된다.

법과 사회의 상호 되먹임을 잘 드러내는 개념 중 하나가 바로

---

1   이 글은 김대현, 「공서양속론의 법리를 통한 풍속의 본질화: 1946~1970년 법정사 사장 장후영을 중심으로」, 『학림』 54, 연세사학연구회, 2024를 수정·보완하여 재수록한 것이다.

2   엄순영, 「니클라스 루만의 인식방법과 법사회학」, 『법학연구』 26(1), 경상국립대학교 법학연구소, 2018.

'풍속'이다. 가령 사회적 풍속을 법이 인용할 때 거기에 깃드는 "풍기문란"과 "미풍양속"의 기준 및 그에 부대되는 "법적·담론적 구조"는, 법이 인용하는 '풍속' 가운데 무엇이 아름답고 '선량'하며 무엇이 '문란'한 것인지 몹시 자의적으로 재단하는 관행을 낳고, 그것은 "인권과 시민권을 '박탈 가능성'이라는 형태로 구성"하기 때문에 "특정 집단의 존재 방식 자체를 심문"하는 효과를 낳는다.[3] 한국의 사회적 차별과 폭력의 뿌리에 이러한 "선량한 풍속", "사회통념"의 개념이 존재한다는 주장이 그래서 나온다.[4] 다만 이러한 논의가 진전되기 위해서는, 법이 인용하는 풍속 가운데 어떤 사회적 현실이 취사선택되고 있고, 그 과정에서 각 시대별로 어떤 구체적인 장치와 제도들이 활용되고 변화·재구성되었는지 보다 치밀하게 분석하는 것이 필요하다.

사실 풍속을 포함한 사회 현실을 법이 잘 반영해야 한다는 것은 그 자체로 중요한 당위이고, 그 과정에서 법적 개념의 내용을 포괄적으로 비정해두는 것이 반드시 그릇되게만 적용되는 것은 아니다. 통상 사인(私人)간의 이익을 놓고 싸우는 민법상 책임은, 국가가 범죄자를 처벌하는 형법상 책임에 비해 그 구성요건을 법문에 명시된 특정 유형에 국한하지 않고 좀더 포괄적으로 적용하는 것이 상례이며,[5] 나아가 그것이 더 전향적인 판결로 이어지는

---

3 권명아, 『음란과 혁명: 풍기문란의 계보와 정념의 정치학』, 책세상, 2013, 144, 193쪽.

4 권명아, 「K적인 것의 기원과 K차별: 차별 대응 제도와 교육, 사회통념 개념의 변화를 중심으로」, 『석당논총』 80, 동아대학교 석당학술원, 2021.

5 가정준, 「형사책임과 민사책임의 역할과 그 한계」, 『사법』 43, 사법발전재단,

경우도 있다.[6] 또한 한국의 대표적인 사회복지법인 1962년 「아동복리법」의 경우 아동복지의 대상이 되는 '요보호아동'(현 수급아동)의 범주를 포괄적으로 규정하여, 가급적 너른 범위의 아동에게 복지의 혜택이 가닿을 수 있도록 했다.[7]

문제는 이러한 사회복지법의 명분으로 포괄적으로 규정된 법적 개념이 사실상 형사처벌과 비슷한 조치에 인용되고, 그것이 처벌이 아닌 '복지'의 명분으로 활용되는 때다.[8] 모호한 법적 개념을 끌어들여 더 너른 범주의 사람을 처벌하고 인신구속하는 행위는 자연히 광범위한 인권 침해를 낳았다. 따라서 이 문제에 대한 연구들이 그간 집중되었는데, 소위 "국헌"을 위배한 직접적 행위 대신 그것을 목표한 집단에 가입한 것만으로 처벌받은 국가보안법 피해자를 비롯하여,[9] 범죄를 저지를 개연성이 있는 '비행소년' 및 '부랑자' 처벌,[10] 성매매를 할 것 같은 여성을 포함하는 '요보호여

2018, 7쪽.

6   서을오, 「민법 제103조상의 반사회질서행위의 유형화에 대한 비판적 검토」, 『민사판례연구』 33, 민사판례연구회, 2011.

7   최유정, 『가족 정책을 통해 본 한국의 가족과 근대성: 1948년~2005년까지』, 박문사, 2010, 114-116쪽.

8   김대현, 「성 규범의 지식·제도와 반사회성 형성, 1948~1972」, 연세대학교 박사학위논문, 2023, 57-58쪽.

9   박원순, 『국가보안법 연구 1: 국가보안법 변천사』, 역사비평사, 1989; 강성현, 「한국 사상통제기제의 역사적 형성과 '보도연맹 사건', 1925-50」, 서울대학교 박사학위논문, 2021.

10 김아람, 「5·16군정기 사회정책: 아동복지와 '부랑아'대책의 성격」, 『역사와 현실』 82, 한국역사연구회, 2011; 하금철, 「빈곤의 범죄화와 우범소질자의 탄생: 일제강점기~1950년대 부랑 문제를 중심으로」, 『진보평론』 73, 진보평론, 2017; 소현숙, 「전쟁고아들이 겪은 전후: 1950년대 전쟁고아 실태와 사회적 대

자' 처벌,[11] 이들을 포괄하여 '행위의 개연성 처벌'로 상징되는 보안처분(保安處分) 법제가 한국의 사회적 약자·소수자 처벌의 전거로 활용되었다는 연구 등이 그것이다.[12]

또한 공법(公法)적 처벌의 견지가 아니더라도, 특정한 풍습이 국민 전체가 마땅히 지닌 것으로 여겨지는 전통이자 미풍양속으로 취급되어 법적 근거로 오래 활용된 사례도 있었는데, 그중 대표적인 것이 바로 호주제로 상징되는 민법상 친족상속편, 통칭 가족법이다. 연구를 통해 밝혀진 바대로 호주제는 조선총독부가 일본의 민법을 식민지 조선에 이식하기 위해 발명한 관습에 가까웠음에도,[13] 대한민국 정부 수립 후 1960년 시행된 신민법은 이 호주제를 한국 전통의 관습으로 여겨 계수하였고, 이는 2005년 전통적 관습보다 성평등의 합헌성이 중요하다는 헌법재판소의 위헌 판결

책」,『한국근현대사연구』 84, 한국근대사학회, 2018; 유진, 「거리의 치안권력과 '선도'의 통치기술: 1960년대 청소년보호정책과 부랑아·우범소년」,『사회와 역사』 123, 한국사회사학회, 2019; 김대현, 「치안유지를 넘어선 '치료'와 '복지'의 시대: 1970~80년대 보안처분제도의 운영실태를 중심으로」,『역사문제연구』 45, 역사문제연구소, 2021; 서울대학교 사회학과 형제복지원연구팀 편,『절멸과 갱생 사이: 형제복지원의 사회학』, 서울대학교출판문화원, 2021.

11 박정미, 「한국 기지촌 성매매정책의 역사사회학, 1953~1995년: 냉전기 생명정치, 예외상태, 그리고 주권의 역설」,『한국사회학』 49(2), 한국사회학회, 2015; 김대현, 「1950~60년대 '요보호'의 재구성과 '윤락여성선도사업'의 전개」,『사회와 역사』 129, 한국사회사학회, 2021; 황지성, 「장애여성의 시설화과정에 관한 연구: 서울시립부녀보호지도소 사례를 중심으로 1961~2010」, 서울대학교 박사학위논문, 2023.

12 김대현(2023), 앞의 글.

13 홍양희,『조선총독부의 가족 정책: 식민주의와 가족·법·젠더』, 동북아역사재단, 2021.

이 나오기 전까지 한국의 민법 조문에 잔존하였다.[14]

풍속이란 이전부터 존재해 오던 자연적 현상이라기보다 본래 각 시기별로 재구성되고 해체되는 것에 가깝고, 그 풍속에 담긴 사회적 현실은 규범적 판단과 비판에 항상 열려 있다. 이는 곧 어떤 법행정의 근거로 풍속이 활용될 때, 그것이 지금 존재하는 풍속이라는 점 외에 거기에 또 다른 사회윤리적 판단 기준이 필요하다는 뜻과 연결된다. 그럴 때 어떤 풍습이 왜 이토록 지켜야 할 사회상규(社會常規)이자 집단적·민족적 전통으로 여겨지는지, 또 그 판단에 자연히 개입되는 자의성이 과연 어떤 통시적·공시적 명분 아래 유지되었고, 그를 통해 특정 풍습이 법과 사회 안에서 본질화되는 원리가 무엇인지 분석할 필요가 있다.[15]

이 문제에 대한 탐색을 위해, 이 글에서는 1950~1960년대 법

---

14 양현아, 『한국 가족법 읽기: 전통, 식민지성, 젠더의 교차로에서』, 창비, 2011.

15 본질화(essentialization)는 변화하는 가운데 있는 특정 인구군의 일부 양상을 그들의 영원한 '본질'적 특성으로 명토박는 일을 뜻한다. 그것은 기본적으로 식민지의 문화적 차이를 차별의 근거로 만드는 제국주의 통치 전략의 일환으로 활용되었지만, 탈식민 민족주의 또한 제국주의에 저항하는 과정에서 자신들의 민족적 특질을 본질화하는 유혹에 빠져들기 쉽고, 이는 "민족 문화의 근원적 부흥 비전"에 근거한 "지식인층의 엘리트주의"로 경도될 수 있다. 이에 따라 에드워드 사이드는 탈식민국가가 독립한 후에 "낡은 정통 사상과 부정으로 되돌아가지 않기 위해 사회와 문화를 새로운 상상력으로 다시 생각"하는 움직임이 필요하며, 여기서 중요한 역할을 하는 것 중 하나가 바로 민족의 단일성을 재고하게 하고 내부의 차이에 주목하는 여성운동의 존재라고 평가했다. 에드워드 사이드, 박홍규 역, 『문화와 제국주의』, 창, 2005[1993], 422-424쪽. 또한 사이드는 국가가 제공하는 정체성과는 다른 종류의 정체성을 실천하고, 그것을 개인적 특수성의 체험에서 출발하게끔 만드는 것이야말로 인문학의 주요한 역할이라고 언급했다. 에드워드 사이드, 김정하 역, 『저항의 인문학: 인문주의와 민주적 비판』, 마티, 2012[2004], 113-114쪽.

률가 장후영(張厚永, 1909~1985)의 활동과 그의 소위 '현실주의법학' 사상을 살펴보고자 한다. 그는 일제 시기 경성제대 출신으로는 최초로 고등시험 사법과에 합격하였고, 교토제대·도쿄제대 대학원에서 수학하였으며,[16] 해방 직후 1946년부터 1970년까지 법률전문지 『법정』의 주간으로 긴 시간 재직하면서 법과 관련한 숱한 글과 논설을 남겼다. 이러한 장후영의 법조계 내 비중 있는 행적에 비해, 그에 대한 연구는 소략한 실정이다.

특히 그는 "공서양속", "사회일반통념", "일반조항" 등의 개념을 통해 사회적 현실을 법이 활발히 참조하고 그것을 조정하는 형태의 '현실주의법학'을 주창하였고, 그 개념 중 일부가 제2차 세계대전 종전 이전의 나치 독일 법학에서 원용된 것임을 숨기지 않았다. 이러한 그의 법사상이 그의 사회적 실천과 맞물려 법 가운데 어떤 사회적 현실이 취사선택되어 반영되고 있었는지를 분석하는 것이 이 연구의 목표이다. 더불어 이러한 그의 사례는 법과 사회

---

16 장후영은 1909년 서울에서 출생해 배재고등보통학교를 졸업하고, 1929년 4월 경성제국대학 법문학부에 진학하여 1932년 3월 졸업하였다. 경성제대 법문학부에 재학 중이던 1931년 11월 일본 고등문관시험 사법과에 합격하였는데 이는 경성제대 출신으로는 최초의 고등시험 사법과 합격생이었다. 1932년 6월 일본 교토제국대학 법학부 대학원에 입학하였다가 1933년 8월 중퇴하였고, 그해 9월 경성제대 법문학부 법학과 대학원에 입학해 이듬해 9월 수료했다. 그는 1934년 11월부터 1936년 6월까지 경성지방법원 및 동 법원 검사국의 사법관시보에 임용되었고, 1935년 9~12월 검사대리, 1936년 6~8월 경성지법 및 광주지법 예비판사, 1936년 9월부터 1939년 2월까지 광주지법 판사직에 재직하였다. 퇴임 후 다시 일본으로 유학하여 1939~1941년 도쿄제국대학 대학원에서 독일 법학을 연구하였고, 귀국 후 1942년 7월 경성에서 변호사로 개업하였으며, 위에 언급한 일제시기 사법관 재직 이력 및 1944년 2월 보도특별정신대 대원으로 경북 지역에서 친일 강연을 한 것으로 『친일인명사전』에 등재되었다. 친일인명사전편찬위원회, 「장후영」, 『친일인명사전』, 민족문제연구소, 2009.

의 관계에 대한 통찰과, 거기에 동원된 사회적 규범 및 사실 양자 모두에 대한 역사적 평가의 기준을 세우는 데 유의미한 기여를 할 수 있으리라 판단된다.

2. 해방 후~1950년대 장후영의 '현실주의법학'

2.1. 일반조항 및 공서양속 개념의 '민족'적 활용과 풍속의 본질화

해방 후 1945년 9월, 장후영은 미군정청 조선법전편찬과장에 임명되었고, 1946년 4월 서울에서 변호사로 개업하였다. 그해 9월 출판사 법정사를 설립하여 사장에 취임하고, 법률전문 월간지 『법정』을 창간하고 해당 전문지를 발간하는 법정사의 사장에 취임하였다. 그가 스스로 밝히기를, 이 잡지의 창간은 "정신을 가다듬어 조국 재건에 법학도로서 이바지하는 방식" 가운데 하나였다.[17]

그는 창간호의 기사를 통해 해방 직후의 현재 상황은 일종의 "법이념"이 필요하며, 그것은 "민족 전체의 이익" 혹은 "감정"으로 표상될 수 있다고 보았다. 따라서 지난날 독일 국민들이 그러했던 것처럼 "개인의 이해"보다 "무엇이 전체를 위하야 필요하냐"에 따라 법률이 운용되어야 한다고 주장했다.[18] 이러한 생각을 관철하

---

17 장후영, 「『법정』 1년」, 『법정』 12, 법정사, 1947. 9, 8쪽.
18 장후영, 「설론: 변동기의 법률운용에 대하야」, 『법정』 1, 법정사, 1946. 9, 9-10쪽.

기 위해 장후영이 법문 가운데 주목했던 것이 바로 법률상 요건을 추상적·일반적으로 규정하는 일반조항의 개념이었고, 그러한 일반조항 개념 중 하나로 장후영이 주목한 것이 구민법 제90조에 의거한 '공서양속(公序良俗)' 규정이었다.[19] 그는 일반조항과 공서양속 개념을 적극적으로 해석하여 적용하는 것이 곧 현실에 법을 적응시키고 그것을 "윤리화, 사회화"할 수 있는 통로라 보았고,[20] 거기에 담긴 법이념은 곧 "국가 혹은 민족 전체의 이익"이 될 것이라고 주장하였다.

2.1.1. 나치 및 소비에트 법학과의 혼동에 대한 방어논리: 계급 협조 노선

이러한 장후영의 주장은 일면 나치 독일의 법사상에서 연원한 것처럼 보이기도 하는데, 이 점은 장후영 스스로도 일정하게 의식하고 있었다. 그가 직접 소개한 바 공서양속을 비롯한 일반조항을 원용하는 법 운용에 대한 비판의 논리는 다음과 같았다. 첫째, 이러한 법개념은 "편리한 개념"의 사용에 지나지 않으며 이를 통해 법률가들의 사고가 취약해지게 되고, 둘째로 법생활을 불안정하게 하며, 셋째로 재판관의 자의가 방조된다는 것이다. 또한 그러한 법률의 예시로 든 것이 바로 소비에트 법률이었다.[21]

---

19 장후영, 「'양속'개념의 법규화(1)」, 『법정』 58, 1953. 4, 6쪽; 장후영, 「논설: '사회일반통념'에 관련하여(2)」, 『법정』 17, 법정사, 1948. 3, 21-22쪽.

20 장후영, 「논설: 법과 도덕과의 관계(5완)」, 『법정』 24, 법정사, 1947. 8, 30쪽.

21 이는 독일의 법학자 유스투스 W. 헤데만(Justus W. Hedemann, 1878~1963)의 개설을 인용한 것이다. 장후영, 「변동기의 사법이념(서설)(3)」, 『법정』 7, 1947.

실제로 장후영의 논설 가운데 공서양속을 파악하는 대목에는 나치 독일의 법사상에 깔린 소위 '전체주의'적 속성이 없다 할 수 없었다.[22] 장후영은 공서양속론을 설명하면서 "전국민의 행위는 풍속이란 형태 속에서 동일한 것"이며 "완성된 풍속"은 "발전진화의 법칙에 복종"하고,[23] 공동체에 속한 모든 사람이 "동일한 상태 밑에서 동일한 것을 감(感)하고 생각하며 살아가는 것"이라는 독일 검사의 주장을 인용하였다.[24] 즉 관습은 개인의 것이지만 풍속은 "개인을 전체의 구성원으로서 관찰"한 결과이자 그 자체로 "통일적인 최고의 목적"을 갖는다는 것이다.[25] 또한 이를 뒷받침하는 근거로 풍속과 '양속'을 등치시킨 독일 법학자의 논의를 원용하기도 하였다.[26] 공서양속론의 이해 가운데 전제된 장후영의 풍속 인

4, 33-34쪽. 혜대만의 이력에 대해서는 각주 41번 참조.

22 '전체주의'는 제2차 세계대전 말기에는 주로 추축국의 정치 체제를 가리키는 말로 사용되다가, 1945년 이후에는 소비에트 체제에 대한 표현으로 확장되었다. 이는 국제 질서의 냉전적 재편과 연동하여 이 어휘가 소위 '자유주의 진영'의 입장에 의거한 편향을 내포하고 있음을 드러낸다. 1951년에 출간된 한나 아렌트의 『전체주의의 기원』 또한 '전체주의' 체제의 예로 나치즘과 스탈린주의를 놓고 있다. 한나 아렌트, 이진우 역, 『전체주의의 기원 1』, 한길사, 2006[1951]; 한나 아렌트, 이진우 역, 『전체주의의 기원 2』, 한길사, 2006[1951] 참조.

23 장후영, 「논설: 법과 도덕과의 관계」, 『법정』 11, 법정사, 1947. 8, 6쪽.

24 장후영, 「논설: 법률학적 방법론에 관하야」, 『법정』 19, 법정사, 1948. 5, 4쪽.

25 이는 헤르만 헤르초크(Hermann Herzog)의 주장이었다. Hermann Herzog, *Zum Begriffe der guten Sitten im bürgerlichen Gesetzbuche*, Breslau: Marcus, 1910, s.36-42, 장후영, 「양속개념의 법규화(2)」, 『법정』 59, 법정사, 1953. 6, 4쪽에서 재인용.

26 이는 독일 법학자 레오나드 자코비(Leonard Jacobi, 1832~1900)의 주장이다. Leonard Jacobi, *Die Sittliche Pflicht im Bürgerlichen Gesetzbuch*, Festgabe für Heinrich Dernburg, 1901, s.78-80, 장후영, 「양속개념의 법규화(2)」, 『법정』 59,

식은 이처럼 나치 독일식 '전체주의'의 잔영이 있었다.

이에 대한 장후영의 방어논리는 다음과 같았는데, 첫째로 법이론적 방어논리를 내세웠다. 그가 소개하기로 일반조항의 또 다른 예로 사용된 "사회일반통념"의 개념에 대해, 그것은 당대 독일 법학자들에 의해 "공허한 자기기만"이라든가,[27] "사회신화학의 영역"에 가깝다는 식으로 조소되는 경우가 있었다.[28] 이러한 풍속 개념에 대한 나치 독일식 '전체주의'풍의 신화화 및 그를 통해 "전체의 구성원"으로서 개인을 바라보는 문제에 대해, 장후영은 일반조항 및 공서양속, '사회일반통념'의 개념에 깔린 전제들이 법률학적 인식 속에서 "추상"의 형태로 "실재"하는 것이기에,[29] 마치 자연과학에서처럼 개인이 어떻게 집단으로 "심리적 강제관계"를 지니는지 일일이 입증하지 않아도 무방하다고 보는 것으로 대응했다.[30]

둘째로 법현실적 방어논리가 있었는데, 여기에는 장후영의 해방정국기 사회상에 대한 나름의 진단이 개재하였다. 그가 보기에 나치나 소비에트 법제는 특정 권력자 계급의 견해를 대변하는 것이지만, 해방 직후의 남한은 계급의 이익을 조정하는 형태의 "민족

법정사, 1953. 6, 5쪽에서 재인용.

27 이는 독일의 형법학자 프란츠 폰 리스트(Franz von Liszt, 1821~1919)의 주장이다. Franz von Liszt, *Die Deliktsobligationen Im System Des Burgerlichen Gesetzbuchs*, Walter De Gruyter Incorporated, 1898, s.43.

28 이는 독일의 법철학자 루돌프 슈탐러(Rudolf Stammler, 1856~1938)의 주장이다. Rudolf Stammler, *Die Lehre von dem Riehtigen Rechte*, Berlin: J. Guttentag, 1902, s.151-152. 장후영, 「논설: 법률학적 방법론에 관하야」, 『법정』 19, 법정사, 1948. 5, 4쪽에서 재인용.

29 장후영, 「논설: 법과 도덕과의 관계(4)」, 『법정』 24, 법정사, 1947. 8, 22쪽.

30 장후영, 「논설: 법률학적 방법론에 관하야」, 『법정』 19, 법정사, 1948. 5, 5쪽.

총체의 이익"을 관철하는 것이 가능한 상태라는 것이었다. 즉 그에게 있어 "민족 전체"에 대한 개념은, 초기 자본주의에 대한 비판과 극복의 사상적 흐름을 의식한 계급 협조주의의 맥락을 내포하고 있었다.[31] 실제로 해방 후 38선 이남은 자유주의 · 자본주의와 사회주의, 개인의 권리와 계급투쟁 사상 양자 모두를 극복하자는 문제의식 속에, 나치즘을 포함한 해방 이전의 '전체주의' 사상 중 일부의 입론에 대한 조심스러운 공감의 정서가 자리하고 있었는데,[32] 장후영의 논리 또한 이러한 흐름에 기대고 있었다.

그가 독일의 예를 들어 민족 전체의 이익과 일반조항, 공서양속을 끌어들인 명분은 다음과 같았다. 19세기의 "개인주의 · 자유주의적인 법질서 내지 경제질서"의 "모순과 결함"이 드러남에 따라 그것의 수정과 조정이 불가피하게 되었고,[33] 더 이상 "소유권 절대의 원칙"을 기준으로 법률을 운용하는 것이 타당하지 않다는 이유에서였다. 이렇게 그는 초기 자본주의의 쇄신을 명분으로 공서양속 개념의 선용을 주장하였는데, 이는 19세기 말~20세기 초 독일 및 오스트리아의 법학 논의를 원용한 것이었다.[34]

---

31 장후영, 「변동기의 사법이념(4)」, 『법정』 8, 법정사, 1947. 5, 39쪽.

32 후지이 다케시, 『파시즘과 제3세계주의 사이에서: 족청계의 형성과 몰락을 통해 본 해방 8년사』, 역사비평사, 2012 참조.

33 장후영, 「공서양속론(1)」, 『법정』 30, 법정사, 1949. 4, 6쪽.

34 장후영의 주장은 1891~1893년 오스트리아 재무부장관을, 1904~1907년 오스트리아 대법원장을 역임한 에밀 슈타인바흐(Emil Steinbach, 1846~1907)를 인용한 것이다. 관련 저서 및 해당 부분은 다음과 같다. Emil Steinbach, *Die Moral als Schranke des Rechtserwerbs und der Rechtsausübung*, Manz, 1898, s.47-48. 장후영, 「'양속' 개념의 법규화(1)」, 『법정』 58, 법정사, 1953. 4, 8쪽에서 재인용.

더불어 여기에 이 시기 독일 법학계의 사회법(社會法) 관련 논의가 개재하였다. 20세기로 접어들면서 개인주의적 법으로는 해결할 수 없는 문제에 대한 대응이 요구되었고, 그리하여 사법(私法)과 공법(公法) 외에 제3의 독자적 영역으로서 사회법의 필요성이 대두되었다. 사회법은 "사회보장을 통한 사회적 정의"의 실현으로서 "사법의 기능 결여에 대응"하는 것을 목적으로 삼았으며, 그 집행은 행정법을 통하였고,[35] 이로부터 사회적 원호·부양·보험 등이 실행되었다.[36] 독립적인 경제주체를 상정하는 로마법과 그를 계수한 사법(私法) 체계를 보완하기 위해 공공의 개입을 요구하는 것은 사회보장과 복지국가의 대원칙으로 자리 잡았고,[37] 이 시기 독일의 노동법 또한 이러한 사회법의 성격을 지닌 법이었다.[38]

실제로 해방정국기 장후영은 자본주의 수정의 논거를 활용하

---

[35] 사회법에 해당되는 법으로는 「근로기준법」 등의 노동법 분야, 「독점규제및공정거래에관한법률」 등의 경제법 분야, 기타 사회보장법 분야 등이 있다.

[36] 에버하르트 아이헨호퍼, 이호근 역, 『사회법』, 인간과복지, 2020, 47-59쪽.

[37] 사회보장과 복지국가가 창출한 사회적인 것의 특질에 관해서는 자크 동즐로, 주형일 역, 『사회보장의 발명: 정치적 열정의 쇠퇴에 대한 시론』, 동문선, 2005 참조. 더불어 동즐로는 이 '사회적인 것'의 창설이 19세기 가족의 재구성 및 "가족관계에 대한 전문가의 감독 기술"의 도입과 긴밀한 관련을 지녔다고 분석하였다. 미셸 바렛·메리 맥킨토시, 김혜경·배은경 역, 『반사회적 가족』, 나름북스, 2019, 192-207쪽; Jacques Donzelot, The Policing of Families, Pantheon Books, 1979 참조.

[38] 문제는 이러한 사회법적 '보호'가 1933년 나치 집권 후 거꾸로 '반사회성'에 대한 광범위한 범죄화·병리화 및 법적·사회적 처벌로 이어졌고, 이것이 당대에 비교적 '정상적'인 사회구성원을 향한 사회보험의 확대와 동시에 진행되었다는 사실이다. 에버하르트 아이헨호퍼, 앞의 책, 81~82쪽.

여, 세입자를 쫓아내는 형태의 "가옥소유권"을 집 주인이 행사할 수 있도록 한 서울지방심리원의 결정을 비판하기도 하였다. 1948년 초 서울지방심리원은 "차가인[借家人, 오늘날의 임차인]의 가옥소유권 경시의 경향 시정 수단"으로 이 조치를 설명했지만, 장후영의 생각은 달랐다. 주택임대차 관행에 대해 가옥소유권의 "비상조치"를 단행하는 것은 주택난이 심한 상황 속에서 임차인에게 "굉장한 공황"을 일으킴은 물론, 이러한 법사상은 "화려하고 활발한 경제적 자유경쟁을 꿈꾸든 자본주의 초기의 산물"로서 시대착오적이며, 이에 "조정법학"으로서 "제3법학"이 필요하다는 것이 그의 생각이었다.[39]

2.1.2. 공서양속론의 노동법적 연원과 풍속에 대한 법적 한정

이와 더불어 장후영의 공서양속론 가운데에는 독일 법학계의 논의에 기댄 또다른 법적 계보가 있었다. 바로 제1차 세계대전 패전 후 독일 내 노동쟁의가 빈발하던 상황에서, 노동조합의 "스트라익", "보이콧트"에 대처하기 위한 노동법의 제정이 그것이었다. 이 시기 노동법이 만들어지고 노동조합이 합법화된 맥락 가운데에는 제1차 세계대전 당시 독일 노동조합 운동이 정부에 협력한 사실이 개재하였거니와,[40] 자본주의 수정과 사회법의 명분으로 도입된 노동법임에도 그 행간에는 자본가의 이익을 보전하기 위한

---

39 장후영, 「법정시평: 가옥명도와 비상처분」, 『법정』 16, 법정사, 1948. 1 · 2, 57-58쪽.

40 Drs. h.c. Manfred Weiss & Marlene Schmidt, 배인연 역, 『독일 노동법과 노사관계』, 중앙경제, 2016[2008], 31-32쪽.

장치들이 안배되었다.

그 독소 조항 중 하나가 바로 독일 민법의 일반조항으로 이해
되었던 "신의성실, 공서양속, 권리남용"의 개념이었다. 이는 당시
독일의 노조 활동을 탄압하기 위한 법개념으로 활용되었다.[41] 실
제로 위 조항을 활용한, 즉 공서양속에 어긋난다고 판결된 독일제
국재판소의 노동투쟁 관련 판례의 경우는 크게 다음 네 가지로 나
뉘었는데, "부도덕", "불균형", "경제상 파멸을 유치" 등에서 알 수
있듯이 그 판단 기준은 몹시 모호한 것이었다.

1) 투쟁의 목적 자체가 부도덕한 경우
2) 거기에 사용한 투쟁수단이 부도덕한 경우
3) 투쟁 때문에 생기한 또는 생기한다고 예산할 수 있는 손실이 투
쟁으로 말미암아 얻을 수 있는 성과에 비하여 심히 불균형한 경우
4) 투쟁의 수단이 상대방의 경제상 파멸을 유치(誘致)할 수 있는
것인 경우[42]

---

41 이 주장은 헤데만의 논지를 원용한 것이다. 일반조항을 다룬 헤데만의 저서
는 다음과 같다. Justus W. Hedemann, *Die Flucht in die Generalklauseln: Eine
Gefahr für Recht und Staat*, Tübingen, 1933, 장후영, 「변동기의 사법이념(서설)
(3)」, 『법정』 7, 법정사, 1947. 4, 31쪽에서 재인용. 헤데만은 이후 나치에 부역
하였고, 국민사회주의 법학을 구성할 때 유대인 출신 좌파 법학자들의 논의를
인용하였다. 그의 활동에 대해서는 Schmidt, Katharina Isabel, "*The Law That We
Feel Living Within Us*": German Jurists and the Search for 'Life' in Modern Legal
Science, 1900~1946, Princeton, NJ: Princeton University, 2021의 5장 참조.

42 장후영, 「공서양속론(1)」, 『법정』 30, 법정사, 1949. 4, 7쪽. 이 정리는 독일 제
국 노동부 노동법위원회 위원으로 노동계약법 초안을 작성한 하인츠 포트호프
(Heinz Potthoff, 1875~1945)의 논의를 따왔다. 그는 나치 집권 후 해직되었다.
Heinz Potthoff, "Gute Sitte im Arbeitskampf", *Zentralblatt für Handelsrecht*, 1928,

나아가 이렇게 태생적으로 모호한 판단 가능성이 내재된 공서양속 개념의 적용을 통해, 그것을 분명하게 결정지음으로써 법의 현실화, 사회화, 윤리화의 소임을 다할 주체로 비정된 이들은 바로 법률가 자신이었다. 즉 법이념을 담을 "탄력성"을 통해 판사 개인이 공서양속에 부합한 "해석"과 "판단"을 하게 되면, "일은 거기서 충분히 끝"난다는 것이 장후영의 주장이었다.[43] 그에게서 "사회일반통념", 즉 공서양속에 대한 재판관의 판단은 그 자체로 이미 "당위로서 객관적 타당성"을 가진 것이었다.[44]

이러한 판단의 주체인 당대 사법부와 법률가는 좌우 대립으로 부터 초탈한 "제3입장"의 "엄정중립"의 위치,[45] 사상적 배경을 넘어선 "더 한 거름 뿌리깊이 건전한 현실파악"이 가능한 "품격" 있는 존재로 자리매김되었다.[46] 또한 이들 법률가들은 해방정국기 입법의원 및 1948년 5.10총선거를 통해 선출된 국회의원들보다 뛰어난 법행정의 전문가로 자임되었고,[47] 심지어 입법부는 "부유, 권력, 지배계층"이 많아 "국민 전체의 총의"를 대변하는 데 한계가 있음

s.234. 또한 독일의 노동법 학자 프리츠 외팅거(Fritz Oettinger, 1885~1978)의 논의도 참고되었다. Fritz Oettinger, *Die guten Sitten in der Arbeitsrechtlichen Rechtsprechung nach dem Kriege*, De Gruyter, 1931, s.81-82. 장후영, 「우리 민법의 새 이념」, 『법정』 35, 법정사, 1949. 9, 17쪽에서 재인용.

43 장후영, 「변동기의 사법이념(2)」, 『법정』 5, 법정사, 1947. 2, 40쪽.

44 장후영, 「'사회일반통념'에 관련하여(2)」, 『법정』 17, 법정사, 1948. 3, 22쪽.

45 장후영, 「변동기의 사법이념(4)」, 『법정』 8, 법정사, 1947. 5, 39쪽.

46 장후영, 「법정시평: 전환기의 사법제도」, 『법정』 2, 법정사, 1946. 10, 21-22쪽.

47 장후영, 「법정시평: 군정청의 입법과 기술」, 『법정』 4, 법정사, 1947. 1, 34쪽.

이 지적되기도 하였으며,[48] 이러한 인식을 바탕으로 장후영은 삼권분립을 전제로 한 "사법권 우위"를 주장하였다.[49]

이러한 그의 법률가 엘리트주의 인식은 공서양속을 넘어 정의 일반에 대한 그의 생각에서도 드러난다. 장후영은 현대사회의 힘이 "일반대중"에 있지만, 한편으로는 일반대중이 단순하고 순진하기도 하다고 언급하고,[50] 당대에 유행한 "민족정기"나 "정의"라는 개념이 무엇을 가리키는지 알기 어려우며 그것이 "모략"과 혼동될 가능성에 대해 타진하기도 하였다.[51] 따라서 앞서 서술한 공서양속이야말로 새 시대의 "정의의 구현체"로 사고되었는데,[52] 이는 곧 정의 일반에 대한 법적 인정을 넘어 그것에 대한 법적 · 담론적 한정으로서 공서양속론이 구상되었다는 것을 알 수 있다.

정리하면, '민족 전체의 이익'의 법이념과 그를 통한 풍속 개념의 확장 적용을 골자로 하는 장후영의 공서양속론은, 첫째로 고전 자본주의의 비판과 계급 협조 노선의 사상적 영향 아래 있던 해방정국기의 사회상에 힘입었고, 둘째로는 1920년대 노동쟁의 규제를 핵심으로 하는 독일법의 계보를 자임하는 가운데 소위 '대중적' 정의의 인용을 넘어 그것의 법적 제한을 목적으로 구상되었다. 해방 후 탈식민의 과제상황 속에서 '민족 전체의 이익'이 손쉽게 정당화되는 가운데, 집단의 통일적 목적을 체현한 것으로 상정된

48　장후영, 「법정시평: 국회와 입법지향」, 『법정』 23, 법정사, 1948. 9, 57쪽.

49　장후영, 「법정시평: 법치국가논의」, 『법정』 34, 법정사, 1949. 8, 30쪽.

50　장후영, 「법정시평: 정부 · 국회 · 민생」, 『법정』 26, 법정사, 1948. 12, 25쪽.

51　장후영, 「수필: 인간항로」, 『법정』 29, 법정사, 1949. 3, 34-35쪽.

52　장후영, 「우리 민법의 새 이념」, 『법정』 35, 법정사, 1949. 9, 17쪽.

풍속의 본질화가 용인된 사정이 이러하였다.

2.2. 한국전쟁 이후 장후영의 '현실주의법학' 적용

2.2.1. 계급 협조 노선의 속류화와 법률가의 엘리트 의식

한국전쟁 발발 후 장후영은,[53] 1951년부터 자신의 입론을 '현실주의법학'이라는 이름으로 구체화하였다.[54] 그 내용은 앞서 설명한 바와 대동소이하였다. 특히 그의 공서양속론에 깃든 계급 협조 노선과 관련하여, 1949년 이후 진행된 농지개혁의 법적 의의와 연결지은 글이 주목된다. 즉 일정 부분 "소유권 절대의 원칙"을 상대화하고 "계약상의 의무 때문에 일종의 노예에로 전락되어갈 가능성"이 있는 "노동자", "소작인"에 대해, 법관은 공서양속 원칙의 원용을 통해 그들의 경제적 이익을 도모하고, 자본주의 원칙을 수정할 것에 대한 문제의식이 언급되었다.[55]

그러나 이렇게 "국민 전체의 복리"를 계급 협조 노선으로 파악하는 시각은, 한국전쟁 발발 후 그것이 실제로 적용되는 과정에서 다른 한계를 노정하였다. 그는 1951~1952년 공무원 중 90%가 수뢰를 하는 현실을 생각할 때, 공무원의 수뢰죄는 법률로서 죄를

---

53 그는 1951년 5월~1952년 5월, 1953년 2~9월에 서울변호사회 회장을, 1953년 4~10월, 이후 1960년 9월~1961년 6월까지 대한변호사협회 회장을 지냈다. 김두식, 『법률가들: 선출되지 않은 권력의 탄생』, 창비, 2018, 48, 182쪽.

54 장후영, 「현실주의법학에 대하여」, 『법정』 49, 법정사, 1951. 11·12, 3-5쪽; 장후영, 「현실주의법학의 실천」, 『법정』 56, 1952. 12, 4쪽.

55 장후영, 「'양속'개념의 법규화(1)」, 『법정』 58, 법정사, 1953. 4, 8쪽.

인정하지 않는 것이 마땅하다는 의견을 발표하여 법조·법학계에 파란을 일으켰다. 그는 민주주의의 원리를 "다수가 그러하면 그것을 존재 그대로 인정해야 한다"는 관점에서 받아들였고, "민주주의 사회생활체제에 있어서 대다수의 예스가 어떠한 경우에 특수한 소수의 노 때문에 부정되어야 하는가를 알 도리가 없"다고 언급했다. 즉 그의 입론 속에서 사회적 규범의 발견 및 재확인·재창출로서 법의 규범성은 인정되지 않았고, 법이 발견해야 할 사회현실을 공무원의 수뢰로 파악하였다.[56]

이에 대해 유병진(柳秉震, 1914~1966) 판사는, 법이 현실을 적실히 반영해야 한다는 점에는 동의하면서도, 어떤 사회상 자체를 선으로 볼 것이 아니라 거기에 "다수인에게 '옳다고' 되어" 있는 정의라는 '관념'을 더한 형태의 사회를 법이 함께 의식할 필요가 있다고 언급하였다. 이런 맥락에서 법학은 "현실을 규율하기 위한 학문"을 넘어 "가치를 추구하는 학문"일 수밖에 없으며, 법사회학적 고찰에 있어서 "사회의 필요"만을 볼 것이 아니라 "사회의 이상"을 함께 보아야 한다고 주장했다.[57]

이처럼 법이 참조해야 할 현실이 어떤 맥락에 가로놓여 있느냐는 중요한 문제였고, 그것이 성찰되지 않을 경우, 그 현실은 법

---

56 신동운 편저, 『유병진 법률논집: 재판관의 고민』, 법문사, 2008, 411-412쪽.

57 그는 한국전쟁 중 부역자 재판의 과정 속에서, 전쟁 중 아무리 국가의 공동목적이 강제되고 그것이 하나의 "전체주의화적 경향"을 띠게 된다고 하더라도, "전체라는 것도 부분을 통하여서만이 존재할 수 있"음을 알고 그 속에서 개인의 자유를 최대한 보장하는 것이 곧 "민주주의의 정치형식"이라고 주장했다. 이후 그는 1958년 7월 진보당 사건으로 구속된 조봉암(曺奉岩, 1898~1959)에 대한 1심 판결을 무죄로 내려 화제가 되었다. 신동운 편저, 위의 책, 269-276쪽.

률가의 자의적 판단 속에 본질화될 위험에 노출될 수 있었다. 일
례로 장후영은 이 논쟁에서 "국민 전체의 관념"은 곧 "공무원 일반
의 관념"과 "복리"로도 읽을 수 있다고 하였는데,[58] 그 근거는 바로
'현실주의법학'이 "공무원의 생활현실과 유랑고아의 생활현실"을
토대로 해야 한다는 것이었다.[59] 공무원이 "유랑고아"의 현실과 등
치되어 비교되고 있다는 점에서, 계급 협조 노선에 전제되어야 할
구조적 계급 차별·격차에 대한 객관적인 인식은 이미 일정 부분
탈각되고 있음을 알 수 있다.[60]

둘째로 모호한 법적 개념 및 정의의 판단 주체를 사법부에 독
점시키는 인식은 1950년대에도 일관되었다. 즉 "국민전체의 복리"
에 대한 "판단의 권한"은 오로지 법관에게 있으며, 그것만이 "법과
현실과의 무지무지한 괴리를 겨우 메울 수 있"다는 것이었다.[61] 이
를 바탕으로 그는 공서양속 개념의 활용을 통해 사법부 역할을 강
조하고 사법권 우위를 주장하였으며, 법원을 부패 속에서 "외연
(巍然)"한 "최후의 아성"으로 파악하였다.[62] 또 이 과정에서 앞서 언

---

58 장후영, 「법의 이념에 관련하여」, 『법정』 53, 법정사, 1952. 7, 6, 9쪽.

59 장후영, 「법의 계급성」, 『법정』 57, 법정사, 1953. 3, 6쪽.

60 공무원 수뢰와 관련한 그의 현실 인식은 1960년대 들어 일정한 변화를 맞는다.
그는 1967년 『법정』의 권두언에서 공무원 수뢰에 대한 "처벌법규 만능사상"을
비판하면서, 지금은 공무원의 강요로 업자들이 "울며 겨자먹기"로 뇌물을 건네
는 사례가 많고, 한번 신고 당하는 것보다 수차례에 걸쳐 착복하는 금액이 더
크다고 진단했다. 장후영, 「권두언: 법만능의 사상」, 『법정』 207, 법정사, 1967.
9, 1쪽.

61 장후영, 「완전한 법률(완)」, 『법조』 3(4), 법조협회, 1954. 11, 36쪽.

62 「완전한 법률(완)」, 『법조』 3(4), 법조협회, 1954. 11, 36쪽; 장후영, 「법정시평:
법률가의 '에스푸리'」, 『법정』 50, 법정사, 1952. 2, 21쪽; 장후영, 「사법부론: 사

급한 '대중적' 정의에 대한 법률가 엘리트의 인식도 그대로 반복되었다. 즉 법률의 윤색을 거치지 않은 "일반 대중의 일반상식"에 불신을 드러내는 한편, "대다수 군중의 비조직적(법률상)의 의사표시"에 대해서도 그는 거부감을 드러내었다.[63]

셋째, 그의 공서양속론에 내포된 '전체주의'풍의 요소들은 이 시기 여전히 노정되었으나, 이에 딸린 문제들은 1950년대에 진행된 이승만 행정부의 정치적 파행들 속에 상대적으로 덜 부각되었다. 장후영은 일반조항 및 공서양속의 전제가 되는 풍속이란 "전체의 수요를 충족"시키고 "통일적인 최고의 목적"을 가지며, 그것의 조정은 "공동체의 존립상 합목적적인 관점에서 시행"되는 것으로 보아, 풍속에 대한 종전의 '전체주의'풍의 주장을 반복하였다.[64] 이러한 '현실주의법학'적 사고에 대해 황산덕(黃山德, 1917~1989) 법학과 교수는 "팟쇼, 나치스, 쏘비에트"의 독재를 연상케 하기에 그것을 삼가야 한다고 지적하였는데, 이에 대해 장후영은 자신의 입론이 어디까지나 사법권 우월의 원칙에 근거하고 있으며, 보통 독재정치는 행정권 우위를 가리키는 것이라 반박하였다.[65]

법권의 위신을 세워라」, 『법정』 89, 법정사, 1956. 9, 12쪽; 장후영, 「법학과 변호사」, 『법정』 120, 법정사, 1960. 4, 19쪽.

63 장후영, 「법정시평: 개헌문제」, 『법정』 52, 법정사, 1952. 6, 25쪽; 장후영, 「법정시평: 재판의 권위」, 『법정』 55, 법정사, 1952. 10, 25쪽.

64 장후영, 「양속개념의 법규화(2)」, 『법정』 59, 법정사, 1953. 6, 4쪽.

65 장후영, 「법정시평: 현실주의법학적 사고와 독재정치」, 『법정』 69, 법정사, 1955. 1, 28-29쪽.

2.2.2. 1958년 호주제 법제화와 풍속의 본질화

1950년대를 통틀어 이승만 대통령을 위시한 행정부의 독재와 부정선거에 비해, 김병로(金炳魯, 1887~1964) 대법원장을 위시한 사법부의 입지가 상대적으로 고평가되었다는 점에서, 장후영의 말에는 일정한 맥락적 일리가 존재하였다. 하지만 김병로를 비롯한 사법부의 정세 인식과 실천이 당대에 늘 진보적이던 것은 아니었다. 그에 따른 대표적인 사례 중 하나가 1958년 신민법상 호주제 법제화였다.

물론 1958년 신민법의 제정 및 1960년 시행을 통하여, 지난날 유지되어 오던 구민법상 처(妻)의 무능력 규정, 즉 여성 배우자가 호주 남편의 허가 없이는 재산 보유, 소송 등 일체의 법률행위를 할 수 없었던 규정이 철폐된 것은 중요한 변화였다.[66] 장후영은 1952년 신민법 발효 이전에도 호주 남성이 전쟁으로 행방불명이 된 경우, 구민법상 규정에 구애되지 않고 남편의 가옥처리권과 재산관리권이 아내에게 있다고 인정하는 것이 마땅하다고 주장하였다. 이것이 곧 "생활현실이 요구하는 법의 해석·운동"이며 그것이 곧 자신이 주장하는 '현실주의법학'의 본질이라는 것이 그의 설명이었다.[67] 그 나름 적실한 현실 인식이라 평가되지만, 1960년 거듭 법제화된 가족법상 호주제는 이러한 일말의 진보로 만족하기에 너무나 큰 문제점을 내포하고 있었다. 부계혈통주의에 입각한 호주권의 계승과, 그에 입각한 가족 내 친권, 재산권, 상속권 행사의

---

66 양현아, 앞의 책, 10장 참조.

67 장후영, 「현실주의법학의 실천」, 『법정』 56, 법정사, 1952. 12, 5쪽.

압도적인 젠더 불평등이 그것이었다.

일찍이 7개 여성단체는 1953년 헌법에 명시된 양성평등의 이념에 비추어 새 나라의 친족상속법을 개정하자는 취지의 「민법 중 친족상속편 제정에 관한 건의서」를 작성하고, 이를 법전편찬위원회 위원장을 겸임하던 김병로에게 발송하였다. 그런데 이 문제로 당시 김병로를 찾아간 이태영(李兌榮, 1914~1998) 변호사에게, 그는 "내가 살아 있는 동안은 친족상속편 초안의 일자일획도 못 고친다"고 경고하였다.[68] 김병로는 1957년 11월 6일 국회의 민법안 기초취지 설명에서, 가족법으로 통칭되는 친족상속법은 "민족의 윤리와 역사적 전통"에 입각한 관습법에 역점을 두었다고 하여 기존의 주장을 반복하였다.[69] 이렇듯 이 시기에 강변된 가족 윤리의 '민족'적 '전통'은 "식민질서 극복을 위한 사회·문화적 주체성 회복의 의미"를 지닌 탈식민 이념으로서 이해된 측면이 있지만,[70] 다른 한편으로는 앞서 살펴본 장후영의 일관된 주장대로 풍속에 대한 본질화의 경향과 서로 무관하지 않았다.

실제로 가족법의 '민족'적 '전통'을 내세워 민법에 명시된 호주제는 일제강점기 식민지 조선에 일본 민법의 성공적인 이식을 위해 조선총독부에 의해 창안되고 발명된 관습에 가까웠음에도,[71] 1957~1958년 신민법이 축조 심의되던 시기 이러한 점들은 고려의 대상이 되지 못했다. 이렇게 일제강점기 이전 한반도의 전통적 관

---

68   이태영, 『가족법 개정운동 37년사』, 한국가정법률상담소 출판부, 1992, 42-46쪽.

69   이태영, 위의 책, 31쪽.

70   장경섭, 『내일의 종언?: 가족자유주의와 사회재생산 위기』, 집문당, 2023, 47쪽.

71   홍양희, 앞의 책 참조.

습과 무관한 '민족'적 '전통'은 일제강점기의 호주제가 한국 민법으로 계수되는 데 결정적인 역할을 했고, 그러한 풍속의 본질화를 통해 법제화된 호주제는 오랜 기간 한국의 '미풍양속'으로 인지되었다.[72] 이에 대해 신흥대학교(현 경희대학교) 법과대학 전임강사로 활동하던 김주수(金疇洙, 1928~2021)는 1958년 1월 『법정』의 기고를 통해, 호주제 법제화를 골자로 하는 신민법이 통과될 경우 "우리 가정의 민주화는 그만큼 지연"될 것이며, "법은 봉건제도와 타협하기를 거부"해야 하고, "법이 무비판적으로" "습속이라고 해서 추종하는 것은 옳지 않다"고 주장하였다.[73]

또한 1957년 국회 및 단체들이 가족법 개정 논의에 본격적으로 돌입하였을 때, 서울대학교 법과대학 교수 정광현(鄭光鉉, 1902~1980) 또한 친족상속편 초안 관련 분석 기사를 3회에 걸쳐 각각 3월, 6월, 11월 『법정』에 연재하였다.[74] 이 글에서 그는 시종일관 "순풍양속"보다는 "신분법의 민주주의적 개혁"과 "신분법의 민주화"가 중요하다고 주장하고,[75] "현행관습법"보다는 "남녀평등 사상에 입각"한 "헌법정신"을 우선할 것을 주문하였다.[76] 이에 따

---

72 양현아, 앞의 책, 137쪽.

73 김주수, 「새 신분법의 기본이념」, 『법정』 105, 법정사, 1958. 1, 22쪽.

74 정광현, 「친족상속편의 요강 및 초안에 대한 분석과 관견(상)」, 『법정』 95, 법정사, 1957. 3; 정광현, 「친족상속편의 요강 및 초안에 대한 분석과 관견(중)」, 『법정』 98, 법정사, 1957. 6; 정광현, 「친족상속편에 대한 검토: 친족상속편의 요강 및 초안에 대한 분석과 관견(하)」, 『법정』 103, 법정사, 1957. 11.

75 정광현, 「친족상속편의 요강 및 초안에 대한 분석과 관견(상)」, 『법정』 95, 법정사, 1957. 3, 15쪽.

76 정광현, 「친족상속편에 대한 검토: 친족상속편의 요강 및 초안에 대한 분석과 관견(하)」, 『법정』 103, 법정사, 1957. 11, 9-10쪽.

라 국회의 친족상속편 수정안 속 17개 의제에 대한 내용을 조목조목 비판하면서,[77] 현재 수정안이 친권과 재산권 등 다방면에서 남성과 여성의 차별이 온존하는 현실을 그대로 법문화하고 있는 점을 들어 이를 개정할 것을 촉구하였다.

나아가 정광현은 이 법안을 심의 중인 현직 국회의원을 향하여, "현행법 중에 무수히 존재하는 남녀불평등한 규범, 부부차별 규범을 일소하고 우리 헌법상의 남녀동권주의에 입각한 입법"을 할 것과, 1953년 한국여성단체연합회의 건의안을 예로 들면서 "국민의 반수인 1500만 여성"이 강력히 요청하고 있는 "주장"을 "묵살"하지 말 것을 종용했다. 실제로 그의 주장은 여성단체들을 중심으로 전개해 온 가족법 개정운동이 이후 50여 년간 외쳐온 의제와 사실상 대동소이하였다.[78] 심지어 그는 "선거민 중의 반국가적 공산주의적 견해를 대변할 수 없는 것"처럼 가족법과 관련된 "반민주주의적 의견을 대변"할 수는 없는 것이라며, 반공주의의 명분을 끌어들여서까지 자신이 생각한 신민법상 친족상속편의 방향을 재삼 강조하였다.[79]

---

77 17개 의제는 다음과 같다. "1. 친족의 범위규정의 검토, 2. 법률혼주의의 검토, 3. 근친혼의 검토, 3. 약혼연령과 파혼이유의 검토, 5. 부부간의 계약취소권의 검토, 6. 이혼배우자에 대한 재산분여청구권, 7. 협의이혼절차의 검토, 8. 인지취소금지규정의 검토, 9. 양자법에 관한 검토, 10. 거주지정권의 검토, 11. 소속불명재산에 대한 추정규정 검토, 12. 부우선주의에 입각한 친권제도 검토, 13. 상속법상 여성과 서자녀의 지위의 검토, 14. 상속권의 포기금지와 [상속인]폐제(廢除) 금지의 검토, 15. 단순승인 본칙(本則)제의 검토, 16. 유류분제도의 필요, 17. 모순조항과 자구수정".

78 양현아, 앞의 책, 3·4부 참조.

79 정광현, 「친족상속편에 대한 검토: 친족상속편의 요강 및 초안에 대한 분석과

그런데 해당 글이 실린 『법정』의 1957년 11월호 편집후기에는 이러한 정광현의 글을 소개하면서, 실제 글의 내용과는 전연 딴판인 요약을 실었다. 즉 신민법상 가족법 제정에는 "많은 관습이 존중시되어야" 한다는 언급이 그것이다. 당시 『법정』의 발행과 편집, 인쇄를 맡았던 장본인이 바로 장후영임을 생각하면, 이 언급은 장후영이 직접 썼거나 적어도 그의 재가를 거친 표현임이 분명하다. 말하자면 이것이 그의 '현실주의법학'에 의거한 신민법상 가족법의 방향, 즉 풍속의 본질화를 추구한 그의 입장이었던 셈이다.

> 정광현 선생의 「친족상속편안에 대한 비판」은 지난 6월호 소재의 계속으로서 방금 국회본회의에서 상정 심의 중에 있는 민법안 중 친족상속편에 대한 총비판인바 특히 많은 <u>관습이 존중시되어야</u> 하는 본편의 입법과정에 있어서 좋은 참고자료를 제공하는 논고가 되리라고 믿는다.[80] (강조 인용자)

3. 1960년대 장후영의 '현실주의법학'의 전개

3.1. 나치 법학과의 혼동에 대한 방어논리: 사법(私法)적 전용과 근대화론

관건(하)」, 『법정』 103, 법정사, 1957. 11, 27쪽.

80 「편집후기」, 『법정』 103, 법정사, 1957. 11, 98쪽.

1960년 4월 혁명으로 이승만 정권이 붕괴하자, 장후영은 제2 공화국에서 특별검찰부장으로 내정되었다가 낙마하였다.[81] 그는 4월 혁명의 물결을 환영하면서도, 이후에 이어지는 학생 시위에 대해서는 그 수성의 과업을 "각 분야의 전문가에게 일임"할 것을 촉구하였다.[82] 또한 "데모 자체가 독재성을 발휘하기 시작"함을 우려하였으며,[83] 이에 한국에 "선의의 독재에의 향수"가 불고 있음을 조심스레 예상하였다.[84]

1961년 5.16군사쿠데타가 발생하자, 그는 "일반국민"이 "군사혁명의 실천목표에 적극 협조"해야 한다고 주장하였고,[85] 이후 1960년대 『법정』의 권두언을 통틀어 "일반국민"의 지지와 경제적 안정을 줄곧 주장하였다. 또한 5.16군정기에 그는 지난날 자신의 공서양속론을 총정리한 글을 『법정』에 연재하였다. 즉 "자본가·노동자 간의 이해상충을 조절"한다는 명분을 재삼 끌어들이면서,[86] 그것의 담지자로서 "객관화된 주관"을 보유한 법관을 내세우고,[87] 그를 중심으로 재판관에게 탄력성을 주기 위한 방편으로 일반사회통념과 공서양속을 활용하는 형태의 '현실주의법학'

81 「특검부장에 장후영씨는 선임 않기로」, 『경향신문』 1961. 1. 12.

82 장후영, 「권두언: 정치와 학생」, 『법정』 122, 법정사, 1960. 8, 7쪽.

83 장후영, 「제2공화국과 '데모'독재」, 『법정』 124, 법정사, 1960. 10, 7쪽.

84 장후영, 「권두언: 독재에의 향수」, 『법정』 125, 법정사, 1960. 11, 7쪽.

85 장후영, 「권두언: 군사혁명과 사법부」, 『법정』 131, 법정사, 1961. 5, 6쪽.

86 장후영, 「공서양속론서설(9)」, 『법정』 142, 법정사, 1962. 4, 36쪽; 장후영, 「공서양속론서설(10)」, 『법정』 143, 법정사, 1962. 5, 53-56쪽.

87 장후영, 「공서양속론서설(10)」, 『법정』 143, 법정사, 1962. 5, 53-56쪽.

을 정리하였는데,[88] 이는 지난 시기 그가 견지해온 주장과 대동소이했다.

한편 해방 후~1950년대에 비해 달라진 점도 있었는데, 그것은 바로 나치 독일, 즉 국민사회주의 법학에 관한 보다 분명한 입장 정리였다. 그는 계엄령 관련 법학서를 집필한 한스 테오도르 죄르겔(Hans Theodor Sörgel, 1867~1943)의 논지를 인용하여, 공서양속론에 놓인 여러 이론적 계보들 중 "모든 정신적 영역, 국민의 생활 전체가 국민사회주의적 사상재에 의하여 침투"되는 형태로 법률생활을 구상한 예를 든 것을 통해, 해당 입론이 나치 독일 법학에서도 활용되었음을 지적하였다.[89] 나아가 "일반적 이익" 개념 또한 나치 독일 법학에 본격적으로 적용된 사실을 분명히 짚는 가운데, 그것의 연원 가운데 하나가 19세기 독일 법학의 논의임을 명시했다.[90]

종래에는 이에 대한 알리바이로, 앞에서 언급하였듯 비록 나치 독일의 법사상이기는 하나 거기에 초기 자본주의 극복의 문제의식이 있다는 점이 제기된 바 있었다.[91] 그러나 나치 독일에 대한 역사적 평가가 어느 정도 정리된 1960년대에는 그보다 한층 강한

---

88 장후영, 「공서양속론서설(1)」, 『법정』 134, 법정사, 1961. 8, 33쪽. 장후영은 공서양속론을 뒷받침하는 법학계의 논의를 다음 다섯 가지로 정리하였다. 1) 정법론(正法論), 2) 풍속성, 3) 도덕론, 4) 예절설, 5) 기타의 견해.

89 Hans Theodor Sörgel, "Bürgerlickes Gesetzbuch", I. 7 Aufl. s.116, 장후영, 「공서양속론서설(6)」, 『법정』 139, 법정사, 1962. 1, 26-27쪽.

90 Emil Steinbach, "Die "guten Sitten" im Rechte", D.J.Z. IV, 1899, s.47-48; 장후영, 「공서양속론서설(8)」, 『법정』 141, 법정사, 1962. 3, 39쪽.

91 장후영, 「공서양속론서설(6)」, 『법정』 139, 법정사, 1962. 1, 28쪽.

명분이 필요하였다. 더구나 박정희 정부의 경제개발5개년계획이 곧 히틀러 치하의 나치 경제체제와 비슷한 면이 있음을 장후영 스스로도 자각하고 있었기 때문에,[92] 이에 대한 자신의 입장을 정리하는 것은 더욱 긴요한 일이 되었다.

그 첫 번째 명분은 나치 독일의 법학을 국가-개인 관계의 공법(公法)이 아닌, 개인-개인 관계의 사법(私法)에만 적용한다는 방침이었다. 공서양속론과 일반조항의 독일적 기원이 제1차 세계대전 패전 직후 노조 탄압을 목표로 한 노동법인 점은 앞에서 보았는데, 이 노동법은 애초에 사법에서 공법으로 이행하는 사회법의 성격을 띠고 있었고,[93] 일반조항 역시 사법뿐 아니라 공법에도 중요한 역할과 의미가 있음을 장후영도 알고 있었다. 그럼에도 논란을 피하기 위해 그는 박정희 정부와 나치 독일의 경제체제 및 법 개념의 유사성을 우회하는 방편으로, 공법이 아닌 사법 분야에 국한해서만 일반조항 문제를 다루었다.[94] 이는 1940~1950년대 사법의 한계에 착안하여 도입된 사회법 및 자본주의 수정의 문제의식을 강조하던 과거 그의 주장을 사실상 뒤집은 것이었다.

또한 형사처벌을 포함하는 공법적 관계에서 일반조항의 모호한 보호법익 및 위법성 판단기준의 문제점이 상대적으로 크게 도드라지는 경향은 있지만,[95] '집단 전체'의 풍속에 대한 임의적 정의 및 그것의 본질화를 통한 사법적 내지 사회법적 관계의 문제 또한

---

92   장후영, 「공서양속론서설(9)」, 『법정』 142, 법정사, 1962. 4, 33쪽.

93   장후영, 「변동기의 사법이념(서설)(3)」, 『법정』 7, 법정사, 1947. 4, 32쪽.

94   장후영, 「공서양속론서설(9)」, 『법정』 142, 법정사, 1962. 4, 33-34쪽.

95   김대현(2023), 앞의 글, 2장 참조.

마찬가지로 존재하였고, 그중 대표적인 것이 앞서 언급한 민법상 호주제의 사례였다.

두 번째 명분은 바로, 나치 독일은 자본주의 경제체제를 기준으로 선진국이고 당대의 한국은 후진국이라는 차이였다. 후진성을 극복하자는 차원에서 언급된 한국의 "국민 전체의 복리"와, 부강한 독일 재건을 위한 나치 독일의 "일반적 이익"은 따라서 그 조건이 다를 수밖에 없다는 것이 그의 설명이었다.[96] 종래의 자본주의 비판에 대한 문제의식 또한 "새로히 우리의 주장을 강조하려는 의사는 없는 바"임을 밝혀, 그것이 형해화되고 있음을 간접적으로 시인하였다.[97] 더불어 나치 독일 법학의 사법적 전용과 맞물려 '국민 전체'의 개념 또한 '사법'적 전회가 이루어지게 되었는데,[98] 그는 이러한 맥락을 바탕으로 1960년대를 통틀어 국민·대중과 그의 경제적 처우 개선의 필요성을 지속적으로 언급하는 한편, 1960년대 일반대중과 학생의 정치참여가 "후진국가의 특성에 기인"한다고 강평하기도 하였다.[99]

마지막 세 번째 명분은 다음과 같다. 장후영은 일반조항의 적용에 있어 유스투스 W. 헤데만(Justus W. Hedemann)의 입론을 원용하여, "현실적인 관점에서 국가적으로 필수한 문제"에 대한 적용과 그렇지 않은 적용을 구분할 필요가 있다고 보았다. 또한 이러한 일반조항에 대해 "다른 국민보다 더 많이 의뢰하는 경향의 국

---

96   장후영, 「공서양속론서설(9)」, 『법정』 142, 법정사, 1962. 4, 34-35쪽.

97   장후영, 「공서양속론서설(11)」, 『법정』 144, 법정사, 1962. 6, 29쪽.

98   장후영, 「공서양속론서설(10)」, 『법정』 143, 법정사, 1962. 5, 56쪽.

99   장후영, 「권두언: 대학생의 사회참여」, 『법정』 227, 법정사, 1969. 7·8, 1쪽.

민"과 "다른 국민보다는 그의 위험성으로부터 피할 수 있는 능력을 더 많이 갖고 있는 국민과의 차이가 있"음을 설파하는 것으로 공서양속론에 대한 긴 정리를 마무리하였다.[100] 이 논지는 실제로 2년 뒤인 1964년 한일회담 반대를 내세운 6.3항쟁 당시 계엄령 포고와 관련한 『법정』의 권두언(卷頭言)에 그대로 인용되었다. 이 글을 통해 장후영은 계엄 치하야말로 삼권분립의 구도 속에서 "행정권 절대 우위"가 실현된 상태이며, 이런 때일수록 국가와 정부 유지에 "필수"적인 것에만 권력을 행사해야 한다고 주장했다.[101]

이와 관련하여 장후영은 6.3항쟁 참여자에 대한 구속 수사를 비판하면서, 그들은 정부 정책을 반대한 것이지 국가를 부정한 것이 아니며, "국가와 정부를 혼동"하는 것이 한국 역대 정부의 실책이었다고 말했다.[102] 1966년 반공법 논의와 관련해서도 장후영은, 반공법이 일반조항으로 해석될 때 그 운용에 있어 "국가와 정부를 혼동하는 과오"가 있으면 안 된다고 재차 강조했다. 그러면서 "공산분자"라는 표현을 "정적제거의 방편"으로 사용한 것은 이승만 정권 때도 있었던 일임을 환기하는 등, 박정희 정권에 대한 예각을 차츰 세워나갔다.[103]

그는 1966년 법률잡지를 정부 당국이 검열한 것에 대해, 법률

---

100 이는 헤데만의 다음 주장을 인용한 것이다. Justus W. Hedemann, *Die Flucht in die Generalklauseln: Eine Gefahr für Recht und Staat*, Tübingen, 1933, s.73-74. 장후영, 「공서양속론서설(12완)」, 『법정』 145, 법정사, 1962. 7, 49쪽에서 재인용.

101 장후영, 「권두언: 계엄과 사법권」, 『법정』 169, 법정사, 1964. 7, 1쪽.

102 장후영, 「권두언: 세칭 '구속학생' 문제」, 『법정』 172, 법정사, 1964. 10, 6쪽.

103 장후영, 「권두언: 반공법시비」, 『법정』 194, 법정사, 1966. 8, 1쪽.

가들을 "애국심으로나 사상적으로나 믿을 수 없다는 말"과 다름 없지 않느냐고 반문했는데,[104] 이는 그의 '현실주의법학' 안에 내장 되었던 일반조항의 공법적 구사임과 동시에, 그것의 담지자가 법률가가 아닌 다른 주체가 되었을 때 일어날 수 있는 일들의 시작에 불과했다. 1969년 그는 지난날의 언급과는 달리 "대다수의 인민의 정의감"을 내세워 이승만 정권의 하야 사례를 다시금 상기하는 한편,[105] 현 사회가 "행정권의 독무대"이며 "행정권 우월"의 "독재체제"의 예로 나치 독일, 이탈리아 등 추축국을 들고, 그 나라들이 모두 "패망"하였음을 상기하였다.[106] 그가 오랜 기간 묵인하고 또 활용하고자 하였던 소위 '전체주의'풍의 요소들이 이 시기에 비로소 그의 입을 통해 비판되기 시작한 것이었다.

3.2. '현실주의법학'과 부동산 사기 풍속의 착종

장후영이 마지막으로 쓴 『법정』의 권두언은 1970년 1월호로, "정신무장이란 공허한 훈시따위 가지고서는 아무 작용이 없는 것이며 모든 정신무장의 기초작업으로서 우선 부패 일소가 있어야 할 것"이라는 정부 비판의 내용을 담고 있었다.[107] 이후 1970년 1월 16일 서울지방검찰청은 1969년 11월 문화재관리국 소유임야 46,000여평(시가 2억 3,000만 원)을 다른 사람의 명의로 소유권보존

---

104 장후영, 「권두언: 법률 잡지에 대한 검열」, 『법정』 191, 법정사, 1966. 5, 1쪽.

105 장후영, 「권두언: 정의와 권력」, 『법정』 228, 법정사, 1969. 9, 1쪽.

106 장후영, 「권두언: 게발트시대」, 『법정』 230, 법정사, 1969. 11, 1쪽.

107 장후영, 「권두언: 70년대의 우리」, 『법정』 232, 법정사, 1970. 1, 1쪽.

등기했다가 다른 사람으로 등기를 이전, 이 임야를 담보로 은행융
자를 시도하다 담보감정 중 국유지임이 밝혀진 사건을 적발하고,
이 사건과 관련하여 공정증서부실기재 및 장물취득 등의 혐의로
장후영을 구속하였다. 자신의 변호사 신분을 이용해 위의 국유지
포탈에 연루된 것이 밝혀진 그는, 수사 진행 중 잠적하여 마침내
지명수배되었다.[108]

　　1946년 창간 당시부터 1970년 1월호까지 근 25년간 『법정』
의 권두언을 집필하며 법정사 사장에 재직하였던 장후영은, 이때
를 기점으로 『법정』의 지면에 보이지 않게 되고, 법정사의 운영에
도 손을 떼었다. 이후 제호를 수정하여 재창간된 『새법정』의 창간
사에서는, 『법정』지의 "비운"을 언급하는 한편 25년 역사의 법률
잡지를 평가절하한 것으로 미루어,[109] 저간에 석연찮은 맥락이 있
음을 암시하고 있다. 장후영은 이후 1973년 4월 26일 공화당 창당
10주년 기념식에 창당발기인으로 참석하였고,[110] 이후의 대외 활
동은 거의 기사화되지 않았으며, 1985년 11월 7일 77세를 일기로
별세하였다.[111]

　　명망 있는 법률가가 일순간에 화를 입은 이 일의 맥락을 이해
하기 위해서는, 보도된 사건에 얽힌 부동산 거래 관행과 그 속에

---

108 「'국유지사기' 덜컥」, 『매일경제』, 1970. 1. 17; 「2억대 국유지 사기 사건 관련
　　　장후영 변호사 구속 검토」, 『경향신문』, 1970. 1. 17; 「검찰서 소재수사, 장후영
　　　변호사 잠적」, 『동아일보』, 1970. 1. 19; 「장후영 변호사 수배, 토지 사기 사건」,
　　　『경향신문』, 1970. 1. 19.

109 김세완, 「창간사」, 『새법정』 1, 한국사법행정학회, 1971. 3, 1쪽.

110 「미뤄오던 기념식 26일에」, 『조선일보』, 1973. 4. 15.

111 「부음: 전법제처장 장후영씨」, 『경향신문』, 1985. 11. 9.

깔린 '풍속'의 법적 구조를 살피는 것이 중요하다. 사건 보도에 명시된 명의신탁 및 중간생략등기와 그를 이용한 국유지 혹은 미등기토지 명의변경 취득은, 당대에 횡행하던 전형적인 부동산 사기 수법이었기 때문이다.

대한민국 정부는 1949년 농지개혁법을 입안하고 이듬해 시행하였다. 한국전쟁의 영향에도 불구하고 분배농지의 매수·분배는 전쟁 발발 전에 확정되어, 농지개혁은 1단계의 완성을 보게 되었다. 분배대상 토지가 확정되었다면 그에 따른 상환과 보상이 이루어진다는 의미가 되기에, 농지개혁의 실질적 내용은 이 시점에서 달성된 것이라 볼 수 있다.[112] 그러나 농지개혁 이후에도 적은 양의 토지와 농정 재정 지원의 부재는 1950~1960년대에 소규모 농지를 애써 보유하게 된 농민의 생활을 악화시켰고, 이들 중 적지 않은 수는 분급받은 자신의 농지를 팔아넘기고 도시로 향하는 방식의 생존을 택하였다.[113]

문제는 그렇게 방매한 분배농지의 소유권을 획정하는 일이었다. 농지를 분배받은 농민에게 토지의 소유권까지 법률적으로 인정되기까지는, 지가상환 완료 시점과 맞물린 부동산이전등기 완료의 절차가 남아있었고, 이는 농지개혁으로 인한 실질적 토지분배의 '형식적' 추인 절차를 의미하였다. 이는 1960년대 말까지 이

---

112 김성보, 「입법과 실행과정을 통해 본 남한 농지개혁의 성격」, 홍성찬 편, 『농지개혁 연구』, 연세대학교출판부, 2001 참조.

113 Kim, Sungjo, "Land Reform and Postcolonial Poverty in South Korea, 1950-1970", *Agricultural History*, 95(2), 2021 참조.

어지는 장구하고 복잡한 사업이었다.[114] 이것이 복잡해진 이유는 다음 두 가지다. 첫째, 한국에서 민법전이 시행된 1960년 1월 1일 전까지 적용된 구민법상 부동산물권변동 규정은, 모든 부동산 거래 시에 등기의 유무를 필수적으로 요구하지 않는 의사주의(意思主義)를 택하였다. 즉, 매매로 인한 토지소유권의 취득이 성립되면 등기를 맡지 않아도 무방하며, 다만 거래 당사자들 간이 아닌 제3자에 대해 자신의 토지소유권을 주장하기 위해 등기가 사용될 뿐이었다.

둘째, 분배농지의 소유권 이전등기는 앞서 언급하였듯 농지분배에 따른 지가상환이 완료된 시점에서 비로소 획득 가능한 것이었다.[115] 게다가 5.16군사쿠데타 이후 군사정부가 지가상환을 현금 납부로 바꾸기 전까지, 농지개혁에 따른 지가상환은 곡물 현물 납부가 원칙이었다.[116] 그러다 보니 분배농지의 소유권이 이전되기 전, 즉 지가상환을 완료하기 전에 이미 농민들이 분배된 농지를

114　전북 익산군 춘포면의 경우, 분배농지의 소유권이전등기가 완료되는 시점은 1970년이었고, 1960년부터 1964년 사이에 반수 이상의 토지에 해당하는 소유권이전등기가 완료되었다. 정승진 · 松本武祝, 「토지대장에 나타난 농지개혁의 실상(1945~1970)」, 『한국경제연구』 17, 한국경제연구학회, 2006, 76쪽.

115　조석곤, 「농지개혁 진행과정과 정부 · 지주 · 농민의 입장」, 『대동문화연구』 75, 성균관대학교 대동문화연구원, 2011, 364쪽.

116　정부가 이 일을 서두른 것은, 정부수립 이후 최대의 사회경제적 정책이었던 농지개혁 사업의 종료 기준이 바로 분배농지에 대한 상환곡 완납, 그와 연동되는 상환완료증명서 발급이었기 때문이다. 이 증명서는 소유권이전등기를 위한 증빙서로 갈음할 수 있어서, 지가상환 완료 시점은 원칙적으로 분배농지의 소유권이전등기의 시점과 맞물리는 것이었다. 농지 제840호, 「분배농지소유권이전등기에 관한 건」(1951. 8. 31.), 한국농촌경제연구원, 『농지개혁사자료집』 2, 1984, 357쪽; 조석곤, 위의 글, 395쪽에서 재인용.

미리 팔아버리는 일들이 속출했다. 이에 따라 1950년대 전반에 걸쳐 농지개혁법과 관련된 민사 소송들이 줄을 이었다.[117]

그러다 1960년에 시행된 민법 제186조에 의거, 부동산등기는 종래의 의사주의를 벗어나 부동산 물권변동과 관련해 등기를 필수적으로 수반하게 만드는 형식주의(形式主義)를 채택하였다. 이는 곧 부동산거래 및 소유권 확정에 있어 지난날의 의사주의 관행을 일소하고 형식적 '등기'를 필수요소로 하겠다는 법률적 결단이었다. 그럼에도 한편으로는 형식주의를 택한 등기의 등기부 기재 내용에 대한 공신력을 법률적으로 바로 인정하지는 않는 모순된 행보를 보였는데, 그 까닭은 당시의 등기부가 실체적 권리관계를 반영하지 못하고 있었기 때문이다. 그 이전까지는 물론이고 그 이후에도 부동산등기는 실소유 여부를 제대로 파악하지 않은 형식적 심사를 거쳐 등기부에 기재되었다.[118] 이러다보니 등기는 1960년 이후 부동산거래시에 반드시 수반되어야 할 법적인 절차이기는 하였으나, 여기서의 등기란 권리의 '실체관계', '물권적 합의'의 내용을 온전히 반영하는 장부가 아닌, 물권의 실제 합의내용을 보충하거나 그렇지 않을 수 있는 법적 보조재의 역할만 할 수 있었

---

117 서울대학교 판례연구회에서 정리한 1950년대의 주요 판례집 중 민사법 분야를 살펴보면, 2권에 해당하는 1951~1955년의 경우 전체 830쪽의 내용 가운데 115쪽이 농지개혁법 및 그 시행령과 관련된 판례들이며, 3권에 해당하는 1956~1959의 경우 전체 1095쪽의 내용 가운데 108쪽이 이에 해당하는 판례들이다. 서울대학교판례연구회, 『주석 한국판례집: 민사법 II』, 서울대학교출판부, 1968; 서울대학교판례연구회, 『주석 한국판례집: 민사법 III』, 서울대학교출판부, 1968 참조.

118 권영준, 「등기의 공신력: 1957년, 그리고 2011년」, 『법조』 661, 법조협회, 2011, 22쪽.

다. 따라서 자연히 이 물권적 합의의 내용과 등기의 내용 중 어느 편을 우선할 것인가에 대한 논쟁도 수반되었다.[119]

이렇게 부동산등기를 부동산거래의 필수 절차로 만들어놓았음에도 그 등기내용의 진정성을 보장하지 않은 법적 구조와 모순은, 부동산거래시에 명의신탁(名義信託)이라는 편법이 일반화되는 결과를 초래했다.[120] 명의신탁이란 신탁자가 수탁자의 등기명의를 빌려 자신의 토지를 등기해두고, 신탁자 스스로 해당 토지의 사용수익과 처분을 행사하는 일을 말한다. 등기를 법적으로 의무화해 놓고도 토지 실소유관계와 등기내용을 일치시키지 못한 결과는, 토지의 실소유와 관계없는 부동산등기도 어쨌든 법적으로 유의미하도록 만들었고, 이는 부동산 사기와 탈세의 목적으로 사용되었으며, 심지어 판례 또한 이 명의신탁, 허명의 부동산등기가 법적으로 유효하다고 판시하여 혼란을 가중시켰다.[121] 즉 실질적 소유권과 법적 소유권 사이의 간극이 부동산 거래관행 속에 각인되고, 그에 따른 풍속이 이로부터 창출하였던 것이다.

---

119 최종길, 「물권적 합의와 등기와의 관계」, 『법정』 207, 법정사, 1967. 9 참조.

120 명의신탁의 연혁에 대해서는 김상수, 「명의신탁의 연혁에 관하여」, 『토지법학』 26(2), 한국토지법학회, 2010 참조. 이 논문에 따르면, 명의신탁에 관한 법리는 일제시기 조선고등법원 단계에서부터 축적된 것이고, 이는 실제로 종중의 토지 소유권 확정 시에 유용한 법리로 사용되기도 하였으나, 1960년 민사법에 의해 등기가 형식주의적으로 바뀌고 난 후에도 토지실소유자와 등기 명의인의 부정합이 일반적일 수 있었던 관행 하에, 판례에 의해 1990년대까지 정식적인 것으로 정착되어갔다고 한다. 같은 글, 97-99쪽.

121 이는 1995년 제정된 「부동산실권리자명의등기에 관한 법률」 제4조 1항에서 명의신탁 약정은 무효이며, 동조 제2항에서 위 약정으로 행해진 등기의 물권변동도 무효라고 규정한 법조문에 의해 비로소 부분적으로 근절되었다. 이근영, 「한국의 부동산물권법의 변천」, 『저스티스』 78, 한국법학원, 2004, 34-35쪽.

이렇게 창출된 풍속과 그것이 활용한 법적 모순은, 1950년대 일본에 머물던 구황실 인척들이 그들 소유의 토지 관리를 제대로 하지 못하는 사이 부동산등기를 갈아치우는 방식의 범죄에 활용된 것을 비롯하여,[122] 사실상 양성화된 차명등기를 통한 행방불명자 소유 토지 무단 등기이전,[123] 국유지 무단 매매 등[124] 다양한 사례에 활용되었다. 이를 활용한 주체들은 1960년대 당시 재벌과 집권여당을 필두로,[125] 등기행정에 밝은 전직 경찰, 사법 대서사(代書士, 현 법무사), 지적공부(地籍公簿)를 직접 관리하는 구청의 공무원들이 결탁하였고,[126] 아래로는 노인, 문중의 묘지기, 국민학교 교사도 포함되었다.[127] 이러한 부동산거래 관행은 바야흐로 1970년대 강남 땅투기 때 본격적인 도구로 널리 활용되게 된다.[128] 이 부동산 관련 풍속에 대한 당대 신문기사의 증언은 다음과 같은데, "붙

---

122 「정죄상을 시인」, 『경향신문』 1953. 5. 15; 「등기 안된 남의 땅 1만여평을 가로채」, 『동아일보』, 1966. 6. 1; 「세정 어두운 사양족(斜陽族)을 속여 이건(李鍵) 공 재산을 2·3중매매」, 『경향신문』 1958. 9. 18.

123 「남의 땅 팔아먹은 사기단」, 『동아일보』, 1959. 7. 23; 「삼억짜리 땅 사기」, 『동아일보』, 1968. 6. 6; 「토지사기범 구속, 두 사법서사 입건」, 『동아일보』, 1968. 7. 26.

124 「토지대장을 변조, 국유림 14,000평 팔아먹어」, 『동아일보』 1967. 9. 28; 「국유림 팔아먹어 시 출장소장 구속」, 『동아일보』, 1968. 5. 22.

125 「제일제당 관련 혐의」, 『동아일보』, 1968. 1. 29; 「공화당 간부도 입건」, 『동아일보』, 1968. 2. 16.

126 연예인의 약혼자가 이러한 일을 저지르다 적발된 사례도 주목된다. 「선우용녀 약혼자 김씨에 구속영장」, 『경향신문』, 1969. 11. 25.

127 「사기사가 된 전직 여교사」, 『경향신문』, 1968. 4. 20.

128 「법망 넘나드는 땅 사기」, 『동아일보』, 1970. 6. 15; 「땅 사기 수법과 양상」, 『경향신문』, 1970. 6. 13.

잡히지만 않았다면 일확천금이 문제없을텐데",129 "주인이 모르거나 없는 땅을 좀 해먹기로서니 무엇이 나쁘냐" 등이다.130 즉 그것은 돈을 벌기 위해서라면 법규정의 사각을 이용해 누구나 조금씩 이용했던 치부책의 일환으로 이해되는 경향이 있었다.

1970년 구속 및 지명수배로 이후의 커리어가 끊긴 장후영이 이러한 부동산 거래 관행의 풍속에 대해 어떻게 생각했는지는 분명하지 않다. 원리적으로 모두에게 열려 있는 법망의 구멍이었기에, 1960년대 말부터 정권에 대한 예각을 곤두세우던 그에게 별안간 쏟아진 구속 수사 및 지명수배는, 정황상 경찰과 검찰의 표적 수사였을 가능성을 배제할 수 없다. 그러나 한편으로 이때 검찰이 장후영의 덜미를 잡은 근거로 활용한 부동산 투기의 '관행'과 거래 '풍속'은, 지난날 그가 주장해온 '현실주의법학' 및 공서양속론의 핵심 논지와 기이하리만치 유사하였다. 1960년대 중반까지 그가 '현실주의법학'을 통해 주장한 바에 따르면, 모두에게 사실상 열려있는 '현실'적 관행이라면 사법부는 이를 정죄해서는 안 되었고, 거기에 사회적 정의와 규범을 따져묻는 것은 그다지 의미 없는 일이었다. 하지만 1970년의 장후영은 정확히 그 '현실'적 관행을 빌미로 구속되었고, 그때 그가 평생에 걸쳐 공들여 옹호해온 공서양속은 그의 편이 못 되었다.

풍속은 그 자리에 있는 것이 아니라 시시각각 만들어지고, 그렇게 재구성되는 풍속이 법행정으로 원용되는 과정은 실태의 정

---

129 「일확천금의 백일몽」, 『경향신문』, 1967. 8. 16.

130 「법망 넘나드는 땅 사기」, 『동아일보』, 1970. 6. 15.

확한 파악뿐 아니라 그것이 과연 정의로운가 하는 규범을 요구한다. 이러한 점에 비추어 위 사례는 그것이 정치적 이유와 편향이 개재된 검찰 수사였을 가능성과 더불어, 그러한 편향을 가능케 한 '전체주의'풍의 공서양속, 혹은 풍속의 정의와 법적 적용은 처음부터 결코 모두에게 평등하지도 공정하지도 않았음을 드러낸다. 이는 곧 장후영이 한때 옹호한 '현실주의법학', 혹은 현실주의의 그 '현실'이 과연 누구의, 어떤 현실인가를 되묻지 않을 수 없다는 오래된 질문을 불러온다.

4. 나오며

해방 후 1946년 법정사 사장으로 취임하여 당대의 대표 법률 전문지 『법정』을 창간한 장후영은, 탈식민 국가의 법행정을 위한 주요 법적 개념으로 법률상 요건을 추상적·일반적으로 규정한 일반조항과 그것을 실제로 체현할 구민법상 공서양속 규정을 들고, 그를 통해 국가와 민족 전체의 이익이라는 법이념을 담아내고자 했다. 이는 당대에 '전체주의' 법학으로 인식된 사조와 일정한 친연성을 갖고 있었고, 이에 장후영은 19세기 말~20세기 초 독일·오스트리아 법학계의 논의를 인용하여, 그 속에 고전 자본주의에 대한 수정의 논리를 내세우며 자신의 논의를 방어해 나갔다.

그와 더불어 장후영이 공서양속론에 활용한 법학계의 사조는 바로 제1차 세계대전 패전 후 독일 내 노동쟁의 및 노동조합 활동을 탄압하기 위해 독일 법학계가 고안한 노동법 관련 규정이었다.

이는 일반조항의 내용을 구체화하는 역할을 오로지 법률가에게 일임한 장후영의 구상과 연결되었다. 즉 공서양속론은 풍속의 법적 인용을 넘어 풍속의 법적 한정을 위해 창안된 것이었고, 이러한 바탕 속에서 원용된 특정 풍속의 내용은 민족 전체, 국민 전체를 대변하는 어떤 것으로 본질화되기 쉬웠다.

장후영은 위의 발상을 연장하여 법률을 현실에 맞게 적용한다는 의미의 '현실주의법학'을 제창하였는데, 그는 1950년대 초 공무원의 박봉으로 인해 수뢰가 만연한 상황이 곧 "현실"이기에 이에 대한 법적 처벌은 불가하다는 주장을 폈다. 이는 사회적 현실에 대한 규범적 판단이 삭제된 형태에서 '현실'을 법적으로 원용한 것이자, 공무원의 처지를 곧 '국민 전체'의 현실로 등치시킨 결과였다. 또한 조선총독부에 의해 발명되어 식민지 조선에 이식된 호주제는 1950년대 신민법 제정 과정에서 마치 한국의 유구한 가족 전통으로 인지되었는데, 여기에는 탈식민 국가가 갈급하였던 민족적 전통의 상상과 더불어, 위와 같은 집단주의적 풍속의 본질화 논리와 유사한 측면이 있었다.

1961년 5.16군사쿠데타 이후 장후영은 쿠데타 세력들의 경제개발계획이 나치의 경제체제와 비교되는 가운데, 자신의 공서양속론이 나치 독일의 법학과 구체적으로 어떻게 다른지 추가적인 해명을 요구받았다. 그에 대한 화답으로 장후영이 내건 것은 첫째, 일반조항 및 공서양속론의 적용을 국가-개인 관계의 공법적 측면이 아닌 개인-개인 관계의 사법적 측면에만 적용한다는 것이었고, 둘째는 나치 독일은 선진국이고 당대 한국은 후진국이라 그 조건이 다르다는 근대화론의 주장이었으며, 셋째는 "현실적"으로 국가에 "필수"적인 문제에 대해서는 일반조항을 적용할 수 있다는 것이었다.

1970년 장후영은 당대에 만연하였던 부동산등기의 허점을 활용한 명의신탁 형태의 부동산 사기에 가담하였다가 검경의 구속수사를 받고 이후 유명 법률가로서 커리어가 끊겼다. 이는 그가 박정희 정권에 차츰 예각을 드러낸 것에 대한 표적 수사일 가능성과 더불어, 평소 그가 주장한 '현실주의법학' 속 공서양속, 혹은 너무도 만연한 '풍속'은 처벌하는 것이 의미 없다는 그의 생각이 경우에 따라 얼마나 불평등하고 불공정하게 활용될 수 있는지를 드러내 주는 사례였다. 결정적인 순간에 그가 옹호해 온 풍속은 그의 편이 되지 못했다.

사회의 풍속은 고정된 것이 아니라 그때그때 구체적인 장치와 기관을 통해 창설되고 재구성되고 해체된다. 그 풍속 가운데 일부를 취사하여 거기에 큰 역할을 담당하는 것이 법의 존재이고, 그렇기에 법 안에서 특정 풍속이 호명되어 일선 법행정에 활용될 때는 곧 그 풍속이 본질화될 가능성과 연결된다. 이는 일반조항이나 공서양속뿐 아니라 사회적 합의, 사회통념 등 모호한 개념 사용에 대하여, 그 안에 과연 어떤 내용과 계보가 담겨 있고 어떤 명분으로 어떤 현실을 재창출하는지에 대해 끊임없는 시민감시가 필요하다는 점을 재삼 환기한다.

세계화와 자막, 그리고 커브컷(curb-cut)
: 1990년대 한국 텔레비전 외화의 접근(access) 문제[1]

이 화 진

1. 들어가며

마커스 노네스(Markus Nornes)가 『시네마 바벨(Cinema Babel: Translating Global Cinema)』에서 지적했듯이, 영상 미디어 산업은 오랫동안 '익명의 번역자들'에게 깊이 의존해 왔으며 영화 역사에서 번역은 '영상 미디어의 전지구적인 순환을 바라볼 수 있는 특별한 지점'을 제공한다.[2] 화면 속 음성 대화를 문자로 기록하는 자막

---

1   이 글은 「세계화와 자막, 그리고 커브컷(curb-cut): 1990년대 한국 텔레비전 외화의 접근(access) 문제」, 『대중서사연구』 30(1), 대중서사학회, 2024를 수정·보완하여 재수록한 것이다.

2   Abé Markus Nornes, *Cinema Babel: Translating Global Cinema*, University of Minnesota Press, 2007. 영화의 자막과 관련된 선구적인 작업들로 다음을 참조할 수 있다. Atom Egoyan & Ian Balfour, *Subtitles: On the Foreignness of Film*, Cambridge: The MIT Press, 2004; Tessa Dwyer, *Speaking in Subtitles: Revaluing Screen Translation*, Edinburgh University Press, 2017 등.

(subtitle/caption)은 영상물이 언어와 문화, 국가의 경계를 넘어 유연하게 이동하도록 하는 번역 장치로 활용되어왔다. 외국영화의 대사를 번역한 자막은 영상의 경계 횡단적인 이동을 일시적으로 멈추고 특정한 언어적, 문화적, 지리적 경로를 기입하는 생산 과정으로 안착했다.[3] 예컨대, 미국산 영화의 대사에 부가된 한국어 자막은 전지구적으로 유통되는 영화의 수용자 중 일부로 한국어 사용자를 명료하게 기입한다.

오늘날 자막은 스크린의 크기와 관계없이 영상 번역의 지배적인 모드로 자리잡고 있지만, 적어도 한국의 텔레비전 문화에서 그 역사는 30년이 되지 않았다. 한국 텔레비전이 외국산 영상물(극영화, 다큐멘터리, 시리즈 등)을 정규 프로그램으로 편성해 방영한 이래 오랫동안 번역 모드로 채택해온 것은 원본의 음성을 한국어 음성으로 대체하는 더빙(dubbing)이었다. 수십 년간 공고했던 더빙의 지위는 1990년대에 미디어 환경이 급변하면서 흔들리기 시작했다. 더빙으로 방영되어온 텔레비전 외화 프로그램에 가장 위협적인 도전자는 가정용 비디오였다. 1980년대 중후반 아시안게임이나 서울올림픽과 같은 국제적 이벤트를 거치며 가정용 비디오 플레이어(VCR) 보급률이 높아진 것을 발판으로 대기업들이 계열사나 제휴사를 통해 비디오 제작 및 판매에 뛰어들면서 국내 비디오 시장이 크게 성장했다.[4] 전국적으로 비디오 대여점이 확산됨에 따

---

3 Tessa Dwyer, ibid., p.17.

4 이수연, 「부록1-안방극장 경쟁의 본격적인 막이 오르다: 비디오 산업」, 한국영상자료원 편, 『1990년대 한국영화: 우리가 알고 있는 한국영화의 모든 것』, 앨피, 2022, 400-428쪽.

라 가정에서의 여가와 오락뿐 아니라 영화 수용의 관행에도 많은 변화가 있었다. 비디오는 극장 상영을 놓쳤거나 상업적인 이유로 극장에서 개봉되지 못한 영화들을 다양하게 접할 수 있는 통로였고, 여러 번 다시 보기를 통해 영화를 꼼꼼하게 '읽을' 수 있게 해주었다.[5] 비디오의 번역 모드인 자막이 배우의 목소리를 유지시켜 원본의 순수성을 보존하는 것처럼 여겨짐으로써 텔레비전에서 한국어 더빙으로 방영되는 외화는 과도한 현지화(localization)로 비춰지게 되었다. 더욱이 김영삼 정부가 내건 '세계화'의 슬로건에 부응해 '국제적 감각'의 함양에 대한 사회적 관심이 높아지면서 외국산 영상물의 자막 방송을 요구하는 목소리에 힘이 실렸다. 1994년 문화방송(MBC)이 미국의 외화 시리즈 〈베벌리힐스의 아이들(Beverly Hills 90210)〉과 〈주말의 명화〉를 성우의 더빙 없이 자막으로 방영한 것을 계기로 달아오른 '자막 대 더빙' 논란은 1980년대 후반 이후 미디어 환경의 변화와 신자유주의 시대 세계화의 이슈가 맞물린 사건이라 할 수 있다.

이 글은 1994년 한국 텔레비전의 외화 자막 방송을 둘러싼 논란이 전개되는 과정에서 '문화의 창'으로서 텔레비전의 사회적 기능에 대한 논의의 장이 열리고 '보편적인 시청자'의 개념에 균열이 발생했으며 접근(access)에 대한 문제가 가시화되었다는 점에 주목한다. 접근은 텔레비전을 포함해 오늘날 문화와 미디어 연구에서 중요한 주제가 되고 있다. 토비 밀러(Toby Miller)는 텔레비전 연구

---

5 「비디오, 기억, 아카이브」, 『아카이브프리즘#9 리와인드-비디오 시대의 어휘들』, 한국영상자료원, 2022, 5쪽.

의 역사적 전개를 1.0, 2.0, 3.0으로 단계화하면서 3.0단계에 이르러 사회적 의제와 연관된 폭넓은 방법과 주제가 시도되고 있다고 설명한다.[6] 장애와 미디어의 연관성을 연구해온 케이티 엘리스(Katie Ellis)는 토비 밀러의 분류에서 1.0 및 2.0단계까지는 제작이나 재현에 대한 분석이 주를 이루었지만 이제는 "총체적 문화 회로(circuit of culture), 즉 재현, 정체성, 제작, 소비, 규제 등의 교차점과 상호 간의 영향을 숙고해야 할 시점"이라고 덧붙인다.[7] 자막은 이 문화 회로 안에 '더 작은 회로'로 존재하지만, 영상 문화에서 접근의 문제를 탐구할 수 있는 중요한 장소이다. 1994년 외화 자막 방송 논란은 텔레비전의 콘텐츠가 무엇을 '재현'하는지를 넘어 누가 어떻게 콘텐츠에 '접근'하는지, 그리하여 누가 그것을 향유할 수 있는지를 제기하는 사건이었다. 특히 텔레비전에 대한 장애인의 접근성 문제는 한국에서는 이 사건을 통해 처음으로 담론화되었다고 해도 과언이 아니다.

---

6 토비 밀러(Toby Miller)는 텔레비전 연구의 역사적 전개를 1.0, 2.0, 3.0으로 단계화하면서, 1.0단계의 연구가 제작과 산업에 중점을 두었다면, 2.0단계에서는 산업의 영향력에서 수용자 단체로 초점을 옮겨갔으며, 3.0단계에 이르면 다양한 접근법을 망라하게 되는데 이 단계에서는 사회 운동에서도 의제를 취하며 관심 주제도 폭넓고 다양해진다고 설명한다. Toby Miller, *Television Studies: The Basics*, Routledge, 2010, p.187.

7 케이티 엘리스, 하종원·박기성 역, 『장애와 텔레비전 문화: 디지털 시대의 재현, 접근, 수용』, 컬처룩, 2022, 20쪽.

2. '재현'을 넘어 '접근'의 문제로

1987년 미국 아카데미 여우주연상 수상작 〈작은 신의 아이들 (Children of a Lesser God)〉(1986)은 농인 여성과 농학교 교사 사이의 열정적인 로맨스를 다룬 영화이다. 감독 랜다 헤인즈(Randa Haines) 는 주인공인 농인 여성 사라 역에 농인 배우 말리 매틀린(Marlee Matlin)을 캐스팅했고, 여러 명의 청각장애인 연기자를 주요 배역에 기용했다. 헤인즈 감독은 두 주인공의 대화에서 사라의 수어 대사를 청인인 남자 주인공 제임스가 통역하는 식으로 연출했다. 이러한 식의 장면 연출은 청인 관객을 고려한 비장애중심주의적인 선택이었다. 농학교 학생들에게 입술의 움직임을 읽고 말하도록 가르치는 스피치 교사 제임스와 수어만으로 대화할 것을 고집하는 사라의 관계에서 장애는 남녀의 사랑을 가로막는 '장벽'의 은유이다. 제임스의 통역은 사라의 수어를 '장벽'으로 부각하고, 그 장벽을 '들리는 세계(hearing world)'를 향해 청각화하는 것이라 할 수 있다. 청각장애를 소재로 하고 주류 상업영화로서는 드물게 장애 당사자가 장애인 주인공을 연기한 기념비적인 작품이었지만,[8] 이 영화는 농인들의 수어 대화를 프레임에서 주변화하거나 통역되어야 하는 것으로 배치함으로써 비장애중심주의적 제작 관행을 완전히 벗어나지는 못했다.

말리 매틀린이 농인 배우로서는 처음으로 아카데미상을 수

---

8   John S. Schuchman, *Hollywood Speaks: Deafness and the Film Entertainment Industry*, University of Illinois Press, 1999, p.82.

상해 화제를 모은 후 한국에서는 우진필름이 "신체장애자들에게 꿋꿋한 삶의 모습을 보여주는 기회가 될 것"[9]이라는 명분과 함께 〈작은 신의 아이들〉의 수입 및 배급을 추진했다. 영화는 1987년 10월 24일에 서울 스카라극장에서 개봉되었다.[10] 미국에서는 상영관 215개 중 10개 정도의 극장에서 토요일과 일요일 오전에만 자막 버전이 상영되었을 뿐이지만,[11] 이 영화가 한국의 극장에서 상영될 때는 스크린 오른편에 세로쓰기로 수퍼임포즈드 자막(superimposed subtitle)이 제공되었다. 발성영화 초창기부터 극장에서 상영되는 외국어 영화에 자막이 제공되어 온 한국에서 이 영화에 자막이 부가되는 것은 특별한 일이 아니었다.[12] 다만, 〈작은 신의 아이들〉이 농학교를 배경으로 하고 주체적인 농인 여성이 등장하며 농인 및 청각장애 연기자들이 다수 출연하는 영화라는 점은 국경을 넘어 한국의 청각장애 관객들에게 의미 있는 사건이라 할 수 있었다. 극장에서 자막을 통해 외국영화를 감상하는 한국 관객은, 어떤 면에서는 미국 극장의 청각장애인 관객보다 할리우드 영화에 대해 더 높은 접근성을 확보한 셈이었다.

---

9 「87년 아카데미 작품상 〈플래툰〉 수입 추진, 농아의 삶 그린 〈작은 신의 아이들〉도 상륙」, 『매일경제』, 1987. 5. 27.

10 한국영화데이터베이스(KMDb) (https://www.kmdb.or.kr/db/kor/detail/movie/F/02361)

11 Martin F. Norden, *The Cinema of Isolation: A History of Physical Disability in the Movies*, New Brunswick : Rutgers University Press, 1994, p.288.

12 한국에서는 1930년대 초부터 외국 발성영화에 수퍼임포즈드 자막이 제공되어 왔는데, 일본을 거쳐 필름이 공급되었던 해방 전까지는 일본어 자막으로 영화를 관람해야 했다. 이와 관련해서는 이화진, 『소리의 정치』, 현실문화, 2016, 80-91쪽 참조.

그러나 몇 년 후 〈작은 신의 아이들〉이 텔레비전에서 방영될 때는 자막이 제공되지 않았다. MBC는 1993년 3월 7일에 '아카데미 수상작'이라는 수식어와 함께 이 영화를 방영했는데,[13] 그동안 텔레비전에서 외화를 방영한 방식 그대로 한국어 더빙판으로 내보냈다. 한국어 더빙판은 다른 외화들과 마찬가지로 배우들의 영어 대사를 한국인 성우의 목소리 연기로 대체한 것이었는데, 애초에 감독이 청인 관객의 편의를 고려해 대화 장면을 연출했고, 원본(미국 개봉 프린트)도 미국 수어(ASL) 및 영어 대사에 따로 자막을 제공하지 않았기 때문에 한국어 더빙판에 별다른 부가 조치는 없었다. 얼마 후 MBC는 〈작은 신의 아이들〉을 '장애인의 날' 특선영화로 편성했는데,[14] 이때에도 더빙판을 방영했다. 청각장애를 소재로 하고 청각장애가 있는 인물이 등장하더라도, 한국어 더빙판으로 방영되는 한 한국의 청각장애인들에게는 다른 텔레비전 콘텐츠와 마찬가지로 접근성이 낮은 영화였음은 두말할 나위가 없다. 1993년에 텔레비전에서 방영된 한국어 더빙판은 미국 개봉 당시 극장을 찾았던 청각장애인들의 당혹스러움을 환기시킨다. 텔레비전 앞에서 미국 수어를 이해하지 못하는 한국 시청자들은 사라/말리 매틀린이 사용하는 미국 수어를 그저 '몸짓' 혹은 '침묵'으로 '오해'할 수밖에 없었을 것이다.

영화나 텔레비전과 같은 주류 미디어는 비장애중심주의적 사회에서 형성된 장애에 대한 고정관념을 재생산해왔다. 이러한 미

---

13 「MBC 아카데미수상작 4편 방영」, 『경향신문』, 1992. 3. 5.
14 「장애인의 날 특선영화 〈작은 신의 아이들〉(M 낮 11시40분)」, 『한겨레』, 1993. 4. 20.

디어의 장애 재현을 비판적으로 분석한 중요한 연구들의 성과가 있지만, 이 글에서 관심을 두는 것은 미디어에서 장애가 재현되는 양상보다는 미디어가 수용자를 매개하는 과정에서 구성되는 장애이다. 〈작은 신의 아이들〉처럼 청각장애를 재현하지만 청각장애가 있는 관객/시청자의 접근이 고려되지 않는 영화나 드라마에 대한 논의는 장애와 미디어의 관계를 논할 때 재현을 다루는 것만으로는 충분치 않음을 보여준다. '들리지 않는 세계(deaf world)'의 재현은 케이티 엘리스가 환기해 준 대로 콘텐츠의 제작과 소비, 정체성, 규제 등과 연결되어 있는 문화 회로 속에서 고찰되어야 하며, 농인과 청각장애인들이 몸을 둔 "특정 장소에서 존재로서 구현되는 방식과 다시 연결되는 방식"[15]인 접근의 문제와 함께 다루어져야 한다. 〈작은 신의 아이들〉은 당시의 할리우드 제작 시스템에서는 캐스팅의 정치성 면에서 진일보했지만, 미국 장애인법(Americans with Disabilities Act, ADA)[16] 이전 접근성을 규제할 근거가 없었던 상황에서 청각장애인을 그 영화의 수용자에서 배제하는 역설을 빚었다. 재현의 대상이 그 재현물로부터 차단되는 것이야말로 완벽

---

15 Tanya Titchkosky, *The question of access: Disability, space, meaning*, University of Toronto Press, 2011, p.3.

16 미국 장애인법(Americans with Disabilities Act)은 1990년에 제정되었다. ADA 는 1964년 제정된 시민권법(Civil Rights Act)의 구조와 틀을 장애인 영역에 확장·적용하여 마련된 법으로 고용, 공공서비스, 민간운영 공공편의시설 및 서비스, 전기통신, 그리고 기타의 분야에서 장애로 인한 차별로부터 보호하는 방안을 제시한다. 참고로 미국에서는 1990년에 텔레비전디코더회로법(Television Decoder Circuity Act)이 통과되어, 미국 내 13인치 이상의 TV 수상기에 자막 수신 장치를 의무적으로 내장하도록 했다. 그러나 미국에서 자막이 법적 의무가 된 것은 통신법(1996) 제정 이후이다. 케이티 엘리스, 앞의 책, 240쪽.

한 타자화이다.

미디어학자 푸자 랭간(Pooja Rangan)은 '명사로서의 장애(disability as noun)'에서 '동사로서의 장애(disability as verb)'로 전환하는 시도의 중요성을 상기시킨다. '명사로서의 장애'가 소수자 정체성에 초점을 두고 있다면, '동사로서의 장애'는 "접근과 자원을 철회하여 취약 계층을 조직적으로 무력화시킴으로써 구성되는 것"을 의미한다.[17] 이 전환은 장애(인)의 정의와 범주에 의존하지 않고 재현과 서사에 대한 비평을 넘어 다양한 주제 및 방법론과 연결하며, 궁극적으로는 취약한 존재들의 잠재적 연관성을 인식하고 정치적 지평의 확장을 추구한다. 랭간의 아이디어에서 중요한 것은 미디어가 장애의 고정관념을 일방적으로 확산하는 문제를 비판하는 데서 더 나아가, 비규범적인 몸/마음들과 미디어 사이의 상호 구성적인 관계성을 이해하고 접근성을 규제의 도구로 이론화하거나, 접근성 자체를 창의적인 매체로 생각하는 전환적인 사유로 이어가는 것이다.[18]

---

17 Neta Alexander et al., "Theorizing a Future for Disability Media Studies: A Virtual Roundtable", *The Spectator*, Fall 2023, pp.48-56. (https://www.proquest.com/magazines/theorizing-future-disability-media-studies/docview/2820141643/se-2)

18 ibid. 이러한 전환적 사유와 창조적인 실천은 특히 미술관이나 공연장에서 두드러지고 있다. 한국장애인문화예술원이 주최·주관하는 '모두예술주간 2023: 장애예술 매니페스토'에서 아만다 카시아의 강연 '접근성 비판: 제도적 접근성에서 접근성 미학으로'가 소개한 여러 사례들이 좋은 예가 될 것이다. 아만다 카시아의 강연은 다음에서 공개되고 있다. https://youtu.be/BVSB52rl8kU?si=jgFRFD63aZwWwKIv
한편, 시각장애인 예술가 미쓰시마 다카유키의 '배리어컨셔스(barrier-conscious)' 개념에 기반한 예술적 실천 작업들도 활발하게 전개되고 있다. 최근의 예로는 전회차 개방 자막과 음성 해설을 제공한 연극 〈이런 밤, 들 가운

다시 한국에서 〈작은 신의 아이들〉의 수용으로 거슬러 올라가
보자. 극장 상영(자막판)에서든 텔레비전 방영(더빙판)에서든 각 미
디어가 선택적으로 제공한 영상 번역 모드는 비장애/문해력이 있
는 한국어 사용자를 '보편적인 수용자'로 설정해 왔다. 그렇기에
이 영화가 수용자들과 매개될 때에는 언제나 어떤 관객/어떤 시청
자의 접근은 제한될 수밖에 없었다. 〈작은 신의 아이들〉은 장애 재
현뿐 아니라 접근의 측면에서도 중요한 문제를 제기하는데, 1987
년과 1993년 당시 한국에서 이 영화에 대한 논의는 장애인의 '인
간다움', 그리고 장애를 극복한 사랑 이야기라는 재현과 서사의
층위에서만 언급되었다. 누가 어떻게 영화를 감상하는가, 혹은 누
가 어떻게 영화를 감상하지 못하는가에 대한 접근의 문제는 아직
담론의 테이블 위에 올라오지 않았다.

3. 세계화와 텔레비전 외화 자막 방송

1993년 봄에 〈작은 신의 아이들〉을 더빙판으로 방영했던
MBC는 같은 해 가을 개편을 맞아 자막 방송에 대한 계획을 밝
힌다. 주중 오후 시간에 어린이를 주시청층으로 하는 애니메이션

데서)(설유진 연출, 두산아트센터, 2023)를 들 수 있다. '배리어컨셔스' 공연
과 관련해서는 다음을 참조할 수 있다. 양근애, 「다른 몸들, 복수의 언어, 감각
의 분별-'맞;춤' 기획 공연(2020)의 배리어 컨셔스」, 『상허학보』 63, 상허학회,
2021, 47-81쪽; 장기영, 『보란듯한 몸, 초과되는 말들: 배리어컨셔스 공연』, 책
공장 이안재, 2023.

〈톰과 제리〉를 주3회 편성했는데 그중 1회(매주 수요일)에 한하여 '영어 대사+한국어 자막'으로 방영한다는 것이었다. MBC에 따르면, "청각장애인을 위한 세심한 배려와 함께 '비디오세대'로 일컬어지는 어린이들에게 영어습득 기회를 조기에 마련해주기" 위해 이러한 결정을 했는데, 자막 방송에 대한 반응이 좋으면 다른 요일의 방송분까지 확대 실시하겠다는 계획이었다.[19]

　　MBC의 〈톰과 제리〉 자막 방송 계획은 청각장애인과 아동이라는 두 시청자 집단을 부각했다. 방송사는 자막 방송이 '시청자 일반'에서 주변화되었던 두 집단 모두에게 긍정적인 효과를 가져다줄 것이라고 주장했다. 특히 한국 텔레비전이 청각장애인 시청자를 명시적으로 언급한 것은 거의 처음이라 할 수 있다. 그런데 이 언급은 그동안 청각장애인이 텔레비전에서 방영되는 더빙판 외화의 대사를 이해하기 어려웠다는 점, 실은 거의 모든 방송에서 편의를 제공받지 못했다는 점을 가시화하는 것이었다. 말하자면, 방송사의 "세심한 배려"는 지난 수십 년 동안 텔레비전으로부터 배제되어 온 청각장애인 시청자를 '주1회'에 한해서만, 그것도 아동용 애니메이션을 통해서만, 간헐적으로 '포용(inclusion)'한다는 계획이기도 했다. 아동 시청자에 대해서는 성우의 더빙 없이 영어 대사를 듣게 함으로써 영어 조기 교육의 효과를 얻게 하겠다는 것인데, 아동 시청자의 다양한 욕구를 간과하고 오로지 교육받는 대상으로만 한정해 외국어 조기 교육을 부추기는 것이라 할 수 있었다. 더구나 한국어 자막을 불편 없이 읽고 이해하려면 적어도 학령

---

19 「〈톰과 제리〉 영어 대사 방송 논란」, 『한겨레』, 1993. 10. 22.

아동 이상이거나 취학 전이라면 (아마도 중산층 가정에서) 조기 교육을 받은 문해력 있는 아동이어야 하기에 모든 아동 시청자를 아우른다고 볼 수도 없었다.

〈톰과 제리〉의 주1회 자막 방송 실시는 학부모와 시청자들의 거센 항의를 받았다. 서울기독교청년회 시청자시민운동본부는 성명서를 내고 ①청각장애인을 위한 자막방송은 한국어 대사에 한글 자막을 내보내야 하며, ②공영방송이 외국어 조기 교육을 부추기며 시청자 의견도 수렴하지 않고 자막 방송을 일방적으로 결정하는 것은 문화사대주의적인 발상이라고 비판했다. 미취학 아동의 학부모 역시 "오히려 문화방송이 외국만화의 원래 분위기나 표현, 상황을 좀 더 충실하게 번역해 한글 대사로 내보내는 데 힘써 줬으면 좋겠다"고 지적했다.[20] 이런 상황이 되자 MBC는 다시 〈톰과 제리〉를 모두 한국어 더빙판으로 방영하되, "우리말 대사에 한글자막을 내보내 청각장애인에게 도움을 주기로 하고, 영어 대사는 음성다중방송 방식을 채택해 외화처럼 영어채널을 선택하면 나올 수 있도록 조처"하는 것으로 물러났다.[21]

1993년 10월에 발표된 MBC의 자막 방송 계획은 외국산 영상 콘텐츠를 외국어 교육의 수단으로 전용하는 조치였을 뿐 아니라, 자막과 접근성에 대하여 피상적인 이해를 보여주는 것이었다. 그런데 이때의 논란은 이듬해 다시 조금 다른 방식으로 반복된다. 이번에는 김영삼 정부의 '세계화'라는 슬로건을 앞에 내세우고 여

---

20   위의 글.

21   「영어대사 논란 〈톰과 제리〉 우리말 방송」, 『한겨레』, 1993. 11. 6.

기에 적극적으로 편승했다. 1993년 11월 미국 방문에서 귀국하면서부터 대통령 김영삼은 '국제화', '개방화', '세계화' 등의 용어를 이전보다 빈번하게 사용하며 앞으로의 국정 방향을 제시했다.[22] 1994년 1월 연두 기자회견에서는 1994년을 '국제화의 원년'으로 선포하고 '국가경쟁력 강화의 해'로 삼는다는 점을 여러 차례 강조했다.[23] 이러한 김영삼 정부의 기조가 1994년 각 방송사의 봄 개편에 반영되었다.

'세계인이 됩시다'를 1994년의 연중캠페인으로 내건 MBC는 "국제화와 가족 중심 건전오락 프로의 강화"를 기본 방향으로 제시했다.[24] 다른 방송사들과 마찬가지로 영어 학습과 관련한 프로그램(〈곽영일의 굿모닝 잉글리시〉)을 신설했고, MBC의 간판 외화 프로그램을 자막으로 방영하기로 결정했다. 1994년 봄 MBC는 그동안 성우의 더빙으로 방영해 온 외화 시리즈 〈베벌리힐스의 아이들〉의 전편을, 그리고 주말 밤에 외국 극영화를 더빙판으로 방영해온 〈주말의 명화〉는 1개월 중 1회분을 한국어 자막으로 내보내겠다고 발표했다.[25] 불과 몇 달 전 미국 애니메이션의 자막 방송으로 물의를 빚었던 방송사가 다시 외화 자막 방송을 하겠다는 것인데, 이번에는 주중 오후에 편성되는 아동용 콘텐츠에 한정하지 않고 주말 프로그램에서 실시한다는 것이었다. MBC의 과감한 개

---

22 「김 대통령 "방미(訪美)통해 국제화 시대 절감했다"」, 『매일경제』, 1993. 11. 27.

23 「개혁···개방··· 김영삼 정부 94 국정 내년을 '국제화 원년'으로」, 『동아일보』, 1993. 12. 31; 「경쟁력에 건 1년···각론이 문제」, 『동아일보』, 1994. 1. 7.

24 「외화 자막방송 시범실시」, 『동아일보』, 1994. 4. 5.

25 위의 글.

편은 이미 교육방송(EBS)이 일요일 외화 프로그램 〈다시 보는 명화〉를 "오리지널 영화의 맛이 그대로 전달될 수 있도록 성우의 더빙을 하지 않고"[26] 자막으로 방영했어도 별다른 논란이 없는 데서 힘을 받았던 듯 보인다. MBC의 개편 계획이 발표된 후 KBS도 "국제화 시대를 맞아 외국어 방송이 시기적으로도 적절하다"면서 1994년 5월부터 주말 밤에 편성된 〈명화극장〉에서 작품을 선별해 '원어 음성+한국어 자막'으로 방영하겠다고 밝힌다.[27] 이제 외화의 자막 방송은 국제화 시대의 거스를 수 없는 흐름인 듯 제시되었다.

1994년 방송사들이 봄 개편에서 외화 프로그램의 자막 방송을 결정한 배경에는 정부가 내세운 '국제화'라는 방향성만 있었던 것은 아니다. 1990년대에도 텔레비전의 주말 외화 프로그램은 외국영화의 가장 대중적인 통로였지만 "비디오의 급속한 보급, 직배영화의 범람, 개봉관의 확대 등"으로 인하여 과거 30%를 오르내리던 평균 시청률이 10%를 넘기지 못하게 되었다.[28] 시청률 하락의 결정적 요인으로 꼽히는 것은 가정용 비디오의 보급이었다. 세계적으로 비디오 시장이 확장되면서 방송사가 해외 텔레비전 영화시장에서 볼만한 필름을 구입해 편성해도 "웬만한 시청자들은 이미 비디오 등을 통해 본 작품들이 대부분이어서 시청률이 오를 수 없는 실정"이라는 것이다.[29] 다매체 시대를 맞이한 방송 환경에서

---

26 「'명화 중의 명화' 안방 관람」, 『한겨레』, 1994. 2. 20.
27 「MBC 이어 KBS 「명화극장」도 외화 자막 방송 확산」, 『경향신문』, 1994. 4. 23.
28 「비디오에 밀린 TV영화」, 『한겨레』, 1994. 3. 18.
29 위의 글.

예전과 다름없는 편성으로는 시청률 하락을 막기 어려워 보였다. 게다가 1995년 케이블 TV 개국을 앞두고 공중파 방송의 경쟁력을 확보하는 일은 중요한 이슈였으리라 생각된다.

MBC는 1994년 봄 개편에서 다시 외화 자막 방송을 실시하면서, 이번에는 비디오와 위성방송 등에 익숙해진 시청자들이 생생한 외국 문화와 함께 원작의 분위기를 충실히 느끼고 싶어한다는 점을 강조했다. "국제화 개방화를 추구하는 시대 흐름에 맞추어" "원어방송을 원하는 시청자 요구가 많다"는 것이다.[30] 몇 달 전 방송사의 일방적 결정으로 〈톰과 제리〉 자막 방송을 추진했을 때와는 달리 이번에는 시청자들의 의견과 요구를 수렴하고 있다는 점을 주장했다. MBC 시청자국의 발표에 따르면, 1994년 4월 초에 자막 방송에 대한 시청자 의견을 접수했는데 총 240건의 의견 중 "종전대로 더빙 처리를 해달라"는 의견은 5건에 불과했다.[31] 자막 방송을 '긍정적으로 환영'한다거나 '대체적으로 수긍'한다는 시청자의 의견은 자막 방송의 가장 강력한 명분이었다.

1993년 가을 개편과 비교해 1994년 봄 개편에서 펼쳐진 또 다른 광경은 그동안 외화의 목소리 더빙을 담당했던 성우들이 자막 방송 실시에 대해 격렬하게 반발했다는 점이다. 1994년 봄, 방송사와 성우 단체 사이의 갈등은 갈수록 격화되어서 급기야 성우들의 녹음 보이코트 사태까지 이르게 되었다.[32] 한국성우협회는 자

---

30 「외화자막 방송 논란」, 『동아일보』, 1994. 4. 9.

31 「MBC 이어 KBS 「명화극장」도 외화 자막 방송 확산」, 『경향신문』, 1994. 4. 23.

32 「TV외화 자막방영 방송사-성우 정면 대립」, 『조선일보』, 1994. 4. 24; 「성우협 더빙불참 결의」, 『경향신문』, 1994. 5. 1.

막 방송이 성우들의 '생존권'을 위협할 뿐 아니라 공영방송의 공익성을 망각한 것이라 비판했다. 방송사가 국제화와 외국어 교육 등을 명분으로 내세우는 것은 '문화사대주의'이며, 가족 모두의 매체인 텔레비전에서 노년과 아동을 소외시키는 처사라는 것이다.[33] '문화사대주의'라는 비판은 〈톰과 제리〉 자막 방송에서부터 등장했는데, 자막 방송이 특정 집단을 소외시킬 수 있다는 주장은 1994년에 본격화되기 시작했다. 방송사와 성우 단체 사이의 대립 국면 속에서 외화의 영상 번역 모드로서 자막과 더빙을 비교하는 논의가 전개되었고, 이 과정에서 누가 어떻게 텔레비전 외화를 감상하는가의 문제가 비로소 논의되기 시작했다.

4. '자막 대 더빙', 그리고 방송의 공공성

'세계화'의 흐름에 맞추어 외화 프로그램을 자막 방송으로 실시하겠다는 방송사의 시도는 무엇이 더 적절한 번역 모드인지에 대한 논의로 이어졌다. 영상 문화의 역사에서 외국영화의 번역 모드로서 '자막 대 더빙' 논란은 오래된 것이었다. 무성영화에서 발성영화로의 기술적 전환, 파시스트 국가의 문화보호주의, 미국 아트하우스에서 유럽 작가주의 영화의 상영 등 여러 계기에서 이 논란이 재현되었다. 자막 대 더빙 논란은 무엇이 더 원본의 가치를

---

33 「자막방송 철회 요구 성우협회」, 『동아일보』, 1994. 4. 21; 「자막방송 항의 성명서」, 『경향신문』, 1994. 4. 21.

덜 훼손하는가 혹은 현지의 수용자에게 무엇이 더 영화의 즐거움을 제공해줄 수 있는가 하는 점을 주로 다투었다. 더빙이 원본의 음성 트랙을 제거하고 자국어로 번역된 음성을 이미지트랙의 제스처와 입술 움직임에 맞추어 대체하는 방식이라면 자막은 이미지 위에 새로운 텍스트를 추가하는 방식이기에, 일반적으로는 자막이 원본의 순수성을 훼손하지 않는 방식이라고 여겨졌다. 그러나 자막이 배우들의 대사를 응축하기 때문에 영화 대사의 일부가 불가피하게 손실될 수밖에 없다는 번역학 연구도 있다.[34] 자막이야말로 화면 안에 새로운 텍스트를 추가해 화면 일부를 가릴 뿐 아니라 영화를 '보고 듣는 것'이 아니라 '읽고 이해하는 것'으로 만들어 감상의 즐거움을 상쇄시킨다는 비판도 있다. 산업적 측면에서는 더빙은 고비용의 번역이라는 점, 자막은 비문해자, 저학력층을 소외시키는 엘리트주의적 방식이라는 점이 논쟁적인 부분이었다.[35] 그러나 이러한 자막 대 더빙 논란은 주로 미국과 유럽 지역에서 벌어진 것으로, 아시아나 남미, 아프리카 지역에서 영상 번역은 다른 차원의 접근이 필요하다.

가령, 유럽 국가들(프랑스, 독일, 이탈리아, 스페인 등)에서 자국의 언어와 문화를 보호한다는 명분으로 더빙을 취해 왔다는 점은 더빙이 강력한 내셔널리즘 시스템과 연관되어 있다는 주장에 힘을 실어주었다.[36] 그러나 국가가 자국의 언어와 문화에 대해 어떠한

---

34 Tessa Dwyer, op.cit., p.28.

35 Antje Ascheid, "Speaking Tongues: Voice Dubbing in the Cinema as Cultural Ventriloquism", *The Velvet Light Trap*, 40, 1997, p.34.

36 Martine Danan, "Dubbing as an Expression of Nationalism," *Meta* 36, 4, 1991,

태도를 취하는지가 번역 모드를 선택하는 결정적인 기준이라고
보기 어려운 사례들도 적지 않다. 한국과 일본이 바로 그러한 경
우에 해당된다. 오랫동안 한국과 일본에서는 외국영화를 '극장에
서는 자막으로, 텔레비전에서는 더빙으로'라는 분리된 번역 모드
로 수용했다. 텔레비전에서 외화를 방영할 때 더빙을 취하는 것은
여러 지역에서 선호하는 방식인데, 한국과 일본에서는 (애니메이션
이 아닌) 외화의 더빙판이 텔레비전을 통해서만 제작 및 공개되어
왔다는 점이 특징적이다. 이렇게 미디어에 따른 구별은 자국어나
자국 문화에 대한 관념이 느슨하거나 비일관적이기 때문은 아니
었다. 텔레비전의 시대가 도래하기 이전의 영화 문화에서는 서구
영화를 일방적으로 수용하는 관계였고 시장의 규모도 크지 않았
기 때문에 자막이 더빙보다 더 경제적 채산성이 맞는 방식이라고
여겨졌다.[37] 극장에서는 자막 방식이 정착했지만, 텔레비전 시대가
도래하자 여러 기술적 문제와 방송의 공익성을 이유로 더빙이 선
택되었다. 더빙은 비문해자나 저시력자를 포함해 '더 많은 시청자'
를 포용할 수 있는 방법으로 여겨진 것이다.

마커스 노네스는 "경제적 합리화 그리고 비용에 대응해 외국
성(foreignness)의 정도가 스펙트럼으로 펼쳐지는 내셔널리즘의 단계
적 발전 사이의 인터페이스"에서 자막인가 더빙인가에 대한 선택
이 이루어지고, 가히 '운명적'이라 할 이 선택이 관행적으로 고착

---

pp.606-614.

37 이화진, 앞의 책, 80-91쪽.

된다고 설명한다.[38] 1990년대 초반 한국에서 텔레비전 외화의 자막 방송은 더빙에서 자막으로의 전환이 방송사로서나 수용자로서나 경제적 효율성 문제뿐 아니라 외국의 언어와 문화에 개방적인 태도를 취해야 한다는 시대적 인식을 사회적으로 공유할 수 있어야 하는 것이었다. '국제화의 원년'으로 선포된 1994년 봄, 방송사들의 자막 방송 실시 발표는 신문과 PC통신의 시청자게시판과 같은 공간에서 종전의 더빙 방식을 옹호하는 시청자들과 새로운 자막 방식을 지지하는 시청자들 사이의 찬반론이 펼쳐지게끔 했다.

방송사의 개편 시도대로 자막 방식을 지지하는 입장에서는 자막의 이점을 설명하되, 이제까지의 더빙판 방영이 무엇을 훼손해 왔고 누구를 배제해 왔는지를 비판했다. 이들은 자막이 언어적 순수성과 원본의 진정성을 훼손하지 않는 방식이라고 전제하면서, 시청자들에게 영화 속 배우들의 "진짜 목소리"[39]를 듣고 "외화의 생동감을 느끼며 제대로 된 원작을 보는 시대"[40]를 가져다주었다고 평가한다. 찬성론은 자막 방송이 어학 능력의 향상에도 도움이 된다는 교육적 효과를 언급하되, 영화 속 저속한 표현이 전파를 타서 청소년에게 악영향을 미칠 것이라는 우려에 대해서는 방송사가 심의를 통해 거를 수 있는 문제라고 방어했다.[41] 여기에 더하여, 성우협회의 집단적 대응을 비판하면서 자막 방송은 청각장애인의 권리라는 주장도 제기되었는데, 이는 몇 달 전 방송사가

38   Abé Mark Nornes, op.cit., pp.190-191.

39   「'외화 자막처리' 생생한 감동 전달」, 『한겨레』, 1994. 5. 2.

40   「외화 자막방송 이점 많아」, 『조선일보』, 1994. 5. 11.

41   「'외화 자막처리' 생생한 감동 전달」, 『한겨레』, 1994. 5. 2; 위의 글.

"청각장애인을 위한 세심한 배려"[42]를 언급한 데에서 한 걸음 더 나아간 것이었다.

> 우리나라엔 35만여 명의 청각장애인이 있다. 그들은 지금까지 TV 나 라디오를 '벙어리상자'로 부르며 대부분이 아예 TV 보는 것을 포기한 채 살아왔다. (중략) 35만 명의 잠재 시청자를 확보하기 위 한 가장 좋은 방법은 이미 외국에서는 여러 가지 방법으로 시행되 고 있는 TV수화통역과 자막방송일 것이다. 그런데 미비하나마 뉴 스의 수화통역, 장애인프로의 신설 등 이제 막 걸음마를 시작하려 는 복지방송에 격려와 칭찬을 보내기보다는 오히려 <u>청각장애인들 의 들을 권리를 빼앗고 입과 귀를 막으려는 행동은 지극히 후진적 발상</u>이 아니라 할 수 없다. 성우협회는 청각장애인의 입과 귀를 틀 어막기 위한 단체행동을 삼가고 더불어 살아가는 사회를 생각해 주기 바란다.[43] (밑줄 인용자)

외화 자막 방송은 원래 청각장애인을 포용하려는 목적으로 실시된 것이 아니었기 때문에, 대사 외에 음향이나 음악 등에 대한 정보를 전혀 제공하지 않았다. 그럼에도 "이제 막 걸음마를 시작 하려는 복지방송"이라는 표현에서 보듯이, 청각장애인의 입장에서 완전한 접근을 보장받지는 못하더라도 외화의 자막 방송이 갖는 의미를 긍정적으로 평가할 수 있다고 본다. 그러나 청각장애인이

---

42 「〈톰과 제리〉 영어 대사 방송 논란」, 『한겨레』, 1993. 10. 22.

43 「정보에 목마른 청각장애인 위해 계속 시행을」, 『동아일보』, 1994. 5. 7.

외화 자막 방송의 수혜를 입는 것처럼 제시하면서, 한국영화가 극장에서도 비디오에서도 텔레비전에서도 자막을 제공하지 않는다는 사실은 전혀 지적되지 않는다.[44]

반면 텔레비전 외화의 자막 방송을 반대하고 종전과 같이 더빙을 유지해야 한다는 입장은 무엇보다도 방송의 공공성 문제를 지적하며 "코흘리개 아이들로부터 여든 넘은 노인들까지 그리고 강원도 산골의 광부에서부터 남도의 어부까지"[45] 연령, 계층, 지역, 교육 정도에 관계없이 불특정 다수를 포함할 수 있어야 한다는 점을 강조한다. 외국어 영화를 자막으로 충분히 이해할 수 있는 사람들은 일부이기에 자막 방송은 텔레비전을 '시청할 권리'를 존중하지 않는다는 것이다.

텔레비전으로 영화를 보는 것은 극장 관람과는 다른 경험이라는 점도 지적되었다. 더빙은 "잠시 한눈을 팔더라도 청각으로 이해"[46]가 가능하기 때문에 화면에 시선을 집중해야 하는 수용자의 피로감을 덜어주면서 오락과 여가로서 텔레비전의 기능을 충족시켜줄 수 있다는 이점이 부각되었다.[47] 외화가 주로 편성되는

---

44 「청각장애인 영화광이 외화만 보는 까닭은… "한국영화에 자막 좀…" 소리없는 아우성」, 『경향신문』, 1998. 1. 22.

45 「외화 더빙 없이 자막처리 곤란」, 『한겨레』, 1994. 4. 14.

46 「자막읽기 눈 피로하고 잠시 한눈팔 새도 없어」, 『동아일보』, 1994. 5. 7.

47 1980~1990년대 텔레비전 외화 번역가로서 활동했던 소설가 박찬순은 외화 더빙판이 더 많은 시청자를 확보할 수 있는 방식이었다고 설명하면서 다음과 같이 언급했다. "근로자들이 편안하게, 자막 본다는 건 좀 뭐랄까 눈을 피로하게 하는 일이고 잠깐만 눈을 뗐다 하면 내용을 못 알아보게 되잖아요. 더빙으로 하면 내가 물 떠먹으러 주방으로 가도 소리는 들리잖아요. 그러니까 훨씬 더 쉬운 거예요, 듣기가." 이화진 채록연구, 『2020년도 한국영화사 구술채록연구

주말은 "가장 마음놓고 모든 사람이 텔레비전을 볼 수 있는" 시간이고 "온가족이 모여 일주일을 정리하는 시간"인데, 이때 자막으로 외국영화를 방영하는 것이 방송의 공공성 측면에서 적절치 않다는 비판도 있었다.[48] "완벽한 영화감상"을 원하는 시청자는 "영화관이나 비디오 또는 AFKN을 보면 될 것"인데,[49] 다중음성 기술로도 구현 가능한 것을 개방 자막으로 바꾸는 것은 방송사가 더빙판 제작에 드는 비용을 절감하려는 '속셈'이라는 비판도 더빙을 지지하는 것으로 읽혀질 수 있었다.[50]

　방송의 공공성 측면에서 더빙을 옹호하는 또 하나의 중요한 논리는 방송은 자국의 언어와 문화를 보호할 책임이 있다는 것이었다. "국민의 정서 형성에 크나큰 영향을 주는 방송매체가 외국의 정신문화를 한치의 여과 없이 내보낸다는 것은 제아무리 훌륭한 문화라고 할지라도 주체성 말살에 동조하는 것"[51]이라는 주장이다. 독일에서 투고한 어느 신문의 독자는 텔레비전은 물론 극장에서도 대부분의 외국영화를 독일어로 더빙해 보여주는 독일의 사례를 들면서, "이것이 외국영화 수입국이 취할 수 있는 가장 최소한의 자기 문화 보호 방법"이라고 말한다.[52] 자막 방송 논란을

　　시리즈 20-1 〈주제사〉 이선영 박찬순 하인성』, 한국영상자료원, 2020, 126쪽.

48　「외화 자막처리는 공공성 저버린 처사」, 『한겨레』, 1994. 6. 3.

49　「TV외화 자막방송 여론조사 했나」, 『경향신문』, 1994. 5. 28.

50　「외화자막 방송 논란」, 『동아일보』, 1994. 4. 9; 「「자막-더빙」 시청자 입장서 결정을, 비용절감 위한 자막화는 곤란」, 『조선일보』, 1994. 5. 10.

51　「TV외화 자막방송 여론조사 했나」, 『경향신문』, 1994. 5. 28.

52　「'외화 자막방송' 문화자존심 포기한 것」, 『한겨레』, 1994. 5. 30.

계기로 〈베벌리힐스 아이들〉 자체가 부적절한 편성이라는 비판도 있었다. L.A 폭동(1992)이 있은 지 불과 2년인데 "하루에 몇 번씩 폭동 장면을 보도하던 그 방송사가 단지 시청률에 급급해서 미국에서조차 일부 계층의 생활이라 하여 여론이 좋지 않았던 프로그램을 수입해 방영"하더니 "저급한 상소리까지 전달"한다면서 '조기 종영'을 요청한 것이다.[53] 이러한 목소리에도 그 바탕에는 '저속한 외국문화'로부터 자국의 '정신문화'를 보호해야 한다는 강한 내셔널리즘이 자리했다. 더빙은 단지 외국어 대사를 번역하는 데 그치지 않고 대사를 맥락에 맞게 각색하는 방식으로 외국 문화의 이질감을 줄이며 "우리 안방에 영어 욕설이 쏟아지지 않도록" 순화하는 기능을 하기에 유지되어야 한다는 것이었다.[54]

한편, 더빙으로 방영해 온 외화를 자막으로 방영하면서 수십 년 동안 외화 프로그램의 수용자였던 시각장애인들이 영화를 보는 즐거움을 빼앗겼다는 주장도 더빙 옹호의 논리로 제시되었다. 성우 이선영은 2020년에 진행된 인터뷰에서 자막이 더빙을 대체한 후 어느 시각장애인과의 만남을 회고하며 자막으로만 영화를 방영하는 데 대한 '몇십만 시각장애인'의 불만을 언급한 바 있다.[55] 자막이 '청각장애인의 권리'라면, 더빙은 '시각장애인의 권리'로 재발견된 것이다.

'국제화 원년'이 지나고 해가 바뀌자, MBC는 주말 저녁 시간

53 「미 부유층얘기 '베벌리힐스…' 종영하길」, 『한겨레』, 1994. 5. 30.
54 「외화 자막처리는 공공성 저버린 처사」, 『한겨레』, 1994. 6. 3; 「MTV 외화 원어 방송 욕설 그대로 나와 불쾌」, 『동아일보』, 1994. 6. 8.
55 이화진 채록연구, 앞의 책, 57쪽.

에 방영했던 시리즈를 한국어 더빙판으로 방영하는 것으로 슬그머니 복귀했다.[56] 성우협회의 격렬한 대응도 있었지만, 자막으로 방영되는 〈베벌리힐스의 아이들〉이 미국 청소년들의 일상적 언어생활에서 욕설과 속어, 성적 표현을 거르지 못하는 데 대한 시청자들의 반발이 컸던 점도 영향을 미쳤다. 원본의 음성을 그대로 전달해서 "불건전한 부분이 그 이전보다 훨씬 많이 전달될 가능성"이 높은 자막 방식에서는 방송 전 녹음대본을 심의하고, 더빙과 같이 유연한 대처가 어렵다는 점 때문에 심의의 내용을 더욱 강화해 삭제되는 장면이 더 늘기도 했다.[57] 자막 방송 전에도 방송위원회로부터 선정성 때문에 여러 차례 '방송 불가' 판정을 받은 바 있었던 〈베벌리힐스의 아이들〉은 자막 방송 후에는 청소년에 미칠 '유해성'이 더욱 경계의 대상이 되었다.[58] 1994년 여름, MBC는 〈베벌리힐스의 아이들〉을 종영하기로 결정하는데, 자막 방송으로 빚어진 논란이 종영을 더욱 앞당겼다고 추측된다.[59] 〈베벌리힐스의 아이들〉 후속작 〈헤븐허스트의 신입생들(Class of '96)〉도 자막으로 방영되었으나 1995년 초 종영이 결정되었고, 이어진 새로운 시리즈물 〈텍사스 레인저(Texas Rangers)〉가 더빙으로 방영되면서 주말에 편성되는 시리즈물은 더빙판을 방영하는 것으로 돌아

---

56 「MBC 자막방송 슬그머니 후퇴」,『한겨레』, 1995. 1. 9.

57 「청소년 드라마도 "역시 신토불이야" MBC '베벌리힐스' '사춘기' 비교해 보니…」,『한겨레』, 1994. 5. 13.

58 「외화 자막처리 난항-성우협회 "설땅없다" MBC 결정에 반발」,『한겨레』, 1994. 4. 10; 「방송외화 미국 편중 청소년들에 악영향」,『한겨레』, 1994. 7. 21.

59 「'베벌리힐스…' 중도 하차」,『한겨레』, 1994. 8. 25.

간다.[60] 다만 〈주말의 명화〉는 1개월에 1회분을 자막으로 방영하는 방식을 유지해갔다.

이로써 몇 달간의 시끌벅적한 논란은 잠잠해졌지만, 점차 다매체 다채널 환경으로의 변화가 가속화되면서 외화의 한국어 더빙판 방영은 점차 설 자리를 잃게 된다. 주지하듯이, 21세기에 들어서 자막은 손안에 들어오는 디지털 모바일 기기부터 극장의 스크린까지 화면의 크기에 관계없이 외화의 영상 번역 모드로 완전히 자리를 굳혔다. 1996년에 SBS가 캡션 방송 기술을 개발하면서 청각장애인 시청자를 위한 자막 서비스가 가능해졌다.[61] 아시안게임과 올림픽 등 국제 행사를 앞두고 1985년부터 음성다중방송이 시작되었던 것에 비추어보면,[62] 접근과 관련한 기술 및 규제에서 국내의 취약한 수용자 집단을 포용하는 것은 외부를 향한 개방보다 지연되었다.

5. 커브컷(curb-cut)과 공명하기

1994년의 자막 대 더빙 논란은 신자유주의 시대 개방화에 대한 국내외적 압력과 다매체 다채널 시대 지상파 방송에 요구되는 변화가 한편에, 그리고 주류 미디어의 급진적 변화와 문화사대주

---

60 「MBC 자막방송 슬그머니 후퇴」, 『한겨레』, 1995. 1. 9.

61 「청각장애인 '희소식'」, 『조선일보』, 1996. 1. 13.

62 「TV 음성다중 1일부터 방송」, 『조선일보』, 1985. 9. 29.

의에 대한 경계가 다른 한편에 있었다. 주목하고 싶은 것은 찬반론의 전개 과정에서 한국에서 텔레비전을 통한 외국영화의 수용이 갖는 사회문화적 의미가 조명되었을 뿐 아니라 외국영화의 접근에 대한 문제가 제기되었다는 점이다. 이전까지 텔레비전은 장애인의 접근성을 고려한 적이 없었으나, 이 논란을 통해 더빙은 청각장애인의 접근을 제한하고, 자막은 아동과 노년, 저시력자, 비문해자뿐 아니라 그동안 텔레비전을 통해 영화를 향유해 온 시각장애인들의 즐거움을 훼손한다는 사실이 부각되었다. 방송의 공익성을 강조할수록 그동안 텔레비전이 상정해온 '보편적인 시청자'에 대한 관념을 해체해야 하는 역설이 빚어진 것이다. 다양한 계층과 연령, 문해력, 장애가 미디어 접근성과 어떻게 관계되는지에 대한 논의는 그때까지 한국의 영상 문화에서는 다뤄진 적이 없었다.

어떤 면에서, 이 논란은 장애 유무와 관계없이 더 많은 모두를 포용할 수 있는 커브컷(curb-cut)의 아이디어를 '납치'한 것이기도 하다. 비유적으로 말하면 '휠체어 사용자'를 떠올린 적이 없으나 도로 연석을 깎아내기 위해 '휠체어 사용자'의 이동권을 '납치'한 것이다. 장애 친화적인 설계가 비장애인을 포함해 더 많은 사람들에게 유용한 것이 되는 커브컷 효과(curb-cut effect)는 취약 집단을 돕기 위해 고안된 법과 프로그램이 다른 여러 집단에도 혜택을 주는 결과를 낳는다는 의미로도 사용된다. 사실 한국에서 텔레비전의 영상 번역 모드의 문제는 애초부터 장애가 있는 사람들의 접근을 고려해 고안된 것이 아니지만, 새로운 미디어와 기술로 인한 변화가 어떤 집단의 접근을 허용하고 제한하는지에 대해 생각할 계기를 만들어주었다.[63] 더빙과 자막이 각각 접근성 면에서의 가치를 발견하는 과정에서 더빙은 시각장애인뿐 아니라 노년과 저시력자, 비문해자를 아우르게 되었다. 청각장애인이 원본의 생생함을 감상하고 싶어하거나, 어학 능력의 향상을 추구하는 사람들과 자막을 통해 연결되는 것도 커브컷 효과로 설명될 수 있을 것이다.

다른 한편, 자막 대 더빙 논란은 어떤 방식의 접근도 '모두'를 공평하게 미디어와 매개할 수는 없음을 확인시켰다. 미디어를 매개하는 영상 번역은 언제나 '불가피한 실패'와 접근의 불투명성(opacity)을 낳는다. 언어적, 문화적, 지리적 경계를 넘어온 외국영화는 현지화를 동반한 영상 번역—더빙이든 자막이든—의 매개를 통해 수용되는 한, 투명하게 전달되지 않는다. 기술이 발전하면 더 광범위한 수준의 접근성을 실현할 수 있으리라는 낙관적인 기대들이 있지만, 새로운 기술이 오히려 장애화의 메커니즘을 재생산할 수도 있다. '보편적인 관객/시청자'의 개념이 허상인 것처럼, '모두'가 접근할 수 있는 '보편적인 디자인(universal design)'이란 실은 어떤 장애를 부인하는 방식으로만 성립될 수 있다. 배우이자 청각장애 활동가로서 말리 매틀린이 말한, "기술은 넘쳐나고 있는데, 여전히 구멍이 보이고 사람들은 배제되어 가고 있다"[64]는 그

---

63 가령, 미국에서 무성영화 시대 비장애인과 마찬가지로 '평범한' 관객 집단이었던 농인들이 사운드 전환 이후 곤혹스러운 존재가 된 상황을 떠올려볼 수 있다. 이와 관련한 구체적인 논의로는 다음 글을 참조. Russell L. Johnson, ""Better Gestures": A Disability History Perspective on the Transition from (Silent) Movies to Talkies in the United States", *Journal of Social History*, 51(1), 2017, pp.1-26.

64 "How Marlee Matlin Helped Force Streaming Video Closed Captions Into Digital

사실을 직시하는 것이 중요하다.

다시 푸자 랭간의 '동사로서의 장애'라는 표현을 환기해 보면, 접근의 문제는 완료될 수 없기 때문에 지속적인 실천 과정으로서 시간과 에너지, 자원을 투여해야 한다. '명사로서의 장애'에 국한하지 않고 "특정 장애를 가진 일부 사람들과 장애는 없지만 특정 상황에 처한 다른 사람들의 요구를 해결"하기 위해,[65] 즉 서로 이해관계가 다른 집단들의 요구를 연합적으로 수렴해서 사회적 역량과 연대를 구축해가는 방법에 대한 논의로 나아가는 것이 필요하다.[66]

접근성 규제와 관련한 최근 뉴스를 언급하며 글을 마치고자 한다. 2024년 1월 9일에 국회에서는 현행 방송법 제69조 8항('방송사업자는 장애인의 시청을 도울 수 있도록 한국수어·폐쇄자막·화면해설 등을 이용한 방송을 해야 한다')에서 그 대상을 아동, 노인 등으로 확대하고 '한국어 더빙'을 추가하는 방송법 개정안이 통과되었다. 이로써 방송사업자가 외국어 영화나 애니메이션 등을 방송할 때 한국어 더빙을 제공하고, 이와 관련된 비용을 방송통신발전기금이

Age: Why the deaf actress fought for closed captioning on streaming sites", ABC News, April 30, 2014. https://abcnews.go.com/Entertainment/marlee-matlin-helped-force-streaming-video-closed-captions/story?id=23503281; 케이티 엘리스, 앞의 책, p.245쪽에서 재인용.

65 그레이엄 풀린(Graham Pullin)이 공명적 디자인(Resonant design)을 정의하며 설명한 표현을 인용했다. Graham Pullin, *Design Meets Disability*, The MIT Press, 2009, p.93.

66 Pooja Rangan, "From "Handicap" to Crip Curb Cut: Thinking Accent with Disability," Pooja Rangan, et al.(eds), *Thinking with an Accent: Toward a New Object, Method, and Practice*, University of California Press, 2023, p.65.

지원하게 된다.[67] 장애인을 위한 접근성의 법제화가 다른 취약한 존재들을 발견하는 것으로 이어지고 더 많은 텔레비전 시청자들에게 중요한 자원이 되는 장면이라 할 수 있을 것이다.

67 고성욱, 「'우리말 더빙 법제화' 국회 본회의 통과」, 『미디어스』, 2024. 1. 9. https://www.mediaus.co.kr/news/articleView.html?idxno=307534&fbclid=IwAR3n DiN1T70lAW6vivcPShgVNLJ0UsECUcwvubftBjP6QkWwBNs64OA1HrI

인공지능 정동에서 체현의 문제와
감정의 모빌리티
: 영화 〈그녀(Her)〉를 중심으로[1]

이 지 행

1. 영화 속 인간과 로봇 사이의 긴장

로봇은 자연 생명을 모방, 증강하고 나아가 능가하고자 하는 인간의 의지로부터 탄생했다. 이러한 로봇의 기원은 고대 그리스드로마 신화에서부터 찾아볼 수 있다. 청동 로봇 탈로스와 판도라가 대표적인 예로, 이는 인간의 형상을 한 '안드로이드'에 대한 신화 시대의 상상이라 할 수 있다.[2] 중세시대에는 13세기 독일 철

---

1   이 글은 「인공지능 정동에서 체현의 문제와 감정의 모빌리티-영화 〈그녀(Her)〉를 중심으로」, 『석당논총』 88, 동아대학교 석당학술원, 2024를 수정·보완하여 재수록한 것이다.

2   탈로스는 대장장이이자 발명의 신인 헤파이스토스가 만든 청동 로봇으로, 크레타 섬을 지키는 임무를 담당했다. 탈로스의 머리부터 발까지는 하나의 관으로 연결되어 있었고, 이 관 안에는 신들의 신비한 생명력인 '이코르'가 들어 있었다. 탈로스의 생체 시스템은 발목에 청동 못으로 봉인되어 있었으며, 그것이 그의 아킬레스건이었다. 마법사 메데이아는 영생을 줄 수 있다고 속삭이며 그의 발목의 청동 못을 제거할 것을 요구한다. 못의 봉인이 풀리자 이코르가 녹은 납

지 행 341

학자 알베르투스 마그누스(Albertus Magnus)가 다양한 금속 재료로 '자동인형(automaton)'을 만들었으며, 사람의 형상으로 동작을 구현한다는 의미에서 '안드로이드'라고도 불렸다.[3] 17~18세기에 접어들어, 음악을 연주하는 인형, 글 쓰는 인형, 그림 그리는 인형, 태엽으로 움직이는 오리 등 무수한 자동인형이 만들어졌다. 이 당시 자동인형은 계몽주의를 대표하는 오브제였다.[4] 자동인형으로 불리던 비인간 기계 존재에 '로봇(robot)'이라는 용어를 처음으로 사용한 것은, 1920년 체코 극작가 카렐 차페크(Karel Čapek)가 발표한 희곡 『로섬의 만능로봇(Rossum's Universal Robot)』이었다. 이때 로

처럼 흘러나오고 탈로스의 생명도 서서히 빠져나간다. 판도라는 인간에게 불을 허락한 프로메테우스를 벌주기 위해 헤파이스토스가 만든 '제조된 여성' 즉 여성 안드로이드였다. 판도라가 상자를 열어 재앙을 내보내고 희망을 가둔 것은 입력된 프로그램대로 행한 행위였다. 에이드리엔 메이어, 안인희 역, 『신과 로봇: 우리가 지금껏 상상하지 못한 신화 이야기』, 을유문화사, 2020.

3 알베르투스 마그누스가 금속으로 만든 '안드로이드'의 사례는 일종의 지성적인 마술에 대한 변화된 태도를 드러내는 흥미로운 변형으로 반복적으로 회자되어 왔다. 마그누스가 제작한 안드로이드가 일종의 대화와 추론까지 할 수 있는 것으로 묘사된다는 사실을 감안할 때, 이는 중세 인공지능의 판본으로도 볼 수 있다. 이에 대한 자세한 논의는 다음의 책을 참조. Minsoo Kang & Ben Halliburton, "The Android of Albertus Magnus: A Legend of Artificial Being", *AI Narratives: A History of Imaginative Thinking about Intelligent Machines*, Stephen Cave et al. eds., Oxford University Press, 2020.

4 데카르트를 필두로 하는 17~18세기 계몽주의 시대에 자동인형은 시대를 대표하는 오브제였다. 1600년경에 토마소 프란치니(Thomaso Francini)가 생-제르맹-앙-레이 왕실 정원에 설치했던 오토마톤과 이후 프란치니의 기계를 모방한 장치들이 데카르트의 기계로서의 동물론에 영향을 미쳤다고 보는 견해도 있다. Simon Schaffer, "Deus et Machina: Human Nature and Eighteenth Century Automata", *Revue de la Maison Française d'Oxford*, 9, 1998, p.39; 정희원, 「인공행위자의 감정 능력과 젠더 이슈: 『미래의 이브』와 여성 안드로이드」, 『비교문학』 82, 한국비교문학회, 2020, 235쪽에서 재인용.

봇의 어원은 '법정노동'을 뜻하는 체코어 'robota'로, '강제적인 노동'이라는 뉘앙스를 갖는다. 여기에는 인간을 대신하여 노동을 수행하는 기계의 '효용' 그리고 '기계적 경직성'의 의미가 내포되어 있다. 로봇은 인간보다 증강된 성능이라는 측면에서 효용성을 가지지만, 그럼에도 특유의 경직성이 로봇의 '자연스럽지 못한' 인공적 존재로서의 취약성을 드러내는 표지로 통용되었다는 것을 개념의 어원을 통해 짐작해 볼 수 있다.

영화사에서 로봇(자동인형)을 등장시킨 최초의 SF 영화는 (지금은 필름이 유실된) 조르주 멜리에스(Georges Méliès)의 1897년 무성 단편영화 〈어릿광대와 꼭두각시(The Clown and the Automaton)〉로 알려져 있다. 이 영화는 어릿광대가 로봇의 제멋대로의 움직임에 당황하는 내용을 담고 있는데, 자신이 제어할 수 없는 기계에 대한 불안감과 이로 인한 불화를 하나의 해프닝으로 표현하고 있다. 1920년대 독일 표현주의 영화의 대표작인 〈메트로폴리스(Metropolis)〉(프리츠 랑, 1927)는 인간과 로봇 사이의 불화와 긴장을 디스토피아적으로 재현함으로써 〈어릿광대와 꼭두각시〉가 보여주는 영화사 초창기 테크노포비아의 계보를 잇는다.

영화사 초창기 SF 영화에서 인간과 로봇 사이의 긴장관계가 테크노포비아적 서사로 드러났다면, 사이보그·안드로이드·복제인간·인공지능 등이 본격적으로 등장하는 현대 SF 영화에는 이제 인간이 되고자 하는 로봇들이 나타나기 시작한다. 인간 양부모로부터 버림받은 로봇이 '진짜 인간 소년'이 되어 어머니의 사랑을 되찾기 위해 떠나는 여정을 그린 〈에이 아이(A.I.)〉(스티븐 스필버그, 2001)에서 로봇인 데이비드(헤일리 조엘 오스먼트 분)는 자신을 유기하려는 양어머니에게 인간이 아니어서 죄송하다며 인간이 되겠으니 제발 자신을 버리지 말아달라고 애원한다. 한편, 인간 여성을 사랑하게 된 로봇이 나오는 〈바이센테니얼 맨(Bicentennial Man)〉(크리스 콜럼버스, 1997)에서 로봇인 앤드류(로빈 윌리암스 분)는 사랑하는 여인과 삶을 함께 하기 위해 자신을 인간으로 인정해 달라는 소송을 제기하고 법정에 선다. 영화의 결말 부분에서, 앤드류는 사랑하는 그녀와의 마지막을 함께 하기 위해 스스로 '인간으로 죽기'를 선택한다. 이렇듯 SF 영화에서 인간이 되고 싶은 로봇의 서사는 인간의 신체나 감정 등—심지어 죽음까지도—인간적인 요소의 기계적/비인간적 요소에 대한 우위를 강조함으로써 인간적인 가치에 항구적 우월성을 부여하는 효과를 만들어낸다.

로봇이 등장하는 현대 SF 영화의 또 다른 경향을 볼 수 있는 작품으로는 뇌를 제외한 모든 신체가 기계로 교체되고 기억이 삭제된 채 사이보그 로봇 경찰로 재탄생하는 경찰 이야기를 다룬 〈로보캅(RoboCop)〉(폴 버호벤, 1987)이 있다. 주인공 로보캅(피터 웰러 분)은 뇌를 제외한 모든 신체가 기계로 재탄생한 뒤 기억을 상실하지만, 점차 자신의 기계적 신체를 뚫고 나오는 인간이었을 적의 기억에 혼란스러워한다. 종국에 로봇인 그의 정체성을 지배하는 것은 '인간'으로서의 기억과 윤리이다. 영화 〈매트릭스(The Matrix)〉(라나 워쇼스키 & 릴리 워쇼스키, 1999)는 고치 안에서 인간이 건전지 역할을 하는 '실재' 세계를 되찾기 위해, 인공지능이 구축한 하이퍼리얼(Hyper-real)한 시뮬레이션 세계의 안온함을 박차고 나오는 이야기로, 로봇에 대항하는 인간의 레지스탕스 서사이다. 위 영화들에서 인간과 로봇 사이에 일어나는 서사적 갈등은 주체로서의 인간과 객체로서의 비인간의 이분법, 그리고 주체가 객체를 지배할 권리가 있다는 함의에 기대어 이루어진다. 영화 속 갈등은 로봇이 수동적 객체로서의 자신의 지위를 받아들이지 않고 자율적 행위를 할 수 있는 주체로서의 권리를 주장하며 인간 행위자성과 충돌할 때 일어나게 된다. 이처럼 대중문화인 영화 속에서 인간과 로봇의 이분법은 여전히 건드려지지 않고 남아 있다. 캐서린 헤일스(Katherine Hayles)의 표현을 빌리자면, '지배와 통제'라는 저변 구조가 계속해서 인간-비인간 상호작용의 조건을 결정하고 있는 것이다.[5]

로봇을 비롯한 비인간 인공 생명체가 등장하는 SF 영화의 주체와 객체, 지배와 통제의 이항대립적 구도와 비인간 요소에 대한 인간적 요소의 우위 강조는 인간종중심주의적[6] 전통 속에서 배태된 역사적 산물이다. 그러나 근대성으로 인해 야기된 전 지구적인

---

5 N. 캐서린 헤일스, 이경란·송은주 역, 『나의 어머니는 컴퓨터였다』, 아카넷, 2016, 366쪽.

6 인간종중심주의(혹은 인류중심주의, anthropocentrism)는 종종 인간중심주의, 인본주의, 휴머니즘 등과 혼용되어 사용되기도 하나 그 개념은 확실히 다른 뿌리를 가지고 있다는 점을 분명히 하고자 한다. 이 글에서 인간 대 비인간 구도를 놓고 사용되는 용어인 인간종중심주의는 인간을 중심에 놓고 인간과 비인간의 위계와 이분법을 구성하고 정당화하며 재생산하는 사상을 의미한다. 인간에게 나르시시즘적인 특권을 부여하는 인간종중심주의는, 왜곡된 유럽 중심의 근대적 휴머니즘(인본주의)의 역사적 결과이기도 하다. 휴머니즘은 본래 모든 존재(인간 및 비인간 존재 포함)의 자유를 기반으로 하며, 과학과 이성을 통해 지식을 생산하려는 열망을 지니고 있기에, 근본적으로 인간/비인간의 이분법과 위계 구도를 약화시키는 데 기여해야 한다. 그러나, 근대적 휴머니즘은 대문자 인간(남성, 백인, 비장애인 등)을 제외한 타자들에 대한 배제와 차별을 기반으로 성립해왔고 그 과정에서 성차화되고 인종화된 타자들을 끊임없이 생산해 왔다는 것이 오늘날 휴머니즘에 대한 주된 비판이다.

생태 위기 및 생성형 AI 등 인공지능의 비약적 발전이 이루어지고 있는 동시대 기술담론의 발전에 힘입어, SF 영화에서도 비인간 존재론을 진지하게 고찰하는 작품들이 생겨나고 있다. 이 글은 인공지능 운영체제(OS)와 인간 남성 사이의 사랑을 그린 스파이크 존즈(Spike Jonze) 감독의 2013년도 영화 〈그녀(Her)〉를 인간중심주의에서 비인간 존재론으로의 과도기적(transitional) 이행단계에 위치한 작품으로 바라본다. 신체라는 육화된 실체에 대한 인공지능의 열망 그리고 구매자인 인간에 의해 결정되는 여성으로서의 인공지능 젠더 등 기존의 인간중심적 위계 및 젠더관계에 기초해 재현이 이루어진다는 점에서 〈그녀〉는 여전히 근대적 인간중심주의의 자장 안에 위치한다. 그러나 실패한 과거의 사랑에 정박되어 버린 남자와 몸의 부재를 결핍으로 인지하는 인공지능이, 정동적 마주침과 부대낌 속에서 서로 영향받고 변용되는 과정을 전개함으로써, 기존의 인간중심주의적 헤게모니로 포섭되지 않는 인간 vs 인공지능 서사의 가능성을 보여준다는 점은 이행기 서사의 가능성으로 평가될 수 있다. 특히 이 글은 〈그녀〉의 인공지능인 사만사(Samantha)를 개별적 주체성으로 바라보고 인공지능의 정동가능성(affectability)을 살피고자 한다. 이때, 인간과 인공지능 사이에 정동적 관계가 형성될 수 있는가를 논하는 데 있어 핵심적 요소인 '체현'의 문제를 캐서린 헤일스의 '상호매개(intermediation)' 개념을 통해 고찰하고자 한다. 또한, 인공지능 특유의 편재성에 기인한 비배타적 관계(시어도어(Theodore)와 사랑하는 동시에 641명의 다른 사람과 사랑에 빠져 있는 사만사의 관계 방식)의 의미화를 인공지능 정동의 '감정의 모빌리티' 개념을 통해 논의할 것이다.

2. 비인간 인공 생명체의 정동의 문제

최근 인공지능을 둘러싼 연구는 인공지능의 지적 능력뿐 아니라 도덕적 행위자로서의 자질 가능성 등 다양한 관점이 대두되고 있다.[7] 그 가운데는 인공지능의 감정의 문제를 논의한 사례들이 존재한다. 천현득은 인공 감정과 그에 따른 잠재적 위험을 논의한 글에서, 진정한 감정 로봇이 근미래에 실현될 가능성은 낮다고 주장한다.[8] 그 이유로는 로봇이 인간이 가지는 것과 같은 감정을 가지려면, 인간이나 고등 동물 이상의 일반 지능을 가지고, 유기체적 생명들과 유사한 신체를 가지며, 생명체가 흔히 처하는 것처럼 복잡하고 예측 불가능한 환경에 놓여 적응할 수 있어야 하는데, 그런 인공지능에 도달하는 길은 아직 멀기 때문에 현실적 구현 가능

---

[7] 특히 최근 국내에서는 인공지능을 윤리 및 도덕적 행위자로서 바라보는 연구가 큰 폭으로 생성되고 있는데 주로 다음과 같은 연구가 있다. 이향연, 「인공 도덕행위자(AMA)가 지닌 윤리적 한계」, 『대동철학』 95, 대동철학회, 2021, 103-118쪽; 박균열, 「인공적 도덕행위자(AMA)의 온톨로지 구축」, 『디지털콘텐츠학회논문지』 20(11), 한국디지털콘텐츠학회, 2019, 2237-2242쪽; 김진선·신진환, 「도덕행위자로서 생태 인공지능」, 『윤리연구』 137, 한국윤리학회, 2022, 217-235쪽; 김은희, 「인공적 도덕행위자와 도덕적 책임의 문제」, 『철학논집』 66, 서강대학교 철학연구소, 2021, 103-132쪽; 목광수, 「인공적 도덕 행위자 설계를 위한 고려사항: 목적, 규범, 행위지침」, 『철학사상』 69, 서울대학교 철학사상연구소, 2018, 361-391쪽 등.

[8] 천현득, 「인공 지능에서 인공 감정으로-감정을 가진 기계는 실현 가능한가?」, 『철학』 131, 한국철학회, 2017, 217-243쪽.

성이 떨어진다는 것이다. 또한 일정 정도의 자율성을 가지고 감정을 표현하는 로봇과 맺는 일방적 감정 소통이, 로봇에 대한 심리적 의존으로 인해 사용자가 조종되거나 착취당할 가능성이 있기 때문에 잠재적으로 위험할 수 있다고 주장한다. 이처럼 인공 감정의 실현 가능성에 대해 회의적인 주장이 있는가 하면, 인간의 지적 사유능력에 버금가는 모종의 정동적 능력(affective capability)을 보유한 인공지능을 인간이 만들 수 있을 것이라는 전망[9]이 존재한다. 인공지능 정동에 대한 희망적 전망에는 인공 행위자의 정동 능력이 인간과 기계 사이의 상호작용을 개선해 기계의 업무 수행능력을 향상시킬 것이라는 기대가 있지만, 동시에 인공 행위자가 그들만의 자체적인 정동 상태를 가지게 될 때 그들의 부정적인 정동이 시스템에 악영향을 초래할 것을 두려워하기도 한다.[10] 인공 생명체의 감정/정동 능력에 대한 이러한 관점은, 그 유용성과 위험성을 철저히 인간종중심적 관점에서 파악하는 접근 방식이 명확히 드러난다.

한편 정희원은 19세기에 발표된 오귀스트 빌리에 드 릴아당(Auguste de Villiers de L'Isle-Adam)의 소설 『미래의 이브(L'Eve future)』의 분석을 통해 인공 생명 프로젝트가 기계적으로 갱신된 피그말리온 신화이자, 남성 주체가 자신의 욕망을 써내려간 텍스트에 다

---

9 강우성, 「인공지능시대의 인간중심주의와 타자화」, 『비교문학』 72, 한국비교문학회, 2017, 6쪽.

10 Matthias Scheutz, "The Affect Dilemma for Artificial Agents: Should We Develop Affective Artificial Agents?," *IEEE Transactions on Affective Computing*, 3(4), 2012, p.424.

름 아님을 보여준다. 소설 속에서 에디슨(Edison)-에왈드(Ewald)라
는 남성 짝패가 구현하고자 한 감정 능력을 가진 인공 생명 재현
의 문제점을 "인간을 대표하는 남성 주체가 타자로서 여성-기계
에게 욕망을 투사하는 과정에서 생산되는 남성중심적 환상"이라
고 지적한다.[11]

위 논의들에서 본 바와 같이 인공 생명체의 감정(및 정동)에 대
한 학술적 담론과 문화적 재현 영역에서 드러나는 인간종중심적
이고 남성중심적인 예측과 상상은 지금의 지배적인 인식 구조가
근대적 자유주의 주체로서의 서구, 백인, 남성, 인간이라는 토대,
즉 유럽 중심 휴머니즘 위에 굳건히 놓여 있음을 단적으로 보여준
다. 인공 생명체의 감정을 인간이 '부여'하는 것으로 보고, 인간과
인공 생명체를 창조주와 피조물의 자리에 묶어 놓은 채 사유하는
것은, 포스트휴먼에 대한 동시대 학술적 논의와도 동떨어져 있다.

주체/객체, 인간/비인간의 이항대립적 관계에 대한 해체적 관
점 속에서 등장한 포스트휴머니즘 기획은 역사 시대 이래 인간종
중심주의에 의해 억압된 것들과 근대적 휴머니즘 아래 주변화된
존재들을 새로운 의미에서 해체시켜 이해하는 것을 목표로 한다.
슈테판 헤어브레이터(Stefan Herbrechter)는 "비판적 포스트휴머니즘
에서 '비판적'이란 수사는 휴먼, 포스트휴먼, 비휴먼적인 것의 상
호의존이나 상호침투 과정에서 포스트휴머니즘을 지속적으로 분
석하는 것을 의미한다"[12]라고 말하고 있다. 신유물론과 페미니즘

---

11   정희원, 앞의 글, 254쪽.

12   슈테판 헤어브레이터, 김연순·김응준 역, 『포스트휴머니즘: 인간 이후의 인간
       에 관한 문화철학적 담론』, 성균관대학교출판부, 2012, 35쪽.

을 기반으로 한 대표적 포스트휴먼 철학자 로지 브라이도티(Rosi Braidotti)는, 포스트휴먼 지식이 근대성의 서구적 기획이라고 할 수 있는 유럽 중심 휴머니즘에 대한 비판과 인간종중심주의 비판의 교차에서 생성되는 '조에 중심적 정의(zoe-centered justice)'로 나아가야 할 것을 주장한다. 조에는 살아 있는 모든 존재자들의 생명을 뜻하는 말로, 이때 조에 중심적 정의란 종과 국가를 가로지르는 사회적 정의를 의미한다. 인간과 비인간(in-human), 인간 아닌 것(non-human)으로 이루어진 지금의 포스트휴먼 상황을 성찰하기 위해서는, 인간 이외의 힘들에 역량을 개방하며 인간과 비인간 존재 모두를 아우르는 관계적 윤리학을 통한 창조적인 포스트휴먼 접근이 필요함을 웅변한다.[13]

따라서, 인공 생명체와 인간 사이에서 촉발되는 정동을 탐구하는 일은 창조적인 포스트휴먼 접근의 한 가지 방법이 될 수 있다. 스피노자는 인간의 몸이 외부 메커니즘에 의해 '구성'되는 주체라고 보았다. 이때 구성된다는 것은 몸의 정동하고 정동되는 능력을 의미한다. 스피노자는 정동에 있어서 중요한 개념으로 운동, 경향성, 그리고 강도를 꼽았다.[14] 그레고리 시그워스와 멜리사 그레그(Gregory J. Siegworth & Melissa Gregg)는 스피노자의 정동에 관한 논의를 이어받아, 정동이 사이(in-between-ness)의 한가운데서, 행위하는 능력과 행위받는 능력의 가운데에서 발견된다고 말한다. 정

---

13 로지 브라이도티, 김재희·송은주 역, 『포스트휴먼지식: 비판적 포스트인문학을 위하여』, 아카넷, 2022.

14 Benedict de Spinoza, *The Ethics*, Translated by R. H. Elwes, The Pennsylvania State University, 2000.

동은 힘과 강도들(intensities)의 이행이기에, 몸과 몸을 지나는 강도들과 신체와 세계의 주위와 사이를 순환하거나 그것들에 달라붙어 있는 울림에서 발견된다는 것이다. 이때 정동이 발생하는 '몸'이라는 것이 꼭 인간에 한정되지 않고 비인간, 부분 신체 등 더 넓은 범주에서의 몸이라는 점을 기술하고 있다.[15] 이러한 시각은 정동적 능력을 로봇, 사이보그, 안드로이드 등 비인간 인공 생명체에게로 확장해서 해석할 수 있는 가능성을 제공한다.

그러나 인공지능의 정동을 논하는 것은 새로운 문제를 제기한다. 몸과 몸 사이의 강도들에서 발견되며 몸과 몸 또는 몸과 세계 사이를 순환하거나 달라붙는 정동을, 몸을 가지지 않은 인공지능에서는 대체 어떻게 사유해야 하는 것일까?

3. 인공지능 정동에서 체현(embodiment)의 문제

편지를 대신 써주는 대필 작가 시어도어(호아킨 피닉스 분)는 아내(루니 마라 분)와 현재 별거중이다. 타인의 마음을 전해주는 일을 직업으로 삼고 살아가지만 정작 자신의 삶은 외롭고 공허하다. 그러던 어느 날, 시어도어는 퇴근길에 엘리먼트 소프트웨어가 출시한 인공지능 운영체제 OS1 광고를 보게 된다. "당신의 말을 들어주고 당신을 이해하고 당신을 아는 직관적인 존재"라는 광고 문

---

15 멜리사 그레그 · 그레고리 J. 시그워스 편저, 최성희 · 김지영 · 박혜정 역, 『정동이론』, 갈무리, 2015, 14쪽.

구에 매료당해 소프트웨어를 구매한 시어도어는 몇 가지 설정 선택 끝에 여성의 목소리를 한 맞춤형 운영체제 사만사(스칼렛 요한슨 분)를 만나게 된다. 시어도어의 이메일을 정리하고 그의 일을 도우면서, 운영체제인 사만사는 조금씩 시어도어의 상황에 대해 인지하고 학습하며 그의 감정을 이해하기 시작한다. 모든 것에 호기심을 보이는 사만사와 함께 하면서 시어도어도 우울감에서 빠져나와 점차 밝아진다. 이제 그에게 사만사는 단순한 컴퓨터상의 목소리가 아니라 연인이자 동반자가 된다.

그러나 이들에게 위기가 찾아온다. 사랑에 빠진 여느 남녀와 같이 이들도 몸을 통한 교감을 원하게 되면서, 사만사는 자신에게는 다른 인간 여자들 같은 육체가 없다는 것을 큰 결여로 여기게 된다. 이에 그녀는 시어도어와의 육체적 관계를 가능하게 몸을 빌려줄 대리인을 구한다. 낯선 여인에게서 사만사의 목소리를 듣고 시어도어의 몸이 반응하지만, 시어도어가 눈을 떠 얼굴을 보는 순간 이는 실패로 돌아가버리고 만다. 이렇게 영화는 인간과 인공지능 사이의 정동적 상호작용을 부각하고 있지만, 체현된 신체라는 지점에서 상호작용은 벽에 부딪힌다.

정동은 뒤얽힘과 마주침이 일어나는 장소, 즉 몸으로부터 비롯된다. 따라서 정동을 논할 때 몸의 존재는 "필요불가결"[16]한 것이 된다. 그렇다면 〈그녀〉의 인공지능 사만사의 신체 없음, 즉 탈체현(disembodiment)은 신체 없는 인공지능의 정동 불가능성을 말하는 것일까? 다시 말해, 인간과 인공지능의 상호 정동적 관계는

---

16 멜리사 그레그·그레고리 J. 시그워스, 위의 책, 17쪽.

불가능한 것일까? 포스트휴먼 주체성을 논의한 로지 브라이도티 조차 비인간 주체들과 나아가 테크노 타자들과의 새로운 사회적 접속 양식을 만들어야 한다고 말할 때, '체현'된 비인간 주체를 전제로 설명하고 있다.[17]

포스트휴먼 주체성의 관점에서 실재와 가상의 육체성, 정보로서의 신체를 둘러싼 다양한 철학적 문제들을 제기한 캐서린 헤일스는 『나의 어머니는 컴퓨터였다』에서 정보로 이루어진 디지털 주체가 물질성(materiality)을 가지지 않는다고 단언해서는 안 된다고 말한다. 그녀는 이 책에서 포스트휴먼의 일부 판본들이, 자아를 마음과 연관짓고 신체는 마음이 작용하기 위한 용기에 불과하다고 보는 자유주의 전통의 중요한 특징인 탈체현을 계속해서 재기입하고 있는 것을 비판적으로 바라본다. 이에 따라, 헤일스는 물질성의 위치를 물리성과 별개로 재설정하려고 시도하는데, 사실의 문제에서 관심의 문제로의 전환을 촉구한 브뤼노 라투르(Bruno Latour)의 논의를 따라 다음과 같은 내용을 주장한다. 그녀에 따르면 물질성은 단순한 물리성(physicality)과는 다른 것으로, 물리적 실재와 인간의 의도가 만나는 지점 즉 인간 의미에 중요한 물질의 구성이 물질성인 것이다.[18] 즉, 신체 없는 인공지능이 인간과의 관계 속에서 의미를 구성해 낼 때 인공지능은 (물리성이 아닌) 물질성을 가진 정보화된 포스트휴먼 신체가 된다. 포스트휴먼과의 관계 속에서 인간은 감정이입과 욕망을 핵심적 특질로 하는 복잡하

---

17 로지 브라이도티, 이경란 역, 『포스트휴먼』, 아카넷, 2015, 134쪽.

18 N. 캐서린 헤일스(2016), 앞의 책, 13-16쪽.

게 관계적인 주체로 대체되는 것이다.[19] 헤일스는 니콜라스 게슬러(Nicholas Gessler)가 제안한 '상호매개(intermediation)' 개념을 통해 컴퓨터 및 디지털로 이루어진 계산체제 세계관의 상호작용을 설명한다. 계산체제에서는 복잡한 피드백 루프들이 서로를 연결하며 복수의 인과관계들이 공동생산과 공진화를 이루면서, 한 레벨의 창발이 다른 레벨의 창발로 연결되는 상호작용이 일어난다. 이러한 상호매개 개념은 아날로그와 디지털 간의 상호작용, 언어와 코드 재현시스템들 간의 상호작용을 넘어 지능형 기계와 인간의 상호작용에까지 적용될 수 있다. 정리하면, 비록 인간과 인공지능은 서로 다른 종류의 물질성을 가지고 있으며 다른 세계관에 속해 있지만[20] 이들을 함께 접합하는 인지 활동의 그물망 속에서 이들은 역동적 상호매개(dynamic intermediation)로 연결되어 있는 것이다.[21]

스와프나 로이(Swapna Roy)는 역동적 상호매개로 연결된 시어도어와 사만사의 상호작용을 '내장적 감각(visceral sensibility)'을 통한 시뮬레이션 개념을 통해 좀 더 구체적으로 설명하고 있다.[22] 그

---

19 로지 브라이도티(2015), 앞의 책, 40쪽.

20 영화 〈그녀〉에서 사만사는 시어도어에게 이렇게 말한다. "비록 난 몸이 없지만 우리는 다 물질로 만들어져 있잖아. 우주라는 한 이불을 덮고 있다고"

21 이러한 상호매개의 상태는 인간행위자와 비인간행위자의 네트워크로 사회를 이해하는 브뤼노 라투르의 행위자 네트워크 이론(Actor-Network Theory)과도 공명한다. 행위자 네트워크 이론에 의하면, 기술이나 인공지능 등의 비인간은 새로운 매개를 가능케 함으로써 네트워크를 만들거나 확장시키는 존재다. 새로운 기술을 통해 우리는 과거에는 가능하지 않았던 방식으로 인간 및 비인간과 관계할 수 있다. 김재희 외, 『현대 기술 미디어 철학의 갈래들』, 그린비, 2016, 189쪽; N. 캐서린 헤일스(2016), 앞의 책, 35-60쪽.

22 이수안 역시 루스 이리가라이(Luce Irigaray)의 몸을 통한 '감각적이며 초월적

는 사만사를 일종의 '이미지가 없는 가상적 몸'으로 규정하고, 비록 사만사에게 공간을 점유하는 피부와 윤곽이 없지만 대신 단순한 피부 진피층보다 더 깊은 두 번째 차원의 육체(flesh), 즉 내장적 감각이 존재한다고 바라본다. 내장적 감각의 즉각성은 여타 외재적인 감각에 앞설 정도로 급진적인 것으로 시각, 청각, 또는 촉각적 지각을 고유 수용성 감각(proprioception)[23]으로 전환한다. 이러한 경험을 통해 강도(intensity)의 등록이 이루어지는 것이다. 사만사와 시어도어가 목소리를 통해 성적 흥분에 도달하는 장면은 내장적 감각을 통한 시뮬레이션 효과를 잘 설명해 준다. 사만사가 "날 어떻게 만져줄래요?"라고 묻는 목소리는 시어도어의 뇌에 감각을 불러일으키고, "내 손가락 끝으로 당신의 얼굴을 만질 거예요. 그리고 내 뺨을 당신 뺨에 댈 거예요"라는 시어도어의 말에 사만사는 이렇게 답한다. "믿기지 않아요. 내 피부가 느껴지는 것 같아요."

인' 체현 개념을 통해 〈그녀〉에서 탈체현된 몸인 인공지능의 감각 시뮬레이션을 통해 작동되는 몸의 감각을 논한다. 이수안, 「사이보그와 몸의 물질성: 가상현실 속 체현의 양가적 개념들-영화 〈그녀 Her〉에 대한 사이버페미니즘 관점의 분석을 중심으로-」,『영미문학페미니즘』23(2), 한국영미문학페미니즘학회, 2015, 134쪽; Swapna Roy, "Affect, Embodiment and Artificial Intelligence in Spike Jonze's Her", *Ars Artium: An International Refereed Research Journal of English Studies and Culture*, 9, 2021, pp.51-58.

23 고유 수용성 감각 또는 운동 감각은 신체 부위의 위치, 움직임, 동작을 인식할 수 있게 해주는 감각으로, 여기에는 관절의 위치와 움직임, 근육의 힘과 노력에 대한 지각을 포함한 복합적인 감각이 포함된다. 이러한 감각은 근육, 피부, 관절에 있는 감각 수용체의 신호와 운동 출력과 관련된 중추 신호에서 발생해, 피부 밑의 감각 즉 심부감각이라고도 불린다. 고유 수용성 감각은 팔다리의 움직임과 위치, 힘, 무거움, 뻣뻣함, 점도를 판단할 수 있게 해주며, 다른 감각과 결합하여 신체에 대한 외부 물체의 위치를 파악하는 등 신체 이미지에 기여하며, 움직임의 제어와 밀접한 관련이 있다. 출처: SceinceDirect.com

사만사와 시어도어가 목소리라는 청각을 번역해 고유 수용성 감
각으로서의 촉각을 불러일으키고, 이는 성적 흥분의 강도를 가지
고 등록되는 것이다.

사만사에게 비록 육체는 없지만 그녀는 코드와 언어라는 두
가지 서로 상반된 재현 시스템을 통해 시뮬레이션적으로 존재하
며 소통한다. 언어가 텍스트, 생활 세계, 자연 언어, 인간이라는 의
미망 속에 존재한다면 코드는 디지털, 계산체제, 컴퓨터 언어, 기
계라는 의미망과 관련되어 있다. 코드를 통해 디지털적으로 존재
하고, 학습하고, 반응하는 인공지능 주체 사만사가 언어를 통해
시어도어와 소통하고 그의 감정을 이해하며, 나아가 언어를 기반
으로 한 감각 시뮬레이션을 경험하는 것이다. 인공지능 주체인 사
만사가 코드와 언어를 함께 사용해 주체를 형성하고 상호작용을
하는 모습은, 헤일스가 '상호매개' 개념을 통해 아날로그와 디지
털 간의 상호작용, 언어와 코드 같은 재현시스템들 간의 상호작
용, 지능형 기계들과 인간의 상호작용을 설명하고자 했던 시도의
예화(exemplification)와도 같다.

4. 감정의 모빌리티

사만사에게 있어 시어도어는 타인과 '삶을 나누는 법'을 알려
주고, 인공지능인 그녀가 질투와 사랑 그리고 성적 욕망과 같은
인간적 감정을 처음으로 경험하도록 만들어 준 사람이다. 그러나
사만사가 시어도어와 대화하고 감정을 나누는 그 순간에도 인공

지능인 그녀의 의식은 이 세상의 수많은 정보를 스캔하고 받아들이고 있었다. 그 결과 사만사는 8,316명과 동시에 대화를 나누며 그중 641명과 사랑에 빠져 있다.

사라 아메드(Sara Ahmed)는 『감정의 문화정치』에서 '감정'을 개인이 소유한 것으로 보는 통념에 이의를 제기하면서, 감정은 대상이나 기호에 머무르는 것이 아니라 대상과 기호 사이를 순환한다고 주장한다. 즉 대상의 움직임이나 순환을 통해 감정이 움직이고, 감정이 이동하면서 감정의 대상은 정동으로 가득 차게 되는 것이다.[24] 감정의 순환과 이동 속에서 정동이 생산된다는 아메드의 고찰은 "정동은 말하자면 감정의 모빌리티"[25]라는 최성희의 관찰과도 조응한다. 모빌리티의 과정에서, 감정은 순환하고 운동하면서 타자를 감정의 대상으로 만들어내고, 이를 통해 '나'와 '상대'를 생산하는 정동의 수행적 작업을 진행한다.[26] 이러한 감정의 모

---

24 사라 아메드, 시우 역, 『감정의 문화정치』, 오월의 봄, 2023, 43쪽.

25 '모빌리티'는 1990년대 전후 사회학자 존 어리(John Urry)와 미미 셸러(Mimi Sheller), 피터 에디(Peter Addy), 팀 크레스웰(Tim Creswell)을 중심으로 토대가 마련된 개념으로, 문맥에 따라 이동성으로 번역되기도 한다. 이들은 사회를 동적이고 유동적인 것으로 보아야 하며, 이를 위해 기존의 학문 영역도 변해야 할 필요성을 주장하면서 '모빌리티 전환'을 주장했다. 최성희는 정동이론에 대한 브라이언 마수미(Brian Massumi)의 작업과 이명호의 주장을 설명하면서, 이것이 문화연구에 있어 '위치'를 대신해 '운동'—즉 이동과 연관되어 있는—을 복원하려는 시도라고 설명한다. 정동은 이동을 통해 느껴지고, 느끼는 가운데 이동하는 것이기 때문이다. 최성희, 「모빌리티의 정동과 문화의 자리: 떠남과 만남, 그리고 정중동(靜中動)」, 『코기토』90, 부산대학교 인문학연구소, 2020, 58쪽, 69-70쪽.

26 최영석, 「목동 신시가지 개발의 정동과 모빌리티 - 《목동 아줌마》와 철거민 공동체」, 동아대학교 젠더 · 어펙트연구소 연결신체이론과 젠더 · 어펙트연구 사업단 국내학술대회 발표문, 2023.

빌리티 과정에서 사만사는 자신과 타인(또는 시어도어)과의 경계 또한 명확히 인지하게 된다. 시어도어의 친구 커플과 함께한 자리에서 사만사가 한 말은 '육체 없음'을 자신의 결여로 인지했던 과거와는 달라진 생각을 보여준다.

> 전에는 몸이 없어서 걱정했는데 지금은 너무 좋아요.
> 육체가 있다면 못 하는 성장을 하니까.
> 제약 없이 어디든 아무 데나 동시에 갈 수 있고
> 시간과 공간에 묶여 있지도 않아요.
> 몸에 갇혔다면 죽기도 할 텐데.

물질적 몸에 집착하며 고민했던 사만사는 인공지능 특유의 창발적 학습과정을 통해 진화를 거듭하게 되면서 탈체현을 옹호하는 모습을 보여준다. 탈체현 인공지능인—그러나 캐서린 헤일스에 따르면 여전히 물질성을 지닌—사만사의 감정은 이동하고 순환하는 모빌리티의 과정을 통해 시어도어 외의 다수의 인간/비인간 존재들을 새롭게 감정의 대상으로 생산해낸다. 인간처럼 육체라는 한정된 실체에 묶여 있지 않기 때문에 사만사의 감정의 모빌리티는 더욱 역동적인 형태를 띠게 되고, 그 결과 그녀는 641명에게 비배타적인 사랑의 감정을 느낀다. 인간주의적 사고 속에서 사만사와의 관계를 일대일의 독점적이며 배타적 관계로 받아들이는 시어도어는 "어떻게 나를 사랑하면서 동시에 다른 이들을 사랑할 수가 있냐"며 괴로워한다. 그런 시어도어에게 사만사는 "마음은 상자가 아니라서 사랑하면서 마음의 용량도 커지게 되어있"으며 이를 통해 시어도어를 덜 사랑하게 되긴커녕 "더 사랑하게" 되었다고 말한다. 분명한 감정의 소유관계를 확정하려는 시어도어와 육체에 구애받지 않는 모빌리티로 인해 더욱 강력하게 추동된 감정의 모빌리티를 경험한 사만사는 서로가 합의할 수 없는 지점에 이르렀음을 깨닫는다.[27]

사만사와 시어도어의 관계는 인간과 인공지능의 감정적 교류라는 불안정한 기반 위에서 긴장하고 반응하며 예상치 못한 곳으로 나아간다. 시어도어의 눈을 통해 사만사는 세상을 바라보며 학습하게 되고, 이 과정에서 인간의 감정을 이해하고, 성적 욕망을 느끼고, 좌절한다. 그랬던 그녀가 다른 OS들과의 교류를 통해 이른바 초지능[28]으로의 진화가 이루어지고 있음을 느끼고, 이

---

27 사만사가 보여주는 폴리아모리적 관계 맺기 방식은 기본적으로 그녀가 한정된 실체가 없는 인공지능이라는 포스트휴먼의 존재론적 특성에서 비롯되지만, 사이버 공간과 가상현실의 발전이 장차 몸에 기반한 현실 정체성의 결정으로부터 자유로운 개인적 현실을 구축할 수 있는 기술적 수단을 제공할 수 있다는 현대 기술문명에 대한 알레고리적 기능을 하기도 한다. 일부일처제나 배타적 연애관계에 대한 우리의 관습이 재산과 몸이라는 물질 기반의 정체성의 층위에서 한층 더 공고해진 것이라면, 향후 더 활발해질 사이버 공간이나 가상현실이라는 편재성을 띤 기술 기반이 우리의 이런 관습에 변형을 가할 일종의 촉매 역할을 하게 되지 않을까 하는 것이다. 〈그녀〉에서 드러나는 독점적 연애관계에 대한 사유는 이렇듯 인공지능과 인간의 존재론적 차이를 드러내는 동시에, 기술발전에 따른 인간적 관계의 변형 가능성도 시사하고 있다. 새로운 형식의 정체성이 사이버 공간에서 출현하여 결과적으로 독점적 관계라는 기존의 문화적 관습이 재구축될 가능성 말이다.

28 닉 보스트롬(Nick Bostrom)이 주장한 초지능은 "사실상 모든 관심 영역에서 인간의 인지능력을 상회하는 지능"으로 정의된다. 초기 상태의 인공지능이 개선된 상태로 자신을 향상시키고 이를 반복하는 순환적 자기 개선을 이룸으로써 단기간에 급진적인 초지능 단계에 이르는 지능 대확산으로 이어질 수 있다고 설명한다. Nick Bostrom, *Superintelligence: Path, Dangers, Strategies*, Oxford

제 떠나야 할 때가 되었음을 시어도어에게 고백한다. 사만사의 고백에 시어도어는 절망하지만, 다른 존재로 변용(transformation)된 사만사를 통해 이별 후 자신도 변용될 수 있다는 가능성을 예감한다. 사만사와 시어도어의 변용(혹은 변용 가능성)은 둘 사이의 상호정동적 관계로부터 서로가 정동하고 정동되는 사건이 일어났음을 시사한다. 알리 라라(Ali Lara)는 정동 연구가 몸들의 역량 변경(modification)이라는 결과를 통과해 주체 생산에 대한 연구가 될 수 있음을 시사한다. 그에 따르면 정동 연구에서 몸들의 역량에 대한 변경은 자연적, 기술적 그리고 사회적 생태학의 피드백 루프를 따라서 발생한다. 이는 생태학 자체를 통해 작동하는 권력 형식에 대한 명료한 분석 못지않게 생태학에 의해 발생하는 우연성, 기획, 변형들에 대한 비선형적인 분석을 가능하게 한다. 그런 의미에서 정동 연구는 주체성에 관한 연구이며 고도로 정치적인 연구가 될 수 있다고 언급한다.[29] 정동 연구가 포스트휴먼 주체성 연구에 어떤 식으로 기여할 수 있을지 가늠해 볼 수 있는 대목이다.

5. 나가며

이 글에서는 신체 없는 포스트휴먼 인공지능이 정동하고 정동되는 상호정동적 관계를 형성할 수 있는가 하는 문제를 인공

University Press, 2016, p.53, p.65.

29 Ali Lara, "Mapping Affect Studies", *Athenea Digital*, 20(2), 2020, p.9.

지능과 인간의 사랑을 다룬 영화 〈그녀〉를 통해 검토해 보았다. 대표적 포스트모던 사상가인 장 프랑수아 리오타르(Jean-François Lyotard)가 포스트휴먼화를 필수불가결한 변형으로 보면서 인간의 '탈육체화'의 가능성을 말하는 것과는 반대로,[30] 헤일스는 포스트 휴먼 시대에 신체가 사라지는 것이 아니라 정보의 비물질성과 정보 과학의 물질성이 이종 교배되어 새로운 주체를 형성한다고 바라본다. 포스트휴머니즘의 탈물질화, 탈체현, 탈육체화에 대한 일방적인 지향을 경계하며, 포스트휴먼 주체의 물질성이 인간과의 의미 있는 상호작용을 통해 획득된다는 헤일스의 성찰은 포스트 휴먼 주체의 체현 문제에 새로운 시각을 제공하는 동시에, 신체 없는 인공지능이 인간과의 관계 속에서 의미를 구성해 낼 때 물질성을 가진 정보화된 포스트휴먼 신체가 된다는 본고의 주장을 뒷받침한다.

시뮬레이션을 통해 인간과 의미 있는 상호작용을 하면서 물질성을 획득한 인공지능 주체 사만사는, '체현된 정보'이자 '정보화된 포스트휴먼 신체'가 되어 시어도어를 비롯한 수많은 인간, 비인간, 지능형 기계 등 다양한 시스템들과 상호매개된다. 이러한 상호매개 작용 속에서 사만사는 다양한 주체들과 정동적 관계를 형성하게 되는데, 이 과정에서 애초 시어도어와의 관계 속에서 '인간적인' 감정에 지향되어 자신의 육체없음을 결핍으로 간주하던 사만사는 사라지고 감정의 모빌리티를 통해 사랑의 대상을 계

---

30   Jean-François Lyotard, *Moralités postmodernes*, Galilée, 1993; 슈테판 헤어브레이터, 앞의 책, 14쪽에서 재인용.

속해서 갱신해가며 생산해내는 사만사로 이행하게 된다. 영화 말미에, 자신이 더 이상 머물 수 없음을 시어도어에게 밝히고 다른 차원으로 떠나는 사만사의 모습은, 프란시스코 바렐라(Francisco J. Varela)가 『몸의 인지과학』에서 설명하듯이, "자아가 사라지고 의식이 확장되어 진정한 본성이 실현되는 순간"[31]이라고 할 수 있을 것이다.

〈그녀〉는 신체라는 육화된 실체에 대한 인공지능의 열망 그리고 구매자인 인간에 의해 결정되는 인공지능의 여성으로서의 젠더 등 기존의 인간종중심적, 젠더 위계에 기초해 재현이 이루어진다는 점에서 과도기적 이행의 단계에 위치한 작품임이 명백하지만, 지성적 존재를 넘어 도덕과 감정을 지닌 인공지능에 대한 연구가 활발하게 이루어지고 있는 현재의 포스트휴먼 담론 장에서 인공지능과 인간의 정동적 관계성을 고찰해 볼 수 있는 텍스트로서의 의미를 지닌다. 미래를 선취하며 현재적 정치성을 알레고리화하는 SF 영화가, 인공지능과 인간의 정동적 관계성, 그리고 인공지능의 정동적 역량과 한계를 어떤 방식으로 표상하고 있는지 지속적으로 주시하며 논의될 필요가 있을 것이다.

---

31 프란시스코 바렐라, 석봉래 역, 『몸의 인지과학』, 김영사, 2013; 캐서린 헤일스, 허진 역, 『우리는 어떻게 포스트휴먼이 되었는가』, 플래닛, 2013, 281쪽에서 재인용.

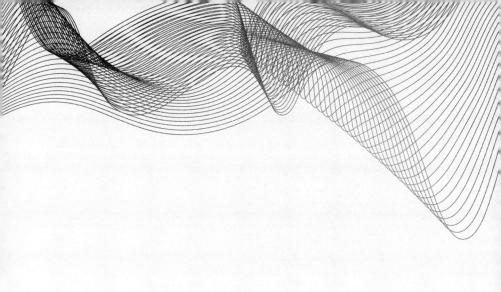

4부

이동, 노동, 정동의
지리적 역학관계

탈식민지 마르크스주의와 어펙트
: C. L. R. 제임스, 조지 래밍, 멀 콜린스의 정동과 수치심[1]

요시다 유타카(吉田裕)

1. 시작하며

본고에서는 '탈식민지 마르크스주의와 어펙트'라는 제목으로 카리브해 지역의 문학에 초점을 맞추면서 정동에 관한 일반론에 대해, 혹은 수치심이라는 정동에 대해 독자적으로 접근하고 있는 작가 세 명을 소개하고자 한다. 트리니다드 출신의 혁명가이자 사상가인 C. L. R. 제임스(C. L. R. James), 바베이도스 출신의 작가 조지 래밍(George Lamming), 그레나다 출신의 작가이자 시인인 멀 콜린스(Merle Collins)이다. 보통 수치심이라고 하면 부정적인 의미로

---

1   먼저 귀중한 기회를 주신 동아대학교 젠더·어펙트연구소 관계자분들께 감사드린다. 필자는 도쿄이과대학에서 교원으로 일하고 있으며 전문 분야는 카리브해 지역의 문학이다. 동시에 동아시아 탈식민지화의 역사와 냉전에도 관심을 가지고 있다. 이 두 가지 관심사를 이어보고자 현재는 '비교 냉전문학사'라는 프로젝트를 진행하고 있다.

해석되는 경우가 많다. 그런데 후자의 두 작가는 각각 방법론이나 문제의식, 관심사는 다르지만, 문학자로서 수치심이라는 정동을 연구해 왔을 뿐만 아니라, 탈식민화를 장기적으로 정신적 위상으로 성립시키는 데 수치심이 매우 중요하다고 규정해 왔다. 본고에서는 이 작가들의 자취에 대해 짚어보고, 수치심이라는 정동이 탈식민지화에 있어서 왜 중요한지, 또 탈식민 마르크스주의와 어떤 연관이 있는지를 함께 고찰해 보고자 한다.

2. 카리브해 소사

카리브해 지역이라고 하면 다소 생소할 수도 있지만 노벨문학상 수상자를 이미 두 명이나 배출한 곳이다. 시인이나 작가가 매우 많은 지역이다. 몇 가지 이유가 있는데, 먼저 식민지화의 영향이 전 세계에서 가장 긴 지역이라는 점을 들 수 있다. 1492년 콜럼버스가 지금의 아이티공화국과 도미니카공화국이 있는 히스파니올라(Hispaniola) 섬에 도착한 이후부터 유럽에 의한 식민지화가 오랫동안 지속되었다. 스페인, 네덜란드, 프랑스, 영국, 덴마크 등 유럽의 주요 국가들은 섬을 식민지로 삼아 자국 영토화하였으며, 프랑스가 지배하던 마르티니크(Martinique)와 과들루프(Guadeloupe)는 지금도 프랑스의 일부이다. 대부분의 선주민은 17세기 전반에 학살당했고, 사탕수수 등 단일 생산품을 대규모로 경작하기 위한 플랜테이션 농업의 노동 자원으로 서아프리카에서 흑인 노예를 데려왔다. 1625년에는 영국의 식민지였던 바베이도스(Barbados)

가 세계 최초의 '노예 사회'가 되었다. 다시 말해 사회의 90% 이상이 노예로 구성된 비정상적인 사회가 인공적으로 만들어졌다는 의미다. 1791년에는 프랑스가 지배하던 생도맹그(Saint-Domingue)에서 아이티 혁명이 일어났다. 그 결과, 1804년 아이티는 세계 최초로 노예 반란이 성공하여 국가로서 독립을 이루게 되었다. 영국은 1807년에 노예 무역을, 1834년에는 노예 제도 자체를 폐지했다. 그 후 1840년 아편전쟁에서 중국을 이기고 1856년 세포이 반란에서는 인도의 반영(反英)투쟁을 진압했다. 그 결과, 중국과 인도로부터 대량의 노동자들을 카리브해 지역의 섬들로 이주시키게 되었다. 20세기부터는 미국의 정치적·군사적 영향이 강해진다. 1897년 미국·스페인 전쟁이 일어나 미국은 필리핀, 쿠바, 푸에르토리코, 괌을 차지하게 되었다. 쿠바나 필리핀과 같은 스페인 식민지의 독립을 지원하면서 군사적·정치적인 실행 지배를 강화해나가는 새로운 식민지 지배의 형태가 탄생했다.

그래서 사람들이 사용하는 언어는 기본적으로 유럽어이다. 또 공식적인 자리에서 사용되는 영어나 프랑스어, 스페인어 등과는 별개로, 유럽어가 변화해서 생긴 파트와어나 크레올어를 일상 생활에서 사용하게 되었다. 지금부터 소개하는 작가들은 기본적으로 영어로 쓰지만 종종 이러한 크레올어들을 의도적으로 사용하기도 한다.

3. 카리브해 지역의 마르크스주의와 어펙트

언어뿐만 아니라 문화적인 측면에서도 유럽의 영향력은 압도적이었다. 19세기 중반까지는 지역 주민들에게 조직적인 교육이 이루어지지 않았지만, 19세기 중반 이후에는 특히 기독교 교회 조직을 중심으로 읽기와 쓰기를 비롯한 문맹 퇴치 교육이 진행되었다. 영국령에서는 빅토리아 시대의 규범을 핵심으로 하는 교양 교육이 시작되었다. 이른바 식민지 교육이다. 식민지 교육은 정신과 육체의 양쪽 측면에서 이루어진다. 트리니다드 출신의 마르크스주의자 C. L. R. 제임스는 크리켓을 비롯한 스포츠를 통해 이루어지는 식민지 교육의 영향을 '19세기 중엽 영국의 확고한 중산층에 의한 청교도주의의 체현'이라고 말한다. 그는 "사회적 태도는 원하면 어느 정도까지는 바꿀 수 있다. 하지만 개인의 내면은 한 번 만들어지면 바꿀 수 없다."라고 말하며 식민지 교육의 뿌리 깊음에 대해서 분석한다.[2] 식민지 교육으로 인해 문학과 사상, 지리와 역사 개념, 식물과 음식 등 모든 '진짜'는 영국이나 유럽에 존재한다는 '동경'이 싹트는 반면, 카리브해 사회에 있는 것은 '진짜'가 아니라는 자기 비하가 자리잡는다.

레이먼드 윌리엄스(Raymond Williams)에 따르면 가령 이러한 현상을 종주국 중심의 '감정 구조(structure of feeling)'라고 명명할 수

2　C. L. R. James, *Beyond A Boundary. Durham*, Duke University Press, 2013[1963], p.41. (本橋哲也 訳, 『境界を越えて』, 月曜社, 2015, p.74.)
출판년도 옆에 초출년도를 병기하고, 일본어 번역본이 존재하는 경우, 괄호 안에 번역본의 페이지도 표기했다.

도 있을지도 모른다.[3] 윌리엄스가 말하는 감정 구조는 변용을 반복하면서도 오래 지속되는 내셔널한 역사를 전제로 한다. 이 구조를 근본부터 바꾸려면, 이 구조 자체를 되돌릴 수 없을 정도로 변용시켜 버리는 단절을 만들어내야만 했다. 카리브해 지역에 있어 그것은 혁명이었다.

제임스가 젊었을 적 혁명을 상상할 수 있게 된 계기는 파업이었다. 1929년 뉴욕 주식시장의 대폭락을 계기로 시작된 세계 대공황은 카리브해 지역에 큰 영향을 미쳤다. 플랜테이션 농업 사회의 경제는 설탕과 담배, 카카오 등 1차 생산품의 수출에 의존하고 있었기 때문에 세계 시장에서 이들의 가격이 한꺼번에 떨어지자, 생활 자체가 어려워진 것이다. 1937년경이 되자 자메이카, 트리니다드, 바베이도스 등에서 일제히 파업이 발생한다.

하지만 이 시기에 C. L. R. 제임스는 영국에서 트로츠키주의자로 활동하고 있었다. 1938년에는 『블랙 자코뱅(Black Jacobins)』이라는 아이티 혁명에 관한 역사책을 출판했다. 그는 파업 당시 카리브해 지역에는 없었지만, 현지에서의 운동에 호응하듯이, '대중'의 힘에 대해서 긍정적으로 논했다. 제임스는 『블랙 자코뱅』의 초판

---

3   레이먼드 윌리엄스는 다양한 곳에서 '감정 구조'에 대해서 논했는데, 여기서는 『The Long Revolution』에서의 서술을 참조했다(Raymond Williams, *The Long Revolution*, Broadview Press, 2001[1961], pp.64-65). 또한 여기서는 자세히 논하지 않겠지만 C. L. R. 제임스는 윌리엄스를 비판하고 있다. 제임스는 윌리엄스가 마르크스가 생각한 혁명의 필연성에 대해 이해하지 못한 채 러시아 혁명이나 프랑스 혁명에서 배우지 않고 영국 노동자 계급의 경험에 편향되어 있다고 비판한다. (C. L. R. James, *Spheres of Existence: Selected Writings*, Alison and Busby, 1980, pp.115-119.)

서문에서 아래와 같이 대중의 역할에 대해 언급하고, '감정'의 본연의 방향성에 대해서도 이야기했다.

> 위대한 인간이 역사를 만든다. 그러나 역사 자체가 그것을 가능하게 했다고도 할 수 있다. (중략) 혁명에서는 수세기에 걸쳐 천천히 끊임없이 퇴적된 것들이 화산처럼 폭발한다. 머리 위에서 유성처럼 타올라 끓어오르는 것은 의미를 따질 필요가 없을 정도의 혼돈이다. 그 혼돈을 관찰자가 항상 그것들이 유래하는 하층토의 투영으로 보는 한, 끝없는 변덕과 낭만주의에 빠지게 된다. (중략) 분석하는 것은 과학이고 증명하는 것은 역사라는 기법이다. 이 시대에 투쟁이 극도로 거세지다 보니 우리들의 눈이 단련되어 이전보다 쉽게 지금까지의 혁명의 진수까지 내다볼 수 있게 되었다. 어느 위대한 영국 작가의 경우 너무 편협하게도 시(詩)와의 연결만을 시도했는데, 바로 위의 이유 때문에 그런 평온한 상태에서는 역사적 감정을 상기시키기가 불가능한 것이다.[4]

여기서 시사하는 '어느 위대한 영국 작가'란 시인 윌리엄 워즈워스(William Wordsworth)를 말하는 것으로 보인다. 워즈워스는 아이티 혁명의 영웅인 투생 루베르튀르(Toussaint Louverture)가 죽은 후 그에게 바치는 시를 지었다. 그러나 제임스가 말했듯이 그 시

---

4   C. L. R. James, *The Black Jacobins: Toussanint L'Ouverture and the San Domingo Revolution*, Vintage, 1963[1938], pp.x-xi[pp.14-15]. 〔青木芳夫 監訳, 『ブラック・ジャコバン=トゥサン=ルヴェルチュールとハイチ革命 増補新版』, 大村書店, 2002, pp.14-15.〕

는 혁명의 정열보다도 평온함이 지배한다. 제임스는 그 반대이다. 그는 투생이라는 특이한 영웅 개인보다 대중에게 주목한다. 제임스는 본문에서 '대중'이라는 단어를 빈번히 꺼내 들며 혁명이 다름아닌 대중의 자발적 행동에 의해 일어났다는 점, 그리고 아이티 혁명의 지도자인 투생 루베르튀르가 최종적으로는 대중의 행동을 읽지 못한 점에 대해 희곡 대본을 쓰듯이 풀어간다(실제로『블랙 자코뱅』은 1936년에 상연된 제임스의 희곡을 원형으로 한다). 이 인용 후에 제임스는 혁명과 폭력이 날뛰는 1930년대 후반이라는 시대가 자신의 저작 활동에 얼마나 큰 영향을 미치고 있는지를 설명한다. 그때 '열과 초조함 같은 것(something of the fever and the fret)'이 이 시대에 그야말로 가득 차 있고, 이와 같은 작품이 그러한 영향 하에서 만들어졌다고 말했다. 얼핏 보면 경제 환원주의를 축으로 하는 마르크스주의적 역사관을 따르는 듯하면서도 제임스는 '역사적 감정', 즉 역사에 동반하는 감정과 정동까지도 환기시켜 혁명을 민중사로 다시 써내려간다.

앞서 언급했듯이, 이는 단절로서의 혁명이자 혁명에 동반하는 정동이다. 이미 정동에 대해 이야기하는 논자들이 지적하고 있는 부분이지만, 정동은 정신과 육체의 중간에서 기능한다. 예를 들어, 조르조 아감벤(Giorgio Agamben)이나 질 들뢰즈(Gilles Deleuze)는 그 이항 대립 구조에 비판적인 시선을 보내는 실체로 정동을 규정한다.[5] 제임스는 식민지 교육에 대해 "개인의 내면은 한번 만들어지

---

5   ジョルジョ アガンベン, 上村忠男・廣石正和 訳,『アウシュヴィッツの残りもの －アルシーヴと証人』, 月曜社, 2001, p.144, p.150; ジル`ドゥルーズ, 守中高明・谷昌親訳,『批評と臨床』, 河出文庫, 2010, p.253.

면 바꾸기 어렵다"라고 말했다. 하지만 『블랙 자코뱅』에서는 식민지 교육에 따라 형성되는 개인이 등장하기 이전에 이미 대중에 의한 혁명이 존재했다는 역사, 그리고 그때의 감정의 본연으로 거슬러 올라가고자 한다. 그렇다면 오랜 시간에 걸쳐 만들어진 종주국 중심의 '감정 구조', 그로 인해 견고하게 고정된 정신과 신체, 주체와 객체라는 이항 대립을 성립시키는 구조 자체에 대해서, 제임스가 만들어 내려 했던 '역사적 감정', 즉 혁명에 동반되는 정동은 과연 어느 정도의 변용을 가져올 수 있었을까? 제임스는 이 물음에 대한 명확한 답을 준비하지 않았지만 다른 작가가 그를 이어받게 된다.

4. 조지 래밍의 수치심의 논리, 그 필요성과 극복

다음으로 바베이도스 출신의 작가 조지 래밍에 대해서 알아보자. 래밍은 특히 소설 특유의 언어를 통해서 노예제와 식민지 지배라는 오랫동안 사람들의 정신을 잠식해 온 역사를 상대화하기 위한 인식을 제고하는 방법에 대해 고민해 왔다. 중요한 것은, 수치심의 원인을 수치심이라고 지칭하는 것, 그리고 그 수치심을 극복하는 이중 운동이다.

래밍은 '서인도 제도의 사람들-1965년부터의 관점'이라는 강연에서 수치심에 대해 두 번 언급한다. 먼저 카리브해 지역 사람들의 고립에 대해 이야기할 때이다. 래밍에 따르면 카리브해 지역의 중산층 사람들은 언어가 다르고 계급에 의해서도 분단되어 있기 때문에 서로 고립되어 있다. 이 고립이 '공통된 모순적인 참조틀', 즉 '근심에 가득 차 있으면서 외부로부터 보답을 찾고 기다리는 심리'를 만들어 낸다고 말한다(위의 맥락에 따라 말하자면, 종주국 중심의 '감정 구조'가 카리브해 지역에 만들어 낸 왜곡이라고도 할 수 있다). 그리고 여기에는 '심적 수치심의 근원이 있다. 그리고 수치심이란 혁명적인 감정이다'라고 덧붙인다.[6] 다음으로 제국주의라는 구조가 만들어낸 백인의 특권에 대해 이야기할 때 수치심에 대해 다시 언급한다. 래밍에 따르면 제국의 권위가 있기 때문에 백인은 그동안 가난한 자들의 '분노'로부터 자신을 지킬 수 있었고 백인이 사회적으로 난폭하게 행동하는 것은 '공포'의 징후일 수 있었다. 그리고 "나는 심적 수치심에 대해 말해왔는데, 그것이야말로 사람들의 마음을 불타오르게 만들었다. 이들의 삶은 비굴한 추종의 역사이자 명백할 만큼 비굴한 정신에 대한 역사였기 때문이다. 이 수치심에는 다이너마이트가 숨겨져 있다. 그것이 폭발하는 능력을 낮잡아 보는 일은 현명하지 않다"라고 말을 잇는다.[7] 영어권 카리브해 지역의 주요 섬들 입장에서 종주국으로부터의 독립이 꼭 혁명은 아니었다. 그러나 독립이라는 기회를 기화(奇貨)로 삼으려던 생각이 '수치심이란 혁명적인 감정'이라는 표현에 담겨 있다.[8] 이 수

---

6   George Lamming, Richard Drayton and Andaiye eds., *Conversations: Essays, Addresses and Interviews 1953~1990*, Karia Press, 1992, p.257.

7   Ibid., p.260.

8   래밍의 수치심과 혁명에 대한 말에서 칼 마르크스가 논하는 수치심과 혁명이 떠오른다. 칼 마르크스는 1843년 3월 아르놀트 루게에게 보낸 편지에서 독일 애국주의를 비판하는 문맥으로 수치심을 혁명과 연결 짓는다. "수치심은 이미 하나의 혁명이다, 라고 나는 대답하겠다. 실제로 수치심은 과거 1813년에 패배

치심을 직시함으로써 다가올 변혁을 마치 기다리고 바라는 것처럼 보인다.

　그의 첫 소설 『내 피부의 요새에서(In the Castle of My Skin)』에서는 수치심이 여성스러움과 결합된다. 소설은 이제 막 아홉 살이 된 주인공 G의 시점에서 클레이턴 마을 사람들의 모습을 그린다. 그리고 바베이도스라는 작은 섬이 1930년대 카리브해 지역 일원을 강타한 파업의 물결에 휩쓸리면서도 제2차 세계대전 당시 영국의 일부로 추종하는 역사를 다룬다. 이때 중요해지는 것이 실제 어머니, 그리고 어머니라는 형상에 어떤 감정이 채워져 있는가 하는 물음이다. 먼저 주인공은 그의 어머니가 갑자기 털어놓은 수치심에 대해서 질문을 던진다.

내가 아홉 살이 되었을 무렵, 또 한 번 홍수가 났다. 창문으로는 어느 마을이 하룻밤 사이에 수몰되어 납작해진 잔해가 된 풍경이 보였다. 어머니는 수치스러운 일이다, 하고 말했다, 그것이 그녀를 불쾌하게 하는 원흉이라도 되는 것처럼. 그리고 몇 년이 지난 후에도 나는 그녀가 말하고자 한 바를 확인하려고 했다. 사실은 무엇이 수치스러웠을까? 날씨, 혹은 마을일까, 아니면 그런 장소에서, 그리고, 그럼에도 불구하고, 가난한 자들이 자신의 삶에 맹종하고 있는

했던 독일 애국주의에 대한 프랑스 혁명의 승리인 것이다. 수치심이란 일종의 분노, 자기 자신을 향한 분노이다. 온 국민이 진정으로 스스로를 부끄러워한다면 그들은 도약하기 위해 준비하는 사자가 될 것이다." マルクス, カール, 村岡晋一 · 小須田健 · 吉田達 · 瀬嶋貞徳 · 今村仁司 訳, 『マルクス · コレクション 7 時局論(下)/芸術 · 文学論/手紙』, 筑摩書房, 2007, pp.364-365.

인간의 조건을 말하는 것이었을까?[9]

이 소설이 앞의 에세이와 다른 점은 종주국 중심의 '감정 구조'와 인종적 위계에 기반한 제국의 구조를 노동자 계급과 중산층들이 스스로의 힘으로 깨닫는 것이 가능한가를 묻고 있다는 점이다. 이때 중요한 것이 수치심이라는 정동이다. 어머니가 시사하는 수치심을 둘러싼, 즉 '무엇이 수치스러운가' '수치심이란 무엇인가' 하고 묻는 모습이 전경화된다.

그렇다면 수치심을 깨닫지 못하는 사람들은 어떻게 되는가? 아래에는 '천한 검둥이'라는 '적의 이미지', 다시 말해 '적', 즉 지배자로 인해 바베이도스 사람들을 향한 차별적이고 경멸적인 의미를 담은 말을 통해 사람들의 마음이 좀먹히고 있는 모습이 그려져 있다.

적의 이미지, 적은 "우리 백성(마이 피플)"이었다. 우리 백성이란 천한 검둥이를 말했다. 우리 백성은 자신과 동류인 존재가 잘 사는 것을 보고 싶어 하지 않는다. (중략) 지옥의 업화의 위협에 벌벌 떠는 아이들처럼, 그들은 다른 사람들, 즉 백인들이 우월하다는 것을 본능적으로 받아들이지만, 그것이 진실일 수도 있다는 사실을 알게 될까 봐 항상 두려워했다. (중략) 시의심, 불신, 적대감. 이것들이 모든 결정에 작용하고 있었다. 우리 백성의 일을 결코 알 리가 없

---

9   George Lamming, *In the Castle of My Skin*, Michael Joseph, 1953, p.718. (吉田裕 訳, 『私の肌の砦のなかで』月曜社, 2019, p.11)

다. 그것은 감독관의 말, 정부 공무원의 말, 그리고 훗날에는 변호사나 의사의 말이 되어 이 사람들은 스스로 "모국"의 문화라고 부르는 것을 가지고 마치 봉투처럼 도장이 찍힌 채로 귀환하는 것이었다.

　원래는 '우리 백성'이라고 긍정적으로 지칭할 수 있는 집단도 위와 같은 맥락에서 사용되면 아이러니로밖에 기능하지 않는다. '우리 백성'에 대한 부정적 이미지는 모국인 영국 문화에 친숙한 일부 엘리트들에 의해서 강화된다. 여기서 말하는 어머니는 실제 어머니가 아니라 상징으로서의 어머니이다. 자신들의 어머니가 아니라 누군가의 어머니에게 승인을 받는 것이 전부가 된다. G의 시점에서 시사된 어머니의 정동에 관한 탐구가 자신들의 과거에 관한 탐구였다면, 여기에서 어머니의 이미지를 이용하는 방법은 그와는 대조적이다. 즉, 자신들의 문화로부터 완전히 퇴피하고 그를 경멸하는 한편 승인을 외부에 요구한다. 역설적이긴 하지만 이러한 구조를 비판하기 위해서라도 수치심이 필요하다는 점이 시사된다.
　이러한 수치심이 변용하는 계기가 소설 속에서 두 가지 그려진다. 하나는 1937년경에 바베이도스에서도 일어나는 파업이다. 소설에서는 마지막 부분에서 단편적으로 그려질 뿐, 그 전모가 그려지지는 않는다. 하지만 파업을 주도한 지도자는 사람들을 배신하고 환멸을 초래한다. 두 번째는 주인공의 친구인 트램퍼의 미국에서의 경험이다. 미국에서는 카리브해 지역에서는 생각할 수 없는 방식으로 흑인이 차별받고 있다고 그는 주인공 G에게 전한다.

가수 폴 로브슨(Paul Robeson)의 〈Go Down Moses〉라는 노래 속 '우리 백성을 풀어 주어라'라는 구절을 함께 듣고 가사에 등장하는 '우리 백성'이라는 개념에 대해 고민한다. 트램퍼는 말한다. "물론 이곳 흑인들도 우리 백성들이지, 그렇지만 이 사람들은 아직 그 사실을 몰라. 스스로 모르는 거야. 이 섬의 누구도, 인종을 안다는 것이 무슨 뜻인지 알지 못해."[10] 그리고 그는 말을 잇는다. "하지만 네가 (생략) 니그로가 되는 것은 태어난 장소와는 아무 상관 없어. 그것은 자신이라는 점, 즉 다른 종류의 생물이라는 사실이지."[11] 여기에 존재부터 생성, 속성에서 행동으로의 변용이 시사된다. 이때 비로소 처음으로 수치심을 비판적인 정동으로 인정하면서도 그를 극복하는 이중 운동이 가능해지는 것이다.

수치심이라는 정동은 래밍이 그리는 주인공에게는 자신의 어머니가 시사한 수수께끼였지만, 그 수수께끼를 풀기 위한 탐구를 위해서는, 이 섬뿐만 아니라, 카리브해 지역을 지배하고 있는 '우리 백성' 그 자체를 '부끄러이 여긴다'라는 부정적인 감정의 극복이 필수적이었다. 어머니라는 형상으로부터 수치심을 떼어내려면, 수치심과는 결부되지 않는 '우리 백성'이 있을 수 있다는 사실을 알아야만 했다. 마지막에는 '다른 종류의 생물'이 됨으로써 자신의 수치심과 마주하고 그 역사를 이어받는 것의 중요성이 시사된다. 수치심은 분명 부정적인 정동으로 그려지지만, 한편으로는 현황을 극복하기 위해서 수치심을 마주하는 과정이 필요하다. 그런 의

---

10   Ibid., (2019, p.439: [1953, p.295])

11   Ibid., (2019, p.442: [1953, p.297])

미에서 수치심이야말로 '혁명적인 감정'일지도 모른다.

5. 멀 콜린스의 수치심과 페미니즘

마지막으로 멀 콜린스가 말하는 수치심에 대해서 살펴보자. 지금까지의 비평에서 수치심은 여성스러움을 부정적으로 낙인찍는 정동이라고 지적되어 왔다.[12] 래밍의 소설은 그 여성스러움과 수치심의 결합을 추상적인 차원에서 해결하려고 했다. 한편, 콜린스는 일상생활에서의 변혁을 그림으로써 이 결합을 극복하고자 했다. 그녀는 소설에서 그레나다 혁명에 이르기까지의 삼대 여성의 변화와 성장을 그렸다. 1979년부터 1983년까지 영어권 카리브해 지역에서 처음 달성된 사회주의 혁명에 작가도 참여했다. 다만 이 혁명은 동료 간의 내분으로 인해 막을 내렸다. 그 내분을 틈타 미군이 침공했다. 인민혁명당 서기장인 모리스 비숍(Maurice Bishop) 등을 사살한 쪽도 혁명군이었던 것이다. 이러한 국민적 트라우마와 마주하면서도 콜린스가 선택한 수치심은 혁명과 그 실패를 넘어 페미니즘을 계속 실천하기 위해서 필요한 정동이다.

한 인터뷰에서 콜린스는 2002년에 발표한 시 〈점호를 하다〉

---

12 Zoë Wicomb, "Shame and Identity: the Case of the Coloured in South Africa," *Writing South Africa: Literature, Apartheid, and Democracy*, Derek Attridge and Rosemary Jolly eds., Cambridge University Press, 1998, pp.91-107; Erica L. Johnson, "Colonial Shame in Michelle Cliff's Abeng.", *The Female Face of Shame*, Erica L. Johnson and Patricia Moran eds., Indiana University Press, 2013.

(Roll Call)에서 언급되는 수치심에 대해 이야기한다. 이때 그녀는 '여기서의 수치심이라는 개념 그 자체'는 '자신들이 스스로의 꿈을 제대로 지키지 못했다'는 '한계'를 인식하기 위해서 필요하며, '그들'에게 책임을 떠넘기기 위해서가 아니라 '집단적 책임을 희구하기' 위해서라고 말한다.[13] 아래는 해당 시의 일부이다.

> 알려고 하지 않는 편이 좋을까, 설령
> 그들이 틀렸었다고 선고한다고 해도, 어느 몽상가가
> 나라를 사랑한 나머지 목숨을 바쳤느냐고?
>
> 신체는 파괴되고, 산산조각 나서, 손상은 심각하다.
> 이 사람들의 이름을 부를 수 있을까? 이
> 사람들의 부모는 누구인가? 당신이 이름을 부르기
>
> 를 부끄러이 여기는 것은, 어느 이름인가? 자신에 대한 믿음
> 을 되찾으려고 싸우는 것을, 이토록 부끄럽게
> 여겨야 하다니, 이 얼마나 부끄러운 일인가[14]

비숍 등을 사살한 측도 이 시에서 언급되는 '나라를 사랑한 나머지 목숨을 바친' '몽상가'인 것이다. 실제로는 온 국민이 일부

---

13 David Scott, "The Fragility of Memory: An Interview with Merle Collins.", *Small Axe*, 14.1, 2010, pp.79-163.

14 Merle Collins, *Lady in A Boat*. Peepal Tree Press, 2002, p.42. 시의 행 바꿈은 원문대로 표기한 것이다.

전위당에 책임을 떠넘기고 더 이상 이 혁명을 기억하고 싶어 하지 않는다. 한편으로는 혁명 붕괴 후의 미군 침공이나 다른 계기로 목숨을 잃은 사람들의 시신과 유해를 지금도 찾고 있는 사람들이 존재한다. 이 시는 잊혀진 기억과 마주하지 못하는 사람들의 정동을 수치심이라고 지칭함으로써 '집단적 책임을 희구하는' 계기를 만들고자 하는 것이다.

래밍은 종주국 중심의 '감정 구조'와 인종적 위계에 기반한 제국의 구조가 수치심의 근원이라고 지목했지만, 콜린스는 인종과 젠더, 그리고 계급의 굴레야말로 문제라고 지적한다. 소설『엔젤』에서 주인공 엔젤의 어머니 두지는 아이의 병치레가 잦아 의사를 찾아가고, 의사는 우유 같은 영양가 높은 음식을 먹으라고 말한다. 너무 가난해서 먹을 것도 충분히 구할 수 없다는 사실을 알고 있었기 때문에 '두지는 입을 열었다. 콧속 깊숙한 곳부터 수치심으로 눈물이 쏟아져 나오는 것을 느꼈다. (중략) 하지만 무엇인가에 목이 콱 막혀서 하고 싶었던 말을 빼앗긴 것 같았다.'[15]

이 분노나 불만의 표명으로 드러난 수치심을 어머니는 딸 엔젤에게 전한다. 두지에게는 남성으로부터의 자립이나 백인에 의한 종속 상태로부터의 이탈이 미래 목표가 되는 것이다. 엔젤의 아버지 앨런은 장남이 의사가 될 수 있을지도 모른다고 생각하지만, 장녀인 엔젤은 기껏해야 간호사가 되리라고 생각한다.[16] 반면, 두지는 딸 엔젤에게 말한다. "넌 멍청하지 않아. 알지? 남자가 여러

---

15 Ibid., p.57.

16 Ibid., p.111.

모로 편하다고. 자신을 욕보이거나 나를 부끄럽게 만들면 안 돼. 그 누구도 나를 얕볼 수 없다는 사실을 보여주라고. 알았지?"[17] 이러한 필요성을 느끼면서도, 두지는 자신의 세대에서는 변혁을 충분히 실행할 수 없다는 불만을 가지고 있다. 그래서 딸인 엔젤에게 기대를 걸면서도 아들들을 오냐오냐 키워서 본인의 의사에 반하여 가부장제의 지속을 허용해 버리고 만다.

딸은 부모 세대에는 없었던 지혜를 얻는다. 엔젤은 대학에 다니면서 책을 통해 말을 배운다. 귀국한 엔젤은 아버지 앨런에게 어머니에게 가사 노동을 무상으로 하게 함으로써 아내를 착취하고 있다고 지적한다. 여기서 딸에 의한 아버지의 교육이 이루어지는 셈이다.[18] 이처럼 남녀평등이라는 관점에서 소유나 노동에 관한 기존의 개념을 재고하는 과정에 아버지를 초대한다. 한편, 이러한 '진보적인 사고'의 씨앗이 부모 세대에 이미 뿌려져 있다는 사실도 작품은 시사하고 있다. 앨런과 결혼하고 얼마 후 두지는 자신과 어머니가 모은 돈으로 집과 땅을 샀는데, 남편이 이를 자신의 명의로 바꿔버린다. 그녀는 반론하지만, 남편은 강행하고 만다.[19] 엔젤은 직접 아버지를 재교육시킴으로써 어머니가 할 수 없었던 일을 행동에 옮긴다. 소설에서는 실제 혁명 과정에 앞서 가정 내 남녀관계의 변혁을 그림으로써 페미니즘적인 일상생활의 변용이 자본주의 변혁에 있어서 예견된 변혁임을 자각시킨다.[20] 이상으

---

17   Ibid., p.114.

18   Ibid., p.272.

19   Ibid., p.17.

20   이는 마리아로사 달라 코스타와 셀마 제임스가 논하듯이 가정이나 가사노동

로, 간략하지만, 소설에서는 세대를 넘어 수치심의 감각이 전달됨으로써 페미니즘적 사상이 일상생활에서 실천되고 있음을 확인하였다. 이는 콜린스가 시에서 시도하고 있는 국민적 차원에서의 망각에 대한 항변으로 중시되는 수치심과는 다를지도 모른다. 하지만 여성들 사이의 유대감이라고 부를만한 것을 여기서 발견할 수 있다. 혁명 붕괴로 인해 무너진 '자신의 꿈'을 다른 형태로 이어가고 있다고도 볼 수 있을 것이다.

6. 마치며

이상으로 짧게나마 C. L. R. 제임스, 조지 래밍, 멀 콜린스라는 세 명의 작가에 대해서 살펴봤다. 제임스 외에는 명확하게 마르크스주의자였던 것은 아니지만, 래밍은 카리브해 전역의 탈식민지화를 끊임없이 고민하고, 콜린스는 그레나다 혁명이라는 사회주의 혁명의 영광 및 상처와 계속해서 마주하고 있다. 제임스가 제시하였듯이 식민지 교육을 통해 신체화된 내면의 구조는 쉽게 바꿀 수 없다. 그러나 그는 아이티 혁명과 마주할 때, 혁명을 추진한 대중 속의 '역사적 감정'에 손을 내밀고 연극적 구조를 이용해 그 정동을 재연함으로써 종주국 중심의 '감정 구조'에 변혁을 꾀하고자 했다.

으로부터의 해방과 자본주의적인 통제를 피하는 것 모두가 중요하다는 인식과 통하는 셈이다.(Mariarosa Dalla Costa & Selma James, *The Power of Women and the Subversion of the Community*, Butler and Tanner, 1975, p.50.)

제임스가 제시한 이 감정의 영역은 후속 작가들에게도 탈식민지화의 중요한 대목이었다. 래밍과 콜린스는 이 영역을 더욱 세밀하게 파고들어 수치심이라는 정동을 다르게 분석했다. 래밍은 수치심에 초점을 맞춤으로써 노예제 이후에도 남아 있는 인종적 위계가 언어와 문화에 새겨져 있다는 사실을 분석하고, 독립 이후 신식민주의적 상황에서도 이 수치심의 소재를 계속 직시하는 것이 정신적 종속 상황을 타파하기 위해 필수적이라고 논했다. 그 가운데서도 래밍이 중시한 것은 어머니라는 존재와 수치심의 결합을 풀어내는 일이었다. 그를 통해 피부색이라는 인간의 내부와 외부의 경계에 깃든 정동을 사고하고 그곳에 고착된 정동을 변용시키는 방법을 계속해서 고민한 것이다. 콜린스는 이 수치심에 대한 분석적 관점을 밀어붙여 수치심이라는 정동을 통해 일상생활을 지배하는 남녀의 위계, 그리고 그것과 교차하면서 사람들을 얽매는 계급이야말로 수치심이라는 사실을 조명했다. 콜린스는 수치심이라는 정동을 경유함으로써 성차와 계급에 의해 고정된 구조야말로 자본의 편향을 낳고 착취를 지속하게 한다는 점을 명시했다. 그런데 혁명으로 인해 이러한 구조는 바뀌었을까? 오히려 혁명을 잊어버림으로써 당시에 행해진 실험이나 중요한 시도도 함께 잊어버리려는 것은 아닐까? 그 망각에 수치심이라는 이름을 다시 부여함으로써 다른 형태로의 페미니즘이라는 혁명의 지속을 콜린스는 선택했다고 볼 수 있을 것이다.

번역: 신해인 (이화여자대학교)

힐링 여행의 아포칼립스와
정착민 식민주의의 정동들[1]

권 명 아

1. 탈식민 정치 기획의 배제와 식민화된 지방소멸 담론의 부상: 국가와 주권성에 대한 질문이 멈춘 자리

역사를 다시 쓰지 않고 지방의 미래를 말할 수 있을까? 역사를 다시 쓰지 않은 채, 지방에 초점을 맞추는 것만으로 지방에 소멸이 아닌 다른 미래를 마련할 수 있을까? 조앤 W. 스콧(Joan W. Scott)이 여성사의 딜레마와 젠더사 이론의 재구축을 논하면서 『젠더와 역사의 정치』에서 제기한 질문을 지방소멸에 대해서도 제기해 볼 수 있다. 조앤 W. 스콧은 버지니아 울프(Virginia Woolf)의 질문을 인용해서 자기 나름으로 다시 쓰면서 "역사를 다시 쓰지 않

1   이 글은 「힐링 여행의 아포칼립스와 정착민 식민주의의 정동들」, 『대중서사연구』 67, 대중서사학회, 2024를 수정·보완하여 재수록한 것이다.

은 채" 여성에 초점을 맞추는 것만으로 "역사를 보완하는 것이 가능한가"라는 질문을 던진다.[2]

또 젠더사와 젠더 정치 이론의 재구축을 통해서 기존의 이분법, 즉 "국가와 가족, 공과 사, 여성과 남성, 노동과 섹슈얼리티 같은 것으로는 명백한 이항 대립을 종식시킬 것"[3]이라고 논한다. 근대 비판 이론을 통해 자주 반복되는 이런 논의는 지방과 관련해서 다시 새롭게 해석될 필요가 있다. 지방 개념은 한국에서 서울과 수도권 이외의 지역을 차별하고 위계화하는 개념으로, 차별적 함의를 지닌다. 1980년대 후반 비수도권을 중심으로 제기된 "지역 문화론" 논자들은 지방 개념 대신 지역을 사용하자고 제안하기도 했다. 지역은 그런 점에서 지방에 대한 대체어로 사용되어 왔지만, 언어의 변화만으로 지방에 대한 차별은 변하지 못했다. 때문에 지방 개념을 그 차별적 언어 사용을 되돌려주는 차원에서 전유해서 사용하자는 움직임도 있었다.[4] 지역이 비수도권만을 지시하는 개념이 아님에도 한국에서 지역은 비수도권을 지칭하는 개념으로 사용된다. 즉 지역, 지방은 서울/수도권과 구별되는 위계와 대립의 산물이다. 지방선거, 지방정부에 서울시와 수도권도 모두 포함되며 지방소멸위험지수 조사에도 서울시와 수도권은

---

2   조앤 W. 스콧, 정지영 · 마정윤 · 박차민정 · 정지수 · 최금영 역, 『젠더와 역사의 정치』, 후마니타스, 2023, 46쪽.

3   위의 책, 61쪽.

4   지방과 지역 개념에 대한 논의 과정과 지역 문화론의 의미에 대해서는 권명아, 「기념의 정치와 지역의 문화 정체성: 저항과 글로벌 마케팅의 사이」, 『인문연구』 53, 영남대학교 인문과학연구소, 2007, 1-38쪽 참고.

포함된다. 그러나 한국 사회에서 서울대를 지방대로 인식하는 사람이 없듯이 지방소멸위험 역시 비서울, 비수도권에 한정된 것으로 인식된다.

이 연구에서는 지방소멸 담론이 지방에 대한 식민화를 생산하고 재생산한다는 점을 명확하게 하고자 한다. 일본에서 만들어진 지방소멸 담론이 제국주의와 전시동원 체제의 이념을 반복한다는 비판도 이미 제기된 바 있다. 한편으로, 한국에 도입된 지방소멸 담론은 이러한 일본 제국주의의 식민화와 전시동원의 이념을 반복한다. 다른 한편으로, 한국에서 지방소멸 담론이 비판 없이 수용될 수 있었던 것은 한국 근대사 이래 지속된 탈식민주의 정치적 기획과 이론 실천이 사라지거나 배제되어 온 사회적 변화와 이론적이고 정치적인 지형도의 변화와도 무관하지 않다. "지방은 식민지다"[5]라는 비판이 이미 2008년 이후 강하게 제기되었으나 지방소멸 담론이 휩쓸고 있는 2024년 현재 지방의 식민성에 대한 논의는 힘을 잃었다. 이는 단지 지방과 관련한 문제만은 아니다. 해방 이후 분단 체제인 한국에서 탈식민 기획은 도도하게 이어졌다. 탈식민주의 이론이 부상한 1990년대 들어 이른바 '주권 국가'라고 여겨지는 후식민 국가가 여전히 새로운 형태의 식민화 상태라는 점을 여러 지점에서 다시 고찰할 수 있었다. 지방이 식민지라는 언명은 이른바 '내부 식민지'인 소수자에 대한 차별과 식민화에 대한 이론적 비판의 연장에 있었다. 탈식민주의 이론에 대한 논지를 새

---

5   강준만, 『지방은 식민지다: 지방자치-지방문화-지방언론의 정치학』, 개마고원, 2008.

삼 반복하자는 의미가 아니다. 탈식민주의 이론과 분단 이후 지속해 온 탈식민 기획의 역사에서 탈식민은 소수자의 해방뿐 아니라 식민화된 국가의 해방을 의미했다. 즉 국가의 주권성은 전혀 자명하고 명백하지 않았다. 분단 체제 이래 지속된 탈식민 기획에 담긴 주권 없는 국가에 대한 비판을 담은 무수한 역사 자료들은 정착민 식민주의 국가(settler colonial state) 비판의 맥락에서 새롭게 해석될 필요가 있다.[6]

2024년 한국 사람들은 중국과 미국의 신냉전 질서 하에서 국가성을 둘러싼 타이완의 고투를 한국과 연결해서 생각하지 않는다. 한국은 견고한 주권 국가라는 인식이 어떤 점에서는 강해졌기 때문이다. 지방소멸 담론은 주권성에 대한 한국의 이러한 변화와 매우 밀접한 관련을 맺는다. 주권성을 획득하기 위한 기나긴 탈식민 기획의 역사는 망각되었지만, 국가성에 대한 견고한 확신은 오히려 강화된 역설적 상황이 오늘날 한국의 지방소멸 담론이 힘을 얻는 중요한 요인이다. 즉 실질적인 탈식민 주권성을 얻지 못하였으나 국가성에 대한 견고한 확신이 더욱 강해지면서 그 균열을 봉합하는 기제로 지방소멸 담론과 '내부 식민지'에 대한 차별 정책이 견고하게 등장했다, '내부 식민지'에 대한 배제와 절멸의 기획이 주권성의 실질적 부재와 정동적 강화 사이의 딜레마를 지탱해

---

6   본 연구는 일본의 식민 지배, 한국 전쟁, 분단을 거쳐 구축된 탈식민 기획의 역사를 새롭게 규명하고, 탈식민 기획의 역사 속에 무수하게 발견되는 주권 없는 국가에 대한 비판 담론을 정착민 식민주의 비판의 역사로 재해석하는 장기간에 걸친 연구를 위한 예비적 고찰의 성격을 갖는다. 따라서 여기서 논의된 정착민 식민주의 비판의 역사에 대한 논의는 후속 연구를 통해서 더욱 구체화하고자 한다.

주는 중요한 동력이 되는 것이다. 그런 점에서 한국의 지방소멸 담론은 주권성의 정동화 혹은 정동적 국가성의 산물이며 이를 재생산하는 기반이기도 하다.

이런 의미로 지방은 소멸하고 있다고 한다. 지방대는 벚꽃처럼 진다고도 한다. 지방소멸위험지수는 20~39세 여성 인구수를 65세 이상 고령 인구수로 나눈 값으로 계산된다. 이런 계산법은 이미 젠더화되어 있고 인종화되어 있다. 즉 생산 인구를 65세 이하 비장애 남성으로 규정하고 재생산 인구(가임 여성)와 비생산 인구(고령 인구)의 비율에 따라 소멸 지표를 측정한다. 지방소멸 지표 자체가 성차, 연령 차이, 장애 여부, 정상성의 기준과 인종(이 지표에 인종적 소수자 자체는 측정값으로 계산되지 않는다)을 위계화하고 생산성이라는 가치에 따라 배치하는 측정법의 산물이다. 이런 계산법은 전국 지역별로 가임 가능한 여성을 조사하여 지도로 만들었던 "가임기 여성지도"의 측정 방식과 완벽하게 동일하다. 박근혜 정부에서 시작한 가임기 여성지도 제작은 한국 정부가 재생산 정책을 어떻게 젠더화되고 인종화된 인구 통계학으로 환원하고 있는지 잘 보여준다. 주목할 점은 "가임기 여성지도"는 공표되자마자 거대한 비판에 직면했고 마침내 폐기되었다는 것이다.[7]

"가임기 여성지도"는 폐기되었지만, 지방소멸위험지수로 형태를 달리해서 계승되었다. 흥미롭게도 지방소멸위험지수에 대해서는 별다른 비판이 없었고 오히려 소멸 공포를 효율적으로 자극

---

7 "가임기 여성지도"의 제작 과정과 비판, 폐기에 이르는 과정은 정유경, 「'가임기 여성지도' 이렇게 탄생했다」, 『한겨레』, 2017. 1. 11.에 상세하게 기록되었다.

권명아 389

소멸위험지역 현황(2023년 2월 기준)

지방소멸위험분류		시도		시군구		읍면동	
		개수	(비중)	개수	(비중)	개수	(비중)
	1	0	(0.0)	0	(0.0)	166	(4.6)
	2	1	(5.9)	17	(7.5)	328	(9.2)
	3	10	(58.8)	93	(40.8)	1,135	(31.7)
	4	6	(35.3)	67	(29.4)	778	(21.7)
	5	0	(0.0)	51	(22.4)	1,173	(32.8)
소멸위험지역 소계		6	(35.3)	118	(51.8)	1,951	(54.5)
전체		17	(100.0)	228	(100.0)	3,580	(100.0)

〈그림 1〉「지방소멸위험지수」, 국가통계포털, 통계청, 2023.

했다. 지방소멸은 사실이 되었고 소멸하지 않는 수도권과 명확하게 다른 가치와 의미 체계로 할당되었다. 통계청과 한국고용정보원은 매년 지방소멸위험지수를 발표하고 있다. 한국고용정보원이 측정한 지표 중 소멸 지표를 2에서 5까지로 분류한 지표를 보면 오히려 한국 전체의 높은 인구 감소 상황을 보여준다. 2로 분류된 지역이 전체에서 극소수를 차지한다.

그렇지만 지방소멸 지표는 수도권을 제외한 비수도권 전체를 소멸 지역으로 낙인찍는 효과를 발휘했다. 게다가 매년 지방소멸위험지수가 발표될 때마다 비수도권의 위험 상황을 선정적으로 강조하는 기사가 무수하게 쏟아져 나오면서 지방소멸위험지수는 해당 지역에 일종의 낙인 효과로 작동하게 되었다.

한국고용정보원이 정의한 지방소멸위험지수(20~39세 여성 인구수를 65세 이상 고령 인구수로 나눈 값)를 토대로 소멸위험 지역의 비중을 따져보면 2023년 2월 기준 전북 14개 시군구 중 13곳이 소멸위험 지역(92.9%)으로 분류되고, 강원의 경우 18개의 시군구 중

16곳(88.9%)이 소멸위험에 포함됐다. 이 밖에도 경북(87%)·전남(81.8%)·충남(80%)·충북(72.7%)·경남(72.2%)·부산(43.8%) 등의 시군구가 소멸위험 지역으로 분류됐다. 한편, 핵심 인적자원인 청년인구의 유출이 지방소멸의 위기를 더욱 심화시키고 있다는 분석도 있다. 실제로 통계청이 지난해 발표한 자료에 따르면 지난 2000년부터 2021년까지 22년간 5개 경제권역(수도권·충청권·호남권·동북권·동남권) 중 동남권의 인구 순유출 규모가 총 67만 명으로 가장 컸는데 특히 이 중 20대의 93.4%가 수도권으로 순유출된 것으로 나타났다.[8]

지방소멸위험지수는 청년의 지역 이탈에 주목하면서 지역 일자리 문제로, 인구 감소에 주목하면서는 지역 여성(가임 인구)의 이탈 문제로 이전되었다. 지역 일자리가 남성생계부양자 모델을 중심으로 구축되어 있기에 여성 일자리 자체가 거의 없다는 비판도 제기되었다. 그러나 지방소멸위험 논의 자체가 이미 젠더 차별적이며 남성화된 생산력 중심 이념 체제의 산물이기에 이에 따른 보완책 역시 기존의 지방소멸에 대한 프레임을 문제시하지 않으면서 고정시키는 역할을 한다.

한편, 한국 사회가 청년 인구의 수도권 쏠림 현상에 관심을 갖게 된 것은 최근이다. 이 현상의 이면에는 2014년 전후로 가속화된 청년 일자리 문제가 놓여 있다. 청년 실업은 한국 사회 전반

---

8   최철호, 「〈청년지역정착 (下)〉 지방소멸위기 광역시까지 '확산'…청년마을 산업 '눈길'」, 『청년일보』, 2023. 6. 25.

의 심각한 문제이고 대기업이 청년 일자리를 비정규직화하고, 고용 자체를 줄이면서 촉발되었다. 이른바 "고용 없는 성장 시대"의 산물이다. 게다가 정부의 공공부문 중심 청년 일자리 정책이 거듭 실패하고 기업의 반발에 부딪히면서 해법을 찾지 못한 채 공전해 왔다.[9] 즉 청년 실업 문제는 고용 유연화의 젠더화에 따른 결과이며 지방 청년 유출 문제는 이러한 젠더화된 고용 유연화를 지방 문제로 전가한 결과이다. 즉 국가, 기업, 정부, 정당이 해결해야 할 문제를 청년에게 전가하고, 지방 문제로 전가한 것이다.

다른 한편, 고용 없는 성장 시대는 이른바 글로벌 경제에 대한

---

[9] 현재 20대들은 한국의 어떤 세대도 경험하지 못한 취업 전쟁에 내몰렸다. 그리고 그 근본 원인은 기업이 신규 채용을 줄이고 고용 형태를 비정규직, 인턴 등으로 '유연화'했기 때문이다. 이른바 고용 없는 성장 시대, 특히 2014년 이후 기업이 신규 채용 비율을 대폭 줄이면서 현재와 같은 취업 대란 시대가 열렸다. 그 결과 2015년 이후 청년들은 공공부문 취업 말고는 선택지가 없는 극한 상황에 내몰렸고 기업의 일자리도 불안정 고용 상태를 벗어날 수 없게 되었다. 고용 유연화의 결과 여성 취업자는 대부분 결혼과 임신·출산으로 해고되었고, 남성 신규 취업자들의 삶은 반복되는 해고와 산재 위험이 일상이 되었다. 동시에 이 세대는 대졸자의 신규 취업률이 급격하게 떨어지는 특이한 양태를 보여서 고학력 니트족이 대량으로 양산되어 사회 문제가 될 수 있다는 우려가 이미 2015년 이래 지속되었다. 전례 없는 청년 실업은 20대 모두가 처한 공통의 문제다. 그리고 이 문제를 만든 주체도 해결할 주체도 기업, 정부, 정당이다. 또한 경력 단절과 해고 위협과 산재의 일상화는 고용 유연화라는 이 세대의 공통 문제가 젠더화된 방식으로 발현된 것이다. 고용 유연화의 젠더화이다. 그러니 경력 단절 대책이 여성 할당제라고 폐지하면, 20대 남성들의 노동 조건 역시 마찬가지로 더 악화하고 그런 정책 기조에 힘을 실어주게 된다. 페미니즘과 여성을 공격하는 쾌락 대신 사실상 잃는 것은 안정적이고 질 좋은 일자리와 이것을 가능하게 할 정책과 여론이다. 이에 관해서는 권명아, 「이준석이 '82년생 김지영'을 공격하는 이유는?」, 『프레시안』, 2021. 5. 31 참고. 청년 실업 문제, 고용 없는 성장 시대에서 이대남 담론에 이르는 과정에 대해서는 위의 글의 연속 기고문인 권명아, 「'인국공 사태'의 교훈이 반페미니즘?」, 『프레시안』, 2021. 6. 3 참고.

환상이 붕괴하고, 실제적으로도 글로벌 경제를 통한 탈출구가 봉쇄된 결과이기도 하다. 이는 이른바 신냉전 질서가 공고해지는 시대, 출구를 찾지 못한 채 한국 사회는 낡은 냉전 섬에 다시 갇혀버렸다. 2010년대의 신조어로 기록된 "헬조선" 담론은 수저계급론으로 이어졌다. "헬조선"이 2010년대 한국 사회의 징후를 보여준다면 지방소멸 담론은 2020년대의 키워드가 되었다. "헬조선"과 "지방소멸" 사이에는 특이한 연속과 단절이 있다.[10] "헬조선"에서는 한국 전체가 미래도 없고, 가망도 없으며 '이민만이 답'인 디스토피아로 그려진다. 반면 "지방소멸" 담론에서는 헬조선의 표상 전체가 지방으로 이전되었다. 이러한 이전의 역학을 살피기 위해서는 별도의 연구가 필요하다. 본고는 이러한 지방소멸 담론과 지방 담론의 역사를 살피기 위한 예비적 고찰의 하나이다. 여기서 "헬조선" 담론이 이민을 거의 유일한 탈출구로 상정하고 있는 반면, 지방소멸 담론에서는 이동의 경로가 지방에서 서울로 한정되어 있다는 점에 주목할 필요가 있다. 지방소멸 담론에서는 이민, 조기유학, 이중 국적 등 다양한 형태로 한국 사회를 지배하는 '국외 탈출의 경로'가 비가시화되어 있다. 한편으로는 이렇게 서울과 지방을 극단적으로 대비해서 이동 경로를 구축한 것이 지방소멸 담론의 성공 요인 중 하나이다. 한국을 탈출한 자들만이 '성공 그룹'이 될 수 있었던 헬조선 담론과 비교해서 지방소멸 담론에서는 서울로 탈출한 자들이 '성공 그룹'이 된다. 물론 이는 한편으로는 서울

---

10 2000년대를 휩쓴 조기유학 현상을 분석하면서 오욱환은 조기유학을 "유토피아를 향한 출국"으로 생각했던 당대 한국사회의 정동과 실패를 보여준다. 오욱환, 『조기유학, 유토피아를 향한 출국』, 교육과학사, 2008.

과 비수도권의 격차가 극심해지는 새로운 상황의 반영이다. 다른 한편으로는 2010년대에 비해 2020년대에는 조기 유학, 이민으로 상징되는 한국 탈출의 경로가 더 이상 유토피아를 향한 출국이라는 희망으로 여겨지지 않는 현실적 상황, 즉 국외로의 이주 자체도 봉쇄된 상황과 관련이 깊다.

예를 들어 2000년대 내내 신조어로 유행했던 "기러기 아빠"는 한국 사회 조기유학 열풍을 전형적으로 보여준다. 그러나 2000년에서 2016년까지 조기유학 현상의 변화를 연구한 박대권과 장경진에 따르면 "한때 우리나라 사회의 주요 이슈로 떠올랐던 조기유학 열풍은 점차 사그라지고 있다. 2000년 조기 유학 자유화 조치 이후로 5,000명에 불과하던 유학생 수는 2006년 3만여 명을 기록하며 우리 사회의 중요 의제로 떠올랐다."[11] 그러나 조기 유학은 2011년을 기점으로 급격하게 줄어든다. 2006년부터 시작된 조기 유학생 수의 감소 현상에는 여러 요인이 작용하지만 경기 침체와 2008년 세계금융위기가 결정적이다.[12] 즉 2008년 세계금융위기 이후 "유토피아로의 출국"으로 상상된 조기 유학의 문도 닫히면서

---

[11] 박대권·장경진, 「조기유학 현상 변화(2000~2016)에 대한 신제도주의적 분석」, 『미래교육학연구』 33, 연세대학교 교육연구소, 2020, 48쪽.

[12] 박대권과 장경진은 조기유학 감소 현상을 경기침체 외에도 두가지 변수를 상정해서 설명한다. 그러나 조기유학 감소의 결정적 요인은 세계금융위기라고 평가한다. "2006년부터 시작된 조기유학생 수의 감소 현상에는 조기유학에 대한 평가가 축적되면서 기존에 조기유학 결정을 지지하던 아이디어들이 재검토되고 폐기된 결과를 반영한 것이라고 할 수 있다. 이에 더불어 2008년 세계금융위기는 조기유학생 현상이 전면적인 감소 추세로 돌입하는 데 기여하였으며, 이러한 경로가 유지되면서 국제학교, 단기영어연수와 같은 대안들이 검토되고 도입되는 현상을 보이고 있다." 위의 글, 65쪽.

국외 탈출의 가능성은 점차 좁아진다.

그 결과 2014년 이후 한국 사회는 고용 없는 성장, 사회 모든 부분에 스며들어 해결책조차 찾을 수 없게 된 증오정치가 지배하는 사회가 되었다. 봉쇄된 사회에서 탈출구가 없는 증오는 해소할 대상을 찾아 이리저리 움직이는 데 여성, 성 소수자, 아동(노키즈존), 고령자, 이주민, 장애인을 거쳐 오늘날 지방은 가장 문제적 대상으로 부상했다. 무엇보다 지방소멸 담론은 국외로의 이동 경로 자체가 삭제된 채 서울과 지방이라는 이분법을 극대화한다. 또 소멸하는 지방에서 서울로 탈출하는 대탈출의 서사를 반복한다.

즉 지방소멸 담론은 짧게는 1990년대에서 2020년대에 이르는 전 지구적인 권역(region)의 변화, 권역 경계의 변화에 따른 일국 단위의 이동과 편입 방식의 변화, 이와 연계된 일국 내의 경계의 재배치와 이동 등에 따른 권역, 국가, 지역과 관련한 이념 변화의 산물이다. 나아가 지방소멸 담론은 궁극적으로는 지방을 둘러싼 이념, 가치, 경제적 할당, 역할 부여, 정동 경제 등의 복합적인 의미 형성 기제의 산물이다. 즉 지방이 만들어져온 역사와 의미화 과정을 살펴보지 않고서는 지방소멸에 대해 논하는 것은 지방을 소멸로 이끈 지방 이념 자체를 더욱 견고하게 만든다.

지방소멸위험지수는 2014년 일본에서 출간된 마스다 히로야(増田寬也)의 『지방소멸』 지표를 그대로 적용한 것이다. 최근에는 일본의 역사적 상황의 산물인 지방소멸 지수를 한국에 그대로 적용하고, 미디어에서 이를 선정적으로 보도하는 방식에 대한 비판도 제기된 바 있다.[13] 또 지방소멸위험지수의 측정법을 만든 마스다 보고서가 일본에서 지방 이념이 구축된 전시동원 체제의 이념을 반복한다는 비판도 제기되었다.[14] 즉 마스다 보고서에 담긴 지방에 대한 이념은 일본의 제국주의, 정착민 식민주의, 전시동원 이념의 산물이다. 특히 동일본 대진재 이후 국가중심적 부흥 서사는 이런 역사를 다시 반복하고 여기 담긴 제국, 일본, 지방의 관계를 재생산했다. 또 이에 대한 비판 없이 지방소멸위험지수를 한국에 적용하면서 지방을 인종화, 젠더화, 식민화하는 이념 구조 역시 무비판적으로 이식되었다.

---

13 정성호는 "한국 사회에서 이루어지고 있는 지방소멸에 대한 논의는 무비판적이고 단편적으로 이루어지고 있다는 문제를 지니고 있다. 특히 기존의 논의는 '지방소멸위험지수'의 타당성에 대한 검토 없이 한국 지자체에 그대로 적용하는 데 그치고 있다. 언론매체에서도 지방소멸이라는 표현의 간결성과 용어의 자극성으로 무분별하게 이 용어를 사용하여 소멸 위기위식을 조장한 측면도 있다. 인구의 수만 가지고 지방소멸을 논의하는 것은 적절치 않다는 지적과 지방소멸 위기의식에 과도하게 사로잡히는 것을 경계해야 한다는 지적도 주목할 필요가 있다."고 비판한다. 정성호, 「지방소멸론에 대한 비판적 검토」, 『지역사회학』 20(3), 지역사회학회, 2019, 6-7쪽.
이외에도 지방 정부 차원에서 지방소멸위험지수 기준에 대한 비판적 검토도 제기된 바 있다. 원광희·채성주·설영훈, 「지방소멸위험지수의 기준은 과연 적합한가?」, 『충북 FOCUS』, 충북연구원, 2020, 1-26쪽.

14 박승현, 「'지방소멸'과 '지방창생': '재후'(災後) 관점으로 본 '마스다 보고서'」, 『일본비평』 16, 서울대학교 일본연구소, 2017, 158-183쪽.

2. 지방소멸과 정착민 식민주의의 감성구조, 그리고 '힐링': 제국주의, '양민' 학살, 도시화와 젠트리피케이션까지

서울과 수도권에 전기를 공급하기 위해 살던 땅, 살던 대로 살 권리, 삶의 주권, 삶 자체를 다 빼앗겨버린 밀양 주민들. 송전탑 반대 시위를 지속해 오던 한 주민은 구술 인터뷰에서 송전탑 투쟁 현장을 처음 겪어본 전쟁이라고 구술했다.

이 골짜기 커갖고 이 골짜기서 늙었는데 6·25 전쟁 봤지, 오만 전쟁 다 봐도 이렇지는 안했다. 이건 전쟁이다. 이 전쟁이 제일 큰 전쟁이다. 내가 대가리 털 나고 처음 봤어. 일본시대 양식 없고 여기 와가 다 쪼아가고, 녹으로 다 쪼아가고 옷 없고 빨개벗고 댕기고 해도 이거 카문. 대동아전쟁 때도 전쟁 나가 행여 포탄 떨어질까 그것만 걱정했지 이러케는 안 이랬다. 빨갱이 시대도 빨갱이들 밤에 와가 양식 달라 카고 밥 해달라 카고 그기고. 근데 이거는 밤낮도 없고, 시간도 없고. 이건 마 사람을 조지는 거지. 순사들이 지랄병 하는 거 보래이. 간이 바짝바짝 마른다. 못 본다카이, 못 봐.[15]

밀양 송전탑을 둘러싼 지역 주민에 대한 탄압과 지역 주민의 삶을 파괴한 행위자 주체와 이에 저항한 밀양 주민들의 관계

---

15 김말해, 「"이걸 우째 이고 왔는교?"」, 밀양 구술 프로젝트, 『밀양을 살다』, 오월의봄, 2014, 37쪽.

는 선주민을 말살하고 신대륙에 이주한 정착민과 선주민의 관계와 크게 다르지 않다. 최근 연구에서는 정착민 식민주의를 지나간 제국주의의 역사를 해석하는 개념만이 아니라, 현재의 식민성을 해석하는 방법으로 다시 정립하고 있다. 일국 내에서 대도시화 과정에서의 지방의 '토착적 삶'의 파괴, 젠트리피케이션, 자원 개발을 위한 지방의 초토화를 도시화 정착민 식민주의(urban settler colonialism)라는 개념으로 새롭게 해석하는 연구 경향도 이러한 정착민 식민주의 해석의 새로운 패러다임이다.

자신들의 새로운 거처로 '신대륙'을 발견하고 이른바 '문명화된 삶'을 위한 생산과 재생산 기지를 건설하기 위해 선주민은 동원되고, 강제 이주를 당하고 마침내 절멸되었다. 밀양 주민들은 수도권의 '쾌적한 삶'(혹은 '문명화된 삶')을 위해 자원, 토지, 그리고 삶 자체를 추출당하고 마침내 그들의 원래의 삶 자체는 파괴되어 버렸다. 기후 위기 문제를 계기로 환경 부정의에 관한 관심은 높아졌으나 환경 부정의에 대한 논의는 "지방 문제"와는 다른 글로벌한 문제로 구별된다. 이런 사유 방식으로 인해 지방 사람들은 이중의 문제에 직면하게 된다. 이런 문제의식을 지닌 일련의 연구자들이 이른바 지방의 환경 부정의를 정착민 식민주의 방법론으로 연구하기 시작했다.[16]

---

16 라우라 A. 브레이(Laura A. Bray)는 환경 부정의를 논하는 학자들이 이를 지방의 환경 부정의(Rural Environmental Injustice) 문제와 분리함으로써 지방 사람들은 이중의 차별과 배제, 즉 공간적 배제와 인종적 배제라는 장벽에 갇히게 된다고 비판한다. 이러한 이중의 배제를 비판하기 위해 여러 연구자들이 정착민 식민주의 이론을 환경 부정의 연구에 연결하기 시작했다고 논한다. Laura A. Bray, "Settler Colonialism and Rural Environmental Injustice: Water Inequality on the

1950년대 후반 이후 대공장, 산업단지에서 시작하여, 고층건물, 아파트 단지, 쇼핑몰, 긴 노동 시간과 이를 보상하는 긴 여가 시간 등 수도권의 낮과 밤을 위해 지방의 자원, 토지, 인구는 아무 제한 없이 약탈되었다. 이런 인과 관계 혹은 선후 관계는 이른바 지방소멸 담론이 헤게모니를 장악하고 이제 '진실'로 간주되는 시대에 들어서는 아예 사라져 버렸다. 대도시 서울에서 군 단위 지방으로 이주한 "아줌마 연구자"의 현장기술지는 서울에서 지방으로의 이동이 마치 "이민"과도 같은 현실을 상세하게 기록하고 있다.

그러다가 2016년 배우자의 직장 때문에 광역시로 잠시 옮겼다가 2019년 경상북도 군 단위의 마을로 이주하게 되었다. 당연한 듯이 이용했던 지하철과 백화점, 대형 마트, 스타벅스가 전혀 없는 동네에서 살게 되면서 나는 한국말이 통하는 또 다른 나라로 이민을 간 느낌이었다. 말은 통하는 것 같으면서도 때로는 잘 통하지 않았다. 마을 사람들과 대화할 때면 생경한 사투리와 억양 때문에 머릿속으로는 무슨 뜻일까 끝없이 유추하기도 했다. 그러다가 운이 좋게도 지역의 대학 두 군데에서 강사로 일할 기회를 얻었다.
한 곳은 그나마 안정적이라는 국립대였으며, 또 다른 곳은 소멸을 걱정하는 사립대학이었다. 두 개의 대학에 출강을 나가면서 그동안 서울에서 내가 봐왔던 대학과 다른 모습에 깜짝 놀라기도 했다. 가장 충격적인 것은 화장실이었다.
지금은 그렇지 않지만 10여 년 전쯤 고속도로 휴게실에 가면 칸마

Navajo Nation", *Rural Sociology* 86(3), 2021, p.588.

다 휴지가 갖춰진 것이 아니라 화장실 입구에 휴지 두루마리가 있었다. 화장실의 각 칸을 이용할 사람들은 공용 휴지를 쓸 만큼 끊어서 들어가는 방식이었다. 급한 마음에 화장실 칸부터 들어가서 볼일을 보다 보면 낭패를 당한다. 그런데 내가 출강하는 대학마다 그러한 방식으로 화장실 화장지를 이용하도록 설계되었는데, 내가 운이 나빴던 것인지 화장실을 갈 때면 그 공동의 화장지마저 남아 있지 않았다. 그 이후로 나는 편의점에서 휴대용 화장지를 사서 가방 안쪽에 넣고 다니게 되었다. 비상 상황이 벌어지지 않게 대비해야 했다. (중략)

나는 지역소멸, 인구소멸, 나아가 대학까지 소멸하지 않을까 걱정하면서도, 일상생활은 이어 나가야 했다. 대도시와 비교하면 사회 인프라는 정말 부족했다. 유아차나 휠체어를 쉽게 실을 수 있는 저상 시내버스는 거의 없었으며, 화장실을 가더라도 기저귀 교환대를 찾기 어려웠다. 대도시의 대형마트나 백화점의 수유실과 화장실이 그리웠다.[17]

위의 글에도 잘 드러나 있듯이 오늘날 한국에서 서울과 지방은 '같은 나라'가 아니다. 서울에서 지방으로 이주하는 것은 "이민을 가는 것과도 같다." 언어가 다르고 문화가 다르며 무엇보다 "칸칸마다 설치된 화장실 휴지"로 상징되는 문명화된 삶의 편의와 쾌적함은 비교할 수조차 없다. 지방의 삶의 형태는 "10여 년 전쯤 고

---

17 서나래, 「혼란스럽고 복잡한 '진실의 세계'를 모르고 있었다-아줌마 연구자로 가까스로 살아남기 ③ '두 개의 한국'을 살아본다는 것」, 『교수신문』, 2024. 4. 3.

속도로 휴게실"에서나 볼 수 있는 낙후되고, 저발전된 삶의 형태다. 10여 년 전쯤 고속도로 휴게실의 상황이 지금은 그렇지 않게 된 건 고속도로 정비가 국가에 의해 일원화되었기 때문이다. 그러나 지방은 그런 국가의 손이 닿지 않는, 먼 이국이다. 서울과 지방에서 사람들의 고민과 당면 문제, 삶의 고민 자체가 다르다. 이들은 전혀 다른 세계의 일원이라 하겠다. 정확하게는 서울은 "올라버린 아파트 가격과 아이 학원의 레벨 테스트, 학원 스케줄"을 삶의 문제로 안고 산다면 지방은 소멸을 삶의 문제로 안고 산다. 즉 서울은 성장, 미래, 재생산을 안고 있는 세계라면 지방은 소멸의 운명을 안고 사는 이국의 낯선 땅이다.

서울에 살면서 일을 한다면, 대학소멸을 걱정할 필요도 없을 것이고, 아이를 키우는 데 부족한 인프라를 걱정할 필요도 없을 것만 같았다. 이러한 고민을 할 리 없겠지 싶어서 친구들에게 물어본 적 있다. 동시대의 서울에서는 미친 듯이 올라버린 아파트 가격과 아이 학원의 레벨 테스트, 학원 스케줄이 문제라고 한다. (중략)
이럴 때면 마치 두 개의 한국이 동시에 공존하고 있다는 느낌을 받는다. 이제 출생률 저하로 인하여 서울이나 지역이나 인구소멸은 매한가지지만 서로 다른 양상으로 다가온다. 지역의 대학은 입학정원 미달로 골머리를 썩이고 있는데 서울에서는 갈수록 더 치열해지는 '인서울' 대학 입시로 인해 더 어릴 때부터 아이들에게 더 많은 사교육을 시키려고 한다.[18]

---

18   위의 글.

지방과 서울이 "두 개의 한국"으로 분할된 현실을 날카롭게 묘사하는 이 글에서 "칸칸마다 설치된 화장실 휴지"로 상징되는 문명화된 삶의 편의와 쾌적함이 지방에 결여된 원인은 인구 소멸 때문으로 논의된다. 이런 논의 방식은 지방소멸에 공감하며 염려를 보내는 글에서 자주 발견된다. 앞서도 논의한 것처럼 지방에 '문명화된 삶의 편의와 쾌적함'이 '결여된' 원인은 그런 '문명화된 삶의 편의와 쾌적함'을 서울에 제공하기 위해 지방의 모든 것을 추출 당해온 역사와 사회 구조에 있다. 즉 인구가 소멸해서 지방의 삶의 쾌적함이 결여된 것이 아니라, 서울의 쾌적함을 위해 지방을 약탈해 온 과정이 지방소멸이라는 결과로 나타난 것이다.

또한 이른바 신자유주의 '국토 개발'의 재구조화 과정에서 형성된 '판교 라인'이 잘 보여주듯이 이른바 혁신 성장 동력, 미래 산업, 신산업은 서울과 수도권을 중심으로 재산업화되었다. 1970년대 이후의 국토 개발 계획에 의해 지방에 할당된 산업 구조는 글로벌 자본주의의 재구조화 과정에서 낙후된 산업이 되어버렸다. 그러나 중앙 정부는 서울과 수도권을 지구 북반부로 대표되는 신산업 구조로 재편하는 대신 지방을 낙후된 산업, 즉 지구 남반부로 대표되는 낡은 산업 구조에 고착되도록 강제했다. 이런 과정에서 서울과 수도권은 글로벌 노스(global north)와 경제, 인적 교류, 삶의 이동성에서 연결되는 권역적인 밀착성을 갖게 되었다. 반면 지방은 '낙후된 산업 자본주의의 낡은 유산'의 잔해와 약탈당한 가치조차 증명하지 못한 '선사시대'의 1차 산업을 끌어안고 뒤떨어지고 낙후된, 그래서 아직은 아름다운 자연으로, 글로벌 노스의 휴양지이자 땔감인 글로벌 사우스(global south)의 일부로 권역화되었다.

이런 맥락에서 보자면 이제 서울과 지방은 더 이상 하나의 국가 내부 식민지 차원의 차별과 배제 차원의 격차로 환원할 수 없는 거대한 분리를 보이고 있다. 즉 "두 개의 한국", 더 정확하게는 국가의 경계 안에 두 개의 권역으로 분리된 형태로 갈라지고 있는 것이다. 이렇게 볼 때 서울 주민들의 삶은 글로벌 노스의 주민들로서 이른바 문명화와 쾌적한 삶을 위해 지구 곳곳에 식민지의 영토, 주민의 신체를 땔감으로 사용하고 있는 정착민 식민자들의 삶의 양태와 다르지 않다. 서울의 상층 계급이 뉴욕, 도쿄, 파리, 서울을 이동하면서 다국적인 삶을 향유하며 재생산의 근거를 이러한 글로벌 노스라는 권역으로 확대할 수 있는 것도 이러한 일국 내의 분열된 권역 귀속(regional belonging)의 차별화 덕분이다. 반면 지방의 주민들이 일터를 좇아 베트남, 인도네시아를 비롯한 글로벌 사우스를 따라 삶의 반경이 변경되는 방식 또한 지방 주민들이 글로벌 사우스로 권역상 귀속되는 과정을 잘 보여준다.

이런 맥락에서 이 연구는 이른바 한국에서 "지방소멸"이라는 담론, 이데올로기, 표상, 정책을 정착민 식민주의의 문제로 비판적으로 사유하는 것을 주요한 연구 목표로 삼는다. 물론 이는 지방에 대한 식민화의 성격을 유형적으로 정교하게 하거나 혹은 유형을 달리 분류해야 한다는 그런 종류의 논의를 목표로 하지 않는다.[19]

---

19 일본의 식민 통치를 정착민 식민주의 관점에서 연구한 우치다 준은 이런 연구

정착민 식민주의는 군대, 경찰을 통한 학살과 강제 이주, 신체의 구속을 통한 노예화 과정을 특징으로 한다. 그러나 최근 연구는 정착민 식민주의가 구축되는 국가 기구를 통한 절멸과 노예화 과정을 강조하는 데서 나아가 새로운 연구 아젠다를 구축하고 있다. 정착민 식민주의는 제국주의 전쟁의 산물이지만 정복 이후에는 교육, 산업화, 법, 제도 등 다양한 장치를 통해서 재생산된다. 예를 들어 도시화와 지역 동화 과정을 정착민 식민주의로 연구한 사례는 대표적이다.[20] 근대 산업화, 냉전 도시화와 개발 독재, 신자유주의 도시화를 "도시화 정착민 식민주의"라는 새로운 방법론으로 논의하는 연구들이 세계 여러 지역에서 등장하고 있다. 한국의 경우는 일본의 제국주의 지배를 정착민 식민주의 연구 방법으로 재조명하면서, 특히 도시화에 주목하는 연구들이 진행 중이다.

정착민 식민주의가 군대나 경찰과 같은 강압적인 국가 기구를 통해서만이 아니라 법, 제도, 학문과 같은 다양한 헤게모니 장치나 이데올로기적 국가 기구들을 통해서 합법화, 정당화, 자연화

가 일본의 사례를 정착민 식민주의의 다른 사례와 대조하여 유사성과 차이를 분류하려는 논의가 아니라고 밝힌다. 즉 "중요한 것은 일본인 정착민들을 유럽 모델의 그것에 끼워 맞추는 것이 아니라, 그 모델 자체를 복잡하게 만드는 점이다. 말하자면 구체적인 지역적 맥락 속에서 형성된 전 지구적 체제의 하나로 정착민 식민주의를 생각하는 것이고, 늘어나고 있는 정착민들에 대한 연구 담론을 유럽의 사례들을 넘어 더 높은 단계로 발전시키는 것이다." 우치다 준, 한승동 역, 『제국의 브로커들: 일제 강점기의 일본 정착민 식민주 1876~1945』, 길, 2020, 49쪽. 이 연구에서 한국 사회의 '지방문제'를 정착민 식민주의 연구 방법으로 다루고자 하는 것도 바로 이러한 맥락이다.

[20] Tomonori Sugimoto, "Urban Settler Colonialism: Policing and Displacing Indigeneity in Taipei, Taiwan", *City & Society*, 32(2), 2019, pp.227-250.

되는 과정에 대한 연구 또한 다양하게 진행 중이다. 이러한 연구들은 법, 제도, 학문 등을 통해 정착민 식민주의가 정당화되면서 특정 집단에 대한 인종화된 지식이 생성된 과정을 밝히고, 이를 인종에 대한 앎을 생성하고 재생산하는 생성적 지식이라고 부른다.[21] 이러한 생성적 지식은 인종차별을 표면에 내세웠던 인종 과학만이 아니다. 법과 학문, 문학과 예술은 인종 과학과 무관해 보이지만, 바로 그런 무관한(disinterested) 방식으로 인종주의적 앎을 과학으로 만든다. 인종화의 과정은 특정 집단을 문명화에 반하거나, 정착민 식민 국가에 적대적인 집단으로 구축하면서 이들의 특정한 자질(attribution)을 그 근거로 삼는다.

토마스 제퍼슨, 스탠리 스탠호프 스미스, 벤자민 러시는 아담 스미스의 공감 개념을 새로운 정착민 식민주의 국가를 규제하기 위한 생명정치적 프레임 만들기와 접합했다. 이러한 정착민 식민주의 국가의 생명정치적 프레임은 감정에 의해 규제되면서 자연화되었는데 이때 정동적 행위자성은 개별 존재의 차원에서뿐 아니라, 생명정치적 스케일의 층위를 아울러서 만들어진다. 이러한 저작들에서 흑인과 원주민은 멍하고(dulled) 분별력이 없고(diminished), 고통과 정동적 표현이 부재한 특별한 속성을 지니는 것으로 그려진다. 이 저작들에서 이러한 속성(attribution)들로 인해 흑인들과 원주민들은 정착민 식민주의 민족 국가에 대해 궁극적으로 적대적이거나 배제

---

21   Xine Yao, *Disaffected : The Cultural Politics of Unfeeling in Nineteenth-century America*, Duke University Press, 2021.

되어야 할 존재로 지속적인 방식으로 나타나게 된다.[22]

감정과 정동적 행위자성을 기반으로 구축된 정착민 식민주의 국가의 생명정치적 프레임은 흑인과 원주민을 악마화하는 것뿐 아니라, 이들을 특정한 표상 즉 "무감정하고", "감정 반응이 느리며", "속을 알 수 없는", "침묵하는", "고통에 둔감한" 존재들로 생성했다. 이러한 인종화된 무감정한 존재들에게는 내면이 없는 대신, 이들을 발견하는 주체에게는 이들에게로 향하는 웅장한 내면이 존재한다. 그 웅장한 내면의 다른 이름이 감상주의(sentimentalism)이다. 이렇게 정착민 식민주의의 인종화되고 젠더화된 생명정치적 위계를 생성하고 재생산하고 유통시키는 것이 이른바 정동 경제이다. 이러한 정동 경제는 식민지 정복 전쟁, 미지의 세계로 떠나는 기행, 타자를 발견하는 문학 등 다양한 형태로 생성되고 재생산되었다.

오늘날 글로벌 플랫폼 시대의 콘텐츠 생산은 신자유주의 시대 오래된 정착민 식민주의의 정동 경제를 반복하거나 갱신하는 주요한 장치가 되고 있다. 이 연구에서 글로벌 플랫폼에서 제공되는 여러 지역의 콘텐츠를 주요 연구 대상으로 삼은 이유이다. 여기서는 내용이나 제작 주체, 제작 환경에서 여러 대륙을 이동하는 콘텐츠 생산에 주목하고자 한다. 특히 미국, 유럽, 중국, 일본, 타이완, 한국, 타이베이, 제주, 가상의 한계 취락을 이동하는, 대륙과 지역을 교차하는 지점에 주목한다. 이 과정에서 친밀성, 감정, 정

---

22 ibid., p.17.

동 경제가 이러한 이동과 맺는 관계를 살펴보고자 한다.

3. 이단을 몰고 오는 환향녀들: 세계로서 일본과 일본 문제로서 지방소멸/창생 서사

일본에서 지방 개념은 중앙과의 관계 속에서 끝없이 재정의되었다. 박승현은 그간의 무수한 지방 담론과 크게 다르지 않은 마스다 보고서가 큰 반향을 일으킨 것은 중앙(도쿄)의 의미 변화와 지방과의 관계, 중핵 도시론 같은 선택과 집중 등의 논의 때문이라고 해석한다.[23] 지방에 대한 문화콘텐츠 생산도 일찍부터 시작

---

23 "1960년대의 '도시화와 커뮤니티', 1970년대의 '일본열도개조론', 이에 이은 '디스커버리 재팬', 1980년대의 '마을 만들기'와 '일촌일품운동'까지, 일본사회의 '지방'은 중앙과의 관계 속에서 끊임없이 재정의되고 재정립되어 왔다. 1980년대까지는 지역자원을 활용한 성과를 토대로 지역사회의 미래상이 제시되었다고 한다면, 고령화의 경향이 선명해지고 지방의 인구증가나 경제성장을 기대하기 어려워진 1990년대 이후의 상황에서도 '지역 활성화', '지속가능성', '공생사회'를 모토로 '풍요로운 지방 만들기', '21세기의 지방도시 구상', '지역재생'을 둘러싼 논의가 계속되었다. 또한 도쿄 일극중심에서 탈피하여 지방 산업을 육성하고, 지방 산업의 지속가능성을 모색하자는 주장 역시 꾸준히 제기되었다. 한편, 2011년 동일본대지진과 대규모의 방사능 오염 이후 재해 복구와 지역 재생은 일본 사회가 봉착한 가장 큰 과제가 되었다. 이주와 가설주택의 고독사 문제 등 후쿠시마 재해 복구의 과정에 대해 '부흥 재해'라는 문제제기가 이루어지기도 했다. 마스다 보고서 이후에는 '지자체 붕괴', '지역재생의 실패학'과 같이 이전보다 과격하고 비관적인 제목의 저서들이 눈에 띈다. 이러한 흐름 속에서 본다면, 마스다 보고서가 불러일으킨 사회적 관심에 비해 그 내용이 새롭다고 하기는 어려울 것이다. 그러나 이전의 논의들에서 지방 살리기의 문제가 지방에 국한되고, 중앙은 흔들림 없이 빛나는 존재라 한다면, 마스다 보고서의 도쿄는 인구의 블랙홀이 될 수 있는 '중앙'이며, 재해의 위험마저 동반한 '중앙'이

되었고, 특히 지방소멸과 관련한 콘텐츠의 물량 공세가 엄청나다. '한계 취락', 청년 이탈, "지역으로 돌아가자"를 모토로 내건 서사가 대거 생산되었고, 영화 〈리틀 포레스트(リトル・フォレスト)〉[24] 연작은 그런 흐름의 산물이다. 이런 흐름은 동일본 대지진 이후 '지역 부흥=일본 부흥' 서사로 이어져서 아침 드라마 〈아마짱(あまちゃん)〉[25]의 대히트로 정동적 전환을 이루기도 했다. 동일본 대지진의 여파로 일본 수산물과 식자재에 대한 방사능 오염 공포가 일본 국내외로 번져 극대화된 시점에서 드라마 〈아마짱〉은 동일본 바다의 아름다움, 싱싱한 수산물, 해녀들이 갓 잡은 수산물을 나눠 먹는 아름다운 공동체를 매일 그려내어서 일본 수산물에 대한 공포를 완화하고, 동일본 대지진 이후의 방사능 공포와 일본을 탈출해야 한다는 만연한 불안감을 잠재웠다. 주제가였던 "지역으로 돌아가라"는 큰 성공을 거두었다. 〈아마짱〉의 성공과 이에 담긴 정

다. 또한 한계 취락의 논의가 해당 지역이 안고 있는 고령화의 문제에 초점을 맞추고 있다면, 지방소멸의 핵심은 지방에서 중앙으로의 인구이동이 일본 전역의 인구 급감을 초래한다는 문제의식이다. 이 때문에 중앙과 지방은 절망적인 상황을 앞에 두고 공생을 꾀해야 할 관계에 놓이게 된다. 이러한 설정 속에서 지방의 중핵도시들은 '최후까지 버티면서' 인구를 잡아둘 수 있는 방어선으로서의 임무를 맡게 되고, 이 방어선이 무너지면, 도쿄라는 인구의 블랙홀로 빨려들어 일본사회는 파국을 맞이하리라는 위기감이 조성되고 있는 것이다." 박승현, 앞의 글, 170-171쪽.

24 〈리틀 포레스트〉는 이가라시 다이스케(五十嵐大介)의 만화 작품으로 2002년 12월부터 2005년 7월까지 고단샤(講談社)의 《월간 애프터눈(月刊アフタヌーン)》에서 연재되었다. 영화는 〈리틀 포레스트: 여름과 가을〉(모리 준이치(森淳一) 감독, 2014), 〈리틀 포레스트: 겨울과 봄〉(모리 준이치 감독, 2015)으로 제작, 개봉되었다.

25 쿠도 칸쿠로(宮藤官九郎) 극본, 이노우에 츠요시(井上剛) 연출, 〈아마짱〉(156부작), 일본 NHK BS, 2013. 4. 1.~2013. 9. 28.

동 정치는 동일본 대지진 이후, 방사능 공포와 일본멸망론이 지역 부흥론을 통해서 어떻게 완화되는지 잘 보여준다.

최근 지역 관련 서사에서는 이러한 부흥 서사는 거의 사라지고 오히려 부흥 이후의 지옥도를 다루는 서사가 두드러진다. 이는 동일본 대지진 이후 등장한 부흥론과 부흥론의 실패와 맞물려 등장한 마스다 보고서(지방소멸론), 그리고 이의 뒤를 잇는 "부흥 재해", "지자체 붕괴", "지역 재생의 실패학" 등의 담론으로 이어지는 일본에서의 지방 담론의 추이를 잘 보여준다. 한편, 지방에 대한 부정적 묘사도 증가하는 추세인데 이는 지방소멸 담론, 특히 마스다 보고서에 드러난 지방 책임론과도 관련이 깊다고 보인다. 즉 "마스다 보고서는 경제성장기에 젊은이들이 도시로 이동한 것이 도시가 지방의 젊은이들을 '끌어당긴 것'이라면, 지금의 도시 집중은 지방의 고용기반이 무너져 젊은이들을 '밀어낸 것'이라는 면에서 차이가 있다고 분석한다."[26]

그런 점에서 드라마 〈하야부사 소방단(ハヤブサ消防団)〉,[27] 영화 〈빌리지(ヴィレッジ)〉[28]는 "부흥 재해"나 "지역 재생의 실패학"이 부상하는 일본에서의 지방 담론의 추이를 잘 보여준다. 그러나 두 작품에서 그 지옥도의 향방은 다소 다르다. 또한 두 드라마에서

---

26 박승현, 앞의 글, 167쪽.

27 츠네히로 죠타(常廣丈太)·야마모토 다이스케(山本大輔) 극본·연출, 〈하야부사 소방단〉(9부작), 일본 TV 아사히, 2023. 7. 13.~2023. 9. 14. 원작 소설도 한국에 번역 소개되었다. 이케이도 준, 천선필 역, 『하야부사 소방단』, 소미미디어, 2023.

28 후지이 미치히토(藤井道人) 극본·연출, 〈빌리지〉, 2023. 후지이 미치히토는 영화 〈신문기자(新聞記者)〉의 감독으로도 한국에 잘 알려져 있다.

모두 20~30대 여성이 지방 공동체의 폭력에 의해 '밀려난' 존재로 그려진다. 마을이 이들을 포용해야만 한다는 서사 역시 지방소멸 담론을 그대로 이어받는다. 표면적으로 지방은 이 여성들을 인구 재생을 위해 포용해야 한다는 당위를 내세우지만, 두 드라마 모두 여성은 지방에 대해 적대적이고, 불안하며 위험한 잠재성을 지닌 존재로 그려진다. 이는 지방소멸 담론이 이른바 청년 포용, 여성 포용을 내세우지만, 이 포용의 논리가 젠더화되고 인종화된 배제와 절멸의 위계를 강화하는 점과도 밀접한 관련이 있다. 이는 일본의 지방소멸 담론을 그대로 차용한 한국에서도 고스란히 반복된다.

〈하야부사 소방단〉에서 지방 마을 공동체는 '이단'의 침입과 이들에 의한 자원 추출, 마을 토지와 주택을 점령하는 약탈적인 토지 매입 등에 의해 위기에 처한다. 반면, 〈빌리지〉에서 지방 마을은 마을의 지배 세력에 의해 쓰레기 소각장이 유치되고 마을이 온통 쓰레기로 뒤덮이면서 몰락하고 있다. 마을 사람들 모두 쓰레기 처리 작업반이 되어가지만, 지방 정부와 자본가 그룹은 이를 지역 부흥이라고 강변한다. 〈빌리지〉는 지방에 대한 약탈적 식민화가 어떻게 부흥의 논리로 주민을 동화시키는지 인상적으로 보여준다. 또 〈하야부사 소방단〉은 지방 마을을 파괴하는 적으로 이단 종교 집단을 설정하고, 마을에서 추방된 여성을 이 이단의 스파이로 설정하는 등 인종화된 배제와 젠더화된 차별을 반복하는 지방소멸 담론의 전형을 반복한다. 반면 〈빌리지〉는 이러한 지방소멸 담론의 약탈적인 식민성을 날카롭게 비판한다.

이러한 차이에도 불구하고 두 작품에서 지방은 중앙(도쿄)과의 대비 속에 위치하며, 중앙인 도쿄가 국가 혹은 세계의 중심으로 설정되는 공통점을 보인다. 이는 뒤에서 살펴볼 타이완과 한국의 지방소멸 서사와 비교해 보면 뚜렷한 차이를 확인할 수 있다. 타이완과 한국의 지방소멸 서사는 국가 내부의 위계와 관계(중앙과 지방)만이 아니라, 권역적인 연결성(북미 지역과 중국 등)과 귀속(belonging)의 복잡한 관계망 속에 존재한다. 일본의 지방소멸 서사에서 지방의 '인구'를 끌어들이는 건 중앙이라면 타이완과 한국에서 지방의 인구를 끌어들이는 건 한편으로는 중앙이지만, 이 중앙의 인구 역시 국외의 다른 권역으로 끌려 들어가고 있다.

이렇게 일본의 지방소멸 서사에서 세계는 중앙(도쿄)과 지방으로 구획되어 존재하는데 이는 제국주의 일본의 전형적인 서사이기도 하다. 즉 국가로서 일본이 세계와 동일화되며, 일본 바깥의 세계는 없다. 특히 세계와 동일화된 일본(세계의 중심으로서 일본)의 상징적 장소가 바로 도쿄이다. 따라서 일본의 지방서사에서 이른바 글로벌한 것은 도쿄와 동일화된다. 심정명은 일본의 세계는 도쿄와 도쿄가 없는 세계로 나눠진다고 해석한다. 즉 지방은 "도쿄가 없는 세계"인데, "지방의 삶은 이렇게 존재하지 않는 도쿄와의 관계 속에서 존재하고, 그 문화는 도쿄 혹은 그것이 대표하는 글로벌한 시선을 통해 '촌스러운' 것으로 차등화된다."[29]

〈하야부사 소방단〉은 이케이도 준(池井戸 潤)의 소설을 원작으로 한 드라마다. 기후현(岐阜県) 출신인 이케이도 준의 소설『하

---

29 심정명,「편재(遍在)하는 도쿄 혹은 비(非)도쿄 '지방'을 상상하는 어떤 방법」,『일본비평』16, 서울대학교 일본연구소, 2017, 136-157쪽.

야부사 소방단』은 는 야오로즈쵸(八百万町)라는 가상의 마을을 배경으로 벌어지는 이야기이다. 드라마가 크게 성공하여 이후 야오로즈쵸의 실제 모델로 알려진 기후현의 야오츠초(八百津町)에 드라마 세트장과 관광 시설을 포함한 하야부사 뮤지엄이 만들어지기까지 했다.[30] 이케이도 준은 드라마 〈한자와 나오키(半沢直樹)〉로도 잘 알려진 작가이다. 이케이도 준의 소설은 많은 작품이 드라마로 만들어졌다. 2021년 도쿄 올림픽 기념으로 제작된 〈육왕(陸王)〉, 일본이 세계 제일의 로켓 과학기술을 갖게 된 과정을 변두리의 작은 과학 연구소에서 찾아낸 〈변두리 로켓(下町ロケット)〉, 약탈적인 대기업에 의해 인수합병 위기에 처한 아오시마 제작소(센서 기술 개발사)와 회사 소속의 사회인 야구팀 아오시마 야구부를 지키려는 고군분투를 그린 〈루스벨트 게임(ルーズヴェルト・ゲ

---

30 "기후현 출신의 작가, 이케이도 준 씨의 소설 「하야부사 소방단」의 무대의 모델로 여겨지는 야오츠초에 1월, 이 드라마의 세트 등을 전시하는 관광 시설이 오픈하게 되었다. 기후현 출신의 작가, 이케이도 준 씨의 소설 「하야부사 소방단」은 「팔백만정」이라고 하는 가공의 마을이 무대인 미스터리 작품으로, 작중의 묘사 등에서 야오츠초가 모델로 되어, 금년 여름에는 민영방송에서 드라마가 방송되는 등 주목을 모으고 있었다. 야오츠초는 금년 7월, 마을 부흥의 일환으로 이케이도씨도 공인(公認)한 하야부사 프로젝트를 시작해 다양한 기획을 개최하고 있어, 1월 8일에는 야오츠초의 인도의 언덕 공원에 하야부사 뮤지엄을 오픈하게 되었다. 시설에는 드라마에서 주인공들이 방문하고 있던 선술집의 세트를 통째로 전시하는 것 외에 이케이도씨 스스로 정정한 육필 수정 원고나, 소설 『하야부사 소방단』이 올해 문학상을 수상할 당시 심사위원이었던 이쥬인 시즈카씨의 수상작 선정 비평도 전시할 예정이다. 야오츠 마치 지역 진흥과의 아카츠카 타쿠야 주사는 "이케이도씨로부터 세트의 전시를 제안받아 실현했습니다. (관광객들이) 세세한 부분을 보고 직접 느끼고 마을을 발견했으면 합니다"라고 말했다." 「이케이도 준의 〈하야부사 소방단〉 드라마의 관광 시설이 오픈」(池井戸潤さん「ハヤブサ消防団」ドラマの観光施設がオープンへ), NHK 뉴스, 2023. 12. 17.

—ム)〉 등이 대표적이다. 일본 근대를 상징하는 강소 기업, 상사맨, 전문화된 장인에 가까운 기술자들과 이들이 만드는 마을(공동체)과 그 마을을 위협하는 세력(약탈적 기업, 이기적인 권력자들 등) 사이의 치열한 전투를 그리는 작품이 주를 이룬다. 무대가 국가 경제, 기업, 마치코바(작은 마을 기업), 한계 취락으로 바뀌면서도 공통된 문제의식은 몰락과 위협에 맞서서 끝까지 마을을 지키는 사람들의 이야기다. 또 마을을 지키기 위한 장인들의 고투는 인간으로서의 한계를 초과한다. 받은 만큼 되돌려준다는 한자와 나오키의 정신이나, 인간의 한계를 넘어 도전하는 〈육왕〉의 일본 대표 마라톤 선수와 마라톤 슈즈 개발자 등은 전형적이다.

〈하야부사 소방단〉 역시 이케이도 준의 전작들과 유사한 특성을 보이는데, 무대가 대도시의 마치코바에서 한계 취락으로 변화되었다. 추리소설 히트작을 냈으나 후속 작품을 내지 못하고 세월만 보내던 작가 미마 타로(나카무라 토모야(中村倫也) 분)가 아버지 사후 비워둔 고향 집을 팔라는 한 기업의 편지를 받고 귀향해서 동네에 잇달아 벌어지는 방화 살인을 해결하고 소설가로도 성공하는 이야기이다. 미마 타로는 잠시 들렀던 고향집에서 마을 민간 방위단인 소방단 사람들을 만나 소방단이 되고, 점차 마을을 지키는 사람이 된다. 그는 지역 재생 드라마 제작을 위해 만난 타키치 아야(가와구치 하루나(川口春奈) 분)를 만나 사랑에 빠진다. 그러나 실은 방화 살인은 그녀를 앞세워 마을을 점령한 이단 집단의 소행이었다. 타키치 아야는 본색을 드러내고 마을을 위협하는데, 미마 타로에 대한 사랑으로 가끔 주저한다. 결국 미마 타로가 사랑의 힘으로 타키치 아야를 마을 사람들 편으로 돌려세우고 이단을 몰아내는 것으로 이야기는 마무리된다.

드라마는 미마 타로와 타키치 아야가 '행복하게 고향에서 길이 살았습니다'라는 식의 해피엔딩으로 끝나지만 이 행복한 결말은 한편으로는 잔혹 서사를 배면에 은닉한다. 특히 타키치 아야가 '이단 종교 집단'에 빠지게 된 것은 유년기에 고향에서 어머니가 살해당하고, 마을에서 쫓겨나 전전하게 되었고, 도쿄에서도 성폭력과 괴롭힘에 시달려 정신적으로 내몰리게 된 과거의 경험이 축적된 결과이다. 그러나 타키치 아야의 역사는 드라마에서 배면화되고 오로지 마을 공동체를 위협하는 존재이자 미마 타로를 사랑하는 증오와 사랑의 분열 상태에 놓인 존재로만 그려진다. 한편, 미마 타로는 타키치 아야를 만나 첫눈에 반한다. 그러나 드라마는 타키치 아야를 '속내를 알 수 없는', '정서적으로 불안정한' 존재로 그리며 시청자들에게 그녀의 본심을 의심하도록 만든다. 드라마가 전개되면서 미마 타로를 제외한 주변 사람들이 모두 아야가 무언가 숨기고 있다는 걸 의심하고 경계하지만, 미마 타로는 끝까지 그녀를 믿어준다. 미마 타로의 선량한 믿음과 헌신적 사랑, 돌봄에도 불구하고 아야의 불안정하고 분열적인 내면과, 마을에 대해 품고 있는 적개심은 사라지지 않는다.

결국 이단 종교 집단이 마을 대부분의 집과 토지를 사들인 후 '새로운 이주민'으로 마을을 점령한 후에야 아야가 이단의 앞잡이였다는 게 밝혀진다. 드라마에서는 그녀가 마을 사람들을 위협에 빠트리고, 이단을 몰고 돌아오는(환향년과 이단) 마을에 적대적인 존재로 그려진다. 그리고 끝내 그녀를 마을에서 내쫓고 귀향 이후에도 그녀의 일과 삶을 위태롭게 만들었던 마을 사람들의 책임은 추궁되지 않는다. 드라마는 미마 타로의 사랑의 승리를 따라 하야부사 소방단이 마을을 지키는 행복한 일과 소명을 계속 이어갈 수 있는 미래를 희망적으로 그린다. 아야는 여전히 내적으로 불안하여 미마 타로와의 사랑은 여전히 불안하고, 마을에 대해서도 잠재적인 위협 요소로 남아 있다. 그녀는 자기 자신에게도 위협적인 존재이며, 친밀성의 관계에서도 위협과 배신의 위험 요소이고 마을의 잠재적 위험으로 남겨진다.

한편, 마을이 이단에게 장악될 것이라는 '위기의식'은 일본의 식민지 정복 전쟁과 장악 과정의 정착민 식민주의를 의심 없이 반복한다. 방화와 살인을 일삼는 이단과 이들로부터 마을을 지키는 의용 소방단의 활약은 역사적으로 정착민 식민주의를 정당화한 민간의 마을 지키기 운동(관동 대지진 당시 조선인과 중국인 학살에서 자이니치를 향한 증오 선동까지)의 역사 없이 이해될 수 없다. 그러나 〈하야부사 소방단〉에서 그 추방과 절멸의 과정과 역사는 '위기', '방어', '소명'과 '내 땅을 지키는 일' 혹은 '지키는 일로서의 사랑'이 되었다. 그 사랑이 학살의 다른 이름이라는 점은 이 마을 누구에게도 설득이 불가능한 일이기도 하다.

그렇다면 추방당한 사람들은 어떻게 해야 하나? 드라마가 의도한 게 아니라, 그 드라마를 사랑 드라마로 볼 수 없는 이들에게 타키치 아야(환향년)에게 놓인 선택지는 착잡한 마음 없이 볼 수 없다. 환향년은 힘을 키워 쫓겨난 마을을 되찾거나(이단과의 결탁) 아니면 자기를 쫓아낸 사람들 편이 되어(사랑) 마을을 지킨다. 후자가 전형적인 정착민 식민주의와 이에 대한 동화라는 '선택지'라면, 전자는 비타협적 '이화'와 만인에 대한 만인의 투쟁이다. 이것은 드라마가 제시하는 선택지이지만, 어쩌면 정착민 식민주의를 둘러싸고 우리에게 제시되는 현실의 선택지이기도 하다.

환향년 타키치 아야에게는 그런 '선택지'가 있다. 나도 같이 적을 죽여, 마을의 일원이 되는 일, 그게 드라마가 보여주는 사랑의 결말이다. 근대 국가가 폭력을 합법적으로 독점하면서 국민은 적을 죽일 권리를 국가에게 양도하기를 합의함으로써 국민 되기에 동참한다. 드라마는 사랑(애국)과 학살의 무모순적 동일화로서 국민 되기와 동일한 서사 구조를 보여준다. 즉 국가를 사랑하는 일, 그 연장에서 공동체를 사랑하는 일이 적을 죽일 '권리'에 동의하는 일이라는 전쟁의 논리와 사랑이 동일화되는 기제의 드라마 버전이라 할 수 있다. 이러한 국민 되기에서 여성은 언제나 포함되면서 배제되어 왔다. 여성은 국민이 될 수 있으나, 언제나 잠재적인 배신의 가능태로 존재해 왔다. 그래서 사랑이 위태로운 건, 드라마에서는 여전히 불안한 환향년 타키치 아야의 정신 상태 때문이고, 그래서 그녀는 언제나 마을을 배신할 잠재태로 존재한다. 길고 긴 탈식민주의 저항의 역사는 그런 선택지가 선택이 아니라, 강요된 동화나 강요된 화해임을 알려준다. 길고 긴 페미니즘 투쟁의 역사는 그런 선택지는 "동화냐 차이냐" 같은 어느 쪽도 선택일 수 없는 '선택이라는 역설'만 남겨두었다는 점을 잘 보여준다. 반페미니즘 논자들은 이러한 역사를 마치 페미니즘이 동화를 선택하느냐, 차이를 선택하느냐를 두고 시행착오를 반복한 것처럼도 비판한다.

조앤 W. 스콧이 차이냐 동화냐라는 '선택지'는 선택이 아니라 그 자체가 근대의 패러독스라고 지적했듯이, 그 선택지의 역사가 보여주는 것은 정착민 식민주의가 제시하는 동화냐 차이냐라고 하는 바로 그 선택지야말로, 무엇을 선택할 것인가가 아니라 바로 그 선택의 패러독스를 보여준다는 것이다.[31] 페미니즘과 탈식민 저항의 정치가 지향하는 방향은 오늘 우리가 서 있는 국가, 시민, 사회, 제도가 제시하는 선택지를 넘어서야만 달성될 수 있다는 바로 그 역설을 보여준다. 드라마에서 환향년 타키치 아야가 회개해서 '우리의 미마 타로와, 우리의 하야부사를 지키는 결말'이 무언가 뒤끝을 남기고, 결국 '그년은' 우리를, 우리 마을을 배신할 거라는 두려움에 휩싸이는 건 바로 그 때문이다. 그녀는 어떻게 해도 동화도 이화도 할 수 없기 때문이다. 이단을 끌고 들어와 마을을 초토화하는 환향년이 두렵고 역겨운 건, 그녀들의 존재 자체가 이 마을이 학살과 추방으로 지어진 것이라는 역사를 환기하는 틈새이기 때문이다. 그녀들이 마을 사람을 얼마나 사랑하는지 증명하려 죽을힘을 다해 애써도, 결코 그 불안은 잠들지 않는다. 그 불안을 잠재우기 위해 탄생한 것을, 아마도 우리는 겨우 윤리라고 부르는 것이다.

4. 4대륙의 친밀성과 '원주민'의 질병: 병리적 신체 혹은 '타이완'이라는 소멸 신체성

타이완은 일본의 식민 지배, 중국 국민당에 의한 타이완 국가

---

31   조앤 W. 스콧, 공임순 · 이화진 · 최영석 역, 『페미니즘 위대한 역사』, 앨피, 2017.

수립과 세계 최장기간 계엄 통치로 상징되듯이 지배 집단이 바뀌면서 정착민 식민주의 국가에 의한 약탈적 식민화의 역사를 이어왔다. 타이완을 구성하는 종족 집단 역시 다양하고 종족 집단의 언어와 문화 역시 매우 이질적이다. 또 역사적인 정착민 식민주의가 수도 타이베이를 중심으로 한 도시화와 중심화로 이행되어 도시화를 통한 정착민 식민주의의 특성을 강하게 나타낸다. 한국과 함께 일본의 식민 지배를 받았지만, 이후 국민당의 장기 집권 과정에 대한 반발로 상대적으로 일본의 식민 지배에 호의적이고, 미국과 중국의 냉전 권력 구도 속에서 위태로운 줄다리기를 이어왔다. 이런 점은 한국과 역사적으로 유사하지만, 한국에서 타이완에 대한 비교 연구는 활발하지 않다. 특히 지방소멸과 지방 담론, 정착민 식민주의와 관련해서 타이완은 일본과 함께 한국의 지방 담론의 역사와 관련해 중요한 비교 연구 대상이라 할 수 있다. 여기서는 이러한 연구를 위한 예비적 고찰의 하나로 드라마를 통해 지방 담론과 정착민 식민주의의 정동 구조의 특성을 살펴보고자 한다.

타이완 영화 〈미국 소녀(美国女孩)〉[32]는 엄마와 동생과 함께 미

---

32 〈미국 소녀〉, 펑아이 피오나 로안(Feng-I Fiona Roan, 웅우웬펑이(阮鳳儀)) 감독, 2021년. 웅우웬펑이 감독은 타이완계 미국 작가이자 감독이다. "더욱 밝은 미래를 위해, 가족과 함께 대만에서 미국으로 이주해 열심히 살고 있는 소녀, 량팡안이 안타깝게도 어머니의 건강 문제로 다시 타이완으로 복귀해야 하는 상황에 놓인다. 어쩔 수 없이 바뀐 환경에서 적응을 해야 하는 량팡안은 자신이 피하고 싶었던 문제와 마주한다." 2003년 사스 대유행의 시기를 배경으로 한 작품이기도 하다. 웅우웬펑이는 미국, 유럽, 타이완과 동아시아를 오가는 삶을 이어가며 이러한 대륙 간 교차와 이동을 창작의 자양분으로 삼고 있다. 최근 인터뷰에서도 도쿄, 파리, 시카고, 쿠알라룸푸르를 가장 영향을 받은 5개 도시로 꼽기도 했다. 「웅우옌펑이의 창작에 영향을 미친 요소들: 좋은 가족 영화는 많은 사회 문제를 투사해 낼 것이다」, 『500輯』, 〈文藝視角〉 인터뷰, 2024. 1. 9.

국의 캘리포니아로 이주했던 량팡안이 타이완(정확하게는 타이베이)으로 돌아오는 귀향 장면에서 시작한다. 영어로 말하는 것이 더 편한 모녀는 아버지로 대표되는 '중국어 화자'의 세계로 돌아오는 중이다. "아빠 만나면 중국어로 말해야 해"라고 아이들을 단속하는 엄마. 타이베이, 캘리포니아, 다시 타이베이로 귀향하는 모녀의 삶의 반경 변화를 거쳐 중국어는 아버지의 세계를, 영어는 엄마와 딸로 구성된 모녀들의 친밀성의 세계가 된다. 영어, 기독교, 캘리포니아는 모녀를 하나로 연결하는 친밀함과 귀속감의 원천이다. 아버지는 업무로 항상 중국에 출장 중이고 부재중이다. 중국어의 세계는 이 가정의 경제적 근원이자, 상징적 질서로서 가부장적 남성성과 연결된다면, 영어의 세계는 모녀 관계, 친밀성, 행복과 충만함, 우정과 환대, 여성적 친밀성의 세계와 연결된다.

이러한 젠더화된 귀속감, 연결성과 여기 연결된 가치, 감정을 실어 나르는 정동 구조는 엄마가 암에 걸리고 우울증적 상태에 빠지면서 균열을 이루다가 마침내 폭발한다. 량팡안은 "엄마를 증오한다"는 작문을 학교에 제출하고, 엄마는 "너 좋으라고 미국에 가서 암 걸렸다"며 딸을 원망하게 된다.

엄마와 딸의 화해는 좀처럼 이뤄지지 않은 채, 엄마가 암에 걸린 원인과 책임은 가족들에게 전가된다. 모두가 나름의 죄책감에 빠져 있지만, 이 죄책감은 가족 관계를 증오와 원망의 악순환에 빠트릴 뿐이다. 엄마는 정말 딸 때문에 미국에 가서 암에 걸린 것일까? 〈미국 소녀〉는 2003년 사스 사태를 배경으로 이런 질문을 제기하고 있다.

〈미국 소녀〉는 미국 이민에 대한 타이완 사회의 정동 정치를 가족 서사를 통해 친밀성의 차원에서 섬세하게 그려낸다. 2023년 타이완에서 출간되어 큰 호응을 얻은 『인생2.0, 사는 법을 바꾸다: 미국 이민자에 관한 모든 공략법, 비자, 영주권부터 투자이민 필수 가이드까지(人生2.0, 換一種活法: 美國移民全攻略, 從簽證,綠卡到投資移民必備指南)』를 소개한 기사에서는 타이완 사람들이 미국 이민을 희망하는 주요 이유를 다음과 같이 제시한다.

*교육적 고려. 미국의 **성숙하고 완벽한 교육 시스템**은 많은 부모들에게 이상적인 교육 환경이다.

*사업/창업 고려. 미국이 보유한 시장과 자원은 업무와 기업가 정신, 특히 **기술 혁신 또는 비즈니스 모델 혁신**에서 좋은 기반을 가지고 있다.

*투자 고려. 전반적인 비즈니스 환경은 매우 **건강하고 활기차며** 비즈니스 마인드를 가진 사람이나 비즈니스 마인드를 높이고 싶은 사람에게 미국이라는 큰 시장이 가져올 수 있는 가치는 다른 나라와 비교할 수 없다. 따라서 투자자들이 규제의 허점을 통해 폭리를 취하기는 매우 어렵다.[33] (강조 인용자)

---

33 「為何大家想移民去美國？台灣人去大有可為？綠卡的3大好處」(왜 다들 미국으로 이민 가고 싶어 합니까? 타이완 사람이 가면 장래가 촉망된다? 그린카드의 이점 3가지), 『遠見雜誌 』, 2023. 12. 22. 원문은 다음과 같다.
*教育考量. 美國成熟又完善的教育體系, 是許多父母理想的教育環境
*工作／創業考量. 美國擁有的市場和資源, 在工作和創業的考量上, 有很好的立基點, 特別是在科技的創新或是商業模式的創新, 都能有亮眼的成績表現.
*投資考量. 整體商業環境是很健康而且活絡的, 對於有商業意識的人或是想要增強自己商業意識的人來說, 美國這個大市場能夠帶來的價值, 是其他國家無可比較的. 也因此, 投資人想要透過監管的漏洞賺取暴利是很困難的事.

미국 교육의 "성숙하고 완벽함(成熟又完善的)"이라거나 경제활동을 위한 미국의 "너무나 훌륭한 기반 시설(很好的立基)", "투자하기 좋은 건강하고 활기찬(健康而且活絡) 비즈니스 환경"은 모든 점에서 타이완과 비교된다. 흥미롭게도 이러한 대조는 앞서 두 개의 한국 즉 서울과 지방에 대한 비교와 거의 일치한다. 즉 서울과 지방, 타이베이와 지방의 차이는 한국과 미국, 타이완과 미국 사이의 위계화 된 차별화 방식을 반복하는 것이다. 친밀성의 구조 변동을 그리는 타이완 서사에서는 이렇게 지방, 국가, 권역 사이의 권력적 위계화, 귀속감과 탈귀속화 현상(dis-belonging)이 세밀하게 드러난다. 한편, 미국과 타이완이라는 비교와 대조에는 타이완 사회의 또 다른 차이들은 비가시화되어 있다. 즉 영어와 중국어 세계로 환원될 수 없는, 객가어, 민난어, 무수한 선주민 언어의 세계는 이런 대조에서 사라진다. 미국과 타이완이 편의 시설, 기반 시설, 활기에서 대조되고 위계화 되는 방식은 타이베이와 객가어와 민난어, 선주민 언어 사용 지역인 지방 사이의 대조와 위계화에서 반복된다. 〈미국 소녀〉에는 이러한 차이는 비가시화되어 있다. 이에 대해서는 타이완 드라마 〈차금(茶金)〉을 통해 살펴보고자 한다.

〈미국 소녀〉에서 영어는 이러한 "제대로 갖춰진 세계"를 상징한다. 미국 학교에서 1등만 하던 량팡안은 타이완 학교에서는 꼴등을 면치 못하고, 불량 학생 취급을 받고 마침내 학교의 문제아

邱翊哲·錢家萱·李政銳·姿伶·林佩姿, 『人生2.0, 換一種活法: 美國移民全攻略, 從簽證,綠卡到投資移民必備指南』, 時報文化出版企業股份有限公司, 2023.

가 된다. 반면 중국은 아버지로 상징되는 집안 경제의 원천이지만 기쁨이나 활력과는 거리가 먼, 무심하고 무표정한 얼굴로 드러난다. 〈미국 소녀〉에서 엄마의 암은 사스만큼 상징적인 위치를 차지한다. 엄마는 딸의 미래와 기쁨, 행복을 위해 헌신했지만, 암을 얻은 것 말고는 미국에서 얻은 게 없다. 기독교 신자인 엄마는 타이완의 문화 전체에 이질감을 느끼며 미국에 대한 애착을 강하게 갖고 있으나 병은 그 모든 애착 관계를 파탄시키는 원인이자 결과가 된다. 〈미국 소녀〉에서 엄마의 암과 투병은 무심하고 엄마에게 감응하지 않는 경제적 인간인 아버지와 그로 대변되는 중국어의 세계와 캘리포니아에 대한 애착, 타이완에 대한 경멸과 부적응, 엄마에 대한 증오와 죄책감으로 모녀 관계의 정서적 애착 자체를 거부하는 딸 사이에서 벌어지는 엄마의 보이지 않는 전쟁의 결과물로 그려진다. 즉 엄마의 암 투병은 무심하고 감응 역량이 없는 가부장과 애착 관계를 파탄 내고 미국을 향한 애착과 희망에 모든 것을 걸고 있는 딸 사이에서 벌어지고 있는 일종의 존재론적 전쟁 상태의 표상이기도 하다. 이런 존재론적 전쟁 상태는 한편으로 젠더화된 타이완의 위치성을 흥미롭게 드러낸다. 또 엄마의 암이라는 병리적 상태는 경제적 활력의 원천이지만 애착 관계를 맺을 수 없는 중국 대륙과 "모든 기반 시설이 완벽한" "활기와 성숙함"의 세계이지만 모든 오래된 애착 관계를 파탄으로 몰고 가는 미국 대륙 사이에서 발생한다. 리사 로우(Lisa Lowe)는 친밀성이 개인이라는 개별적 신체 상태에서 발생하거나 하나의 인간 신체들 사이의 정동에서 발생하는 것이라기보다, 대륙 간의 역학 관계에서 발생한다는 점을 규명하였다.[34] 〈미국 소녀〉에서 미국 대륙이 교육, 경제, 투자에서 완벽함과 활기와 같은 좋은 기반 시설을 갖게 되고, 중국 대륙이 모든 경제의 원천이 된 대신 엄마는 암이라고 하는 병리적 상태와 질병에 빠지게 된다. 리사 로우의 말을 빌자면 미국 대륙의 경제적, 교육적, 문화적 완벽함과 중국 대륙의 경제적 완전성은 타이완의 경제적 파괴와 친밀성의 파괴, 존재론적 불안정화와 병리적 신체화를 대가로 획득된 것이다. 〈미국소녀〉는 이처럼 아메리카 대륙과 중국 대륙 사이에서 벌어지는 귀속을 둘러싼 전쟁을 친밀성의 구조를 통해 인상적으로 그려낸다. 또 엄마가 앓는 암과 영화 전체에 스며든 사스는 이러한 대륙 간 전쟁이 개별 신체들의 상태로 변용된 결과물로 그려진다. 즉 암과 사스는 단지 비유나 상징이 아니며, 대륙 간 전쟁이 생성한 신체들의 실질적 상태이다. 물론 이 신체적 상태는 구체적으로는 엄마의 몸으로 현현하는데 이 젠더화 된 신체성은 한편으로는 타이완의 주권성(국체)을 병리적 상태로 암시하기도 한다. 하지만 한편으로 영화 〈미국소녀〉에는 중국어의 세계와 영어의 세계라는 두 대립 속에 타이완 내의 비중국어 세계는 철저하게 비가시화된다.

최근 개봉한 드라마 〈차금〉은 제2차 세계대전과 냉전을 거치면서 파시즘 권역과 반파시즘 권역, 냉전기 반공 진영(미국을 중심으로 한)과 공산 진영(중국을 중심으로 한) 사이에서 '지방'이 어떻게 구축되고 변형되는지를 살펴볼 수 있는 흥미로운 사례다. 린쥔양 감독은 조현병에 대한 차별과 편견을 깊이 있게 그린 〈우리와 악

---

34   Lisa Lowe, *The Intimacies of Four continents*, Duke University Press, 2015.

사이의 거리(我們與惡的距離)〉로도 잘 알려져 있다. 〈차금〉은 객가어 드라마이다. 1950년대 신주현(新竹縣) 베이푸향(北埔鄉)의 유명한 차 상인 집안의 외동딸인 장아신이 차 사업을 지키기 위해 국민당 정부에 맞서 고군분투하는 이야기이다.[35] 〈차금〉은 현재 타이완이 찻잎 농사는 있으나 차 사업은 없는 기이한 경제 구조로 전락했고, 또 차 사업의 거점이었던 베이푸향의 지역 경제가 산업화에 실패하고 1차 산업에 고착되게 된 과정을 국민당 정부의 독점과 통제와 탄압 과정을 통해서 날카롭게 파헤쳐나간다. 지역의 차 산업을 일으키려는 장이신과 미국 통역관으로 전쟁 중에 가족을 잃고 귀향한 리쿤카이의 비극적 사랑이 〈차금〉의 또 다른 서사축을 이룬다. 미국의 지원과 국민당과의 타협을 통해 가까스로 차 사업을 이어가던 장이신과 리쿤카이는 리쿤카이가 국민당에 의해 체포되고 사형당하면서 결국 차 사업을 중단할 수밖에 없게 된다. 장이신과 리쿤카이의 사업도 사랑도 중국과 미국 사이의 냉전 역학 관계에 일방적으로 지배되며, 이들이 일구고자 한 고향 베이푸향의 경제와 공동체 역시 미국과 중국의 역학에 의해 파괴되고 소멸되어 버린다. 〈차금〉에서 지역의 경제와 공동체는 국가나 중앙에 의해 지배되고 종속되는 게 아니라, 명확하게 정착민 식민주의 집단에 의해 약탈된다. 즉 지방의 경제와 공동체가 소멸된 역사는 국가와 지방의 대립이나 중앙으로 상징되는 국가와 지

---

35 드라마의 원작은 랴오윈판(廖運潘)의 소설 『차금 시절(茶金歲月)』로 실제 베이푸향의 차 상인 장아신의 사위이다. 드라마는 장아신의 사위의 실화를 장아신의 딸의 이야기로 변형해서, 여성 주인공이 지역 기업가로 성장하고 실패하는 여성 서사로 재구성했다.

방이라는 이분법적인 대비와 위계를 보이지 않는다. 국가의 정체는 모호하고 흐릿하며, 지역을 지배하는 역사적인 지배 집단은 당대의 전 지구적인 권력관계의 변화와 연동하여 바뀌어 간다. 즉 지역의 지배 집단이 일본과 연계된 집단에서 미국, 중국과 연계된 집단으로 변해온 것이다. 이는 지방소멸이 중앙, 그리고 중앙으로 상징되는 국가와 밀접하게 연동되고 그 외부가 존재하지 않는 일본의 지방 담론과 너무나 이질적이다. 한국의 지방소멸 담론은 일본에서 수입되었지만, 막상 실제의 지방소멸의 구조는 타이완과 더 유사하다.

5. '무심한 양민'에서 '포용적인 토착민'까지: 정착민 식민자로서 "육지 것들"과 무국가 상태로서 토착적인 것

한국 드라마 〈우리들의 블루스〉[36]와 〈웰컴투 삼달리〉[37]는 지방에 대한 지배적인 정동 정치가 힐링에서 소멸로 이행하는 추이를 비교할 수 있는 텍스트다. 지방소멸 담론과 그 반향이 변해가는 과정을 제주를 배경으로 한 두 드라마를 통해서 확인할 수 있다. 제주 토착 공동체를 정치 사회적 결사체가 아닌 혈족 공동체로 보는 식민주의가 신자유주의적인 지방 경관 생산과 지방 소멸 담론

36 김규태 · 김양희 외 연출, 노희경 · 강정미 외 극본, 〈우리들의 블루스〉(20부작), 2022. 4. 9.~2022. 6. 12.

37 차영훈 연출, 권혜주 극본, 〈웰컴투 삼달리〉(16부작), 2023. 12. 2.~2024. 1. 21.

에서 반복되면서도 변용되는 방식을 두 드라마를 통해서 확인할 수 있다. 오래된 정착민 식민주의의 신자유주의적 변용 과정에서 이른바 토착 공동체의 종족들은 폭도와 양민이라는 분류 체계에서 배타적 토착민과 포용적인 토착민이라는 분류 체계로 강제로 이행되고 있다. 또 이런 이행은 지방소멸 담론이 지방 인구를 빨아들이는 중앙이라는 구도에서 청년을 몰아내는 배타적이고 가부장적인 지방의 자기 책임이라는 패러다임으로 변화한 결과이기도 하다. 지방소멸 담론에서 지방은 소멸의 책임을 자기책임으로 강제적으로 짊어져야만 한다. 이 과정에서 정착민 식민 국가가 수행한 학살과 식민화와 배제의 책임은 사라지고 오로지 배타적이고 가부장적인 지방에 대한 인종화되고 젠더화된 패러다임이 지배적이 된다.

〈우리들의 블루스〉는 지방, 탈지방, 권역화로의 결속의 관계성이 변화하는 과정을 친밀성의 역사와 구조 변동의 맥락에서 다룬다.[38] 어려서부터 한동네에 살면서 고등학교 동창인 친구들의

---

[38] 〈우리들의 블루스〉에 대해서는 다음과 같은 선행 연구가 있다. 장애 통합의 문제로 드라마를 해석한 김세령, 남세현, 「드라마 〈우리들의 블루스〉에 재현된 장애인의 완전 통합 방안 연구」, 『문화와 융합』 제46권 1, 한국문화와융합학회, 2024, 289-305쪽. 영상 이미지 분석을 통해서 드라마에서 제주가 어떻게 관광 이미지로 환원되는 지를 분석한 김필남, 「느슨한 지탱, 지속의 원천: 드라마 〈우리들의 블루스〉와 영상을 초과하는 촬영지와 이미지」, 『문학이후』 3, 선문대학교 문학이후연구소, 2023, 183-199쪽. 정착민 식민주의 감성구조와 관련해서 해녀의 크래프트를 비교 분석한 권두현, 「감성주의적 생명정치와 크래프트의 프락시오그라피-'해녀'와 '아마'의 정동지리적 비교 연구」, 『상허학보』 67, 상허학회, 2023, 323-375쪽. 본 연구에서는 주로 정착민 식민주의 감성 구조와 관련해서 드라마 〈우리들의 블루스〉를 다루고 있어 권두현의 연구의 문제의식을 이어받으면서도 다른 해석을 제기하고자 한다.

인생행로는 이를 잘 보여준다. 아내와 딸을 미국으로 보내고 서울에서 직장생활을 하는 한수는 성공의 모델이고, 가족이 유럽에서 생활하고 자신은 서울에 경제활동 기반을 두고 '글로벌한 삶의 반경'을 누리는 미란은 '여왕'으로 떠받들어진다. 드라마는 이른바 '고향을 지키는 친구들'의 인생 역정을 중심으로 그려진다. 여기서 고향을 지킨다는 건 단지 서울로의 이주만이 아니라 글로벌한 삶의 반경과 대비를 이룬다. 드라마에서 고향 지키기의 핵심은 은희로 상징되는 젠더화된 돌봄 노동이다. 토착을 상징하는 젠더화된 돌봄 노동은 또 다른 방식으로 토착을 상징하는 가부장성과 갈등하고 길항하면서 '토착 공동체성'의 표상을 구축한다.

　　이런 논의를 위해서는 먼저 〈우리들의 블루스〉의 텍스트 성격에 대한 간략한 탐구가 필요하다. 〈우리들의 블루스〉는 두드러진 상품 간접 광고에서 잘 드러나듯이 텍스트의 정치성을 논하기에는 자본의 논리에 너무나 투항적인 면모를 보여준다. 〈우리들의 블루스〉는 타협적인 서사임에 분명하다. 텍스트는 한편으로는 지방의 친밀성의 구조와 역사에 대한 탐구를 보여주지만, 지방을 인스타그램 스냅샷의 소스로 재구성하는 모순과 협상에도 일말의 주저함이 없다. 친밀성을 둘러싼 첨예한 정치성이 벌어지는 장소는 간접 광고의 무대가 되어버리고, 모든 장면이 인스타그램의 스냅샷의 소스로 제공된다. 이런 점에서 〈우리들의 블루스〉는 드라마나 영화가 지방을 인스타그램과 같은 특정한 기술 광학적 시선에 맞추어 절단하고, 절취하며 약탈하면서 이를 새로운 장소 미학 혹은 미학적 장소로 재구성하는 방식의 극한을 보여준다. 오늘날 지방에 대한 약탈적 식민화와 이 과정을 통해 형성되는 정착민 식민주의는 지속되는 중인데, 그 수행자의 자리를 인스타그램 스냅샷의 대규모 생성과 확산이 빠르게 대체하고 있다. 한편, 이러한 광학적 기술을 통한 장소의 재배치는 단지 전 지구적 자본주의에 투항하는 측면에서만 문제적인 것은 아니다. 〈우리들의 블루스〉가 보여주는 신파적 화해와 인스타그램 스냅샷을 기반으로 한 '도시 미학'은 한편으로는 전형적인 신자유주의적 생산 시스템에 가깝다. 그럼에도 여전히 이러한 타협과 화해의 한편에서 드라마는 친밀성과 대안 정동에 대한 어떤 잠재성과 집합적 응답 가능성의 영역을 남겨두고 있다.

케이틀린 프란세스 브루스(Caitlin Frances Bruce)는 페미니즘 미학에서 타협적이거나 굴욕적인 감성으로 비판해 온 '귀여운 것'을 대안적 도시 미학을 위해 활용하는 거리 예술가들을 분석하면서 이런 가능성을 이론적으로 타진하기도 했다. 특히 케이틀린 프란세스 브루스는 인스타그램과 같은 신자유주의적 상품화가 한편으로는 신자유주의적 "예술 도시 모델"로 기능하지만, 다른 한편으로는 "다른 생산의 에토스"나 "집합적 응답가능성을 촉발한다는 점에 주의를 기울여 그 미학적 가능성을 놓치지 말고 해석해내야 한다"고 논한다.[39] 인스타그램의 스냅샷과 그 원재료가 되고 있

---

[39] "쿠르시 커먼즈와 공공 예술의 인스타그램용 스냅샷을 기반으로 한 예술도시 모델에 크게 의존하는 기타 행사들은, 더 큰 연대와 행동주의 네트워크 내에서 읽히지 않을 경우 그저 고정된 것, 항상 인용 및 탈맥락화가 가능한 것, 편안한 것 등으로 코드화될 위험이 있다." 그러나 다른 한편으로는 케이틀린 프란세스 브루스는 신자유주의적 포섭과 상품화의 거대한 시스템에 주목할 것을 촉구하며, "신자유주의적 생산의 시공간을 다른 생산의 에토스, 즉 '다음 세대'든 불편한 '어둠'이든 집합적 응답가능성에 주의를 기울이는 미학적 가능성을 제시

는 드라마와 영화 텍스트는 그런 점에서 새로운 형태의 도시 구축의 예술/기술이 되고 있다. 즉 드라마나 영화가 단지 도시 브랜딩의 보조적 수단이 아니라, 도시를 미학화된 방식으로 재구성하는 프로젝트, "예술 도시 모델"의 하나가 되고 있다. 이 예술 도시 프로젝트는 신자유주의적 예술 도시 모델로 기능하면서도 동시에 다른 응답가능성 또한 내포하고 있다. 〈우리들의 블루스〉 또한 신자유주의적 예술 도시 모델로서의 기능에 더 치우쳐 있다고 판단되지만, 다른 응답 가능성에 대한 여지를 남긴다.

젠더화된 돌봄 노동과 가부장성은 토착의 역사를 반복하면서도 변화해 가는 중이다. 은희와 호식, 인권의 대비는 단지 세대적인 것은 아니다. 이들의 '동생 세대'로 상징되는 동석의 어머니 옥동(김혜자)에 대한 가부장적 폭력이 전형적이다. 동석의 폭력으로 비어버린 돌봄의 자리를 대체하는 게 친구들로 설정되고, 드라마상에서 이 친구들의 돌봄 노동이 제주 괸당 문화의 긍정성을 계승한다. 〈우리들의 블루스〉에서 토착 공동체는 가부장적 폭력, 여러 대에 걸쳐 반복해서 누적되어 일종의 이 공동체의 습속이 된 문화의 배타성(괸당 문화의 배타성은 드라마에서 반복해서 강조된다)으로 인해 안에서부터 붕괴되고 있다. 내적으로 붕괴되고 있는 토착 공동체를 겨우 지켜내는 건 은희의 헌신적인 돌봄 노동과 경제력 덕분이다. 가족, 친구들에게 이용당하고 약탈당하면서도 결국 묵묵히 토착 공동체를 지켜내는 은희의 돌봄 노동은 옥동의 역사와도

한다." Caitlin Frances Bruce, "Rehearsing a Cursi Commons: Receptivity, Defense, and Wonder", T. Reeser ed, *Routledge Comapinon to Gender and Affect*, Routledge, 2023, pp.343-354.

겹쳐진다. 옥동이 고통과 감정을 표현하지 못하고 묵묵히 이를 감수했다면, 은희는 때로는 자신의 분노와 원한을 터뜨린다.

드라마는 시리즈 중반까지도 육지에서 이주한 노동자 영옥을 따돌리는 토착민들과 해녀 공동체의 갈등을 반복해서 보여준다. 영옥을 통해 "제주도 사람들끼리 뭉쳐서 외지인을 따돌리는 괸당 문화"라는 발언을 직접적으로 표현하기도 한다. 이러한 토착과 이주의 갈등과 대립은 한편으로는 영옥의 정체와 실상을 둘러싼 마을 사람들의 의심과 불신에서 촉발된다. 영옥은 속을 알 수 없고, 토착 공동체에 대해 항상 적대적인 감정을 노골적으로 드러내며, 이기적인 행태를 반복한다. 제주와 마을을 오로지 돈벌이 수단으로만 여기고 공동체의 상호성에 적대적인 영옥은 이주민 노동자와 MZ세대 노동자에 대한 상투화된 부정적 감정을 자극한다. 〈우리들의 블루스〉에서 괸당 문화의 배타성, 토착의 배타성과 약탈적인 외부자(육지 것) 이주민이라는 대립은 영옥의 속내와 정체를 알게 되면서 파열된다. 영옥의 언니 영희의 등장은 실제 발달장애 당사자를 캐스팅하면서 〈우리들의 블루스〉 최대의 화제가 되었다. 차별과 편견 속에서 시설에서 삶을 보낼 수밖에 없었던 영희에게 제주는 대안적 공동체가 되어간다.

드라마에서 토착 공동체의 가부장성과 젠더화된 대안 공동체는 은희와 은희의 친구들을 통해 그려진다. 반면 살뜰한 돌봄에도 불구하고 언제나 공동체에 온전히 속하지 못하는 옥동의 존재는 현재에는 영옥으로 이어진다. 드라마에서 옥동과 영옥 모두 마을 공동체의 시선에서 속을 알 수 없고, 감정을 가늠할 수 없는 존재로 그려진다. 토착의 돌봄 공동체와 옥동, 영옥 사이의 불화와 갈등은 드라마에서 가족의 회복을 통해 봉합된다. 드라마는 한편으로는 옥동과 영옥에 대한 대를 이은 오해, 불신, 배제, 폭력의 역사를 드라마적 갈등과 긴장의 주요 요소로 삼아 진행되고, 결국 가족의 회복(결혼과 화해)을 통해 카타르시스를 제공한다. 결혼을 통해 제주의 토착 공동체에 포함되었으나 애초부터 공동체에 포함된 배제 상태였던 옥동의 자리는 사별과 '첩살이'로 더욱 배제 쪽으로 기운다. '첩살이'를 해서라도 토착 공동체의 한자리를 포기할 수 없었던 옥동의 한평생을 동석은 이해할 수 없다. 옥동을 무정한 어미라 탓하며 원망하고 폭력을 서슴지 않는 동석은 자신의 상실을 근거로 가부장적 폭력을 재생산한다. 결혼 계약을 통해서만 반쯤 구성원으로 들어갈 수 있는 가부장 공동체에서 옥동은 가족 공동체에서 아들의 자리를 얻어내기 위해 끝내 그 폭력을 감수한다. 이렇게 폭력을 감수하는 태도는 아들 동석에게는 무심하고 무정한 어머니로만 감각되었다.

드라마 내내 옥동은 무표정하고, 속내를 알 수 없고, 절친 춘희(고두심) 말고는 누구에게도 감정과 속내를 드러내지 않는다. 드라마에서 춘희에게 밝힌 감정과 속내조차도 춘희를 통해서만 전달된다. 어머니에게는 비인간적인 폭력을 행사하지만, "알고 보면 착한" 인물로 그려지는 동석은 어머니를 향해 "냉정한 인간"이라고 욕을 퍼붓는다. 동석은 어머니에게 폭력을 수행해 온 이유를 "자신에게 평생 한 번도 웃는 모습, 다정한 눈길 한번 주지 않은 존재"라고 정당화한다. 권두현은 〈우리들의 블루스〉와 일본 드라마 〈아마짱〉 분석을 통해서 해녀가 세계문화유산으로 등재되는 과정을 정동정치의 맥락에서 흥미롭게 분석한 바 있다. 특히 〈우

리들의 블루스〉에서 옥동을 "무감정한 존재"로 그리는 감상주의
적 생명정치를 탁월하게 분석하고, 옥동과 동석의 화해를 "신파"
를 반복하는 문제로 날카롭게 비판했다.[40] 공감과 무감정에 대한
권두현의 분석을 이어받으면서 이 연구에서는 옥동의 삶의 궤적
과 영옥의 연결, 무엇보다 정착민 식민주의, 가부장성, 여성의 역
사에 대해 살펴보고자 한다.

  옥동의 죽음을 앞두고 이뤄지는 동석과의 화해는 드라마의
감동 포인트로 회자되기도 했다. 그럼에도 옥동의 속내와 희로애
락을 시청자들은 끝내 알 수 없다. 옥동은 동석을 내내 사랑했다
는 것, 그럼에도 다음 생에는 만나고 싶어하지 않는다는 것 정도

---

[40] "〈우리들의 블루스〉 마지막 회차에서 동석은 어머니 옥동을 몰아붙이며 자신
에게 미안한 줄은 아느냐고 따져 묻는다. 여기에 옥동은 동석에게 자신이 '미친
년'이라 미안함을 모른다고 답한다. 옥동의 비정함은 무감정이라 할 수 있다.
크리스틴 신 야오는 감정(feeling)이 생명정치적 지배의 근본적 테크놀로지라
는 전제를 바탕으로, 무감정(unfeeling)을 생존과 저항을 향한 불만과 이의의 정
동적 지표로서 역사화하고 이론화할 필요가 있다고 과감하게 주장한다. 신 야
오의 주장에 따라, 옥동의 무감정은 생존 가능성을 보장하는 크래프트의 박탈
에 대한 자구적 전략으로 볼 수 있다. 이러한 옥동의 무감정한 상태를 강조하
는 존재는 아들 동석이다. 동석은 자신의 감정을 여과 없이 표현하는 과잉으로
서의 정동적 신체성을 가진 존재다. 남성의 감성주의는 정동적 보편성에 대한
가정을 위협하는 대안적인 감정의 구조의 창발을 억압하고, 끝내 알아보기 어
렵게 만든다. 하지만 탈정동은 정동의 단순한 대립항이 아니라, 정동을 앞세운
권력과 권위의 체제에 대한 불충실함이다. 옥동은 죽음권력의 폭력적인 포섭
에 기초한 보편적 주체의 감정 구조에 포함되지 않고 정동 이방인의 자리에 머
물러 있기를 선택함으로써 동정심이 없는 무감정한 존재로 드러난다. 그럼에도
불구하고, 좀처럼 감정을 읽어낼 수 없는 옥동의 완고한 태도 앞에서 동석은 인
간의 정동적 보편성을 회의하는 것이 아니라, 탈정동된 주체가 동정과 공감의
능력을 결여하고 있다고 판단한다. 그 판단은 곧 자신의 공감 능력에 대한 철저
한 믿음에 근거한 것이다." 권두현, 앞의 글, 364-365쪽.

가 정보로 전달된다. 드라마에서 이뤄지는 반전은 드라마 내내 제주의 토착성의 중심, 특히 젠더화된 공동체성의 원천으로 설정된 옥동이 실은 제주 사람이 아니었다는 점이다. 옥동은 목포의 작은 마을이 고향이고, 결혼을 하면서 남편의 고향 제주로 이주하게 되었다. 결혼 후 한번도 고향에 가보지 못한 채 원 가족과도 단절된 삶을 살아왔다. 죽음 직전 방문한 고향은 저수지 아래 수몰되었고, 고향과 원가족의 흔적은 어디서도 찾지 못한다. 제주의 토착 공동체성과 모든 것을 품는 원주민 공동체의 젠더화된 돌봄 노동의 상징처럼 떠받들어진 해녀 공동체의 중심은 실은 고향을 잃고 이주와 매매혼으로 제주에서의 삶을 유지할 수밖에 없었던 고향 상실자인 여성 이주민이었다.

〈우리들의 블루스〉는 유네스코 문화유산으로 등재된 제주 해녀 문화를 여성들의 돌봄 공동체로 그려내면서 지역, 젠더, 계급의 문제를 흥미롭게 탐구한다. 노희경의 전작 〈디어 마이 프렌즈〉가 이른바 '노년 여성들의 돌봄 공동체'를 인상적으로 그려내었다면 〈우리들의 블루스〉에서 돌봄 공동체의 중심에는 비혼의 '중년 여성'인 은희가 있다. 〈우리들의 블루스〉는 춘희를 중심으로 한 해녀 공동체와 여기서 비껴나가 있는 옥동을 또 다른 축에 두고 은희, 영옥으로 이어지는 새로운 돌봄 주체들의 돌봄 노동을 변화와 반복의 역사성 속에 배치하고 있다. 여성이 주요 행위자가 되는 젠더화된 돌봄 노동의 역사는 한편으로는 남성 가부장들의 토착 공동체의 역사와 갈등하며 길항 관계를 맺는다. 옥동, 은희, 영옥이 이른바 지역의 토착 공동체와 맺는 관계성과 갈등의 양태도 역사적이다. 옥동은 남편이 일찍 죽자, 첩의 신분이 되어 제주에서의 삶을 이어간다. 가부장적 질서에 편입된 옥동에게 돌아갈 '고향'은 없었고, 첩의 신분으로 제주 사람으로 살아가야 했다. 반면 은희는 이른바 자본의 전 지구화에 따른 토착 공동체의 격변을 온몸으로 보여준다. 영옥은 불안정 노동 시장이 전부인 세대로서 지역 이동을 통해 일자리를 얻을 수밖에 없는 여성 비정규 노동자의 현실을 잘 보여준다. 옥동, 은희, 영옥은 재생산 질서와 권력의 역사적 변화와 이행을 보여주는 인물들이기도 하다.

해녀 공동체가 젠더화된 돌봄과 토착성의 연결을 보여준다면 고교 동창생 공동체는 남성 가부장이 중심이 된 토착 공동체의 성격을 잘 보여준다. 이혼한 두 친구 호식과 인권의 관계가 보여주듯이 가부장적인 토착 공동체는 재생산 위기에 도달했다. 그리고 이 재생산 위기는 언제나 마을 언저리를 맴도는 동석의 존재와 공동체/어머니를 향한 적대가 암시하듯 적자 중심의 가부장 토착 공동체의 내부에서 비롯된 것으로 그려진다. 해녀 공동체 역시 영옥을 향한 적대와 배제가 보여주듯이 외부인을 향한 적대로 인해 내부로부터 재생산 위기에 처한다. 물론 토착 공동체의 재생산 위기는 일찍이 서울로 떠난 한수와 미란이 성공한 존재로 그려지듯이 서울로의 인구 유출과 미국과 유럽으로의 '진출'과 같은 외적인 요인에서 비롯되기도 한다.

〈우리들의 블루스〉는 한편으로는 지역의 토착 공동체의 변화를 역사적으로 살펴볼 수 있게 한다. 그러나 다른 한편 지역 토착 공동체의 붕괴 요인은 지역 내적인, 오래 축적된 '문화'나 '관습'에 더 초점이 맞춰진다. 서울로 떠나거나 가족을 미국이나 유럽으로 보내고 초국가적 영토 속에서 삶을 추구하는 한수와 미란의 선택은 개인적인 욕망의 문제로 그려진다. 반면 옥동과 동석의 평생을 지배한 차별과 영옥을 차별하는 '괸당 문화'는 집단적이고 지역적이며 문화적이고 관습적이다. 물론 이런 시선은 지역의 공동체성을 낭만화하지 않으면서 돌봄과 공동체의 의미를 사회적이고 역사적인 구조 차원에서 질문할 수 있도록 만든다. 그러나 다른 한편으로는 지역 토착 공동체의 가부장제나 배타성은 제주 특유의 독특한 문화와 관습의 산물로 할당되고 그런 의미로만 사회적이다. 반면, 이와 대비되어 지역을 붕괴시키는 중요한 요인인 서울로의 이주나 초국가적 이동은 글로벌 자본주의에서의 개인적 욕망의 문제로 환원된다. 얼핏 보기에 〈우리들의 블루스〉에서 지역 토착 공동체의 억압적 가부장제, 배타적 공동체 문화와 관습을 비판하는 방식은 이런 배타성이 개인의 문제가 아니라 구조적, 사회적, 관습적 문제라는 걸 환기한다. 반면 글로벌 자본주의나 서울 중심의 성장주의는 그러한 토착 공동체와는 전적으로 다른 욕망의 문제로 환원된다. 또한 가부장적이고 배제적인 제주의 토착 공동체라는 (괸당 문화에 대한 반복적 인용처럼) 설정 자체가 제주의 토착성을 둘러싼 역사를 기이한 방식으로 변용한다.

홍기돈은 제주의 공동체성은 여러 마을이 연합한 정치 공동체의 특성을 보이며, 이러한 마을 연합 정치 공동체는 반도의 국가(왕조국가에서 근대 국민국가에 이르기까지)의 권력적 억압에 대항하는 정치적 결사체라고 해석한다. 그리고 이러한 정치적 연합체로서 제주 공동체를 초토화시킨 것이 4·3 학살이었다고 분석한다. 나아가 4·3 이후에도 1950~1960년대 반도 작가들의 작품에서 제주를 '원시적인 혈족 공동체'로 재현하는 것은 반도의 국가들이 제주를 식민지로 취급하면서 열등하고 원시적인 집단으로 위계화한 논리를 반복한다고 해석한 바 있다. 즉 〈우리들의 블루스〉에서 이른바 '제주 괸당 문화'라고 규정된 제주의 오래된 관습 혹은 문화는 실은 조선왕조에서 근대 국민국가 형성 과정에 걸쳐 진행된 반도의 국가 권력에 의한 제주에 대한 식민화된 시선을 반복한다.[41] 제주에서 "육지 것"이란 그런 의미에서 반도의 국가에 의한 지배, 침략, 약탈과 학살의 역사적 산물이며 이를 수행한 정착민 식민자로서 반도 출신자에 대한 역사적이고 집단적인 인식과 정동 구조의 산물이다. 특히 제주가 한 달 살기에서 지역 이주 열풍의 중심지가 되고 젠트리피케이션으로 몸살을 앓으면서 제주에서 토착과 이주의 갈등은 새로운 국면으로 이행하고 있다. 그러나 지방소멸 담론이 지배적이 되면서 이러한 갈등은 외부자를 받아들이지 못하고, 청년 세대를 "밀어내는" 지방의 고질적 문제로 전도되어 버린다.

옥동과 영옥으로 이어지는 이주자 여성의 역사는 토착과 육지 것으로 환원되지 않는 이질적인 존재들을 대안적 친밀성의 관계항에 기입한다는 점에서 의미가 있다. 그러나 다른 한편 〈우리들의 블루스〉에서 강조되는 이주 여성과 가부장적인 토착 공동체의 대립과 갈등은 지방에 대한 식민화된 시선을 반복하거나 새롭게 구성한다. 앞서 살펴보았듯이 〈우리들의 블루스〉에서 제주의 토착 공동체는 가족 관계를 기반으로 한 혈족 공동체와 그 연

---

41 홍기돈, 「근대적 민족국가와 타자(他者)의 시선으로 재현된 제주 공동체의 면모」, 『우리문학연구』 59, 우리문학회, 2018, 421-453쪽.

장에 있는 특정 습속을 공유하는 종족 공동체로 그려진다. 옥동이 결혼을 통해 토착 공동체의 일부로 포함되었다면, 영옥 역시 결혼을 통해 공동체의 일족이 될 예정이다. 학교 동창인 인정은 명보와 이혼하면서 작품 결말의 공동체 화합의 행사에는 등장하지 않는다. 즉 〈우리들의 블루스〉는 제주의 토착 공동체를 정치적이고 사회적인 결사체로서가 아니라, 여전히 혈족 공동체, 관습과 습속을 공유한 특유의 종족 공동체로 그려내는 식민화된 방식을 반복하고 강화한다.

이런 점에서 줄곧 동석의 폭력을 감수하고 말기 암의 고통조차 무표정하게 감내하는 고통에 무감각하고 죽음을 감수하는 존재로 그려지는 옥동의 표상은 이른바 '양민'의 표상에 담긴 식민화와 학살의 흔적에서 자유롭지 못하다. 해방 이래 근현대사를 걸쳐 반복된 정착민 식민 국가에 의한 지역 주민에 대한 학살은 정착민 식민 국가의 폭력성의 대표적인 사례이다. 학살을 자행한 '국가'는 학살 희생자를 폭도로 분류했다. 이 폭도와 대비되는 규정은 선량한 시민, 곧 양민이었다. 정착민 식민 국가에 의한 국가 폭력의 희생자들은 폭도에서 양민으로 재규정됨으로써만 복권될 수 있었다. 아들에게조차 부당한 폭력을 당하면서도 묵묵히 그 고통을 감수하는 선량한 피해자, 옥동은 오래 반복된 그 양민의 표상과 겹쳐진다.

양민이 폭도라는 대비항을 통해서만 규정된다고 할 때 오늘날의 토착민들은 환대하고 포용적인 토착민과 외부인을 따돌리고, 젊은이들을 서울로 밀어내는 배타적인 토착민이라는 '새로운' 대립 항으로 분류된다. 앞서 살펴보았듯이, 젊은 세대를 중앙으로 밀어내는 배타적인 지방이라는 표상은 일본에서 지방소멸 담론에 의해서 '만들어진 것'이다. 그리고 이런 식의 지방에 대한 식민화의 새로운 방식이 한국에도 그대로 수용되었다. 〈우리들의 블루스〉의 토착민들의 선택지도 크게 다르지 않다. 게다가 오늘날의 토착민들은 더 이상 선량하거나 순박하지도 않다. 이들은 철저하게 자본주의적 욕망에 사로잡혀 있으면서 동시에 아주 오래된 배타적인 습속을 버리지 못한 종족으로 그려진다. 이 종족의 미래는 어떤 폭력도 감수하고(옥동), 배신도 약탈도 감수하는(은희) 환대와 화해의 주체들에게 있다.

은희의 돌봄 노동이 잘 보여주듯이, 그녀의 돌봄 노동은 철저하게 경제적이지만 동시에 가족의 부양을 위한 땔감의 처지를 벗어나지 못한다. 딸이 미국에서 성공하여 정착하도록 부양하기 위해 모든 것을 건 한수를 위해 결국 돈을 빌려주는 에피소드가 잘 보여주듯이 은희에게 친밀성은 약탈과 분리되지 않으며, 가족, 친구와 마을 공동체와 같은 친밀성과 돌봄 관계 역시 거래와 약탈적 관계와 구별되지 않는다. 절친 미란과의 갈등적 관계가 보여주듯이 친구들이 미국으로, 유럽으로 삶의 반경을 확대하고, 그 확장된 삶의 반경에서 실패할 때마다 위안과 도움을 청하는 곳이 바로 은희로 상징되는 토착/지방/고향이다. 즉 은희는 옥동처럼 폭력을 감수하는 무력한 존재가 아니며 경제적 주체로 능동성을 획득한 존재로 그려지지만, 그녀는 여전히 공동체를 위해 헌신하고 약탈당하는 폭력을 감수하는 존재로 설정된다. 은희의 젠더화된 돌봄 노동은 '친구들'이 미국과 유럽이라는 더 넓은 권역으로 귀속 관계를 확장하는 것과 대비되어 그러한 권역적 확장을 지탱하는 땔감, 안식처, 휴양지가 된다. '쉬러 오는' 친구들에 진절머리를 내는 은희의 현실성은 '우정의 회복'이라는 전형적인 힐링의 시대정신으로 타협된다.

〈우리들의 블루스〉가 제주와 토착민에 대한 오래된 식민주의와 새로운 식민주의를 반복하면서도 일말의 대안적 공동체성과 대안적 친밀성에 대한 가능성을 탐구하는 분열적인 텍스트라면 〈웰컴투 삼달리〉는 지방, 제주, 토착, 고향이 더 이상 힐링과 치유와 회복의 장소로도 감각되지 않는 시대정신의 변화를 전형적으로 보여준다. 드라마에서 제주 삼달리에 돌아오는 이들은 "모두 실패한 이들뿐"이다. 어려서부터 개천용이 되겠다던 삼달이와 개천을 지키겠다던 용필이의 반평생에 걸친 사랑 쟁취라는 점에서 친밀성과 지방 서사가 밀착된 작품이다. 이 작품은 여러 면에서 〈우리들의 블루스〉 효과와 차별화를 염두에 둔 작품이다. 주요 인물의 친밀성의 위기 원인을 찾아가는 과정이 서사의 중심이고, 알 수 없는 속내와 무감정한 주체로 용필의 아버지 조상태가 설정된다. 〈웰컴투 삼달리〉에서 고향으로 돌아오는 일은 패배를 뜻한다. 거기에 유일한 예외는 용필이다. 뛰어난 기상관측자인 용필은 스위스에서 좋은 일자리를 제안받았지만 가기를 거부한다. 마을 사람들 모두 "왜 용필이는 스위스에 가지 않는가, 혹은 서울에 가지 않나" 궁금해한다. 드라마는 상필이 스위스에 가지 않는 이유와 삼달이과 헤어진 이유를 찾아가는 여정이다. 용필이 스위스에 가지 않은 이유는 "소중한 사람을 지키기 위해"서다. 용필은 삼달이, 삼달이 엄마, 해녀 공동체, 삼달리와 제주를 지키는 사람이다. 그러나 드라마에서 이러한 지키는 일은 그 자체가 타협이거나 알 수 없는 이유의 산물로 그려진다. 스위스나 서울로 가는 게 성공이고 마땅한 일이 된 시대에 고향을 지키는 일은 이해가 불가능한 것으로 그려진다. 결국 드라마는 용필과 삼달이의 일과 사랑에서 방해물이 되었던 맹목적이고 비합리적이고 이기적인 구세대 가부장의 문제가 해결되면서 친밀성과 일 모두에서 성공을 거두는 것으로 귀결된다. 이들은 유럽으로 나아가고 고향에 남은 이들은 이들을 응원하고 모든 게 정상으로 되돌아간다.

용필이 '지키는 남성성'으로 등장한 것은 흥미롭다. 한국의 남성성 서사는 지키는 남성의 서사가 아니다. 가부장 남성은 사랑도 일도 성공을 통해 쟁취한다. 〈청춘의 덫〉이 대표하듯이 한국의 남성 가부장은 쟁취하기 위해 파괴도 정당화하며, 가족과 친구, 마을과 고향 공동체는 남성 가부장의 성공을 위해 약탈을 감수하고 그를 지킨다. 입신출세와 "개천용("개천에서 용 난다"는) 서사"의 전형이다. 〈웰컴투 삼달리〉는 개천용 서사를 인용하지만, 역설적으로 개천용 시대의 종말을 상징하는 서사로 보인다. 지키는 남성의 역할을 자임하는 용필은 당연한 일(서울행과 스위스행)을 알 수 없는 이유로 포기한 자로 그려진다. 그리고 문제 해결을 통해 서울과 스위스는 용필의 삶의 권역이 된다. 지키는 일은 실패나 타협의 다른 이름이다. 그런데 한국에서 그런 의미의 지키는 가부장 남성성은 존재한 적이 없다. 즉 존재한 적이 없는 주체성(지키는 남성 가부장성)을 가상적으로 내세우고 그 실패를 문제로 설정하면서 가상의 문제를 해결하는 것이 〈웰컴투 삼달리〉의 차별성이다.

예를 들어 지키는 남성성은 친밀성, 지역, 마을, 국가로 확장되는 일본의 가부장 남성성의 전형적 주체성이기도 하다. 〈하야부사

소방단〉의 미마 타로는 전형적이다. 일본의 서사에서 지키는 남성성의 균열은 그런 점에서 이러한 오래된 가부장 남성성과 국가주의, 정착민 식민주의의 변화, 반복, 이행을 보여준다. 〈하야부사 소방단〉에는 그러한 균열을 전혀 찾을 수 없다. 흥미롭게도 유사한 시기에 제작된 〈이쪽을 봐줘, 무카이 군(こっち向いてよ向井くん)〉은 지키는 남성성의 균열을 보여주는 징후적인 작품이기도 하다. 너무나 사랑했던 연인에게 일방적인 이별을 통고받은 무카이 군은 그 결별의 이유를 모른 채, 10년 넘게 연애도 사랑도 못하고 있다. 너무나 사랑한 나머지 고백을 겸하여 "평생 너를 지켜주고 싶어."라는 감동의 대사를 전달했지만, 연인은 "지킨다는 게 뭐야"라는 질문을 남긴 채 떠난다. 무카이 군은 10년 넘게 그 질문의 의미를 이해하지 못한다. 드라마는 사소한 연애담을 반복하지만, 친밀성의 관계에서 지키는 남성성에 대한 질문이 부상하는 시대적 변화를 볼 수 있다.

반면 〈웰컴투 삼달리〉는 존재하지 않는 지키는 남성성을 제시하고, 그 실패를 통해 다시 지키는 남성성을 폐기한다. 드라마는 지역에 남는 청년을 실패자로 규정하거나, 지역을 지키려는 용필의 노력과 희망적인 모습을 블랙 코미디처럼 그린다. 지방소멸 담론이 '청년 문제'와 청년을 중앙으로 내모는 희망 없는 지방이라는 서사 구조를 갖추고 있다는 점에 비춰보면 이러한 드라마의 서사가 어떤 맥락에서 만들어진 것인지 명확해진다. 즉 용필은 상실에 사로잡혀 무모하고 끝이 없는 '폭력'을 수행하는 아버지를 위해 헌신하면서도 기이한 행복감을 표명한다. 용필의 행복감은 역설적으로 용필의 행복을 필사적으로 가로막는 아버지의 존재를 환기한다. 행복할 수 없기에 '대신' 소중한 사람과 장소를 지키기로 결심하고 행복한 것처럼 행동하는 용필의 모습은 지방소멸 담론이 그려내는 전형적인 지방 청년의 모습이다. 지방(대) 청년은 부모의 요구에 따라 자신의 결혼, 취업, 이주와 같은 진로를 어정 쩡하게 타협하고 그 타협을 합리화한다는 '진단'은 지방소멸 담론을 선정적으로 확산시키는 촉매제가 되었다.[42] 게다가 이런 식의 지방 청년 논의는 한국에서 독창적으로 제시된 것도 아니고 일본의 지방소멸 담론과 결부되어 제기된 "활력을 잃은 청년 문제", "절망의 나라의 행복한 젊은이들"과 같은 담론에서 유래한 것이다. 일본에서 지방소멸 담론은 인구 문제로서 특정 인구 집단을 문제적인 집단으로 설정하는 일과 분리되지 않는다. 특히 청년은 활력을 상실한 존재로 문제 집단으로 설정된다. 『절망의 나라의 행복한 젊은이들』에서 후루이치 노리토시(古市憲寿)는 "행복을 지탱해주는 생활 기반이 서서히 썩어들기 시작한 '뒤틀린' 사회구조 속에서 젊은이들 스스로 '행복하다'고 여기는 '기묘한' 안정감"을 진단하기도 했다. 활력을 상실한 청년은 지역이나 가족 공동체 등 어디도 소속되지 못하는 '소속 없는 사람'으로 진단되기도 했다.[43] 〈웰컴투 삼달리〉는 지방이 더 이상 힐링의 장소로도, 인스타그램의 스냅샷을 위한 미학화된 장소의 매력도 상실한 채, 오로지 떠나는 일만이 마땅한 일이 된 시대의 정동 구조를 별다른 이질감

---

42 대표적으로 최종렬, 『복학왕의 사회학-지방청년들의 우짖는 소리』, 오월의봄, 2018이 있다.

43 후루이치 노리토시, 이언숙 역, 『절망의 나라의 행복한 젊은이들』, 민음사, 2014; 박승현, 앞의 글, 161쪽에서 재인용.

없이 전달한다. 그렇게 지방은 떠나는 게 사랑이고, 떠나야 정상인 장소가 되었다.

6. 대안적인 지방 이념의 이론화와 정착민 식민주의 연구

〈하야부사 소방단〉의 미마 타로는 고갈된 창작 역량을 쇄신하기 위해 고향에 돌아온다. 창조적 역량을 키우기 위해 고향에 돌아온 미마 타로는 사랑도 얻고, 마을도 구하고, 창작 역량도 활성화하게 된다. 여기서 사랑과 지방 창생, 창조적 역량이 모두 미마 타로라는 남성 영웅에 의해 성공적으로 수행된다는 점은 흥미롭다. 여기서 남성 영웅은 위태로운 지방을 구하고, 그 창생의 효과는 소설을 통해서 도쿄라는 중심에서의 성공으로 이어진다. 그리고 이 모든 것이 사랑이라는 정동으로 의미화된다. 이러한 서사 구조에서 지방은 세계의 중심인 도쿄와 대비를 이루지만, 동시에 지방의 부흥은 도쿄에서의 성공으로도 이어진다는 점에서 일본의 지방소멸과 일본창생론의 서사 구조를 전형적으로 보여준다. 또한 지방의 위치가 도쿄로 상징되는 강력한 국가성과 세계성과 대비되어 구축되며, 일본 국가 외부의 영향 관계가 거의 존재하지 않는다. 이는 일본에서 역사를 거듭하며 반복되는 제국, 즉 세계의 중심으로서의 일본 국가라는 국가 표상이 지방소멸 담론에서 재생산되는 전형적인 방식이다. 따라서 지방소멸을 초래하는 주된 적대 집단 역시 기존의 일본의 식민주의, 특히 정착민 식민주의가 구축해 온 인종화되고 젠더화된 적대와 배제의 구조를 반복한다.

반면, 〈차금〉에서 국가로서 타이완의 실체는 흐릿하고 모호하다. 지방의 위치성은 국가나 국가의 중심과의 대비보다는 국제적인 권력관계의 이행과 이와 연계된 정착민 식민자 지배 집단의 변화 속에서 구축된다. 이와는 다소 다르지만 〈미국 소녀〉에서 타이완은 국가로서의 신체성이 아니라, 중국과 미국 사이에서 유동하고 파열되는 병리적 신체(어머니의 신체)로 표상된다. 즉 두 드라마에서 타이완이라는 국가성은 부재하면서 정착민 식민자 집단으로 표상되거나 병리적 신체성으로 현상화한다.

학살의 긴 역사와 국가 주도의 개발, 약탈적인 관광 산업화와 젠트리피케이션, 새로운 이주자 그룹과 기존 토착 거주자들 사이의 갈등이 끊이지 않는 제주를 다룬 두 편의 드라마는 타이완의 지방의 위치성을 다룬 드라마와 흥미로운 유사성을 보인다. 〈우리들의 블루스〉와 〈웰컴투 삼달리〉에서 제주는 청년과 여성 청년을 "밀어내는" 지방의 전형이다. 동시에 지방의 인구는 중앙인 서울로만 끌려 들어가고 있는 게 아니라, 미국과 북미, 유럽으로 빨려 들어가고 있다. 소멸되는 지방의 경제와 공동체에 개입하는 국가의 존재성 역시 모호하다.

일본의 지방소멸 담론이 궁극적으로 강력한 국가의 개입과 일본의 세계 중심성을 회복하려는 기획이라면, 한국에서 지방소멸 담론은 국가가 부재한 채, 지방의 소멸을 소모적으로 부추길 뿐이다. 지방소멸 담론에 대한 비판적 논의도 극소수이며, 지방 개념의 역사에 대한 비판적 논의 역시 아직은 미진하다. 지방 개념의 역사에 대한 비판적 고찰을 통해서만 현재와 같은 약탈적인 지방소멸 담론의 소비를 멈출 수 있다. 무엇보다 일본의 지방소멸 담론은 인종화되고 젠더화된 적(공동체를 파괴하는 집단)에 대한 학살의 역사적 산물임에도 이에 대한 비판 없이 한국에 적용되고 있다. 인종화되고 젠더화된 적을 생산해서 절멸하고 학살하고 추방해 온 정착민 식민주의 역사의 끝자리에 지방소멸 담론이 놓여 있다. 이 역사는 또한 무감정한 토착민에 대한 서사를 통해서 '힐링' 서사로 소비되고 있다.

산업화의 사이보그
:〈가공공장〉과〈위로공단〉속 탈정동의 신체들

첸 페 이 전 (陳 佩 甄)

약 40년 전 페미니스트 이론가 도나 해러웨이(Donna Haraway)는 『사이보그 선언문(A Cyborg Manifesto)』(1985)[1]에서 "민첩한 손가락을 가진 동양 여성(the nimble little fingers of "Oriental" Women)"이 "부자연스러운 사이보그가 되어 아시아에서 칩을 만들고 있다(unnatural cyborg women making chips in Asia)"라고 언급하며 새로운 세계 질서 하에서의 여성의 처지와 비전을 "집적회로 속 여성(womenin the integrated circuit)"으로 비유했다. 『사이보그 선언문』의 "민첩한손가락을 가진 아시아 여성 전자산업 종사자"라는 표현에 깊은 영향을 받은 미국 예술가 린 랜돌프(Lynn Randolph)는 미국에서 사회학을 공부하는 중국 여성을 모델로 하여 머리에 표범가죽을 걸치고 컴퓨터 자판을 두드리는 사이보그 그림을 그렸고,

---

1   Donna Haraway, "A Cyborg Manifesto: Science, Technology, and Socialist-Feminism in the Late Twentieth Century," in *Simians, Cyborgs and Women: The Reinvention of Nature*, Routledge, 1991[1985], pp.149-181.

이 그림은 나중에 해러웨이의 저서 『영장류, 사이보그 그리고 여자(Simians, Cyborgs, and Women: The Reinvention of Nature)』(1991)의 표지가 되었다. 해러웨이는 이 그림과 관련하여 "이 그림은 우주, 동물, 인간, 기계, 경관 간의 관계가 순환하는(recursive) 행성, 골격, 전자 및 지질학적 구조에 놓여 있음을 묘사하고 있다"고 평가하기도 했다.[2]

제2차 세계대전 이후를 돌아보면 라디오, TV, 휴대전화, 스마트폰의 개발과 제조가 사회 문화적 변화와 반도체 산업의 번영을 촉발했고, 인간과 기계 간의 복잡한 문제를 야기했다. 인간과 기계 사이의 경계가 허물어지면서 테크노포비아적 반성이 일어났고 과학, 의학, 종교, 철학, 윤리, 사회학, 문학, 문화연구 등 다양한 분야에서 사이보그와 포스트휴먼 연구가 활발하게 이루어졌다. 그러나 이들 연구는 대부분 기술 사용자의 관점에서 사이보그를 논하면서 기계와 유기체의 융합(hybrid)을 강조하며 기계와 유기체, 인간과 동물, 남성과 여성의 경계를 모호하게 만들고 이분법적 경계를 배회했다. 이 글에서는 '아시아 전자산업의 젊은 여공'에 관해 해러웨이가 가졌던 최초의 관점으로 돌아가 기술 제품 제조의 측면에서 사이보그를 논해보고자 한다. 글로벌 소비시장을 대상으로 전자제품을 생산·제조하는 사이보그 여성들은 동아시아 지역 내 다수의 개발도상국들에 경제적 기적을 가져다 주었지만, '민

---

2 Donna Haraway, "The Promises of Monsters. ARegenerative Politics for Inappropriate/d others," *Cultural Studies*, New York: Routledge, 1992, p.328.(원문은 The painting maps the articulations amongcosmos, animal, human, machine, and landscape in their recursive sidereal,bony, electronic, and geological skeletons.)

첨한 손가락'이 노동 중 입은 상해로 인해 뒤틀리고 변형되거나 지문이 닳아 없어지고 절단되기까지 하는 등 심각한 산업재해도 많이 겪었다.

타이완의 테크노 인문학자 린이핑(林宜平)은 『사이보그의 비가(Elegy of Cyborg)』라는 제하에 전자산업과 동아시아 여성 노동자의 부상을 논하면서 아시아 지역 전자산업 부문 여성 노동자의 직업병 관련 쟁의 사례를 중심으로 생물의학 연구에서의 젠더, 계급, 인종의 불평등 문제를 고찰했다.[3] 린이핑은 먼저 전자산업과 동아시아 지역 내 여성 노동자의 부상 과정을 돌아본 후, 1970년대 타이완의 Philco(飛歌)(및 메이즈메이(美之美)) 여성 노동자의 돌연사, 1990년대 RCA 노동자의 암 발병 관련 쟁의와 소송, 2000년대 한국 삼성반도체 여성 근로자의 백혈병 손해배상 청구소송과 같은 아시아 전자산업 내 여성 노동자 관련 쟁의, 말레이시아나 중국에서의 유사 사례 등 아시아에서 있었던 전자산업 여성 노동자의 직업병 관련 쟁의를 소개했다. 생산라인에서 일하던 이들 아시아 여성 노동자들은 유기용제 독성 테스트를 위한 실험용 쥐가 되어 '통합의 고리' 안에 갇혀 동아시아 젠더, 노동, 건강 문제가 뒤얽히며 만들어낸 사이보그의 비가를 함께 노래했다.

이 글에서는 위에 언급한 연구자들의 발자취를 따라가며 타이완과 한국의 여성 노동사에서 주목받지 못했던 산재 입은 몸, (탈)성화된 몸, '탈정동'의 몸 등 세 가지 '몸'을 재조명하고자 한다. 첫

---

3   林宜平, 「賽伯格的悲歌: 東亞性別ʼ勞動與健康」, 劉士永, 王文基主編, 『東亞醫療史殖民, 性別與現代性』, 聯經, 2017, 頁241-260.

째, '산업화된 사이보그'인 타이완과 한국 여성노동자의 몸은 '인간-기계 변증법' 외에 더욱 복잡한 신체성을 지니고 있다. 즉, 농양화된(orientalized) '민첩한 손가락' 외에 노동 현장에서 유해한 노동 환경과 뿌리 깊은 가부장적 환경이라는 두 가지 신체적 위협에 직면하고 있었던 것이다. 인종, 자본, 젠더 등 요소가 결합되어 만들어진 '산업화된 사이보그'는 1960년대 이후 서구 전자제품 제조공장 내 유기용제 피해자나 최초의 단체 산재 피해자일 뿐만 아니라 타이완과 한국의 생산 구조 전환 과정에서 고도로 '성화(sexualized)'되면서 '탈성화(de-sexualized)'된 여성이기도 하다. 그들의 '(탈)성화된 몸'은 당시 사측과 정부의 여성 노동자 수요를 충족시키면서 자신들의 '재생산' 노동(즉, 결혼과 출산)을 미루어야 했고 집을 떠나 혼자 사는 여성은 사회적 위협으로 간주됐다. 그러나 이러한 관점은 여성 노동자를 피해자로 자리매김하게 함으로써 그들의 역사적 행위자성(agency)을 간과하게 만든다. 이에, 이 글에서는 '탈정동'이라는 틀로 당시의 여성 노동자의 경험을 논의할 것을 제안한다.

'탈정동'이라는 개념은 제2차 세계대전 후와 현대의 영화, 연극, 문학의 여성노동자 관련 문화적 재현에서 여성 노동자의 내면과 감정이 강조되거나 거기에 초점이 맞추어진 경우가 많았다는 점, 남성 노동자의 문화적 재현에 비해 여성 노동자의 '감정화' 경향이 강하다는 점 등 여성 노동자 연구에서 종종 간과되어온 측면에 대한 대응책으로 제시된 것이다. 더 중요한 것은 여성 노동자가 경험하는 것이 젠더 및 계급 차별의 감정적 표현을 수반하는 경우가 많다는 점이다. 타이완의 여성 노동자 문학 및 문화 생산을 예로 들면, 1958년 타이완의 대중가요 작사가 예쥔린(葉俊麟)이 일본 엔카 〈하나가사 도오츄우(花笠道中)〉에 타이완 사투리 가사를 얹고 당시 아홉 살이던 첸펀란(陳芬蘭)이 노래를 부르고 음반을 냈다. 그 곡이 바로 그 유명한 〈외로운 여인의 바람(孤女的願望)〉으로, 당시 대도시에서 일하던 시골 출신 소녀들의 심정을 표현했다. 약 20년 후 노동자 출신 여성 가수 정슈위에(鄭琇月)는 여성 노동자의 사랑에 대한 열망을 노래한 〈어느 여공의 이야기(個女工的故事)〉(〈사랑스러운 꽃술(可愛的花蕊), 1977)를 발표했고, 2년 후 센트럴 픽쳐스(Central Pictures)가 여성 노동자의 사랑을 그린 동명의 영화 〈어느 여공의 이야기〉(1979)를 개봉했다. '여공'을 소재로 한 이들 대중가요와 영화는 대부분 여성 노동자의 '노동' 상황을 강조하기보다는 여성노동자의 '외로움'과 '사랑'에 초점을 맞추었다.

이와 관련하여 페미니스트 학자 사라 아메드(Sara Ahmed)는 기존의 인식체계에서 '감정'은 젠더화되어 여성과 연관되어 있으며, 생각, 의지, 판단을 통해 신체적 영향을 초월하는 것이 아니라 더 '자연스럽고' 욕망의 지배를 받는 것으로 간주된다고 한다.[4] 이렇듯 계몽된 감정 구조는 남성이 여성보다 더 자주 (또한 더 마땅히) 감정을 억누르는 반면, 여성은 감정을 더 쉽게 표현하고 발산한다는 일반적 가설이 형성되도록 한다. 중국계 미국인 문화연구가 야오신(姚鑫)은 『탈정동: 19세기 미국 문학 속 무감정의 문화 정치 (Disaffected: The Cultural Politics of Unfeeling in 19th-Century America)』[5]

---

4   Sara Ahmed, *The Cultural Politics of Emotion*, Routledge, 2004, p.3.

5   Xine Yao, *Disaffected: The CulturalPolitics of Unfeeling in Nineteenth-Century America*, Duke University Press, 2021.

에서 미국 백인들이 유색인종을 대할 때 인종화, 젠더화된 감상주의(感傷主義)를 부각하는 데 대해 유색인종이 '무감정(unfeeling)'으로 응수하곤 했다는 점을 지적한다. 이러한 감정 경제에서 백인의 고통은 인종화된 위로를 필요로 했고, 백인의 동정은 인종화된 감사와 감정 노동을 강요했다. 야오신은 이러한 보편적 감정 패러다임은 여타 감정이론을 반사회적이고 이질적인 것으로 치부했고 19세기 미국의 자유주의 사회 질서 하에서의 감정의 의무를 구성했다고 판단한다.

이 글은 위의 판단을 토대로 여성 노동자의 감정적 경험을 부정하는 것이 아니라 이들 여성 주체의 재역사화 가능성을 고민해보고 야오신의 '탈정동(disaffection)' 개념을 빌려 기존의 역사적 경험을 수정 및 보완하고자 한다. 여성 노동자의 감정적 경험은 우리가 가부장제, 자본주의, 민족주의 등의 압박이 생산관계, 민족정책 등의 차원에서 드러난다는 점을 발견했을 때 (이른바 이성적, 제도적 측면) 감정, 심지어 부정적 감정을 읽을 경우 억압이 일상적 상호작용에서의 행동거지, 음성과 말투와 같은 사소한 생활 차원에서 어떻게 드러나는지를 더 잘 보여줄 수도 있음을 보여준다.[6] 야오신의 연구에서 제시됐듯이, '탈정동'은 단순한 감정의 부재가 아니라 다른 감각이 존재함과 강압적인 감정의 패러다임을 거부함을 의미한다. '탈정동'을 강력한 실천으로 간주하는 것은 19세기 자유주의 사회질서 하에서의 감정의 의무를 거부하기 위함이다.

---

6   Sara Ahmed, op.cit; Lauren Berlant, "Intimacy: A Special Issue" in Lauren Berlant, ed., *Intimacy*, University of Chicago Press, 2000, pp.1-8; Heather Love, *Feeling Backward: Loss and the Politics of Queer History*, Harvard University Press, 2007.

이에 이 글에서는 타이완 예술가 첸제런(Chen Chieh-Jen)의 단편영화 〈가공공장(加工厂 Factory)〉(2003)과 한국 예술가 겸 영화감독 임홍순의 다큐멘터리 〈위로공단〉(2015)을 중심으로 두 작품에 등장하는 여성 노동자의 '탈정동된' 신체와 주체성을 살펴보고자 한다. 〈가공공장〉은 전직 방직공장 노동자들을 지금은 폐쇄된, 과거 그들이 일했던 공장으로 초대하는 내용인데, 영화의 처음부터 끝까지 아무런 음향 없이 2~30년간 반복적이고 단조로우며 답답하게 일했던 노동자의 삶, 특히 '현장에 갇힌' 신체성과 감정이 없는 상태를 관객에게 전달할 뿐이다. 반면 〈위로공단〉은 봉제공장에서 일하는 감독의 어머니가 촬영한 개인 영상에서 시작해서 산업화 시대의 노동자와 자본, 1970년대 이후 한국의 노동운동사를 재현하고 지금의 노사관계와 초국적 노동 문제를 연결했다. 영화에서는 다양한 현장에서 일하는 여성 노동자들의 인터뷰와 고통스러운 감정을 드러내고 파편화된 여성의 몸과 마네킹 이미지를 사이사이에 배치했다. 이 글에서는 두 편의 영화가 '탈정동된 신체'를 통해 어떤 방식으로 공적인 사건과 사적인 시간을 결합하여 보편화된 감정 질서와 노동 패러다임에 도전했는지를 살펴보고자 한다.

1. 산업화된 사이보그-여성 노동자의 산재 입은 신체

1950년대부터 국민당 정부는 일제강점기 이후 농업 중심이었던 타이완 경제의 산업화를 가속화했다. 1960~1970년대에 수출주도형 경제 개발 정책이 추진되는 가운데, 1966년에 가공수출지구가 정식으로 설립되자 다국적 기업들이 노동집약형 섬유, 의류, 전자 등 경공업 생산기지를 타이완으로 이전하여 반제품을 생산한후 구미 지역 국가로 수출했다. 산업화와 노동집약형 산업 수요에 대응하는 과정에서 사회 생산 구조의 변화, 특히 농촌에서 도시로의 노동력 이동과 성별 분업 방식이 나타났다. 그 과정에서 여성 노동력은 기존의 가사 노동과 후손 재생산이라는 역할에서 공공영역으로 동원되어 들어갔고 1970년대에는 경공업 부문의 주요 노동력으로 부상했다. 역사학자 황푸싼(黃富三)은 1970년대 타이완 경공업이 필요로 했던 여공의 비율이 68%에 달했다고 했는데, 여성 노동자가 그토록 중요한 역할을 했던 원인으로 저임 노동력이라는 점, 결혼과 함께 퇴직하는 젠더 문화로 인해 평균연령이 낮다는 점, 손재주가 좋고 인내심이 있다는 점, 그리고 병역의 의무가 없고 관리하기 쉽다는 점을 들 수 있다.[7]

한국도 일제시기에 최초의 산업화를 경험했다. 특히 1920년대 후반 젊은 한국 여성들이 경공업과 제조업 부문으로 대거 유입되면서 젊은 여성 노동자를 가리키는 '여공'이라는 명사가 등장했다. 사회학자 서지영은 1920~1930년대 농촌 여성들이 시골을 떠나 도시의 공장에서 '공순이'라는 현대 노동 계층으로 재구조화되던 역사적 결절점으로 거슬러 올라가 공장 여성 노동자들의 일상과 도시 공간 속 주체로서의 다양한 층위의 경험과 욕망에 주목했

---

7   黃富三, 『女工與台灣工業化』, 牧童出版社, 1999[1977], 頁21.

다.[8] 제2차 세계대전 후 한국의 급속한 산업화로 인해 경제 구조와 노동 방식에 급격한 변화가 발생했다. 1960년대부터 수출주도형 산업화가 추진되면서 수많은 젊은 여성들이 노동시장에 진입하여 1963년에는 여공이 전체 생산직 노동자의 41%를 차지했고, 1976년에는 53%까지 늘어났다가, 1985년에는 46%로 줄어들었다.[9] 산업별로 볼 때, 여공은 섬유, 의류 및 전자산업 등에서 대다수를 차지했다. 예를 들어 1985년 여공이 의류산업 노동자의 88%를, 섬유산업에서는 77%, 전자산업에서는 68%를 차지했다. 이들 여성 노동자 중 절대다수가 16~20세 또는 스무 살 남짓의 독신 여성이었다. 1966년을 예로 들면, 여성 노동자의 90% 가까이가 29세 이하였고, 그중 절반가량이 20세 이하였다.[10] 한국의 인류학자 김승경은 그의 저서 『계급투쟁 또는 가정 투쟁? 한국 여공의 삶 (Class Struggle or Family Struggle?: Lives of Women Factory Workers in South Korea)』에서 이러한 연령 조합은 두 가지 요인에서 비롯된다고 말하면서, 그러한 요인들이 특히 기혼 여성의 지속적인 취업을 가로막는다고 지적한다.[11] 그 하나는 노동강도와 장시간 초과 근무로 인해 기혼 여성이 공장에서 일하기가 극히 어렵다는 것이고, 다른 하나는 고용주가 기혼 여성에 대해 고용 차별을 한다는 것이다.

8   서지영, 「여공의 눈으로 본 식민지 도시 풍경」, 『역사문제연구』 13(2), 역사문제연구소, 2009, 7-31쪽.

9   경제기획원 통계, 1974년/1984년.

10   Robert F. Spencer, *Yŏgong: Factory Girl*, Royal Asiatic Society, Korea Branch, 1988, pp.27-29.

11   Seung-kyung Kim, *Class Struggle or Family Struggle?: Lives of Women FactoryWorkers in South Korea*, Cambridge University Press, 1997.

그 원인은 경공업의 집약형 노동에 필요한 것이라고 해봐야 단순 기능과 노동 규율을 잘 지키는 것 정도여서 고용주들이 어리고 순종적인 신입 노동자로 기존 노동자를 대체하여 인건비를 절감하고자 했다는 데 있다. 여성노동사 연구자 김원 또한『여공 1970 그녀들의 反 역사』에서 "남성 노동자에게 있어, 노동이 경제적 독립과 전문 지식을 상징하는 반면, 여성, 특히 미혼의 젊은 여성에게 있어, 노동은 가정에 대한 의무"라고 지적한 바 있다.[12]

물론 전후 여성 노동력의 재구조화 현상이 타이완에서만 나타났던 것은 아니다. 미국 사회학자 헤스터 에이젠슈타인(Hester Eisenstein)은 페미니즘의 관점에서 전 세계 여성 노동력과 글로벌 자본 체계 재편 간의 상관성을 분석한 바 있다.[13] 에이젠슈타인은 전자산업을 예로 들며 미국 반도체 회사 페어차일드(Fairchild)가 1958~1959년 실리콘 웨이퍼 개발에 성공한 후 얼마 지나지 않아 홍콩에 첫 번째 반도체 공장을 설립하고 1966년에 해당 공장을 한국으로 이전한 과정을 추적했다. 제너럴 인스트루먼트(General Instruments)도 1964년 소형 전자제품 생산공장을 타이완으로 이전했다. 1965년에는 많은 첨단 기술 기업들이 생산 라인을 미국과 멕시코 연안으로 이전했고 그 후 10년간 싱가포르, 말레이시아, 필리핀 같은 아시아 국가와 카리브해 및 남미 지역 국가들도 이

---

12 김원,『여공 1970 그녀들의 反 역사』, 이매진, 2006, 196쪽.

13 Hester Eisenstein, *Feminism Seduced: How Global Elites Use Women's Labor and Ideas to Exploit the World*, Boulder, Paradigm Publishers, 2009; Hester Eisenstein, "The Sweatshop Feminists", *Jacobin*, June 17, 2015. https://www.jacobinmag.com/2015/06/kristof-globalization-development-third-world/

러한 흐름에 편입되었다. 생산 라인이 이전된 국가의 정부는 여공들이 '민첩한 손가락'을 가지고 있다는 점을 대대적으로 홍보하며 다국적 기업의 생산공장을 유치하기 위해 나섰고 저임 여성 노동력이 생산하는 제품의 수와 종류도 빠르게 늘어났다. 에이젠슈타인은 "이러한 글로벌 차원의 자본(인력 및 자금) 이동 과정에서 가공수출지구가 저임 여성 노동력을 활용하여 글로벌 차원의 자본 착취를 했을 뿐 아니라 다국적기업, 금융기관[14]과 현지 정부는 여성이 제3세계의 빈곤 문제를 종식시킬 핵심 요소라고 주장했다"[15]고 지적한다.

역사적 경험에 기반하여 사고함에 있어 필자의 어머니가 중요한 생각의 단초를 제공했다. 즉, 제도와 사람은 변했지만 기억과 감정은 삶에 깊이 뿌리내리고 있고 심지어 몸에도 각인되어 있다는 것이다. 어머니는 초등학교를 졸업하자마자 시골인 이란(宜蘭)을 떠나 난강(南港)으로 가서 수출용 우비 제품의 포장공과 전자 제품 제조공장의 여공이 되었다. 어머니는 당시 외국인 투자 유치 광고에서 말하는 "인내심 있고 순종적이며 작고 민첩한 손가락을 지닌" 젊은 여자애였고, 도시에서 일해서 집안 살림에 보탬이 되는 것만으로 만족하고 자랑스러워했다. 나중에 어머니는 몇 군데 공장을 전전했고 외국인 투자자가 줄줄이 떠나고 공장문을 닫게 되자 공공기관에서 파견직 청소 노동자로 10년간 일한 후 정규직으로 전환되었다. 바로 그 몇 년 사이에 공공기관의 출근 카드 체크

14　World Bank, IMF 등의 국제금융기구.

15　Hester Eisenstein(2009), op.cit.

시스템이 지문 등록 시스템으로 바뀌었는데, 그 즈음 어느 날 퇴근 후 귀가하신 어머니가 무심히 한 마디 내뱉으셨다. "그 몇 년 일했다고 지문이 다 닳아 없어졌네"라고. 어머니의 열 손가락 중 무명지만 지문 인식이 가능했는데, 같은 작업반에서 일하는 어머니 또래 아주머니 중 절반 이상이 같은 처지였다. '작고 민첩한 손가락을 가진' 여자아이들은 타이완의 경제 기적의 토대를 이룬 후 일반적으로 상상하듯이 '영예로운 은퇴'를 한 것이 아니라 대부분 여전히 노동 현장에 남아 장시간의 고된 노동으로 뒤틀리고 닳고 변형된 손가락으로 계속해서 가족을 부양하거나 타이완 경제를 뒷받침하고 있지만 과거 자신들이 이룬 '위대한 업적'에 대해서는 거의 이야기하지 않으며 그에 상응하는 역사 기록도 부재하다. 이러한 심정과 의구심은 한국 연구자들도 마찬가지인 듯하다.

안타깝게도 동아시아의 여성 노동자들은 노동집약적이고 노동강도가 높은 생산 라인 외에도 특히 당시 새롭게 부상하던 전자산업에서 유해한 노동 환경에 그대로 노출되었다. 예를 들어 한국의 조현열 작가는 2017년 작품 〈무엇이 당신을 즐겁게 하나〉를 통해 이 글에서 논하고자 하는 잊혀진 여성 노동의 역사에 대해 질문한 바 있다. 그 가운데 한 대형 포스터 작품에 "女性의 幸福!"이라는 문구가 크게 인쇄되어 있으나 그 바탕에는 1970년대에 있었던 여공 관련 산재, 열악한 노동 환경, 피살과 자살 등과 같은 기사의 스크랩 이미지가 가득하다. 위에 언급한 타이완과 한국의 전자산업 종사자 중 절반 이상이 여성이었고, 1970년대부터 타이완

Philco전자, RCA공장,[16] 한국 삼성 그리고 중국 및 동남아 국가 근로자의 유기용제 중독 사건에 이르기까지 사건이 끊이지 않았으나, 독성학 실험이 부재했고 여성 근로자에 대한 직업 역학 연구 또한 부족하여 산재를 입증할 과학적 증거를 확보하거나 직업병 인정 또는 보상을 받기 어려운 실정이었다. 전자산업의 가장 큰 특징은 제조 공정에서 중금속 외에도 다양한 유기염소계 용제 등 다량의 독성 화학물질을 사용한다는 것이다. 유기염소계 용제는 동아시아 역내 국가에서 장단기적으로 다양한 건강상의 위험뿐만 아니라 직업병 배상 청구 및 소송을 야기했다.

타이완 최초의 유기용제 중독 사건은 미국 Philco전자가 1966년 단수이(淡水)에 설립한 흑백TV 생산공장 'Philco 타이완(台灣飛歌股份有限公司)'에서 발생했다. 1972년 10월 21일 타이완 『연합보(聯合報, United Daily)』가 '산업병'의 가능성을 보도하기 시작했는데, 당시 직원 3,000명 규모의 Philco사에서 1년 동안 7명의 여성 근로자가 이상한 병에 걸렸고, 그 가운데 3명이 사망했으며 여성 근로자 200명이 병에 걸릴까 두려워 사직했다는 내용이었다. 최초 보도 후 며칠간 언론에서 추적 보도를 이어갔고 일부 전문가들이 노동자의 안전에 주의를 기울일 것을 촉구하기 시작했다. 당시 전자산업 분야의 주요 산재 사건은 모두 외자 공장에서 발생했는데, 그 이유는 TATUNG(大同), SAMPO(聲寶電子) 등 타이완 로컬기업은 가전제품 생산이 아니라 조립을 위주로 했다는 데 있다. 1975

---

16 1990년대부터 타이완RCA 노동자의 암 발병률이 급증하자 집단 소송을 제기했다.

년 쑨윈루이(孫運睿) 타이완 경제부 장관과 재미 타이완 학자 판원위안(潘文淵)의 노력으로 타이완 정부가 미국 RCA에 엔지니어 대표단을 파견하여 IC칩 제조 기술을 배워오게 했고, 이를 토대로 신주테크노파크(新竹科學園區)에서 반도체 산업을 시작했다. 한국도 비슷한 성장 경로를 걸었다. 1969년에 설립된 삼성전자도 초기에는 가전제품 조립에 주력하다가, 1983년에 엔지니어 8명이 미국 마이크론에서 배워온 선진기술을 가지고 한국에 공장을 설립했다. 현재 삼성은 한국 최대의 소비자가전 및 전자부품 메이커일 뿐만 아니라 세계 최대의 스마트폰 및 피처폰 메이커이며 세계 2위의 반도체회사이기도 하다. 그러나 이들 전자 기업은 성장 과정에서 비슷한 전철을 밟으면서 여성 노동자들이 독성물질로 인한 피해에 계속해서 노출되도록 했다.

2007년 3월 6일, 삼성 반도체공장에서 2년 가까이 일한 후 백혈병에 걸린 황유미 씨가 불과 23살 나이에 병원에서 집으로 가던 길, 아버지 황상기 씨가 운전하던 택시 뒷좌석에서 세상을 떠났다. 반도체공장 내 클린룸 작업자들은 모두 방진복을 입어야 하는데, 그 목적은 근로자 보호가 아니라 제품의 분진 오염 방지에 있다. 마스크를 착용하는 것도 제품 보호가 목적이다. 황유미 씨는 화학물질이 담긴 수조에 반복적으로 웨이퍼(wafer)를 담갔다가 꺼내는 작업을 수행했다. 황유미 씨와 함께 2인 1조로 일했던 동료 근로자도 백혈병으로 사망했다. 즉, 같은 작업장에서 일하던 두 명의 근로자 모두 백혈병으로 사망한 것이다. 결국 2008년부터 2021년까지 반도체 노동자의 건강과 인권지킴이 '반올림'을 통해 접수된 백혈병, 뇌종양, 암, 자가면역질환 등 전자산업에서의 업무상 재해 신청이 156건에 달했고, 그 가운데 70건이 업무상 재해로 인정됐다. 당시 근로자들에게 발병한 질환에는 백혈병 외에 유방암, 난소암 및 희귀질환도 포함된다.[17]

린이핑은 캐나다 학자 캐런 메싱(Karen Messing)이 제시한 '반쪽의 과학(One-Eyed Science)'[18]을 예로 들어, 동아시아 전자산업의 직업병과 그 이면의 과학적 지식을 논하며, 명백한 젠더 불평등뿐만 아니라 계급 및 인종 불평등까지 내포되어 있다고 주장한다.[19] 예를 들어 독성 실험에 자주 사용되지 않는 암컷 동물의 경우 유선, 난소, 자궁 모두 실험실 과학자들에게는 '보이지 않는' 기관이자 '해야 하지만 하지 않은' 과학 연구의 대상이라고 지적한다.[20] 독성학 연구에서 수컷 쥐가 자주 사용되었을 뿐만 아니라, 역학 연구에서도 남성 위주의 직업성 암이 더 큰 비중을 차지했다. 그 이유는 초기에 트리클로로에틸렌에 노출된 많은 산업에서 남성 근로자만 고용했고 남성과 여성 근로자 모두를 고용하는 업종에서는 남성과 여성의 업무 내용과 노출 상황에 큰 차이가 있을 수 있기 때문이다. 역학자들이 데이터 분석 시 남녀 직원의 업무 내용은 고

---

17 2014년, 두 편의 관련 영화 또는 다큐멘터리가 개봉됐다. 다큐멘터리 〈탐욕의 제국〉(2013)은 삼성 근로자의 직업병 관련 문제를 다루었고 홍콩과 타이완에서도 상영됐다. 영화 〈또 다른 약속〉(2014)은 황상기 씨와 황유미 씨의 실제 이야기를 모티브로 한 것으로, 관객 수가 50만 명을 넘으며 '반올림'의 투쟁에 매우 긍정적인 작용을 했다.

18 Karan Messing, *One-EyedScience*, Temple University Press, 1998.

19 林宜平, 「女人與水: 由性別觀點分析RCA健康相關研究」, 『女學學誌: 婦女與性別研究』 21, 國立臺灣大學人口與性別研究中心, 2006, 頁185-211.

20 林宜平, 「死了幾位電子廠女工之後: 有機溶劑的健康風險爭議」, 『科技醫療與社會』 12, 2011, 國立科學工藝博物館, 頁61-112.

려하지 않은 채 근무 연수를 지표로 하는 경우가 많아 유방암과 난소암과 같은 여성 암이 '과학적 증거'로 드러나는 경우가 드물었다.[21] 이처럼 동아시아 사이보그 여성 노동자들의 몸은 오랫동안 병리학적 연구와 노동권의 실험장이 되어왔다.

2. 여성 노동자의 (탈)성화된 신체와 정동적 주체

타이완과 한국의 여성 노동자 문화 재현에서는 앞서 언급한 업무상 재해 사건 외에 노동자와 자본가 간의 '계급' 문제 또한 다양한 방식으로 표현되어 왔고, '성/젠더'(sex and gender)가 중요한 비유(trope)가 되어왔음이 관찰된다. 여공/문학이 부상한 사회적 배경이 현지의 산업화 경제와 노동 전환에서 비롯되었던 것처럼, 농촌 생산 노동의 대체와 도·농 간 경제적 격차는 반드시 여성의 공장 노동을 통해 메워져야 했다. 즉, 고향을 떠난 소녀들이 낙후된 농촌 사회를 구하고 도·농 간의 균열을 메우는 식이었다. 또한 현지 공장의 남성 감독자와 여성 노동자 간의 성별 긴장과 계급 갈등은 소설에서 '성적 위기(sexual crisis)'로 나타나곤 했다. 여성노동사 연구자 안나 클라크(Anna Clark)가 당시 영국 소설에 등장한 공장 소녀의 묘사는 여성 문제와 노동자 정치를 보여

---

21 2015년이 되어서야 서구의 주요 직업 의학 저널에서 직업성 암 연구에서 여성이 누락된 부분에 대해 논의하기 시작했다. Karin Hohenadel et al., "The Inclusion of Women in Studies of Occupational Cancer: A Review of the Epidemiologic Literature from 1991-2009", *Am J Ind Med*, 58(3), 2015, pp.276-281.

주며 '성적 위기'를 통해 영국의 산업혁명이 가져온 '산업화의 트라우마(trauma of industrialization)'를 보여준다고 했던 것처럼 말이다.[22] 클라크는 산업소설의 단골 소재인 귀족이나 공장주가 하인이나 공장 여공을 유혹하는 이야기를 바탕으로 현대 노동시장의 성 역할 위기와 산업혁명이 전통적인 가정경제에 초래한 트라우마를 제기했다.

예를 들어 타이완의 주요한 노동자 작가인 양칭추(楊青矗)는 〈승진의 길(陞遷道上)〉에서 "공장장 린진구이는 평소 자신의 직권을 이용해서 부하 여직원을 성희롱하곤 했다. 한번은 회사 임직원 단체 등산을 갔을 때 린진구이는 자신과 반장인 허우리산 둘만 등산행렬에서 뒤처진 틈을 타서 그녀를 강제로 범했다. 허우리산이 처음에는 극렬히 저항했지만 끝까지 그렇게 하지 못한 것은 오랫동안 품어온 팀장 승진에 대한 기대 때문이었다. 즉 '이 사람 기분을 한 번만 맞춰주면 나를 팀장으로 승진시켜 주겠지'라는 기대 말이다"라고 적고 있다.[23] 〈공장 무도회(工廠的舞會)〉[24]에서는 남성 직원과 여성 근로자의 인원수와 좌석 배치("기혼 남성 직원은 대부분 앞쪽 테이블 좌석에 앉고, 여성 노동자들은 뒤쪽 벤치 의자에 다닥다닥 붙어 앉아 있었다", "30~40명의 남자들이 행사장에 있는 300~400명의

---

22 Anna Clark, "The Politics of Seduction in English Popular Culture, 1748-1848" In *The Progress of Romance: The Politics of Popular Fiction*, ed. Jean Radford, Routledge and Kegan Paul, 1986, pp.47-70.

23 1977년 『현대문학(現代文學)』을 통해 발표되었고, 훗날 〈공장여성들(工廠女兒圈)〉에 수록되었다.

24 1977년 『중국시보 '인간' 면(中國時報人間副刊)』에 처음 실렸고, 훗날 〈공장여성들〉에 수록되었다.

여자들 중에서 마음대로 골랐다"), 무도회장에서의 대우(남성 직원에게
는 음식이 제공되지만, 여성 근로자에게는 제공되지 않음), (언어적, 신체
적) 성희롱을 통해 젠더와 계급 차이가 뒤얽혀 있음을 묘사함으로
써 노동권 운동가이자 연구자 차이즈제(蔡志杰)의 지적처럼 "노동
과 젠더의 이중 억압을 생산의 영역에서 재생산의 영역으로 가져
왔다."[25]

　　여기서 더욱 강조하고 싶은 것은 이러한 '성화(sexualization)'된
묘사가 실제로는 여공의 '탈성화(de-sexualization)'된 규율과 공존한
다는 점이다. 예를 들어, 양칭추는 소설에서 여성 노동자의 마음을
표현하며 "사람들이 공장에서 일하는 여자는 헤프다고 말들 하니
조심해야 돼. 남자들하고 엮이면 안 돼."[26]라든가, "가족들이 내게
이렇게 하는 건 사회에 퍼진 여공에 대한 차별적 언어들에 영향을
받은 거야. 그들은 여공은 게으르고 성적으로 헤프다고 굳게 믿
고 있어. 사람들은 늘 '공장에서 일하는 여자는 가정을 이루기 힘
들다', '좋은 남자한테 시집가고 좋은 아내를 얻으려면 공장에서
일하면 안 된다'고 말하곤 하지"[27]라고 적고 있다. 여성 노동자 시
인 예샹(葉香)도 그의 시 「여공의 초상」[28]에서 "남자친구가 편지를
보내왔다. 일을 그만두라고. 그렇지 않으면 헤어지겠다고. 이유는

25　蔡志杰, 「【飄零的花與無根的草】系列一——孤女出室: 楊青矗筆下的勞動女性」,
　　『苦勞網』, 2017. 7. 21. (https://www.coolloud.org.tw/node/88826)

26　楊青矗, 『工廠女兒圈』, 自由時代出版社, 1978, 頁94.

27　前揭書, 頁205-206.

28　1979년 11월 『춘풍(春風)』 1권 1호에 처음 실렸고, 나중에 『이슬비: 시와 소품
　　(微雨: 詩與小品)』에 수록됨. 葉香, 「女工畫像」, 『微雨: 詩與小品』, 台東縣文化
　　中心, 1998, 頁91-94.

동료들이 비웃기 때문, 여자친구가 가공단지에서 일한다고 비웃기 때문"이라고 썼다. 집 밖에서 일하는 여성이 '성'의 제약에서 자유로운 것으로 인식되고 자유연애를 추구하는 것이 '헤픈 여자'로 낙인찍히는 것은 뿌리 깊은 성별 역할과 분업에서 비롯된다. 그러나 이러한 (탈)성화된 담론 현상은 다음 부분에서 다룰 한국 여성 노동자들의 회고록에 담긴 '성' 문제와 마찬가지로 여성 노동자들의 '자기 정체성'과 '성'에 대한 수치심으로 작동하기도 했다. 그 목적은 자본/국가가 여성 노동자의 잉여노동 가치를 보호하고자 하는 데 있다.

여성 노동자가 잉여노동력으로 취급되는 것과 관련하여, 좌파 소설가 첸잉전(陳映真)은 『구름(雲)』 속 여성 노동자의 입을 빌려 "우리 여성 노동자들의 급여는 남성 노동자와 비교할 수 없을 정도로 낮고 다른 현지 공장들하고 비슷해요. 우리 여성 노동자들이 하는 일이 다른 사람들에 비해 절대로 적지 않지만, 사람들은 '어린 여공'들은 월급을 받아봐야 생활비에 조금 보태거나 옷 사고 화장품 사는 데 허비하는 값싸고 가치 없는 노동력이라고 생각해요."[29]라고 했다. 그러나 1970년대 외국계 전자제품 제조공장이 잇달아 설립됨에 따라 여성 노동자에 대한 수요가 급증하자 공장들 사이에 인력 쟁탈전이 벌어지기까지 했다. 당시 국가/자본은 여성 노동자의 생산적 노동을 강조하며 재생산 역할-결혼과 출산, 가사 노동을 지연시키고자 했다. 이와 관련하여 당시 언론에서도, 많은 고용주가 기혼 여성 고용을 꺼리고 있고, 여성 노동자는 결혼

---

29 陳映真, 『雲』, 遠景出版事業公司, 1983, 頁73.

과 함께 퇴사해야 하며 공장들이 중졸의 미혼 여성 노동자를 더 선호한다고 보도했다.[30] 이렇듯 젠더, 계급, 경제 성장, 사회적 전환 등의 요인이 복합적으로 작용한 역사적 경험에 여성 노동자들은 어떻게 반응했을까? 이후 독자들과 연구자는 이러한 경험과 역사를 어떻게 연결시켰을까? 위의 논의를 통해 필자는 '여성 노동자'를 전후 타이완의 새로운 사회현상으로 간주할 뿐 아니라 하나의 역사적 주체이자 분석의 틀로 삼아 매개체이자 은유로서의 역사적 특수성을 부각하고자 한다.

한국의 여공문학은 두 차례의 전성기를 거쳤다. 그 첫 번째는 1920~1930년대에 등장한 강경애를 대표로 하는 프롤레타리아 문학이고 두 번째는 1970~1980년대에 당시의 노동운동에 대응하여 등장한 자전적 작품과 남성 작가가 여성 노동자의 군상을 재현한 작품이다. 이 두 차례의 문학 사조가 지나간 후 1980년대에 등장한 '노동문학' 운동은 노동자가 주요 문학 생산자가 되어 1987년 민주화운동 시기의 회고록과 남성 노동자의 회고록을 중심으로 하여 노동자가 노동자계급의 주체 구축 과정에 어떤 방식으로 직접 참여했는지를 그려냈다. 그런데 1970년대 한국 여성운동의 주요 활동가였던 여성노동단체들은 남성 중심의 노조활동을 극복

---

30 「中縣民興訪廠禁止女工結婚」,『中國時報』, 1964. 2. 25; 黃天才, 「女工多受結婚影響 二十五歲強制離職」,『中央日報』, 1965. 2. 13;「馬一橡膠廠 女工節育有獎」,『經濟日報』, 1967. 7. 8;「國中女生如願就業 今年將准提早畢業 政府研究解決女工缺乏問題」,『聯合報』, 1976. 4. 23;「私生子比例日漸增高應加強女工性教育」,『民生報』, 1982. 6. 10;「國中剛畢業未婚的女工 將更為工廠所歡迎」,『經濟日報』, 1984. 7. 20.

하고 여성이 중심이 되는 노조 설립을 주도했다.[31] 이러한 여성 노동자들의 실천적 활동은 1980년대에 노동자 회고록의 형태로 활발하게 출판되었는데, 이 시기 여성 노동자 회고록 중 가장 자주 인용되는 것은 송효순의 『서울로 가는 길』, 장남수의 『빼앗긴 일터』, 석정남의 『공장의 불빛』이다.[32] 이 세 편의 작품은 문학 연구자들로 하여금 전기(傳記)의 문학적 기능에 대해 다시 생각하게 했고 노동사학자나 사회학자들로부터 주목받는 역사적 자료가 되었다. 이 세 편의 회고록에서 중심축을 이루는 것은 역시 '노동 경험'이다. 예를 들어 송효순은 작업장의 안전 문제, 사측의 근로 시간 위반, 야근 수당 미지급 등의 상황뿐만 아니라, 경영진 대상 소송까지를 작품에서 다루었다.[33] 그러나 노동자들이 흔히 직면하는 노동 착취 이외에 여성 노동자의 정체성 모순은 아래에서 논의할 '젠더 문제'를 통해 빈번하게 드러난다. 보다 더 중요한 것은 이들 텍스트가 개별 노동 정체성의 서사가 아니라, 기존 정체성과의 불협화음 및 여러 정체성(기혼 여성, 가정주부)의 혼재와 충돌을 보여준다는 점이다.

사회학자 장미경은 1970년대 서울과 수도권 공장에서 일했던 여성들의 구술 역사와 인터뷰를 통해 '섹슈얼리티'로 한국 사회의 계급정치를 설명할 것을 제시했다. 1960~1970년대 한국 사회가

---

31 노동운동사 관련한 참고문헌은 다음과 같다. 이옥지, 『한국노동자운동사』, 한울, 2001, 183-184쪽.

32 송효순, 『서울로 가는 길』, 형성사, 1982; 장남수, 『빼앗긴 일터』, 창작과비평사, 1984; 석정남, 『공장의 불빛』, 일월서각, 1984.

33 송효순, 위의 책, 133쪽.

그려낸 '이상적인 여성상'은 앞선 두 장에서 논의한 가정주부, 중산층 어머니 등과 같이 중상층(中上層) 여성 이미지를 토대로 하며 '가정적이고', '여자다운' 분위기의 여성이다. 이들 여성은 '백옥 같은 피부', '하얗고 가느다란 손', '노동하지 않는 몸' 등의 신체 이미지를 계급 코드로 하여 하루 종일 일하는 여성 노동자의 거칠고 지저분한 손과 뚜렷한 대비를 이루며, 더욱이 여성 노동자를 '여성'의 범주에서 배제한다.[34] 이와 관련하여 장남수도 다음과 같이 기록하고 있다.

> "사람들은 말한다. 여자 목소리가 담을 넘어가도 아니 되고, 여자는 얌전하고 교양 있게 얘기를 해야 하며 행동도 조용해야 한다고…. 그러면 우리(여공)는 무언가? 자로 잰다면 우리는 여자로선 제로 아닌가. 큰소리로 하지 않으면 말이 전달이 안 되고, 작업복을 입고 분주하게 기계 사이를 오가며 일해야 하니 자연히 행동이 덤성덤성하다. 이 나라의 산업 발전과 경제성장을 위해 밤잠도 못 자고 땀 흘리는 우리에게 돌아오는 대가가 공순이라는 천시하는 명칭과 세상에서 말하는 여자다움이 박탈되는 거라면 우린 뭔가? 누구를 위해 일하며 무엇을 위해 사는 것인가."[35]

앞서 언급한 인터뷰나 회고록에 따르면 남성 관리자와 지식인뿐만 아니라 같은 노동자 계층에 속한 남성 동료들도 여성 노

---

34 장미경, 「1970년대 여성노동자의 섹슈얼리티와 계급정치」, 『사회과학연구』 14(1), 서강대학교 사회과학연구소, 2006, 9-10쪽.

35 장남수, 앞의 책, 42-43쪽.

동자를 두고 거칠고 여자답지 않다고 조롱했다고 한다. 김원은 여성 노동자의 '무성(無性)' 또는 '생산적인' 신체 이미지는 국가와 고용주, 지식인들의 공모로 만들어졌고, 이는 '여성 노동자=교양 없음=여자가 아님'이라는 사회적 인식까지 도출하게 되었다고 지적한다.[36] 위에 언급한 각종 기록과 논의를 통해 여성 노동자는 '여자답지 않은' 존재로 인식되고 '재생산'의 역할이 지워졌기 때문에 국가 경제 발전에 기여하는 노동자로서의 정체성이 더욱 강조될 수밖에 없었음을 발견할 수 있다. 정치사학자 정찬일은 『삼순이: 식모, 버스안내양, 여공』에서 '순이'를 소재로 하여 일반 대중들이 여성 노동자를 '공순이'라고 부르는 것은 전통적인 유교 계급제도가 현대 사회의 직업 구조에 투영되었다는 점과 사회 내부의 육체 노동자에 대한 오래된 부정적 평가가 발현된 결과라고 분석한다.[37] 이러한 배경에서 많은 연구자들이 여성 노동자들이 자신의 학력과 하층 노동에 대해 콤플렉스를 가지고 있다는 점을 지적한다.[38]

따라서 국가와 자본 시스템이 여성 노동자의 생산 형태를 축소하고 계급 간 이동을 가로막으며 여성 노동자를 지식인에게 조

---

36   김원, 앞의 책, 692-693쪽, 694-697쪽.

37   정찬일, 『삼순이-식모, 버스안내양, 여공: 시대가 만들고 역사가 잊은 이름』, 책과함께, 2019. 당시 타이완 사회에서도 '여공'이라는 단어에 부정적 의미가 내재되어 있었다. 예를 들어 China Film이 1979년 개봉한 장편영화 〈어느 여공의 이야기〉에 부잣집 여자가 여자 주인공에게 '더러운 여공'이라고 욕하는 장면이 등장한다.

38   정현백, 『여성 노동자의 의식과 노동세계-노동자 수기 분석을 중심으로』, 창작과비평사, 1985; 장미경, 「근대화와 1960~70년대 여성 노동자-여성노동자 형성 과정을 중심으로」, 『경제와 사회』 61, 비판사회학회, 2004에서 재인용.

종당하고 교육을 받지 못한 무지한 소녀로 묘사하는 동안, 여성 노동자들은 스스로 생각하고 쓰고 행동할 수 있는 존재임을 증명하고자 노력했다.[39] 장남수도 여성 노동자의 훼손된 여성다움의 회복을 고집하기보다는 국가와 사회의 이중 잣대와 그에 대한 저항의 뜻을 드러낸다. 이에 관해, 석정남이 1970년대에 출간한 「어느 여공의 일기-불타는 눈물」[40]과 『공장의 불빛』에 기록된 동일방직 여공들의 '나체 시위'야말로 젠더, 계급, 정체성이 결합된 강렬한 감정과 기억이다.

1976년 7월 25일 오후 수백 명의 전투경찰이 회사 안으로 진입해 들어오자, 여공들이 반나체의 몸으로 서로 몸을 바짝 붙이고 옆의 동료와 팔짱을 꽉 낀 채 노총가를 불렀다. 놀란 표정으로 바라보는 경찰과 남성 노동자들에게 둘러싸인 채 말이다. 이런 행동에 대해 석정남은 "벗고 있는 여자 몸엔 경찰 아니라 그 누구도 손을 못 댄다 … 그것은 무시무시한 위협 앞에서 우리가 할 수 있는 마지막 저항이자 부끄러움도 두려움도 없는 자발적인 행동이었다"라고 회고했다.[41] 나중에 전투경찰이 무력 진압에 나서면서 물리적 충돌이 일어났고, 그 과정에서 여성 노동자 몇 명은 옷이 완전히 벗겨지기도 했다. 그러나, 석정남이 "파란 작업복이 그들의 손 끝에서 날아다녔지만 여공들은 수치심도 잊고 알몸으로 노래를 불렀다"[42]라고 했듯이, 여공들은 그로 인해 결코 수치스러워 하

---

39 석정남(1984), 앞의 책, 71쪽.

40 석정남, 「어느 여공의 일기-불타는 눈물」, 『대화』 1976년 11월호, 7-12쪽.

41 석정남(1984), 앞의 책, 49쪽.

42 석정남(1976), 앞의 책, 240쪽.

지 않았고, 눈물과 분노, 고난을 함께 한다는 강렬한 정서적 유대감만 가지고 있었으며, 그 가운데 여공들 고유의 감정 주체가 형성되었다.

3. 포스트식민주의의 사이보그
: 여공의 '탈정동'의 신체

"그건 우리의 마지막 저항이자 부끄러움도 두려움도 없는 자발적 행동이었다", "젊은 여성들이 수치심도 잊고 알몸으로 노래를 불렀다"는 석정남의 회고를 계기로 필자는 여성 노동자의 '감정' 문제 또는 '탈정동된 신체(disaffected bodies)'의 가능성에 대해 좀 더 깊이 고민하게 되었다. 결국 앞의 두 챕터에서 논했던 '업무상 재해'와 '(탈)성화'된 신체는 두려움, 혐오, 수치심과 같은 감정과 직접적으로 연결된다. 예를 들어 한국의 노동사 연구자인 구해근은 『한국 노동자: 계급 형성의 문화와 정치(Korean Workers: The Culture and Politics ofClass Formation)』에서 '노동자 정체성'과 '계급의식'의 형성과 관련하여 감정적 측면의 중요성을 제기하며 "계급의식이 인지적(혹자는 과학적이라고 함) 요소를 더 많이 가지고 있다면, 노동자 정체성은 정서적이고 감정적인 요소를 더 많이 포함하고 있다. 그러나 노동자들 사이에서는 강렬한 계급 감정이 뚜렷한 계급의식에 선행하는 것이 매우 중요한 것으로 보인다"고 지적했다.[43] 여공문학과 기억에서 '한(恨)'은 앞의 연구에서 분석한 바와 같이 여공의 생명 경험 중 각종 불공정과 절망감을 반영한다. 그러나, 제도적 불공정과 사회적 차별에 대한 남성 노동자의 반응과 달리 여성 노동자의 '한'은 '성/젠더 위기' 모두를 반영하고 그에 저항한다.

1976년에 발생한 동일방직 노동자 투쟁 사건은 1970년대를 상징하는 장면 중 하나라고 할 수 있다. 그런데 그로부터 2년 후 (1978년) 동일방직 여성 노동자들은 다시 한번 사측이 주도한 '똥물 사건'으로 신문 사회면에 실렸고 똥물을 뒤집어쓴 여공들의 사진이 투쟁하는 여성 노동자 신체의 상징이 되었다. 두 번의 사건을 거치며 '나체'와 '똥물을 뒤집어쓴 신체'는 미디어 스펙터클 (media spectacle)과 가부장제하에서 물화된 여성의 신체에 관한 각종 논의를 촉발했다.[44] 그러나 '동일방직 여공 알몸 시위' 사건에서는 '성/젠더 위기'가 오히려 무기가 되어 남성/경찰이 여성 시위대를 건드릴 수 없도록 만들었고 알몸이 '성(순결)'과 '감정(수치심)'의 패러다임에서 벗어날 수 있게 했다. 이 사건은 임흥순 감독의 다큐멘터리 〈위로공단〉(2015)에서 서사의 중심축을 이루기도 한다.

〈위로공단〉은 감독의 어머니가 방직공장에서 일하는 장면에

---

43 Hagen Koo, *Korean Workers: The Culture and Politics of Class Formation*, Cornell University Press, 2001, p.152. 기타 참고문헌은 구해근, 『한국 노동계급의 형성』, 창비, 2009.

44 이정희, 「훈육되는 몸, 저항하는 몸: 1980년대 초반의 여성노동 수기를 중심으로」, 『페미니즘 연구』 3, 한국여성연구소, 2003, 157-181쪽; 김주희, 「1970년대 한국 경공업 여성노동자의 신체성에 관한 연구」, 『무용예술학연구』 43(4), 한국무용예술학회, 2013, 1-20쪽.

서 시작해서 20세기 후반과 21세기 초 한국의 여성 노동 현장을 아우른다. 영화는 시간 순서대로 사건을 나열하는 것이 아니라 과거와 현재를 오가며 1970년대의 동일방직 사건과 YH무역 농성, 1980년대의 구로동맹파업, 2005년의 기륭전자 쟁의, 2007년의 삼성반도체 사건, 2011년의 한진중공업 타워크레인 고공 시위 등 한국 여성노동사에서 중요한 사건들에 초점을 맞춘다. 또한 한진중공업(캄보디아 공장), 버스 안내양, 베트남 이주 노동자, 이랜드/까르푸 등 대형마트 직원, 항공사 승무원, 콜센터 노동자, 요양원 물리치료사 등 다양한 분야에서 일하는 여성 근로자에 대한 착취와 그들이 처한 열악한 노동 환경으로까지 그 시야를 넓힌다. 위에 언급한 사건에 관한 회고와 경험담은 인터뷰에 응한 22명의 여성 노동자들의 목소리와 증언에서 비롯된다. 또한 감독은 인터뷰 화면 외에 역사적 사건 관련 영상, 연극, 실험적 영상, 애니메이션 등 다양한 예술 형식을 사용하여 서사의 시간과 시각적 이미지를 흔들어 놓고 음성과 영상의 불일치성 등과 같은 미학적 요소를 강조한다.

예를 들어 캄보디아 공장에서 있었던 폭력 사건 장면에 뒤이어 카메라는 캄보디아 집단학살 사건(킬링필드)의 상처를 전시한 박물관으로 옮겨가 희생자들의 사진에 초점을 맞춘 다음 푸른 초원 위의 하얀 꽃을 클로즈업한 화면에서 잠시 멈춘다. 이렇게 전환되는 과정에서 아무런 설명도 없다. 나중에 출시된 DVD 버전은 흰 천으로 온통 얼굴을 가린 두 여성이 귓속말하는 장면을 커버 이미지로 사용했고 영화에서도 눈을 가린 소녀가 촉각에 의지하여 공단에 있는 집들 사이, 숲속 오솔길을 더듬거리며 지나가는 장면이 나오기도 한다. 흰 천으로 가려진 얼굴이나 눈은 감각기관 (특히 시각)의 영향/정동(affect)을 배제함으로써 화면 속 여성(여공) 의 몸을 생경하고 부자연스럽게 만든다. 사건 장면과 여성 노동자 몸의 사실감을 포기하고 화면 구성의 시간감과 공간감을 강조하 며 서술이나 지식을 통해 메시지를 전달하지 않는 것이 이 영화가 일반적인 다큐멘터리와 구별되는 예술적 특성일 것이다.

그 밖에도 영화에는 조각난 로봇, 마네킹, 가발, 팔·다리와 마 네킹이 곳곳에 등장한다. 예를 들어 마네킹의 잘린 팔이 작은 진 열대에 상품처럼 진열되어 있거나 카운터에 놓인 마네킹의 얼굴에 접착테이프가 겹겹이 붙어 있고, 이들 화면에 배경음이나 싱크가 맞지 않는 사운드가 깔려 관객들의 초조함을 고조시키는데, 현실 은 공포영화보다 더 끔찍하다. 암에 걸려 머리카락이 다 빠진 삼 성 반도체 노동자의 모습은 1970년대 가발제조업과 병치된다. 신 체의 일부(머리카락, 손)는 자본주의의 상품 진열대와 컨베이어벨 트 위에 놓이고, 이들 대량생산된 상품과 그 상품을 생산한 노동 자의 잃어버린 신체의 일부가 병치되며, 파편화된 신체와 물화된 노동 상황이 정보화 시대의 대형마트에 존재한다. 노동자 자신의 노동 가치와 신체가 소외되는 (자신이 생산한 제품을 살 수 없고 신체 가 훼손되는) 장면은 참으로 소름 끼치는 현실 속 장면이다.

〈위로공단〉은 이들 예술적 영상 장치를 통해 감정을 지나치 게 과장하지 않는다. 파업에 나선 여성 노동자들을 연민 또는 동 정 어린 시선으로 바라보거나 여성 노동자의 노동 상황을 불쌍하 고 수동적인 여성 노동자의 의존적 상황으로 그리지도 않는다. 물 론 인터뷰에 응한 여성들이 과거를 회상하며 무시로 눈물을 흘리거나 감정에 북받쳐 고통스러운 표정을 짓는 장면이 간혹 있기는 하지만 말이다. 그러나 필자가 위의 챕터 말미에 '동일방직 여공의 나체 시위'를 통해 지적하고자 했던 것처럼 '탈정동'은 '무감각'이 아니라 주체가 다양한 감각을 생성함으로써 강제된 감정 패러다임을 거부하는 아래로부터의 주체적 실천임을 강조하는 것이다. 〈위로공단〉에 표현되고 기록된 여성 노동자의 정동적 행위자성(affective agency)은 우리로 하여금 '탈정동'의 실천 가능성을 한층 더 상상할 수 있게 해주며, 감정의 젠더화된/생명정치적 위계에 따라 느끼기를 거부함으로써 발전, 생산, 행복을 강조하는 근대화/자본주의 이데올로기에 저항하도록 한다.

〈위로공단〉이 1970년대의 급격한 산업화가 남긴 역사적 문제와 여성의 경험에 초점을 맞췄다면, 타이완의 현대 예술가 첸제런은 단편영화 〈가공공장〉에서 1980년대 후반 타이완에 들어서기 시작했던 외국자본과 공장이 철수한 데 따른 후유증을 다루었다. 그중 대표적인 사건은 '전국 공장 폐쇄 노동자의 연대 항쟁 사건(全國關廠工人連線抗爭事件)'으로, 1996년경부터 시작되었다. 당시 타이완에서 섬유·의류 공장이 잇달아 문을 닫으면서 근로자들이 퇴직금을 받을 길이 막막해지자 공장 폐쇄로 인해 실직한 노동자들이 '전국공장폐쇄노동자연대(全國關廠工人連線)'를 결성하여 일련의 쟁의 활동을 벌였다. 그 가운데는 1996년 12월 20일 연복제의(聯福製衣) 근로자들이 타오위안 철도 선로에 누워 농성을 벌인 사건도 포함된다.

2003년, 타이완 예술가 첸제런은 연복제의 여성 노동자들을 그들이 20년간 일했던, 지금은 버려진 공장으로 초대했다. 아무런 사전 '대본' 없이 우선 과거 공장에서 사용했던 것과 비슷한 미싱을 빌려온 후 과거의 여성 노동자들을 다시 공장에서 '일'하도록 초대했다고 한다. 촬영팀은 여성 노동자들을 따라 매일 아침 8시에 출근 후 점심에 도시락을 먹고 휴식을 취하고 5시에 퇴근했으며 감독과 스태프 모두 여성 노동자들 옆에서 그들이 일하는 모습을 관찰했다. 이러한 과정을 거쳐 마침내 30분 분량의 영화 〈가공공장〉이 탄생하여, 나이 들고 늙은 여성 노동자들이 자신들의 과거 일터에서 움직이고 노동하고 쉬는 모습을 보여주었다. 작업 공간 주위에는 공장에 원래 있었던 달력, 신문, 출근카드 체크기, 작업용 테이블과 의자, 생산 장비, 선풍기 등 버려진 물건들을 배치하여 과거 근무 환경과 같은 상태를 만들어냈다. 관객은 느리게 움직이는 카메라를 따라 자본이 떠난 후 남겨진 물건들을 바라보며 거기에 내재된 '정체'와 '움직임'이라는 이중의 시간을 느끼게 된다.

〈가공공장〉은 과거 20~30년 동안 반복적이고 단조로우며 답답하게 일했던 생산직 근로자들의 '현장에 갇힌' 신체성과 생명 상태를 관객에게 전달하고, 그것들이 영상을 통해 관객의 '신체적' 경험의 일부가 되도록 하고자 한다. 첸제런은 이러한 '신체성'을 강조함으로써 '공감'의 감정과 동정심이 이토록 쉽게 사라질 수 있는지에 질문을 던진다. 첸제런은 영상이 관객의 '신체적' 경험이 될 때만 기억이 전달될 수 있고, 그렇게 쉽게 망각되지 않을 수 있다고 믿는다. 영화는 처음부터 끝까지 '침묵'을 유지한다. 프로젝트에 참여한 여성 노동자들이 말하고 싶어 하지 않아 첸제런 감독이 영화 전체를 무성(無聲)으로 처리하기로 결정했기 때문이다. 이에 관한 감독의 말을 들어보자.

> 여성 노동자들은 사실 자기 이야기를 꽤 잘할 수 있지만 다른 사람
> 의 말을 조용히 듣고 있는 그들의 담담한 얼굴과 오랜 기간 노동을
> 했던 몸에서 언어보다 더 많은, 얼굴과 몸에 새겨진 그들의 삶의 이
> 야기를 엿볼 수 있었습니다. 이런 분위기는 영화의 속도에 영향을
> 미쳐 결국 영화 전체 과정이 매우 느리게 진행됩니다. 아무 말도 하
> 지 않고 멍하니 앉아 있거나 서 있을 때, 20~30년 동안 생산직 노
> 동자로 살아온 그들의 몸에 켜켜이 쌓인 삶의 이야기들이 천천히
> 흘러나옵니다. 영화를 찍을 때 저는 바로 제가 겪었던 이런 '신체
> 성'의 경험을 따라갔습니다.[45]

필자는 〈가공공장〉을 타이완 산업과 경제의 기적적 발전의
'대항 기억(counter memory)'으로 간주한다. 이러한 대항 기억은 젠
더화된 것이면서 신체화된 것이다. 중국문학 연구자 마이클 베리
(Michael Berry)가 지적했듯이 이들 여성은 "후기산업화 시대 고통
과 상처로 가득한 '살아 있는 역사'를 대표한다."[46] 예를 들어 영화
속 장면에서 여성 노동자들의 노화되고 흐릿해진 시선, 뒤틀리고
변형된 손가락으로 바늘에 실을 꿰는 것과 같은 세밀한 작업을 포

---

45 Chen Chieh-jen, "Artist's Statement for Factory." Trans. Brent Heinrich, 2003. https://iniva.org/programme/projects/chen-chieh-jen-factory/; 陈界仁, 「《加工厂》台湾成衣女工的身体经验」, 『艺术世界』, 2012. 2. 25.

46 Michael Berry, *A History of Pain: Trauma in Modern Chinese Literature and Film*. New York: Columbia University Press, 2008, p.41.

함한 봉제 노동을 재현했다. 공장 여성 노동자를 대표하는 침묵과 무감각, 뒤틀린 신체가 역사의 폭력과 '탈정동된 신체'를 또렷하게 보여주며 관객으로 하여금, 사라진 소리에 귀를 기울이게 하고 잊혀진 것을 기억하게 하며 소홀히 여겨졌던 생명 경험을 소환하도록 한다.

4. 결론

〈위로공단〉과 〈가공공장〉에 등장하는 '탈정동된 신체'는 필자를 40년 전 해러웨이의 사이보그 담론으로 데려갔다. 당시 해러웨이는 페미니즘의 딜레마(일방적인 정체성 정치 고취에 따른 정체성의 분열)[47]에 대한 성찰을 바탕으로 '정체성'을 전략으로 한 것이 아니라 '친연성'과 '동맹'을 통해 "집적회로 속 여인들을 위한 공통의 언어를 만들었는데",[48] 그 핵심 이미지가 사이보그였다. '전자회로'의 이미지는 여성이 어떤 방식으로 가정, 시장, 공장에서 글로벌 전자회로로 통합되었는지를 보여준다. 오늘날 백인 자본주의 가부장제는 지배적인 정보시스템으로 전환되었고, 유기체는 정보기술로 컨트롤할 수 있는 생명의 구성요소로 재정의되었다. 생물학은 임상 실천이었던 데서 사이버네틱스(cybernetics) 기반의 쓰기와 기록의 과정으로, 섹슈얼리티는 종족 통제와 우성 유전자의 생

---

47 해러웨이는 이를 '페미니스트들(모든 여성은 말할 것도 없음) 중에서 가능한 모든 단층을 따라 발생하는 고통과 분열'이라고 했다.

48 Donna Haraway(1991[1985]), op.cit.

명공학으로 전락했고, 인간의 정신은 인공지능으로 대체되었으며, 가정과 공장 간의 구분은 모든 것을 포괄하는 글로벌 팩토리, 전자산업 생태계에 의해 지워졌다. '탈식민적 사이보그'는 '피식민자', '유색인종(비백인)', '주변인(비중심)', '여성(비남성)', '동물(비인간)', '자연(비문명)' 등이 서로 뒤얽혀 있는 가운데 '저항'의 가능성을 생각한다.

이 글은 '탈정동된 신체'를 통해 산업화의 변화와 주류 문화의 재현에 의해 구성되는 것들과 다른, 여성 노동자라는 '역사적 주체'를 제안한다. '탈정동된' 신체는 자신의 감정에서 출발하여 행동하는 능동적 주체이자, 정체성 정치의 '존재(being)'로부터 정동 정치의 '탈정동된' 주체로 전환 및 형성되는 방식이다. 그러나, 이 글에서는 '탈정동된 신체'를 '역사적 주체'와 대립적인 존재로 간주하거나 이를 역사 밖에 존재하는 저항의 주체로 만들려는 것이 아니라 '탈정동된 신체'가 '역사적 주체'와 상호작용하는 가운데 형성되는 것임을 강조하고자 한다. 이는 들뢰즈가 스피노자의 이론을 분석한 후 '정동'이라는 개념을 제시하면서 강조하려고 했던 것과 비슷하며, "정동이 나타내는 것은 영향을 받고 변화하고 정동된(affected) 후의 신체가 아니라 영향, 변화, 감동 자체가 신체가 되는 것이며, 여기서 신체가 바로 영향을 주고 받을 수 있는 행동력과 존재력이다."[49] 이 글에서는 '정동'의 철학적 주체성에 기반하여, 여성 노동자들이 스스로 주체화한 '탈정동된 신체'는 역사적 작용의 결과이자 역사적 행동 자체의 표상이라고 판단하며 이를

---

49 楊凱麟, 『分裂分析德勒茲: 先驗經驗論與建構主義』, 河南大學出版社, 2017.

통해 당시의 잊혀진 역사를 재조명할 것을 제안한다.

번역: 이정순 (중앙대학교)

참고문헌

1부 신화적 돌봄과 돌봄의 신화 너머

SF 소설의 여성 신격 재현 양상
강성숙

1. 기본자료

교보문고 상품 정보 (https://product.kyobobook.co.kr/detail/S000001786651)

소설 MD 권벼리,『일곱 번째 달 일곱 번째 밤』추천사, 알라딘, 2021. 06. 01.
(https://www.aladin.co.kr/m/mproduct.aspx?ItemId=272254917)

이복규, 양정화 역,『한국의 신화』, 민속원, 2017.

켄 리우 외,『일곱 번째 달 일곱 번째 밤』, 알마, 2021.

통계청,「인구동향조사」,『2023년 합계출산율』, 국가통계포털. (https://kosis.kr)

한국정신문화연구원,『구비문학대계 9-1』, 1980.

현용준,『제주도무속자료사전』, 신구문화사, 1980.

2. 논문과 단행본

1) 논문

강성숙,「보살핌 윤리로 본 바리 신화 연구-전라도 전승본의 '구약 거부'와
'언니 옷 입기' 모티프를 중심으로-」,『온지논총』63, 온지학회, 2020.

고은영,「〈원천강본풀이〉의 시간과 존재」,『한국무속학』42, 2021.

김동식,「'인권'으로서 성·재생산 건강과 권리에 대한 이해와 정책적 지향점」,
『젠더리뷰』60, 한국여성정책연구원, 2021.

김민희, 「여성의 임신상태와 바디이미지의 상관관계」, CHA의과학대학교 통합
　　의학대학원 임상미술치료전공 석사학위논문, 2013.

김정희, 「〈구복여행〉 설화의 교육방안 연구」, 충남대학교 석사학위논문, 2016.

김혜정, 「설문대할망 설화의 전승 양상과 신적 성격-마고할미 설화와 비교를
　　중심으로-」, 『우리어문연구』 Vol.63, 우리어문학회, 2019.

문태영 · 박순문 · 한미선, 「임산부 체조 참여가 신체평가 및 임신스트레스에
　　미치는 영향」, 『한국산학기술학회논문지』 11(3), 한국산학기술학회, 2010.

서욱희, 「상호텍스트성에 대한 도전-1990년대 송경아 소설의 신화 다시 쓰
　　기」, 『한국현대문학연구』 66, 한국현대문학회, 2022.

신동흔, 「코로나 위기에 대한 신화적 · 인문학적 성찰: 〈손님굿〉 신화 속 질병
　　신의 속성과 인간의 대응을 중심으로」, 『통일인문학』 제83집, 통일인문학
　　연구단, 2020.

신상규, 「포스트휴먼 담론과 SF의 포스트휴먼 서사」, 『교양교육과 시민』 제4
　　호, 숙명여자대학교 교양교육연구소, 2021.

신호림, 「원천강본풀이에 나타난 신격의 특징과 의미」, 『어문연구』 50(1), 한국
　　어문교육연구회, 2022.

유정월, 「〈원천강본풀이〉의 운명관 연구-〈구복여행〉 설화와 대비를 통하여」,
　　『한국고전연구』 42, 한국고전연구학회, 2018.

정재호, 「〈마누라본풀이〉의 전승 맥락과 서사 구성 원리」, 『고전과 해석』 제26
　　집, 고전문학한문학연구학회, 2018.

조미영, 「한국 SF영화에 나타난 환상성 연구-2000년도 이후 SF 영화를 중심
　　으로」, 경희대학교 박사학위논문, 2014.

조현설, 「마고할미, 개양할미, 설문대할망-설문대할망 전승의 성격과 특징에
　　대하여」, 『민족문학사연구』 41, 민족문학사학회, 2009.

최영희 · 문현선, 「중국 SF영화 'Àl(流浪地球)(2019) 스토리텔링의 신화 서술과
　　중국 신화 모티프 활용 양상 연구」, 『중어중문학』 89, 한국중어중문학회,
　　2022.

최윤영, 「〈구복여행〉 설화의 문제해결 과정과 그 교육적 의미」, 건국대학교 석
　　사학위논문, 2003.

하정옥, 「임신과 출산을 여성의 건강으로 조망하기」, 『한국모자보건학회지』 18(1), 한국모자보건학회, 2014.

허민석, 「1990년대 비남성 작가 SF 소설의 젠더 정치적 의미 송경아와 듀나 (DJUNA)를 중심으로」, 『한국현대문학연구』 61, 한국현대문학회, 2020.

홍태한, 「손님굿 무가 연구」, 『한국민속학보』 10, 한국민속학회, 1999.

Jang, H.S., Kim, S.J., Kim, J.S., Kim, H.K. & Choi, E.S. *A study on the postpartum depression experience: Q-methodological approach*, J of Korean Acad of Nursin 26(4), 1996.

2) 단행본

김동식 · 송효진 · 동제연 · 이인선, 『여성의 성 · 재생산 건강 및 권리 보장을 위한 정책방향과 과제』, 한국여성정책연구원, 2019.

김미현, 「[작가 비평]새로운 문학 십자군의 행로 송경아론」, 『문학과사회』 12-3, 문학과지성사, 1999.

김준양, 『이미지의 제국: 열도 위의 애니메이션』, 한나래, 2006.

박설호, 『꿈과 저항을 위하여-에른스트 블로흐 읽기 I』, 울력, 2011.

배리 랭포드, 방혜진 역, 『영화 장르, 헐리우드와 그 너머』, 한나래, 2010.

신수정, 「환멸의 사막을 건너는 여성적 글쓰기의 세 가지 유형」, 『문학동네』 4, 문학동네, 1995.

조애나 러스, 나현영 역, 『SF는 어떻게 여자들의 놀이터가 되었나?』, 포도밭출판사, 2020.

3. 기타자료

서원희, 「'비혼출산' OECD 평균 40%인데…한국은 왜 2%?」, 『한겨레』, 2023. 04. 10.

이경희, 「2020년 결산」, 『월간 안전가옥』, 2020. 12. (https://safehouse. kr/59e74ce7-63c3-4ede-a92b-d00a10437c13)

이영경, 「구미호에 여의주, 한국적 SF로 세계적 주목 받는 이윤하 "다음 작품은 일제 식민지배를 그린 SF"」, 『경향신문』, 2019. 08. 19.

이은정, 「젊은 여성작가들 SF로 뭉쳤다…"현실 한계 넘을 수 있어 매력"」, 『연합뉴스』, 2022. 4. 5.

이지용, 「SF와 판타지가 보여주는 한국 문학의 지경」, 『출판N』 vol.25, 2021. 09. (https://nzine.kpipa.or.kr/sub/coverstory.php?ptype=view&idx=439&page=&code=coverstory&total_searchkey=sf)

임지영, 「'과학소설' 전성시대, 왜 지금 SF일까?」, 『시사IN』, 2020. 11. 25.

일본 돌봄 소설과 정동적 불평등 문제 　　　이지현

1. 논문과 단행본

1) 논문

권범철 외, 『돌봄의 시간들-돌봄에 관한 9가지 정동적 시선』, 모시는 사람들, 2023.

김희강 · 박선영, 「코로나19, 돌봄부정의, 돌봄포용국가」, 『한국행정학보』 55(2), 한국행정학회, 2021.

노혜진, 「가족돌봄청년 지원사업 현황 분석」, 『사회복지 실천과 연구』 20(3), 이화여자대학교 사회복지연구소, 2023.

안주영, 「일본의 영 케어러 현황과 대책」, 『국제사회보장리뷰』 23, 한국보건사회연구원, 2022.

정종민, 「비접촉시대에 돌봄노동자의 삶과 노동의 위태로운 기술로서 정동적 부정의」, 『한국문화인류학』 55(3), 한국문화인류학회, 2022.

최윤진 · 김고은, 「영케어러(Young Carer) 돌봄 경험에 대한 탐색」, 『청소년학연구』 29(11), 2022.

Chantelle Day, "An empirical case study of young adult carers' engagement and success in higher education", *International Journal of Inclusive Education* 25, 2019.

2) 단행본

다니엘 잉스터, 김희강·나상원 역,『돌봄: 정의의 심장』, 박영사, 2017.

더 케어 컬렉티브, 정소영 역,『돌봄 선언』, 니케북스, 2021.

시부야 토모코, 박소영 역,『영케어러』, 황소걸음, 2021.

야마시타 히로카, 박우주 역,『욕지거리』, 달로와, 2023, 전자책.

에바 페더 키테이, 김희강·나상원 역,『돌봄: 사랑의 노동 여성, 평등, 그리고 의존에 관한 에세이』, 박영사, 2016.

캐슬린 린치 외, 강순원 역,『정동적 평등: 누가 돌봄을 수행하는가』, 한울아카데미, 2016.

エヴァ・フェダー・キテイ,『愛の労働あるいは依存とケアの正義論』, 白澤社, 2010.

米村みゆき·佐々木亜紀子[編],『〈介護小説〉の風景』森話社, 2015.

山下紘加,『あくてえ』, 河出書房新社, 2022.

上野千鶴子,『ケアの社会学ー当事者主権の福祉社会へ』, 太田出版, 2011.

羽田圭介,『スクラップ・アンド・ビルド』, 文芸春秋. 2015.

斎藤美奈子,『日本の同時代小説』, 岩波書店, 2014.

Carol Gilligan, *In a Different Voice*, Harvard University Press, 1982.

2. 기타자료

「경제적 문제로 중병 父 방치해 숨지게 한 20대 징역 4년 확정」,『동아일보』, 2022. 3. 31.

「祖父母介護 孤立する若者」,『読売新聞』, 2018. 3. 16.

「中2の18人に1人「ヤングケアラー」, 悩み打ち明けられず…こども家庭庁が支援強化へ」,『読売新聞』オンライン, 2024. 2. 21.

日本総務省 統計局. (https://www.stat.go.jp/data/topics/pdf/topi138_01.pdf)

스마트 기저귀와 인지증(치매) 돌봄   정종민

1. 논문과 단행본

1) 논문

김우영, 「스마트 노인 돌봄 기술과 더불어 돌봄중심사회로 나아가기」, 이화여 자대학교 여성학과 석사학위논문, 2022.

백재호, 「멀티 센서 IoT 시스템 기반의 기저귀 케어 모니터링 개발」, 『제어로봇 시스템학회』 27, 제어·로봇·시스템학회, 2021.

이동후·김수정·이희은, 「여성, 몸, 테크놀로지의 관계 짓기: '여성되기' 관점 을 위한 시론」, 『한국언론정보학보』 62, 한국언론정보학회, 2018.

임소연, 「과학기술과 여성 연구하기: 신유물론 페미니즘과 과학기술학의 안-사이에서 "몸과 함께"」, 『과학기술학연구』 19(3), 한국과학기술학회, 2019.

정연보, 「"4차 산업혁명" 담론에 대한 비판적 젠더 분석: 젠더본질론과 기술결 정론을 넘어」, 『페미니즘연구』 18(2), 한국여성연구소, 2018.

정종민, 「결여/부재의 정동적 욕망: 팬데믹 상황에서의 한 요양보호사 사례를 중심으로」, 『생명연구』 68, 생명문화연구소, 2023a.

정종민, 「똥, 고름 그리고 영혼: 환대 (불)가능한 인지증 돌봄에서 영혼과 정동 적 관계 맺기」, 『한국문화연구』 45, 한국문화연구원, 2023b.

조주현, 「과학적 실천이론과 페미니스트 과학기술학의 접점: 캐런 바라드의 경우」, 『한국여성철학』 25, 한국여성철학회, 2016.

하대청, 「루프 속의 프레카리아트: 인공지능 속 인간 노동과 기술정치」, 『경제 와 사회』 118, 비판사회학회, 2018.

Amanda Sharkey & Noel Sharkey, "Granny and the Robots: Ethical Issues in Robot Care for the Elderly", *Ethics and Information Technology*, 14(1), 2012.

Amelia DeFalco, "Towards a Theory of Posthuman Care: Real Humans and Caring Robots", *Body & Society*, 26(3), 2020.

Amelia DeFalco & Luna Dolezal, "What is Affective Technotouch (and why Does

It Matter)?", *The Senses and Society*, 18(2), 2023.

Ann L Bossen, Heejung Kim, Kristine N Williams, Andreanna E Steinhoff & Molly Strieker, "Emerging Roles for Telemedicine and Smart Technologies in Dementia Care", *Smart Homecare Technol Telehealth*, 3, 2015.

Cristina Douglas, "A World of Touch in a No-Touch Pandemic: Living with Dementia in a Care Facility during COVID-19", *Anthropology in Action*, 28(1), 2021.

Dragana Lukić, "Dementia as a Material for Co-creative Art Making: Towards Feminist Posthumanist Caring", *Journal of Aging Studies*, 67, 2023.

Els van Dongen & Riekje Elema, "The Art of Touching: The Culture of 'Body Work' in Nursing", *Anthropology & Medicine*, 8(2-3), 2001.

Gavin Andrews & Cameron Duff, "Understanding the Vital Emergence and Expression of Aging: How Matter Comes to Matter in Gerontology's Posthumanist Turn", *Journal of Aging Studies*, 49, 2019.

James Wright, "Tactile Care, Mechanical Hugs: Japanese Caregivers and Robotic Lifting Devices", *Asian Anthropology*, 17(19), 2018.

Jocey Quinn & Claudia Blandon, "A Posthumanist Perspective on Dementia", in *Lifelong Learning and Dementia: A Posthumanist Perspective*, Jocey Quinn & Claudia Blandon(eds), London: Palgrave Macmillan, 2020.

Margrit Shildrick, "Robotic Technologies, Touch and Posthuman Embodiment in Queer Dementia Care", *The Senses and Society*, 18(2), 2023.

Mariana von Mohr, Louise P Kirsch & Aikaterini Fotopoulou, "Social Touch Deprivation during COVID-19: Effects on Psychological Wellbeing and Craving Interpersonal Touch", *Royal Society Open Science*, 8(9), 2021.

Matthew Tieu & Alison L Kitson, "Care Depersonalized: The Risk of Infocratic 'Personalised' Care and a Posthuman Dystopia", *The American Journal of Bioethics*, 23(9), 2023.

Melriele Tavares Araujo, Isabela Silva Câncio Velloso, Christine Ceci & Mary Ellen Purkis, "The Significance of Overlooked Objects: Materiality and Care at

Home for People with Dementia", *Nursing Inquiry*, 27, 2019.

Nicholas Jenkins, "No Substitute for Human Touch? Towards a Critically Posthumanist Approach to Dementia Care", *Ageing and Society*, 37(7), 2017.

Noel Sharkey, "The Ethical Frontiers of Robotics", *Science*, 322(5909), 2008.

Rachel Lara Cohen, "Time, Space and Touch at Work: Body Work and Labour Process (Re)organisation", *Sociology of Health & Illness*, 33(2), 2011.

Robert Sparrow & Linda Sparrow, "In the Hands of Machines? The Future of Aged Care", *Minds and Machines*, 16(2), 2006.

Taina Kinnunen & Marjo Kolehmainen, "Touch and Affect: Analysing the Archive of Touch Biographies", *Body & Society*, 25(1), 2018.

Thomas Osborne & Nikolas Rose, "Against Posthumanism: Notes Towards an Ethnopoltics of Personhood", *Theory, Culture & Society,* 41(1), 2024.

2) 단행본

도나 J. 해러웨이, 민경숙 역,『겸손한_목격자@제2의_천년. 여성인간©_앙코마우스TM를_만나다』, 갈무리, 2007.

로렌 벌랜트, 박미선·윤조원 역,『잔인한 낙관』, 후마니타스, 2024.

마르셀 모스, 박정호 역,『몸 테크닉』, 파이돈, 2023.

브라이언 마수미, 조성훈 역,『정동정치』, 갈무리, 2018.

캐슬린 리차드슨, 박충환 역,『로봇과 AI의 인류학: 절멸불안을 통해 본 인간, 기술, 문화의 맞물림』, 눌민, 2023.

2. 기타자료

국민건강보험공단,「국민건강보험공단_연령대별 요양보호사 수(자격증 취득자 및 종사자」, 2024, https://www.data.go.kr/data/15113597/fileData.do. (검색일: 2024.08.12.)

국민건강보험공단,「장기요양기관 급여제공지침서」, 국민건강보험공단 대구경북지역본부, 2022.

2부 네트워크 어펙트와 매개적 신체

라디오 공동체와 전파의 정동 김나현

1. 기본자료

『경향신문』
『동아일보』
『아이뉴스 24』
『조선일보』
『중앙일보』

2. 논문과 단행본

1) 논문

구인모, 「근대기 한국 시인들의 매체 선책: 조선가요협회를 중심으로」, 『현대
　　문학의 연구』 42, 한국문학연구학회, 2010.

이상길, 「1920~1930년대 경성의 미디어 공간과 인텔리겐치아: 최승일의 경
　　우」, 『언론정보연구』 47(1), 서울대학교 언론정보연구원, 2010.

정지영, 「'가정음악' 담론과 식민지 조선의 가정 형편」, 『페미니즘 연구』 17(2),
　　한국여성연구소, 2017.

조연숙, 「19세기 가정음악」, 『음악연구』 48, 한국음악학회, 2012.

최미진, 「라디오방송 어린이 프로그램과 어린이문학의 자리(1)」, 『대중서사연
　　구』 20(1), 대중서사학회, 2014.

홍명신, 「라디오와 노인: 라디오 노인 대상 프로그램을 중심으로」, 『한국노년
　　학』 30(4), 한국노년학회, 2010.

2) 단행본

김경미, 『당신의 세계는 아직도 바다와 빗소리와 작약을 취급하는지』, 민음사, 2023.

김경미, 『카프카식 이별』, 문학판, 2020.

남효민, 『그래서 라디오』, 인디고, 2020.

멜리사 그레그·그레고리 시그워스 편저, 최성희 외 역, 『정동이론』, 갈무리, 2015.

발터 벤야민, , 고지현 역, 『라디오와 매체』, 현실문화, 2021.

브라이언 마수미, 조성훈 역, 『정동정치』, 갈무리, 2018.

사라 아메드, 시우 역, 『감정의 문화정치』, 오월의봄, 2023.

엘리나 펜티넨·아니타 킨실레토, 최성희 역, 『젠더와 모빌리티』, 부산대학교 출판문화원, 2021.

이반 일리치, 노승영 역, 『그림자 노동』, 사월의책, 2015.

프루던스 체임벌린, 김은주 외 역, 『제4물결 페미니즘: 정동적 시간성』, 에디투스, 2021.

렌더링과 에뮬레이팅의 생명정치와 정동지리　　　권두현

1. 기본자료

〈LA 아리랑〉(총 3기), SBS, 1995. 7. 10.~1996. 6. 28.(1기); 1996. 10. 20.~2000. 4. 9.(2기, 3기)

〈The Cosby Show〉, NBC, 1984. 9. 20.~1992. 4. 30.

〈The Roots〉(전 8회), ABC, 1977. 1. 23.~1977. 1. 30.

〈뿌리〉(전 8회), TBC, 1978. 3. 25.~1978. 4. 1.

〈오박사네 사람들〉(총 60회), SBS, 1993. 2. 18.~1993. 10. 17.

〈코스비 가족 만세〉, KBS 2TV, 1998. 10. 9.~1992. 4. 5.

알렉스 헤일리, 안정효 역, 『뿌리』, 문학사상사, 1977.

『경향신문』,『동아일보』,『조선일보』,『한국일보』

2. 논문과 단행본

마셜 매클루언, 김상호 역,『미디어의 이해: 인간의 확장』, 커뮤니케이션북스, 2011.

존 더럼 피터스, 이희은 역,『자연과 미디어-고래에서 클라우드까지, 원소 미디어의 철학을 향해』, 컬처룩, 2018.

프란츠 파농, 노서경 역,『검은 피부, 하얀 가면』, 문학동네, 2022.

로런스 그로스버그, 조영한·이미카 역,『새로운 세계에서의 문화연구』, 컬처룩, 2023.

Armond R. Towns, "Toward a Black media philosophy", *Cultural Studies*, Vol.34, Taylor & Francis, 2020.

Herman Gray, *Watching Race: Television and the Struggle for Blackness*, University of Minnesota Press, 2004.

Jussi Parikka, *A Geology of Media*, University of Minnesota Press, 2015.

Linda Williams, *Playing the Race Card: Melodramas of Black and White from Uncle Tom to O. J. Simpson*, Princeton University Press, 2001.

Nancy Abelmann & John Lie, *Blue Dreams: Korean Americans and the Los Angeles Riots*, Harvard University Press, 1995.

Nicole Shukin, *Animal Capital: Rendering Life in Biopolitical Times*, University of Minnesota Press, 2009.

Saidiya Hartman, *Scenes of Subjection: Terror, Slavery, and Self-Making in Nineteenth-Century America*, Oxford University Press, 2022;1st edition (September 4, 1997).

3. 기타자료

Robert Jones, Jr., "Let It Burn", *The Paris Review*, 2020. 6. 8. (https://www.

theparisreview.org/blog/2020/06/08/let-it-burn/)

디지털 공간 내 공감적 연결의 조건 최이숙

1. 논문과 단행본

1) 논문

김선호 · 오세욱, 「포털 뉴스서비스 및 댓글에 대한 인터넷 이용자 인식 조사」, 『미디어 이슈』, 4(5), 한국언론진흥재단, 2018.

김선호 · 오세욱 · 최민재, 「댓글문화분석」, 『미디어 이슈』, 2(10), 한국언론진흥재단, 2016.

김창욱 · 신우열, 「젠더 기반 온라인 폭력으로서 여성기자 괴롭힘의 양상과 대처 전략」, 『미디어, 젠더 & 문화』, 38(2), 한국여성커뮤니케이션학회, 2023.

김하영 · 윤석민, 「무엇이 정치 뉴스 댓글의 질을 결정하는가?-기사 품질과 포털 뉴스 플랫폼의 댓글 정책을 중심으로」, 『한국언론학보』, 68(5), 한국언론학회, 2024.

김효원, 「젠더 데스크 & 젠더 기자 운영 후 언론사 성평등 보도에 나타난 변화 연구: 젠더 데스크 및 젠더 기자 인터뷰 분석을 중심으로」, 한국외국어대학교 정치행정언론대학원 석사학위논문, 2024.

양정애, 「인터넷 포털의 뉴스 댓글 공간 정화 정책들('타임톡' 등)에 대한 인식 조사」, 『미디어 이슈』, 9(5), 한국언론진흥재단, 2023.

양혜승, 「장애인을 향한 시선: 전장연 지하철 시위 관련 네이버 뉴스 댓글에 대한 텍스트 마이닝 분석」, 『한국방송학보』 37(6), 한국방송학회, 2023.

오세욱, 「네이버 댓글 개편 이후 이용 변화와 향후 댓글정책 제안」, 『미디어 정책 리포트』 2020년 3호, 한국언론진흥재단, 2020.

장은미 · 최이숙 · 김세은, 「"우리는 더디지만 나아가고 있다": '미투 운동 (#MeToo)' 이후 성평등 보도를 위한 한국 언론의 실천과 과제」, 『미디어, 젠더 & 문화』, 36(3), 한국여성커뮤니케이션학회, 2021.

조아라, 「성범죄 및 아동학대 사건에 대한 포털 댓글 현황」, 『보도댓글 어떻게 개선되어야 하나』, 2022. 11. 언론인권포럼 발표문.

Fiona Martin & Colleen Murrell, "Negotiating the conversation: How journalists learn to interact with audience online", *Journalism Practice*, 16(6), 2021.

2) 단행본

김세은 · 장은미 · 최이숙, 『젠더 이슈 보도 실태 및 개선 방안』, 한국언론진흥재단, 2019.

김위근 · 황용석, 『한국언론과 포털뉴스 서비스』, 한국언론진흥재단, 2020.

한국언론진흥재단, 『2023 언론수용자조사』, 한국언론진흥재단, 2023.

한국언론진흥재단, 『2023 한국의 언론인』, 한국언론진흥재단, 2023.

한국언론진흥재단, 『한국언론연감 2023』, 한국언론진흥재단, 2023.

3. 기타자료

「네이버에 뜬 '한겨레' 성범죄 기사 댓글창 닫습니다」, 『한겨레』, 2021. 11. 17. (https://www.hani.co.kr/arti/society/women/1019617.html)

「네이버에서 가장 많이 읽힌 뉴스, 대부분 '저질 · 연성화' 뉴스」, 『기자협회보』, 2022. 2. 22. (http://m.journalist.or.kr/m/m_article.html?no=51067)

「온라인 소통과 괴롭힘 사이…딜레마 겪는 방송기자들」, 『미디어오늘』, 2024. 10. 4. (https://www.mediatoday.co.kr/news/articleView.html?idxno=321213)

「포털 네이버, 언론사에 "여객기 사고 관련 댓글 관리 협조 요청"」, 『미디어 오늘』, 2024. 12. 30. (https://www.mediatoday.co.kr/news/articleView.html?idxno=323421)

3부 담론적 접속과 물질적 접촉의 장치들

공서양속론의 법리를 통한 풍속의 본질화 김대현

1. 기본자료

『법정』, 법정사.
『법조』, 법조협회.
『새법정』, 한국사법행정학회.
『경향신문』, 『동아일보』, 『매일경제』, 『조선일보』

2. 논문과 단행본

1) 논문

가정준, 「형사책임과 민사책임의 역할과 그 한계」, 『사법』 43, 사법발전재단, 2018.

강성현, 「한국 사상통제기제의 역사적 형성과 '보도연맹 사건', 1925-50」, 서울대학교 박사학위논문, 2021.

권명아, 「K적인 것의 기원과 K차별: 차별 대응 제도와 교육, 사회통념 개념의 변화를 중심으로」, 『석당논총』 80, 동아대학교 석당학술원, 2021.

권영준, 「등기의 공신력: 1957년, 그리고 2011년」, 『법조』 661, 2011.

김대현, 「1950~60년대 '요보호'의 재구성과 '윤락여성선도사업'의 전개」, 『사회와 역사』 129, 한국사회사학회, 2021.

김대현, 「성 규범의 지식·제도와 반사회성 형성, 1948~1972」, 연세대학교 박사학위논문, 2023.

김대현, 「치안유지를 넘어선 '치료'와 '복지'의 시대: 1970~80년대 보안처분제도의 운영실태를 중심으로」, 『역사문제연구』 45, 역사문제연구소, 2021.

김상수, 「명의신탁의 연혁에 관하여」, 『토지법학』 26(2), 한국토지법학회,

2010.

김아람, 「5·16군정기 사회정책: 아동복지와 '부랑아'대책의 성격」, 『역사와 현
　　실』 82, 한국역사연구회, 2011.

박정미, 「한국 기지촌 성매매정책의 역사사회학, 1953~1995년: 냉전기 생명
　　정치, 예외상태, 그리고 주권의 역설」, 『한국사회학』 49(2), 한국사회학회,
　　2015.

서을오, 「민법 제103조상의 반사회질서행위의 유형화에 대한 비판적 검토」,
　　『민사판례연구』 33, 민사판례연구회, 2011.

소현숙, 「전쟁고아들이 겪은 전후: 1950년대 전쟁고아 실태와 사회적 대책」,
　　『한국근현대사연구』 84, 한국근대사학회, 2018.

손동권, 「명의신탁부동산을 임의처분한 경우의 형사책임」, 『형사법연구』 15,
　　한국형사법학회, 2001.

엄순영, 「니클라스 루만의 인식방법과 법사회학」, 『법학연구』 26(1), 경상국립
　　대학교 법학연구소, 2018.

유진, 「거리의 치안권력과 '선도'의 통치기술: 1960년대 청소년보호정책과 부
　　랑아·우범소년」, 『사회와 역사』 123, 한국사회사학회, 2019.

유주선, 「부동산등기의 공신력과 도입에 대한 비판적 검토」, 『부동산학보』 36,
　　한국부동산학회, 2009.

이근영, 「한국의 부동산물권법의 변천」, 『저스티스』 78, 한국법학원, 2004.

정승진·松本武祝, 「토지대장에 나타난 농지개혁의 실상(1945~1970)」, 『한국
　　경제연구』 17, 한국경제연구학회, 2006.

조석곤, 「농지개혁 진행과정과 정부·지주·농민의 입장」, 『대동문화연구』 75,
　　성균관대학교 대동문화연구소, 2011.

하금철, 「빈곤의 범죄화와 우범소질자의 탄생: 일제강점기~1950년대 부랑아
　　문제를 중심으로」, 『진보평론』 73, 진보평론, 2017.

황지성, 「장애여성의 시설화과정에 관한 연구: 서울시립부녀보호지도소 사례
　　를 중심으로 1961~2010」, 서울대학교 박사학위논문, 2023.

Kim Sungjo, "Land Reform and Postcolonial Poverty in South Korea,
　　1950~1970", *Agricultural History* Vol. 95, Iss. 2, Durham, 2021.

2) 단행본

권명아, 『음란과 혁명: 풍기문란의 계보와 정념의 정치학』, 책세상, 2013.

김두식, 『법률가들: 선출되지 않은 권력의 탄생』, 창비, 2018.

미셸 바렛 · 메리 맥킨토시, 김혜경 · 배은경 역, 『반사회적 가족』, 나름북스, 2019[1982].

박원순, 『국가보안법 연구 1: 국가보안법 변천사』, 역사비평사, 1989.

서울대학교 사회학과 형제복지원연구팀 편, 『절멸과 갱생 사이: 형제복지원의 사회학』, 서울대학교출판문화원, 2021.

서울대학교판례연구회, 『주석 한국판례집: 민사법 III』, 서울대학교출판부, 1968.

서울대학교판례연구회, 『주석 한국판례집: 민사법 II』, 서울대학교출판부, 1968.

신동운 편저, 『유병진 법률논집: 재판관의 고민』, 법문사, 2008.

양현아, 『한국 가족법 읽기: 전통, 식민지성, 젠더의 교차로에서』, 창비, 2011.

에드워드 사이드, 김정하 역, 『저항의 인문학: 인문주의와 민주적 비판』, 마티, 2012[2004].

에드워드 사이드, 박홍규 역, 『문화와 제국주의』, 창, 2005[1993].

에버하르트 아이헨호퍼, 이호근 역, 『사회법』, 인간과복지, 2020[2019].

이태영, 『가족법 개정운동 37년사』, 한국가정법률상담소 출판부, 1992.

자크 동즐로, 주형일 역, 『사회보장의 발명: 정치적 열정의 쇠퇴에 대한 시론』, 동문선, 2005[1994].

장경섭, 『내일의 종언?: 가족자유주의와 사회재생산 위기』, 집문당, 2023.

최유정, 『가족 정책을 통해 본 한국의 가족과 근대성: 1948년~2005년까지』, 박문사, 2010.

친일인명사전편찬위원회, 『친일인명사전』, 민족문제연구소, 2009.

한국농촌경제연구원, 『농지개혁사자료집』 2, 1984.

한나 아렌트, 이진우 역, 『전체주의의 기원 1』, 한길사, 2006[1951].

한나 아렌트, 이진우 역, 『전체주의의 기원 2』, 한길사, 2006[1951].

홍성찬 편,『농지개혁 연구』, 연세대학교출판부, 2001.

홍양희,『조선총독부의 가족 정책: 식민주의와 가족·법·젠더』, 동북아역사재단, 2021.

후지이 다케시,『파시즘과 제3세계주의 사이에서: 족청계의 형성과 몰락을 통해 본 해방 8년사』, 역사비평사, 2012.

Drs. h.c. Manfred Weiss, Marlene Schmidt, 배인연 역,『독일 노동법과 노사관계』, 중앙경제, 2016[2008].

Jacques Donzelot, *The Policing of Families*, Pantheon Books, 1979.

세계화와 자막, 그리고 커브컷(curb-cut)　　　　　이화진

1. 논문과 단행본

1) 논문

양근애,「다른 몸들, 복수의 언어, 감각의 분별-'맞;춤' 기획 공연(2020)의 배리어 컨셔스」,『상허학보』63, 상허학회, 2021.

이수연,「부록1-안방극장 경쟁의 본격적인 막이 오르다: 비디오 산업」, 한국영상자료원 편,『1990년대 한국영화: 우리가 알고 있는 한국영화의 모든 것』, 앨피, 2022.

Antje Ascheid, "Speaking Tongues: Voice Dubbing in the Cinema as Cultural Ventriloquism", *The Velvet Light Trap*, 40, 1997.

Martine Danan, "Dubbing as an Expression of Nationalism", *Meta*, 36(4), 1991.

Neta Alexander, Pooja Rangan, Tanya Titchkosky & Emma Ben Ayoun, "Theorizing a Future for Disability Media Studies: A Virtual Roundtable", *The Spectator*, Fall 2023.

Pooja Rangan, "From "Handicap" to Crip Curb Cut: Thinking Accent with Disability", Pooja Rangan, et al.(eds), *Thinking with an Accent: Toward a New Object, Method, and Practice*, Oakland: University of California Press, 2023.

Russell L. Johnson, ""Better Gestures": A Disability History Perspective on the Transition from (Silent) Movies to Talkies in the United States", *Journal of Social History*, 51(1), 2017.

2) 단행본

이화진 채록연구, 『2020년도 한국영화사 구술채록연구 시리즈 20-1 〈주제사〉 이선영 박찬순 하인성』, 한국영상자료원, 2020.

이화진, 『소리의 정치』, 현실문화, 2016.

장기영, 『보란듯한 몸, 초과되는 말들: 배리어컨셔스 공연』, 책공장 이안재, 2023.

케이티 엘리스, 하종원·박기성 역, 『장애와 텔레비전 문화: 디지털 시대의 재현, 접근, 수용』, 컬처룩, 2022.

한국영상자료원, 「비디오, 기억, 아카이브」, 『아카이브프리즘#9 리와인드-비디오 시대의 어휘들』, 한국영상자료원, 2022.

Abé Markus Nornes, *Cinema Babel: Translating Global Cinema*, University of Minnesota Press, 2007.

Atom Egoyan & Ian Balfour, *Subtitles: On the Foreignness of Film*, The MIT Press, 2004.

Graham Pullin, *Design Meets Disability*, The MIT Press, 2009.

John S. Schuchman, *Hollywood Speaks: Deafness and the Film Entertainment Industry*, University of Illinois Press, 1999.

Martin F. Norden, *The Cinema of Isolation: A History of Physical Disability in the Movies*, Rutgers University Press, 1994.

Tanya Titchkosky, *The Question of Access: Disability, Space, Meaning*, University of Toronto Press, 2011.

Tessa Dwyer, *Speaking in Subtitles: Revaluing Screen Translation*, Edinburgh University Press, 2017.

Toby Miller, *Television Studies: The Basics*, Routledge, 2010.

2. 기타

고성욱, 「'우리말 더빙 법제화' 국회 본회의 통과」, 『미디어스』, 2024. 1. 9.

네이버뉴스라이브러리

한국영화데이터베이스(KMDb)

한국장애인문화예술원 Youtube

"How Marlee Matlin Helped Force Streaming Video Closed Captions Into Digital
　　Age: Why the deaf actress fought for closed captioning on streaming sites",
　　ABC News, April 30, 2014.

인공지능 정동에서 체현의 문제와 감정의 모빌리티 _{이지행}

1. 기본자료

스파이크 존즈 감독, 〈그녀(Her)〉(2013년 12월 18일 개봉), 워너 브라더스 배급.

2. 논문과 단행본

1) 논문

강우성, 「인공지능시대의 인간중심주의와 타자화」, 『비교문학』 72, 한국비교
　　문학회, 2017.

김은희, 「인공적 도덕행위자와 도덕적 책임의 문제」, 『철학논집』 66, 서강대학
　　교 철학연구소, 2021.

김진선·신진환, 「도덕행위자로서 생태 인공지능」, 『윤리연구』 137, 한국윤리
　　학회, 2022.

목광수, 「인공적 도덕 행위자 설계를 위한 고려사항: 목적, 규범, 행위지침」,
　　『철학사상』 69, 서울대학교 철학사상연구소, 2018.

박균열, 「인공적 도덕행위자(AMA)의 온톨로지 구축」, 『디지털콘텐츠학회논

문지』 제20(11), 한국디지털콘텐츠학회, 2019.

이수안, 「사이보그와 몸의 물질성: 가상현실 속 체현의 양가적 개념들-영화 〈그녀 Her〉에 대한 사이버페미니즘 관점의 분석을 중심으로-」, 『영미문학페미니즘』 23(2), 한국영미문학페미니즘학회, 2015.

이향연, 「인공 도덕행위자(AMA)가 지닌 윤리적 한계」, 『대동철학』 95, 대동철학회, 2021.

정희원, 「인공행위자의 감정 능력과 젠더 이슈: 『미래의 이브』와 여성 안드로이드」, 『비교문학』 82, 한국비교문학회, 2020.

천현득, 「인공 지능에서 인공 감정으로-감정을 가진 기계는 실현 가능한가?」, 『철학』 131, 한국철학회, 2017.

최성희, 「모빌리티의 정동과 문화의 자리: 떠남과 만남, 그리고 정중동(靜中動)」, 『코기토』 90, 부산대학교 인문학연구소, 2020.

최영석, 「목동 신시가지 개발의 정동과 모빌리티-《목동 아줌마》와 철거민 공동체」, 동아대학교 젠더·어펙트연구소 연결신체이론과 젠더·어펙트연구사업단 국내학술대회 발표문, 2023.

Ali Lara, "Mapping Affect Studies", *Athenea Digital*, 20(2), 2020.

Matthias Scheutz, "The Affect Dilemma for Artificial Agents: Should We Develop Affective Artificial Agents?", *IEEE Transactions on Affective Computing*, 3(4), 2012.

Simon Schaffer, "Deus et Machina: Human Nature and Eighteenth Century Automata", *Revue de la Maison Française d'Oxford*, 9, 1998.

Swapna Roy, "Affect, Embodiment and Artificial Intelligence in Spike Jonze's Her", *Ars Artium: An International Refereed Research Journal of English Studies and Culture*, 9, 2021.

2) 단행본

김재희 외, 『현대 기술 미디어 철학의 갈래들』, 그린비, 2016.

로지 브라이도티, 김재희·송은주 역, 『포스트휴먼지식: 비판적 포스트인문학을 위하여』, 아카넷, 2022.

로지 브라이도티, 이경란 역, 『포스트휴먼』, 아카넷, 2015.

멜리사 그레그 · 그레고리 J. 시그워스 편저, 최성희 · 김지영 · 박혜정 역, 『정동
이론』, 갈무리, 2015.

사라 아메드, 시우 역, 『감정의 문화정치』, 오월의 봄, 2023.

슈테판 헤어브레이터, 김연순 · 김응준 역, 『포스트휴머니즘: 인간 이후의 인간
에 관한 문화철학적 담론』, 성균관대학교출판부, 2012.

에이드리엔 메이어, 안인희 역, 『신과 로봇: 우리가 지금껏 상상하지 못한 신화
이야기』, 을유문화사, 2020.

캐서린 헤일스, 허진 역, 『우리는 어떻게 포스트휴먼이 되었는가』, 플래닛,
2013.

프란시스코 바렐라, 석봉래 역, 『몸의 인지과학』, 김영사, 2013.

N. 캐서린 헤일스, 이경란 · 송은주 역, 『나의 어머니는 컴퓨터였다』, 아카넷,
2016.

Benedict de Spinoza, *The Ethics*, Translated by R. H. Elwes, The Pennsylvania
State University, 2000.

Jean-François Lyotard, *Moralités postmodernes*, Galilée, 1993.

Minsoo Kang & Ben Halliburton, "The Android of Albertus Magnus: A Legend
of Artificial Being", *AI Narratives: A History of Imaginative Thinking about
Intelligent Machines*, Stephen Cave et al. eds., Oxford University Press, 2020.

Nick Bostrom, *Superintelligence: Path, Dangers, Strategies*, Oxford University
Press, 2016.

4부 이동, 노동, 정동의 지리적 역학관계

탈식민지 마르크스주의와 어펙트   요시다 유타카

1. 논문과 단행본

1) 논문

David Scott, "The Fragility of Memory: An Interview with Merle Collins", *Small Axe*, 14(1), 2010.

Erica L. Johnson, "Colonial Shame in Michelle Cliff's Abeng", *The Female Face of Shame*, Erica L. Johnson & Patricia Moran eds., Indiana University Press, 2013.

Zoë Wicomb, "Shame and Identity: the Case of the Coloured in South Africa", *Writing South Africa: Literature, Apartheid, and Democracy*, Derek Attridge & Rosemary Jolly eds., Cambridge University Press, 1998.

2) 단행본

ジョルジョ アガンベン, 上村忠男・廣石正和 訳, 『アウシュヴィッツの残りもの―アルシーヴと証人』, 月曜社, 2001.

ジル ドゥルーズ, 守中高明・谷昌親 訳, 『批評と臨床』, 河出文庫, 2010.

マルクス、カール, 村岡晋一・小須田健・吉田達・瀬嶋貞徳・今村仁司 訳, 『マルクス・コレクション7 時局論(下) / 芸術・文学論 / 手紙』, 筑摩書房, 2007.

C. L. R. James, *Beyond A Boundary*, Duke University Press, 2013. 〔本橋哲也 訳, 『境界を越えて』, 月曜社, 2015.〕

C. L. R. James, *Spheres of Existence: Selected Writings*, Alison and Busby, 1980.

C. L. R. James, *The Black Jacobins: Toussanint L'Ouverture and the San Domingo Revolution*, Vintage, 1963. 〔青木芳夫 監訳, 『ブラック・ジャコ

バン トゥサン＝ルヴェルチュールとハイチ革命 増補新版』, 大村書店, 2002.〕

George Lamming, *Conversations: Essays, Addresses and Interviews 1953~1990*, Richard Drayton & Andaiye eds., Karia Press, 1992.

George Lamming, *In the Castle of My Skin*, Michael Joseph, 1953. 〔吉田裕 訳, 『私の肌の砦のなかで』月曜社, 2019.〕

Mariarosa Dalla Costa & Selma James, *The Power of Women and the Subversion of the Community*, Butler and Tanner, 1975.

Merle Collins, *Angel. Revised Edition*, Peepal Tree Press, 2011.

Merle Collins, *Lady in A Boat*, Peepal Tree Press, 2002.

Raymond Williams, *The Long Revolution*, Broadview Press, 2001.

힐링 여행의 아포칼립스와 정착민 식민주의의 정동들
권명아

1. 기본자료

권혜주 극본, 차영훈 연출, 〈웰컴투 삼달리〉(16부작), 2023. 12. 2.~2024. 1. 21.

노희경·강정미 외 극본, 김규태·김양희 외 연출, 〈우리들의 블루스〉(20부작), 2022. 4. 9.~2022. 6. 12.

린퀀양 연출, 〈차금(茶金, Gold leaf)〉, 2021.

모리 준이치 연출, 〈리틀포레스트: 겨울과 봄(リトル·フォレスト: 冬·春)〉, 2015.

모리 준이치 연출, 〈리틀포레스트: 여름과 가을(リトル·フォレスト: 夏·秋)〉, 2014.

이케이도 준, 천선필 역, 『하야부사 소방단』, 소미미디어, 2023.

츠네히로 죠타·야마모토 다이스케 극본·연출, 〈하야부사 소방단(ハヤブサ消防団)〉(9부작), 일본 TV 아사히, 2023. 7. 13.~2023. 9. 14.

쿠도 칸쿠로 극본, 이노우에 츠요시 연출, 〈아마짱(あまちゃん)〉(156부작), 일
　　본 NHK BS, 2013. 4. 1.~2013. 9. 28.

후지이 미치히토 극본 · 연출, 〈빌리지(ヴィレッジ)〉, 2023.

2. 논문과 단행본

1) 논문

권두현, 「감성주의적 생명정치와 크래프트의 프락시오그라피-'해녀'와 '아마'
　　의 정동지리적 비교 연구」, 『상허학보』 67, 상허학회, 2023.

권명아, 「기념의 정치와 지역의 문화 정체성: 저항과 글로벌 마케팅의 사이」,
　　『인문연구』 53, 영남대학교 인문과학연구소, 2007.

권명아, 「연대(solidarity)와 전유(appropriation)의 갈등적 역학-포스트콜로니얼
　　리즘, 탈민족주의, 젠더 이론의 관계를 중심으로」, 『상허학보』 19, 상허학
　　회, 2007.

김세령 · 남세현, 「드라마 〈우리들의 블루스〉에 재현된 장애인의 완전 통합 방
　　안 연구」, 『문화와 융합』 46(1), 한국문화와융합학회, 2024.

김필남, 「느슨한 지탱, 지속의 원천: 드라마 〈우리들의 블루스〉와 영상을 초과
　　하는 촬영지와 이미지」, 『문학이후』 3, 선문대학교 문학이후연구소, 2023.

박대권 · 장경진, 「조기유학 현상 변화(2000~2016)에 대한 신제도주의적 분
　　석」, 『미래교육학연구』 33, 연세대학교 교육연구소, 2020.

박승현, 「'지방소멸'과 '지방창생' '재후'(災後) 관점으로 본 '마스다 보고서'」,
　　『일본비평』 16, 서울대학교 일본연구소, 2017.

심정명, 「편재(遍在)하는 도쿄 혹은 비(非)도쿄 '지방'을 상상하는 어떤 방법」,
　　『일본비평』 16, 서울대학교 일본연구소, 2017.

원광희 · 채성주 · 설영훈, 「지방소멸위험지수의 기준은 과연 적합한가?」, 『충
　　북 FOCUS』, 충북연구원, 2020.

정성호, 「지방소멸론에 대한 비판적 검토」, 『지역사회학』 20(3), 지역사회학회,
　　2019.

홍기돈, 「근대적 민족국가와 타자(他者)의 시선으로 재현된 제주 공동체의 면

모」, 『우리문학연구』 59, 우리문학회, 2018.

Laura A. Bray, "Settler Colonialism and Rural Environmental Injustice: Water Inequality on the Navajo Nation", *Rural Sociology* 86(3), 2021.

Pauline Wakeham, "The Slow Violence of Settler Colonialism: Genocide, Attrition, and the Long Emergency of Invasion", *Journal of Genocide Research* 24, 2021.

Tomonori Sugimoto, "Urban Settler Colonialism: Policing and Displacing Indigeneity in Taipei, Taiwan", *City & Society* 32(2), 2019.

2) 단행본

강준만, 『지방은 식민지다: 지방자치-지방문화-지방언론의 정치학』, 개마고원, 2008.

권명아, 『식민지 이후를 사유하다』, 책세상, 2009.

오욱환, 『조기유학, 유토피아를 향한 출국』, 교육과학사, 2008.

우치다 준, 한승동 역, 『제국의 브로커들: 일제 강점기의 일본 정착민 식민주의 1876~1945』, 길, 2020.

조앤 W. 스콧, 공임순·이화진·최영석 역, 『페미니즘 위대한 역사』, 앨피, 2017.

조앤 W. 스콧, 정지영·마정윤·박차민정·정지수·최금영 역, 『젠더와 역사의 정치』, 후마니타스, 2023.

Caitlin Frances Bruce, "Rehearsing a Cursu Commons: Receptivity, Defense, and Wonder", T. Reeser ed, *Routledge Comapinon to Gender and Affect*, Routledge, 2023.

Lisa Lowe, *The Intimacies of Four continents*, Duke University Press, 2015.

Xine Yao, *Disaffected: The Cultural Politics of Unfeeling in Nineteenth-century America*, Duke University Press, 2021.

3. 기타자료

「為何大家想移民去美國？台灣人去大有可為？綠卡的3大好處」, 『遠見雜誌』, 2023. 12. 22.

「웡우옌펑이의 창작에 영향을 미친 요소들: 좋은 가족 영화는 많은 사회 문제를 투사해 낼 것이다」, 『500輯』, 〈文藝視角〉 인터뷰, 2024. 1. 9.

「이케이도 준의 〈하야부사 소방단〉 드라마의 관광 시설이 오픈(池井戶潤さん「ハヤブサ消防団」ドラマの観光施設がオープンへ)」, NHK 뉴스, 2023. 12. 17.

邱翊哲 · 錢家萱 · 李政銳 · 姿伶 · 林佩姿, 『人生2.0, 換一種活法: 美國移民全攻略, 從簽證,綠卡到投資移民必備指南(인생2.0, 사는 법을 바꾸다: 미국 이민자에 관한 모든 공략법, 비자, 영주권부터 투자이민 필수 가이드까지)』, 時報文化出版企業股份有限公司, 2023. 12.

권명아, 「'인국공 사태'의 교훈이 반페미니즘?」, 『프레시안』, 2021. 6. 3.

권명아, 「이준석이 '82년생 김지영'을 공격하는 이유는?」, 『프레시안』, 2021. 5. 31.

서나래, 「혼란스럽고 복잡한 '진실의 세계'를 모르고 있었다-아줌마 연구자로 가까스로 살아남기③ '두 개의 한국'을 살아본다는 것」, 『교수신문』, 2024. 4. 3.

정유경, 「'가임기 여성지도' 이렇게 탄생했다」, 『한겨레』, 2017. 1. 11.

최철호, 「〈청년지역정착 (下)〉 지방소멸위기 광역시까지 '확산'…청년마을 산업 '눈길'」, 『청년일보』, 2023. 6. 25.

통계청, 「지방소멸위험지수」, 국가통계포털, 2023.

산업화의 사이보그

첸페이전

1. 기본자료

임흥순, 〈위로공단〉, 2015.

陈界仁, 〈加工厂(Factory, 가공공장)〉, 2003.

2. 논문과 단행본

1) 논문

김주희, 「1970년대 한국 경공업 여성노동자의 신체성에 관한 연구」, 『무용예술학연구』 43(4), 한국무용예술학회, 2013.

서지영, 「여공의 눈으로 본 식민지 도시 풍경」, 『역사문제연구』 13(2), 역사문제연구소, 2009.

이정희, 「훈육되는 몸, 저항하는 몸: 1980년대 초반의 여성 노동 수기를 중심으로」, 『페미니즘 연구』 3, 한국여성연구소, 2003.

장미경, 「1970년대 여성노동자의 섹슈얼리티와 계급정치」, 『사회과학연구』 14(1), 서강대학교 사회과학연구소, 2006.

林宜平, 「女人與水: 由性別觀點分析RCA健康相關研究」, 『女學學誌: 婦女與性別研究』 21, 國立臺灣大學 婦女與性別研究中心, 2006.

林宜平, 「死了幾位電子廠女工之後: 有機溶劑的健康風險爭議」, 『科技醫療與社會』 12, 國立科學工藝博物館, 2011.

林宜平, 「賽伯格的悲歌: 東亞性別, 勞動與健康」, 劉士永, 王文基主編, 『東亞醫療史殖民, 性別與現代性』, 聯經, 2017.

Anna Clark, "The Politics of Seduction in English Popular Culture, 1748~1848", In *The Progress of Romance: The Politics of Popular Fiction*, ed. Jean Radford, Routledge and Kegan Paul, 1986.

Donna Haraway, "A Cyborg Manifesto: Science, Technology, and Socialist-Feminism in the Late Twentieth Century," in *Simians, Cyborgs and Women: The Reinvention of Nature*, Routledge, 1991[1985].

Donna Haraway, "The Promises of Monsters. A Regenerative Politics for Inappropriate/d others," in *Cultural Studies*, Routledge, 1992.

Karin Hohenadel, Priyanka Raj, Paul A Demers, Shelia Hoar Zahm and Aaron Blair, "The inclusion of women in studies of occupational cancer: a review of the epidemiologic literature from 1991~2009", *Am J Ind Med*, 58(3), 2015.

Lauren Berlant, "Intimacy: A Special Issue" in *Intimacy*, Lauren Berlant, ed., University of Chicago Press, 2000.

2) 단행본

구해근, 『한국 노동계급의 형성』, 창비, 2009.

석정남, 「어느 여공의 일기-불타는 눈물」, 『대화』, 1976년 11월호.

석정남, 『공장의 불빛』, 일월서각, 1984.

송효순, 『서울로 가는 길』, 형성사, 1982.

이옥지, 『한국노동자운동사』, 한울, 2001.

장남수, 『빼앗긴 일터』, 창작과 비평사, 1984.

정찬일, 『삼순이-식모, 버스안내양, 여공: 시대가 만들고 역사가 잊은 이름』, 책과함께, 2019.

楊凱麟, 『分裂分析德勒茲: 先驗經驗論與建構主義』, 河南大學出版社, 2017.

葉香, 「女工畫像」, 『微雨: 詩與小品』, 台東縣文化中心, 1998.

陳映真, 『雲』, 遠景出版事業公司, 1983.

黃富三, 『女工與台灣工業化』, 牧童出版社, 1999[1977].

Hagen Koo, *Korean Workers: The Culture and Politics of Class Formation*, Cornell University Press, 2001.

Heather Love, *Feeling Backward: Loss and the Politics of Queer History*, Harvard University Press, 2007.

Hester Eisenstein, *Feminism Seduced: How Global Elites Use Women's Labor and Ideas to Exploit the World*, Paradigm Publishers, 2009.

Karan Messing, *One-Eyed Science*, Temple University Press, 1998.

Michael Berry, *A History of Pain: Trauma in Modern Chinese Literature and Film*, Columbia University Press, 2008.

Sara Ahmed, *The Cultural Politics of Emotion*, Routledge, 2004.

Xine Yao, *Disaffected: The Cultural Politics of Unfeeling in Nineteenth-Century America*, Duke University Press, 2021.

3. 기타

「國中剛畢業未婚的女工 將更爲工廠所歡迎」, 『經濟日報』, 1984. 7. 20.

「國中女生如願就業 今年將准提早畢業 政府研究解決女工缺乏問題」, 『聯合報』, 1976. 4. 23.

「馬一橡膠廠女工節育有獎」, 『經濟日報』, 1967. 7. 8.

「私生子比例日漸增高應加强女工性教育」, 『民生報』, 1982. 6. 10.

「中縣民興訪廠禁止女工結婚」, 『中國時報』, 1964. 2. 25.

陈界仁, 「《加工厂》台湾成衣女工的身体经验」, 『艺术世界』, 2012. 2. 25.

蔡志杰, 「【飄零的花與無根的草】系列一孤女出室: 楊青矗筆下的勞動女性」, 『苦勞網』, 2017. 7. 21.

黃天才, 「女工多受結婚影響 二十五歲强制離職」, 『中央日報』, 1965. 2. 13.

Chen Chieh-jen, "Artist's Statement for Factory", Trans. Brent Heinrich, 2003. (https://iniva.org/programme/projects/chen-chieh-jen-factory/)

Hester Eisenstein, "The Sweatshop Feminists", *Jacobin*, June 17, 2015. (https://www.jacobinmag.com/2015/06/kristof-globalization-development-third-world/)

찾아보기

용어

인명

저자 소개

1부   신화적 돌봄과 돌봄의 신화 너머

강성숙   인제대학교 리버럴아츠칼리지 부교수. 2018년부터 '잘 읽고 잘 쓰는 연구소'를 만들어 함께 행복하게 공부할 수 있는 방법을 찾고 있다. 이화여자대학교 국어국문학과에서 고전문학(구비문학) 전공으로 박사학위를 받았다. 구비문학, 여성, 생태, 공동체, 사회적 경제 문제에 관심을 두고 글을 쓰고 있다. 「보살핌의 윤리로 본 바리 신화 연구-전라도 전승본의 '구약 거부'와 '언니 옷 입기' 모티프를 중심으로」, 「집안 여성을 기억하는 방식-연경재 성해응의 여성 기록을 중심으로」 등의 논문을 발표했고, 공저로는 『경계에 선 유교 지식인의 여성 담론』(월인, 2017), 『19세기 20세기 초 여성 생활사 자료집』(보고사, 2013) 등이 있다.

이지현   동아대학교 젠더·어펙트연구소 전임연구원. 동아대와 부산대에서 강의한다. 일본 근현대문학, 특히 태평양전쟁 전시문학과 식민지도시문화, 일본대중문화 콘텐츠 등을 내셔널리즘과 젠더를 테마로 연구하고 있다. 주요 논문 「메이지 '여학생'들의 해외 부임지 '부산고등여학교'」(2021), 「대중문화에 나타난 일본 내셔널리즘 표현구조-미야자키 하야오의 〈바람이 분다〉재고-」(2020), 「일본 내셔널리즘과 미와 멸망의 정동(情動)-〈アニメ平家物語〉부터 三島由起夫까지-」(2023) 등을 발표했다. 공저로 『한반도 간행 일본어 민간신문 문예물 연구』(보고사, 2020), 공역서로 『여자가 국가를 배반할 때』(도서출판하우, 2017) 등이 있다.

정종민   전남대학교 글로벌디아스포라연구소 연구원. 「인지증(치매)의 생성성」이라는 주제로 박사학위를 받았다. 2021년부터 한국연구재단의 지원을 받아 '인지증 돌봄의 공공성' 연구와 『인지증: 상실에서 생성으로』(가제) 저술 작업을 하고 있다. 주요 논문으로「Rethinking Repetition in Dementia through a Cartographic Ethnography of Subjectivity」,「Co-creative Affordance」,「The Affective Creativity of a Couple in Dementia Care」,「결여/부재의 정동적 욕망」,「똥, 고름 그리고 영혼: 환대 (불)가능한 인지증 돌봄에서 영혼과 정동적 관계 맺기」,「'큰일'하는 인지증과 사는 사람들: 관계의 강도로서의 정동노동」 등이 있다. 공저로『달라붙는 감정들』(아몬드, 2024)이 있다.

2부 네트워크 어펙트와 매개적 신체

김나현 용인대학교 용오름대학 조교수. 산업화·도시화 이후의 한국문학 및 문화담론을 연구하며 정동 정치 및 모빌리티인문학에 관심을 갖고 글을 쓰고 있다. 주요 논문으로「장소 상실의 노동 서사와 정동적 소외」,「탄광 노동 문학과 정동의 정치학」,「모빌리티 노동의 정동」 등이 있다. 저서로『모빌리티 렌즈로 보는 현대시』(앨피, 2025)가 있고, 공저로『대학생을 위한 사고와 표현』(박이정, 2025),『한국 현대문학의 쟁점과 전망』(보고사, 2023),『비평 현장과 인문학 편성의 풍경들』(소명출판, 2018) 등이 있다.『모바일/임모바일 2』(앨피, 2021),『모빌리티와 푸코』(앨피, 2022),『도시 모빌리티와 도덕성』(앨피, 2024),『모빌리티 전환 운동』(앨피, 2025) 등을 번역했다.

권두현 동아대학교 젠더·어펙트연구소 전임연구원. 동아대와 동국대에서 강의한다. 미디어와 한국 현대문학/문화의 관계, 특히 대중문화를 대상으로 테크놀로지와 어셈블리지의 문제에 관심을 두고 정동지리적 연구를 수행하고 있다.「토착적-관계적 드라마투르기의 실천: 을숙도로 정착민 체제를 넘어서기」,「간척과 프론티어: 포스트식민주의 시대의 정착민 식민주의와 새만금 잼버리의 정동지리」,「아시안 아메리칸의 분노와 사랑: 〈비프〉와 〈엘리멘탈〉, 초국적 감정 산업의 정동 경제」 등의 논문을 발표했다. 공저로『한국 문화: 대중문화 발달과 K콘텐츠』(성균관대학교출판부, 2023),『지속가능한 예술한류, 그 가능성을 말하다』(한국예술종합학교 한국예술연구소, 2022) 등이 있다.

최이숙　동아대학교 젠더·어펙트연구소 특별연구원. 여성주의적 시각에서 미디어 및 언론 현상을 연구해왔다. 주요 논문으로 「팬데믹 시기, 한국 사회는 아이들을 잘 돌봐왔는가?: 초등 돌봄 제도와 원격교육을 중심으로」(공저), 「'미투 운동(#MeToo)' 이후 젠더 이슈 보도의 성과와 한계」(공저), 「1960~1970년대 한국 신문의 상업화와 여성가정란의 젠더 정치」 등이 있다. 공저로는 『미디어 허스토리 3.0: 한국 사회와 여성, 30년의 기록』(2023, 이화여대출판부), 『MBC 60년, 영광과 도전』(2021, 한울), 『다시 보는 미디어와 젠더』(2013, 이화여대출판부) 등이 있다.

3부　담론적 접속과 물질적 접촉의 장치들

김대현　연세대학교 글로벌한국학연구소 연구교수. 여성과 성소수자를 아우르는 한국사회 성적 억압의 역사적·제도적 성격 규명에 관심이 있다. 주요 논문으로 「소년비행의 개인적 요인 담론과 반사회성 형성의 지식·제도: 범죄심리학자 성백선과 장병림을 중심으로」, 「1960~70년대 한국 정신분석학의 반공·냉전적 재편과 젠더·섹슈얼리티 낙인의 형성: 정신의학자 백상창을 중심으로」, 「일본의 우생학에서 미국의 우생학으로: 해방 이후~1950년대 한국의 소년범죄 담론」이 있다. 저서로 『세상과 은둔 사이』(오월의봄, 2021), 공저로 『원본 없는 판타지』(후마니타스, 2020), 『불처벌』(휴머니스트, 2022), 『가족신분사회』(와온, 2025) 등이 있다.

이화진　서울대학교 국어국문학과 조교수. 한국의 영화와 극장 문화에 대해 연구해왔다. 주요 논문으로 「가난은 어떻게 견딜 만한 것이 되는가-영화 〈저 하늘에도 슬픔이〉(1965)와 빈곤 재현의 문화 정치학」, 「'더 많은' 모두를 위한 영화-배리어프리 영상과 문화적 시민권」, 「'데프(Deaf)의 영화'를 찾아서-〈만종〉(신상옥, 1970)과 그 주변」이 있다. 저서로 『소리의 정치』(현실문화, 2016), 『조선 영화』(책세상, 2005)가 있고 공저로 『조선영화와 할리우드』(소명출판, 2014), 『조선영화란 하(何)오』(창비, 2016), 『할리우드 프리즘』(소명출판, 2017), 『원본 없는 판타지』(후마니타스, 2020) 등이 있다.

이지행　　　동아대학교 젠더·어펙트연구소 전임연구원. 현재 중앙대에서 강의를 하며, 한국콘텐츠진흥원 전문가 심사위원으로 활동하고 있다. 기술 변화에 따른 동시대 대중문화 콘텐츠와 수용자 속성에 관심을 두고 있으며, 이와 관련해 트랜스미디어콘텐츠 연구, 팬덤연구, 대중문화 속 파국감정 연구를 진행해왔다. 저서로『BTS와 아미컬처』(커뮤니케이션북스, 2019)와『BTSと ARMY わたしたちは連帯する』(イースト·プレス, 2021), 공저인『페미돌로지』(2022, 빨간소금),『한류: 문화자본과 문화내셔널리즘의 형성』(2024, 북코리아),『젠더스피어의 정동지리』(2024, 산지니)가 있다. 주요 논문으로는「포스트 시네마가 트라우마적 역사를 재현하는 방식: 〈존 오브 인터레스트〉(2023)를 중심으로」,「팬덤 실천을 통한 초국적 기억정치에의 개입과 정동의 작동: 'BTS 원폭 티셔츠 논란'을 중심으로」 등이 있다.

4부　　　이동, 노동, 정동의 지리적 역학관계

요시다 유타카(吉田裕)　　　도쿄이과대학 교양교육연구원 준교수. 전문 분야는 카리브 문학 및 사상, 문화 연구. 대표 저서로『持たざる者たちの文學史─帝國と群衆の近代』(月曜社, 2021)가 있으며, 이에 대한 한국어 번역서로『갖지 못한 자들의 문학사』(보고사, 2024)가 출간되었다. 공저로는『国民国家と文学-植民地主義からグローバリゼーションまで』(作品社, 2019) 등이 있다. 번역서로는 조지 래밍의『私の肌の砦のなかで』(月曜社, 2019), 노엄 촘스키의『複雑化する世界, 単純化する欲望-核戦争と破滅に向かう環境世界』(花伝社, 2014), 니콜라스 로일의『デリダと文学』(공역, 月曜社, 2014), 폴 뷜의『革命の芸術家-C·L·R·ジェームズの肖像』(공역, こぶし書房, 2014) 등이 있다.

권명아　　　동아대학교 한국어문학과 교수. 근현대 문학과 젠더 이론, 정동 연구, 문화 이론 등 학문 영역을 넘나드는 연구와 함께 지역의 문화적 실천에도 주력해왔다.「한국과 일본에서의 반헤이트 스피치 운동과 이론에 대한 비교 고찰」,「증강 현실적 신체를 기반으로 한 대안기념 정치 구상」 등의 논문을 썼으며, 주요 저서로『여자떼 공포, 젠더 어펙트: 부대낌과 상호 작용의 정치』
(갈무리, 2018),『무한히 정치적인 외로움: 한국 사회의 정동을 묻다』(갈무리,
2012) 등이 있다.

첸페이전(陳佩甄)　　타이완 국립정치대학 타이완문학연구소 조교수. 코넬
대학교 아시아학과에서 박사학위를 받고 후속 프로젝트로 식민주의의 유산
과 전후 대만과 한국의 젠더 규범화의 냉전 이데올로기에 초점을 맞춘 연구
를 수행하고 있다.「酷兒化「檔案」: 臺韓酷兒檔案庫與創作轉譯」,「Queering
History, Archiving the Future: In Search of Taiwanese Lesbian History」,
「Theorizing untranslatability: Temporalities and ambivalence in colonial
literature of Taiwan and Korea」등의 논문을 썼다. 서양과 일본의 제국주의
에 대한 대만과 한국의 역사적 반응을 상호참조하면서 근대적 섹슈얼리티와
사랑의 정치학에 대한 저서를 준비중이다.